소년법 강의
2020

한영선 경기대학교 교수 제36회 행정고등고시에 합격하고, 서울소년원장, 대전보호관찰소장 등 법무부에서 24년간 근무하였다. 현재 강단에서 범죄학과 소년법 등을 가르치고 있으며, 저서와 연구논문으로는 범죄예방정책학(공저), 회복적 정의 실현을 위한 사법의 이념과 실천(공동 번역), 피해자 가해자 대화모임(번역), 소년범죄자의 범죄중단에 관한 연구 등 소년범죄의 해결을 위해 노력하고 있다. 법무부 정책위원, 교보교육재단 위원 등으로 활동하고 있다.

현지현 변호사, '상처입은 치유자'가 되기를 꿈꾸며 회복적 사법을 공부하고 있다. 소년원과 소년분류심사원에서 소년들과 대화하며 우리 사회에 희망이 있다는 것을 믿게 되었다. 현재 법무법인 덕수에서 일하며 법무부 소년보호위원, 서울가정법원 국선보조인으로 활동 중이다.

이영면 법무부 부이사관 제42회 행정고등고시에 합격하고 공직에 입문하여 법무연수원 교수, 법무부 범죄예방정책국 소년과장·보호관찰과장, 부산소년원장, 대구·안산보호관찰소장, 위치추적중앙관제센터장, 안산청소년비행예방센터장, 한국소년보호협회 이사, 한국형사정책연구원 자문위원 등을 역임하였다. 정책학 박사 과정을 수료하고, 현재 국방대학교 안전보장대학원 안보과정에서 수학하고 있다. 저서로는 '보호소년 등의 처우에 관한 법률 해설(법무부)'이 있다.

소년법 강의
2020

초판 인쇄 2020년 4월 3일
초판 발행 2020년 4월 9일

지 은 이 한영선 현지현 이영면
펴 낸 이 김재광

펴 낸 곳 솔과학
등 록 제10-140호 1997년 2월 22일

주 소 서울특별시 마포구 독막로 295번지 302호(염리동 삼부골든타워)
전 화 02-714-8655
팩 스 02-711-4656
E-mail solkwahak@hanmail.net

ISBN 979-11-87124-59-7 (94360)

이 도서의 국립중앙도서관 출판예정도서목록(CIP)은 서지정보유통지원시스템 홈페이지
(http://seoji.nl.go.kr)와 국가자료종합목록 구축시스템(http://www.nl.go.kr/kolisnet)에서
이용하실 수 있습니다.(CIP제어번호 : CIP2020000092)

소년법 강의

2020

한영선
현지현
이영면

JUVENILE LAW

솔과학

서문 PROLOGUE

범죄에 어떻게 대응하여야 하는지에 대하여 정답은 없다. 다만 한 가지 확실히 알려져있는 사실은 엄격하게 처벌하는 것이 기대하는 것과 달리 효과가 거의 없거나 오히려 부작용만 있다는 것이다. 이는 성장과정에 있는 소년에게는 더욱 명확하다. 그러나 범죄인이 아무리 소년이라 할지라도 범죄에 대한 분노와 응보감정을 극복한다는 것은 쉬운 일이 아니다. 엄하게 처벌하는 것이 효과가 없다는 것을 인정한다고 하더라도 끔찍한 범죄를 저지른 범죄인을 시민이 용서하고 사회의 일원으로 다시 받아들여야 한다는 것은 별개의 문제이기 때문이다.

중세시대까지 소년은 작은 어른으로 취급되었으며, 범죄를 저지를 경우 성인과 동일하게 극형을 받는 경우도 있었다. 르네상스 시대에 이르러서야 소년이라는 존재가 새롭게 발견되었고, 19세기에 들어서는 범죄를 저지른 소년을 부모의 학대 또는 방임, 빈곤의 피해자로 인식하는 아동구조운동이 나타났다. 그 결과가 소년법원과 소년법의 등장이다. 즉, 소년법은 범죄에 대하여 인간이 본능적으로 가지고 있는 분노와 응보감정을 극복한 결과이며, 범죄소년에게 새로운 기회를 제공하여 개선을 촉구하는 역사적인 노력의 산물이라고 할 수 있다.

인류의 응보감정을 극복한 소년법이 소년범죄의 문제를 해결하는 데 효과가 있다면 이를 성인범죄로 확대하여 적용시키지 않을 이유가 없다. 그러므로 소년법에 대한 이해와 구체적인 실천을 살펴보는 것은 범죄학과 형사정책에서 중요한 주제이다. 소년법의 성공과 실패가 「형법」의 시금석이 될 수 있다.

우리나라 「소년법」은 1958년 제정되어 2007년도에 「소년법」의 목적을 개정하고, 보호처분을 다양화하는 등 혁신을 꾀하였다. 그러나 그동안 「소년법」에 대한 관심은 거의 전무하다시피 하였고, 2007년 이후 「소년법」에 대한 마땅한 해설서도 없었다. 그 결과 학자들의 논의도 줄어들었고, 소년법 폐지에 대한 여론의 발생 등 사회변화에 적절히 대응하지 못한 측면도 있다고 생각한다.

이러한 현실을 반영하여 많이 부족함에도 불구하고, 이 책을 급히 내놓는 이유는 이 책이 소년법의 논의를 촉발하는 매개체가 되기를 기대하기 때문이다.

이 책은 소년법의 올바른 방향을 놓고, 현지현 변호사, 법무부의 이영면 부이사관과 함께 토론을 거듭하여 만들어진 결과물이다. 철저히 「소년법」의 목적에 따라 즉, 반사회성 있는 소년의 건전한 성장을 돕는다는 목적의식을 가지고 쓰여졌다. 편제는 크게 총론과 각론으로 구성되어 있으며, 소년형사절차도 포함하고 있으나 소년보호절차의 이해가 이 책의 중심이다.

끝으로 이 책이 나올 수 있도록 도움을 준 솔과학의 김재광 대표님에게 감사를 드린다.

부족한 부분은 차츰 시간을 가지고서 보완해 나갈 예정이다. 아무쪼록 이 책이 소년법의 이해에 도움이 되기를 바라본다.

대표저자 한영선

목차 CONTENTS

1

J U V E N I L E L A W

소년법 총론

제 1 장 소년보호제도의 역사와 이념

1 역사적 기원

소년의 일탈에 대한 문제는 어느 시대에나 존재해왔다. 성장 과정에 있는 소년은 신체의 변화와 학교, 친구 등 환경의 변화에 민감하게 반응하고 여러 가지 문제를 일으키기 마련이다. 그러나 소년법이 제정되기 이전에는 소년과 성인이 다른 '특성'을 가진 존재라는 것이 충분히 인식되지 않았다. 범죄를 저지른 소년은 성인과 동일하게 처우 되었고, 소년이라는 점은 참작사유에 불과하였다. 19세기에 들어서서 소년을 성인과 동일하게 취급하는 것은 소년의 인격 형성에 많은 폐해를 가져오고 오히려 소년을 성인범죄자로 양성한다는 인식이 확산되었다. 그 결과 소년을 성인과 별도의 시설에 수용하거나 보호관찰을 통한 사회내 처우의 실시, 소년법원의 설치 등 소년범죄자에 대한 인도주의적 실천 운동이 나타났으며, 궁극적으로는 소년법원의 설립으로 이어졌다.

이를 좀 더 자세히 살펴보면, 19세기 말 이전까지 소년범죄자에 대한 인도주의적 처우는 형벌을 완화하는 정도에 머무르는 것이 일반적이었고, 소년범죄자에 대하여 형사법원에서 민사법원으로 완전히 관할권을 변경하는 파격적인 시도는 역사상 유례가 없었다. 즉, 19세기 말에 이르러 인류는 소년범죄자에 대하여 형벌을 부과하지 않고 교육적 처우를 시행하는 진전을 이룩한 것이다.

우리나라도 청소년이 범죄를 저지를 경우 형벌을 완화하는 것뿐만 아니라 소년범죄자에 대하여 일반 「형법」과 다른 소년보호절차를 마련하여 운영하고 있다.

이러한 소년보호제도는 우리나라 고유의 자생적인 제도가 아니라 미국과 일본을 거쳐 계수된 것이다. 따라서 소년보호제도를 올바르게 이해하기 위해서는 미국의 소년보호운동에 대하여 살펴볼 필요가 있다. 청소년 문제는 범죄율의 높고 낮음에 관계없이 언제나 현재 진행형인 사회 문제로 고찰되므로, 소년보호제도가 생겨나게 된 역사적 배경을 살펴보는 것은 우리에게 새로운 통찰을 줄 것으로 기대된다.

1) 미국의 소년보호제도 관련 연혁

소년보호제도가 어떻게 태동하게 되었는지 알기 위해서는 소년법보다는 소년보호운동에 대해서 먼저 살펴보아야 한다. 특정한 사회문제로서 청소년 문제가 발생하면 이 문제를 해결하기 위한 운동이 먼저 발생하고 난 이후에 제도화되는 단계를 거치기 때문이다. 〈표 1〉의 소년의 권리와 관련된 주요 사건 연대표를 보면, 1899년 일리노이주에서 소년법원법이 제정되기 75년 전인 1825년에 부랑아동 등을 구하기 위하여 House of Refuge[1]가 먼저 설립된 것을 볼 수 있다. 이어서 1847년에는 비행소년을 수용하기 위한 시설이 보스턴과 뉴욕에 설립되었다. 부랑아동을 수용하여 보호하는 House of Refuge의 존재는 부랑아동과 크게 다를 것이 없는 비행소년에 대해서도 교도소와 구분되는 시설에서 수용하여야 한다는 인식이 확산되는 계기가 되었다. 이후 엘마이라 감화원 등이 설립되고, 23년이 지난 후인 1899년이 되어서야 소년법원법과 함께 소년법원이 설치되어 본격적으로 소년보호제도가 시행되었다. 주목할 점은 소년법원법보다 소년보호시설이 먼저 설립되었다는 사실이다. 소년법원법은 소년보호의 이념적인 면이 강조되고, 소년보호시설은 현실적인 면이 강조되기 때문인데, 미국에서는 '이념과 현실의 괴리'가 언제나 문제였다. 소년법원법의 새로운 이념이 소년보호시설의 오래된 관행을 변화시키지 못하는 상태가 계속되었다.

---

1 House of Refuge는 양육원(유기향, 1981), 교정원(김동림, 1992), 피난처(정진연, 2002) 등으로 번역하여 사용되고 있다. House of Refuge를 직역하면 도피소(逃避所)라고 하여야 한다. 그러나 단순히 도피하는 장소라기보다는 어려움에 처한 사람 또는 잘못을 저지른 사람이 도피하여 '보호받을 수 있는 장소'라는 점에서 우리나라의 '쉼터'와 비슷하다. 그러나 그 규모가 매우 크다는 점에서 차이가 있다. 여기서는 번역을 하지 않고 원어대로 표기한다.

〈표 1〉 소년의 권리와 관련된 주요 사건 연대표

연도	주요 사건
14C말	영국 형평법원에서 국친사상에 따라 요보호아동을 보호하기 시작했다.
16C, 19C초	미국에서는 영국 빈민법Poor Law이 계수되고, Pauperism빈곤주의이 확산되었다.
1825	뉴욕에 House of Refuge가 설립되었다. 1826년에는 필라델피아에, 1828년에는 보스턴에 연이어 설립되었다.
1838	Ex parte Crouse 사건: 미국에서 최초로 국친사상parens patriae 원칙이 적용되었다.
1840	Alexander Maconochie와 Walter Crofton이 가석방parole에 대한 개념을 발전시켰다.
1841	John Augustus가 보스턴에서 보호관찰probation을 시작하였다.
1847	보스턴과 뉴욕에 최초의 주립 비행소년 수용시설이 설립되었다.
1853	뉴욕의 아동지원협회Children's Aid Society에 의하여 Juvenile Asylum이 설립되었다.
1855	시카고가 Reform School을 설치하였다.
1861~1865	남북전쟁이 발발하였고, 요보호아동이 급증하였다.
1866	매사추세츠주가 부모의 보호능력이 없는 16세 이하 아동에 대한 양육을 주에서 담당하는 법률을 제정하였다.
1867	Whine과 Dwight가 미국과 캐나다의 교도소와 소년원에 대한 보고서를 발표했다.
1870	일리노이주 대법원은 적법절차를 위배했다는 이유로 Dan O'Connell에 대한 Chicago Reform School 송치처분을 번복하였다O'Connell v. Turner.
1878	매사추세츠주는 보호관찰법을 제정하였고, 1880년에는 주 전체를 관할하는 보호관찰 체계를 수립하였다.
1881	미시건주는 Michigan Public Acts로 아동 보호를 시작하였다.
1884	국가는 방임소년neglected children을 시설에 수용할 수 있는 권한이 있는 것으로 인정되었다Reynolds v. How, 51 con. 472, 478, 1884.
1886	매사추세츠주에서 최초의 방임소년neglected children 사건이 진행되었다.
1889	아동보호위원회Board of Children's Guardians가 인디애나주에 설치되고 방임 및 요부조 아동에 대한 관할권을 가졌다.

1890	펜실베이니아주에 아동지원협회Children's Aid Society가 설립되었고, 이들은 비행소년을 위한 foster home을 교정시설schools에 대한 대안시설로 활용하였다.
1899	일리노이주는 소년법원법Juvenile Court Act를 제정하여 마침내 성인법원과 소년법원을 분리하였다. 이는 아동지원협회 등 아동구조개혁가'child-saving' reformers의 30년 노력의 결실이었다.
1903~1905	많은 주에서 소년법원법이 통과되었다.
1906	매사추세츠주는 범죄자가 아니라 지도와 보호가 필요한 소년에 대한 처우를 제공하기 위한 법을 통과시켰다.
1908	Ex parte Sharpe 판결을 통하여 국친사상parens patriae을 포함한 소년법원의 역할을 보다 명확히 하였다.
1925	연방보호관찰법Federal Probation Act이 제정되었다.
1948	UN이 아동의 범죄예방과 처우를 위한 특별 섹션special section on the prevention of crime and treatment of offenders을 제정하였다.
1967	In re Gault 사건에서 소년법원에서의 적법절차 원칙을 선언하였다.
1974	Robert Martinson이 'What works?'를 발표하였다.
1974	미 연방은 '소년사법 및 비행예방법The Juvenile Justice and Delinquency Prevention Act'을 제정하였다.
1982	조지아주는 집중보호관찰을 실시하였다.
1983	플로리다주와 뉴멕시코주는 전자감독을 실시하였다.
1988	Thompson v. Oklahoma 사건에서 사형선고의 하한 연령을 16세로 정하였다.
1993	삼진아웃제가 Washington에서 시작되었다.
2005	Roper v. Simmons 사건에서 사형선고의 하한 연령을 18세로 정하였다.
2010	Second Chance Act를 제정하였다.
2010	Graham v. Florida 사건에서 살인사건이 아닌 경우 가석방 없는 종신형을 선고할 수 없다고 판결하였다.
2012	Miller v. Alabama 사건에서 의무적인 가석방 없는 종신형 선고는 수정헌법 8조 위반이라고 판결하였다.

출처: Siegel & Senna(Siegel & Senna, 2000, pp.1-2), Todd R. Clera 외(Clear, Cole, & Reisig, 2013, pp.1-3)와 Sickmund 외(Sickmund & Puzzanchera, 2014, pp.90-92)의 소년범죄와 관련된 아동의 권리 연대표를 재구성하였다.

2) 국친사상Parens Patriae, parent of the country

국친사상은 14세기 말에서 15세기 초의 영국의 형평법원Chancery Courts 판결을 통해서 태동되었다. 국친사상은 친부모가 자신의 의무를 다하지 못했을 때 국가가 부모의 책임을 지는 것을 의미한다. 르네상스 시대의 법사상인 국친사상은 국토와 신민subjects을 통치하는 왕에게 광범위한 권한을 부여하였는데, 이러한 권한은 다른 의미로 국왕에게 충성하는 신민을 보호할 의무도 의미했다. 국친사상하에서 국왕은 보호가 필요한 대상을 위한 보호자였다. 실무적으로 이러한 의무는 특별히 보호가 필요한 대상(아동과 구호가 필요한 자)에 대한 사회적 복지를 의미했다. 형평법원의 국친사상은 점차 아동의 복지를 포함하는 사상으로 확장되었고, 아동에 대한 적절한 보호care, 양육custody과 통제control는 국왕의 관심사crown's interests가 되었다. 그러나 범죄를 저지른 소년 즉, 범죄소년은 국왕의 관심사가 아니었다. 범죄로 기소된 소년에 대한 관할권은 여전히 일반 형사법원에 있었고, 따라서 형평법원은 관할권이 없었다. 정리하면 이 당시 영국의 국친사상하에서 보호를 받을 수 있는 대상은 "범죄 또는 비행소년이 아니라 오직 요보호아동dependent child"이었다(Burfeind & Bartusch, 2006, p.21). 국친사상의 대상이 범죄소년으로 확대되기까지는 미국의 소년구조운동을 기다려야 했다.

국친사상은 이후 미국으로 계승되어 소년법원의 탄생에 기여하게 되었다(Rendleman, 1971, p.208).

〈BOX 1〉 PARTERNALISM

Parternalism과 Parens Patriae국친사상는 구분하여야 한다. Parternalism은 라틴어 paterfather에서 유래한 것으로 정부나 조직이 그 종사자를 가부장적 가족관계의 모델에 따라 보호, 규제하는 체제를 말한다. Paternalism은 온정주의(고영복, 2000), 보호주의(이진국, 2006a, p.71)로 번역하여 사용되기도 하나, 이는 적절한 번역이라고 할 수 없다. Paternalisms에 의한 관계는 인자한 아버지가 자녀에 대해 명령하는 관계와 유사하다. 그러나 권력자가 집안의 가장으로서 행하는 명령적 관계(지배)는 피지배자의 이익을 보호하기 위한 것이라고 주장되지만, 이는 피지배자의 자율성을 제한하고, 사회적, 경제적, 정치적 불평등을 합법화하는 문제점이 있다. 따라서 parternalism은 '가부장주의' 또는 '부권주의'로 번역되어야 그 의미가 적절히 전달되는 것으로 생각된다.

3) 빈민법poor laws과 Pauperism빈곤주의

식민지시대 미국은 16세기 영국의 빈민법poor laws을 계수하여 국친사상에 따른 철학과 목적을 공유하면서 빈곤 아동을 보호하기 위한 제도를 발전시켰다. 이 법에 따르면 국가는 필요하다면 아동을 부적절한 부모undeserving parents로부터 분리할 수 있었다. 식민지시대 미국은 이 법에 따라 자선 및 구호단체, 특히 도시지역에서는 정부 지원에 의한 아동보호시설을 설립하였다. 이들 구호단체에서는 빈민 소년을 부모로부터 분리하였고, 분리된 아동들은 지역의 자영업자에게 도제apprenticeship로 위탁되었다. 이러한 도제식 운영의 기본 구조는 자영업자는 아동에게 보호와 교육을 제공하고, 아동은 자영업자에게 자신의 노동력을 제공하는 것이다. 따라서 구호단체는 경비를 절감할 수 있는 장점이 있었다. 그러나 아동을 보호하는 자영업자에 대한 관리감독이 이루어지지 않았기 때문에 아동에 대한 학대를 예방할 수 없었고, 도제식 운영은 노예 노동에 다름 아니라는 혹독한 평가를 받았다(Burfeind & Bartusch, 2006, p.25).

19세기에 접어들어서는 'pauperism빈곤주의'이 점점 확산되었다. Pauperism은 빈곤상태에서 성장한 아동은 범죄와 타락한 삶을 살게 된다는 관점이다. 이 시기에 개혁가들은 빈곤자pauper를 '도덕적 결함' 때문이 아니라 '빈곤' 때문에 다른 사람들의 자선과 박애에 의존하고 일하려는 동기가 없는 사람이라고 생각했다. 이러한 관점은 식민지 미국을 관통하는 청교도의 원죄론original sin과 대조된다. 기독교 신앙에 따르면 '원죄'로 인하여 범죄를 저지르게 된다는 것인데, pauperism의 관점은 '빈곤'이 사회 질서를 무너뜨리고 범죄를 일으킨다고 보기 때문이다. Pauperism에 의하면 '구걸행위'나 '절도행위'는 동일한 것으로 인식되었다. 구걸의 원인이 빈곤인 경우와 절도의 원인이 빈곤인 경우에 이를 구분할 필요가 없다고 보았던 것이다. 따라서 빈곤 가정을 돕기 위한 노력들이 다양하게 전개되었으며, 그 결과 'almshouse쉼터, workhouse작업소, poor house구빈원'과 같은 시설이 설립되었다. 그러나 진일보한 움직임에도 불구하고 이들 시설은 아동을 성인과 함께 수용하는 문제를 안고 있었다. 소년이 '작은 어른miniature adult'으로 간주되어 성인으로 재판을 받고 성인과 같은 형을 선고받았기 때문이다(Finestone, 1976, p.22 재인용 유기향; 유기향, 1981). 이 당시 개혁가들은 성인 시설에 빈곤 아동을 함께 수용하면 아동이 게으름과 알코올에 중독된 어른들에게 노출되고, 부정적 영향을 받는다고 주장하였다(Burfeind & Bartusch, 2006, p.25; 유기향, 1981).

4) House of Refuge

1825년에 뉴욕 '비행소년 교화협회the Society for the Reformation of Juvenile Delinquents'가 House of Refuge를 설립하였다. 비행소년 교화협회는 빈곤예방협회the Society for the Prevention of Pauperism가 명칭을 변경한 것이다. 따라서 House of Refuge의 수용대상은 기존에 존재하던 부랑아동에 이외에 범죄소년까지 포함되게 되었으나 아직은 빈곤 가정의 부랑아동이 대부분을 차지하였다(Burfeind & Bartusch, 2006, p.25). 비행소년 교화협회의 목적은 부랑아동이 범죄에 물들기 이전에 이들을 교화하고자 하는 것이었다.

1835년 뉴욕시에서는 입법으로 비행소년을 수용하여 처우하는 권한을 부여하였다(Elson, 2018). 그러나 모든 부랑아동이나 비행소년이 House of Refuge에 수용된 것이 아니라 구조될 가능성이 있고, 범죄에 지나치게 물들지 않은 소년이 대상이었다. 그러므로 실질적인 보호대상은 비행이 상습화되기 이전 단계에 있는 '비행 전 소년predelinquent'이었다.

1826년에는 필라델피아에서 박애주의자이자 정치가인 John Sergeant와 Alexander Henry의 주도에 의하여 House of Refuge가 주 예산과 민간 기부금으로 건립되었다. 대상은 21세 이하의 소년, 18세 이하의 소녀 중에서 비행소년과 부랑아동 등 남녀 80명이었다. 판사 또는 시장의 명령에 의하여 시설에 수용되었으며, 수용기간은 1년이었다.

House of Refuge가 세워지기 이전에는 아동도 성인교도소에 함께 수감되었으나 House of Refuge의 설립으로 별도의 시설에서 처우를 할 수 있게 되었다. 설립취지는 아동을 성인 교도소에 수감하는 것에 대한 반발이었으며, 빈곤, 방임 등 보호가 필요한 소년에 대한 피난처asylum가 필요하다는 것이었다. 프로그램은 뉴욕과 보스턴의 사례를 기본으로 하여 모방하였는데, 소년들은 아침 5시에 기상하여 6~8시간의 노동과 3~4시간의 공부를 하였다. 커리큘럼은 윤리와 읽기, 쓰기, 지리, 수학 등의 일반교과와 신체훈련, 직업훈련이었다. 소년은 농부, 화가, 염색, 목수, 열쇠장이, 구두장이 밑에서 도제식 훈련을 받았고, 소녀는 바느질, 세탁, 요리 등과 같은 가정주부의 일을 배웠다. 그러나 비행소년을 교정하고자 하는 설립자의 의도와 달리 현실은 이에 미치지 못하였다. 많은 문제점이 노출되자 펜실베이니아 의회에서는 9일 동안 아동 학대에 대한 조사를 실시하였다. 조사 결과 시설에서 아동의 놀이를 엄격히 금지하고, 저녁을 굶기거나 심지어 채찍질을 한 사례 등이 드러났다. 아동에게 1주일에 6일 동안 일을 시켰으나 보수를 지급하지 않은 사례도 있었다. 그러나 이런 조사 결과에도 불구하고 의회는 이러한 사실들이 아동학대는 아니라고 결론 내렸다. 필라델피아의 House of Refuge는 Glen Mills Schools로 이름을 변경하여 지금도 비행소년을 교육하고 있다(Kopaczewski, 2018).

개혁가들에게 비행소년juvenile delinquents은 가해자이기보다는 피해자였고, 이들은 도시 빈곤의 악한 영향력으로부터 구출하여야 할 대상이었다. 개혁가들에게 있어서 주된 적은 빈곤이었고, 알코올 중독, 무지, 도박과 같은 소년 비행juvenile delinquency은 증상일 뿐이었다. 개혁가들은 House of Refuge가 천국이나 성경의 도피성city of refuge이 되어야 한다고 의도했고, 그곳에서 소년들은 세상의 악으로부터 벗어나서 보호되고, 도덕적 교화가 일어날 수 있다고 생각했다. 그러나 House of Refuge는 부모의 방임이 소년의 비행에 가장 핵심적인 원인이라고 하더라도 부모를 대체하는 대안가정을 제공하는 것이 아니라 소년들을 도덕적으로 교화하는 것이 목적이었다. 이런 목적을 달성하기 위한 기본요소는 엄격한 일과표와 훈육, 교육과 노동이었다. 의도는 숭고하였으나 현실은 냉혹할 수밖에 없었다(Burfeind & Bartusch, 2006, p.25 재인용).

〈Box 2〉에서 보듯이 이탈을 방지한다는 이유로 문을 밖에서 걸어 잠그는 수용시설이 부모의 역할을 한다는 것은 매우 어려운 일이다.

이런 현실에도 불구하고 House of Refuge의 등장으로 인하여 부랑아동 등 보호가 필요한 아동에서 비행소년에게까지 국가의 개입이 확대되었으며, 이는 장차 소년법원이 태동하는 씨앗이 되었다(Rendleman, 1971, p.217).

〈BOX 2〉 뉴욕 HOUSE OF REFUGE의 하루

동이 트면 아동들은 종소리에 따라 침대에서 일어난다. 각자 자신의 침대를 정리하고 신호에 따라 줄을 지어 광장으로 들어간다. 철저하게 줄을 맞추어서 세면장으로 간다. 세면을 마친 후에는 운동장으로 행진해서 옷차림과 청결상태를 검사받는다. 이 일이 끝나면 아침 기도에 참여한다.

곧바로 아침 수업을 하는데, 여름에는 오전 7시부터 진행된다. 짧은 휴식을 한 다음에 종소리에 따라 아침식사를 한다.

식사를 마친 후에는 개별적으로 배정된 작업장으로 간다. 그곳에서 12시까지 일을 한다. 1시간의 휴식 시간 동안에 씻고, 식사를 한다. 1시가 되면 다시 작업장으로 가서 5시까지 일을 한다. 30분 동안에 세면과 저녁 식사를 마치고, 5시 30분이 되면 학과장으로 가서 저녁 8시까지 공부를 한다.

저녁 기도시간까지 참여한 이후에 소년들은 숙소로 돌아가는데 이때 문은 밖에서 잠긴다. 숙소에서는 철저한 침묵을 유지하여야 한다. 이러한 일과는 일요일에는 예외였으며, 폭풍이 오거나 겨울철 일조시간이 짧은 시기를 제외하면 1일 일과는 동일하였다.

출처: Mennel, Thorns and Thistles: Juvenile Delinquents in the United States, 1825-1940(Burfeind & Bartusch, 2006, p.26 재인용)

〈그림 1〉 David Johnson Kennedy가 1836년에 그린 필라델피아의 House of Refuge의 수채화이다(출처: http://Philadelphiaencyclopedia.org/archive/house-of-refuge/#24107).

5) 최초의 국친사상 판결, Ex parte Crouse(Elson, 2018)

국친사상이 미국에서 최초로 재판에 적용된 사건은 1838년 펜실베이니아 대법원의 Ex parte Crouse 사건이었다. 이 사건은 House of Refuge에 수용된 Mary의 아버지가 제기하였다. Mary가 House of Refuge에 수용된 것은 Mary의 어머니의 신청에 의한 것이었다. Mary가 비록 죄를 범한 것은 아니지만 Mary의 '악한 행동vicious conduct'을 더 이상 통제할 수 없다는 것이 이유였다. 법원은 Mary를 House of Refuge에 수용하도록 명하였다. 그러나 Mary의 아버지는 이에 반대하였는데, 법원이 Mary를 House of Refuge에 송치하기 위한 재판trial을 하지 않았으므로 헌법을 위반하였다고 주장하며, 수용 명령에 불복하여 인신보호영장writ of habeas corpus을 신청하였다. 펜실베이니아 대법원은 아버지의 신청을 기각하고, Mary를 House of Refuge에 송치한 것은 합헌이라고 하였다. 논지는 다음과 같다(Elson, 2018; 한국소년법학회, 2006, p.42)

① House of Refuge는 처벌punishment하는 곳이 아니라 보호protection하는 곳이다.

② 부모가 교육시킬 능력이나 자격이 없을 때에는 국가가 부모parens patriae로서의 역할을 대신한다.

③ Mary는 처벌받는 것이 아니므로 형사재판상 피고인에게 부여되는 적법절차due process의 보장이 필요 없다.

Ex parte Crouse 사건은 미국에서 국친사상을 적용한 첫 재판이다. 펜실베이니아 대법원은 부모의 자녀 양육권에 대하여 자연권이지만 양도할 수 없는 권리는 아니라고 보았다. 만일 부모가 자녀를 적절히 감독, 훈련, 교육할 수 없을 때에는 국가가 그 권리를 대신하여야 한다고 판시함으로써 국가가 개별 가정에 적극적으로 개입할 수 있는 첫 단초를 만든 판례이다. 그러나 판결의 대상은 '죄를 범한 소년'이 아니라 부모의 통제에 반항하는 '우범소년'이었고, 아직 범죄소년에 대하여 국친사상이 적용된 것은 아니었다.

6) 탈시설placing-out과 고아 열차orphan trains

House of Refuge는 보호가 필요한 아동에게 피난처를 제공한다는 취지로 설립되었지만 1850년대 초부터 폐해가 드러나기 시작하였다. 빈곤과 학대를 받는 소년들을 위한 피난처가 되기보다는 교도소prison와 구분할 수 없는 장소가 된 것이다. 개혁가들은 시설 수용을 통해서는 적절한 양육과 교화를 제공할 수 없다는 것을 인식하고, 시설이 아니라 가정이 교화를 위한 최고의 장소라는 전통적인 신념으로 되돌아갔다(Burfeind & Bartusch, 2006, p.26).

시설이 아닌 가정에서 아동을 교화하여야 한다는 생각은 예일대 졸업생인 Charles Loring Brace에 의하여 시작되었다. Brace는 뉴욕 슬럼가에 거주하는 수천 명에 달하는 방임되거나 학대당하는 아동과 고아를 보고 충격을 받았다. 당시에 이 소년들이 할 수 있는 일이라고는 구걸과 매춘, 절도 또는 갱단에 가입하는 것이었고, 결국은 구치소나 고아원에 보내지는 것이 현실이었다. Brace는 이 소년들을 돕는 것은 일과 교육 그리고 강력한 가족생활이라고 믿었다. 그는 1853년에 뉴욕아동지원협회New York Children's Aid Society를 설립하고, 이들을 기차에 태워서 미국 서부로 보내는 운동을 벌였다. 기차를 이용하였기 때문에 이 운동은 고아 열차 운동Orphan Train Movement라고 불리어졌다. 탈시설화 운동은 많은 사람들의 호응을 불러일으켰으며, 고아 열차가 운행된 1853년부터 1929년까지 기차로 실려간 고아소년들은 200,000명 이상이었다. 이 운동에 참여한 시민 중 일부는 시민의 의무로서 또는 무상으로 노동력을 구할 수 있다는 이유 등으로 소년들을 자신의 농장에 받아들였다. 그러나 이런 탈시설화 운동은 소년에 대한 노예 노동이라는 비판과 반기독교적anti-Catholic이라는 비난을 불러일으켰다(wikipedia, 2018). 생각하건대 수용시설 보다는 가정이 소년에게 최고의 교육 공간이라는 생각은 옳지만, 그 가정이 소년의 본래 가정이 아니라 타인의 가정이라면 시설과 크게 다르지 않다. 또한 동부에서 서부까지 열차로 거주지를 이동시킨 것은 수형자를 미국 또는 호주로 이주시킨 영국의 유배형과 유사하여 부당한 것으로 보인다.

7) Reform Schools[2]와 O'Connell v. Turner(1870) 사건

19세기 중엽부터는 Reform School이 요보호아동과 범죄소년 문제를 해결하기 위하여 House of Refuge의 대안으로 대두되었다. House of Refuge가 종일토록 노동을 하고 아침과 저녁에 교과 교육을 하는 방식이었다면 Reform School은 일반 학교와 동일하게 교과 교육을 하는 형태로 운영되었다. Reform School은 일반적으로 최대 40명을 수용하는 cottage 중심으로 구분되어 운영되었고, 각 cottage에는 matron어머니과 patron아버지이 배치되어 교도소보다는 대가족에 가까웠다. 신체적 훈육보다는 정서적 훈육을 통하여 순응과 건전한 시민의식을 함양하도록 하였다. 초기의 Reform School은 농촌 지역에 위치하여 농업을 배우거나 농장에서 도제로서 훈련을 받는 형태가 유지되었으나 남북전쟁과 산업혁명이 진행되면서 점차 직업훈련 중심으로 프로그램이 변화되었다(Burfeind & Bartusch, 2006, p.28).

House of Refuge와 동일하게 Reform School도 국친사상에 따라 소년들을 수용하였고, 법적인 도전을 받지 않았다. 국친사상은 비행소년을 수용하는 든든한 법적 근거를 제공하고 있었다. 그러나 1838년 Ex parte Crouse 사건으로 국친사상이 처음으로 천명된 이후 불과 32년 만인 1870년에 국친사상은 O'Connell v. Turner(1870) 사건으로 처음으로 법적인 도전에 직면하게 되었다. Michael O'Connell은 '부랑 또는 부모의 방임, 시내 배회, 비행, 구걸, 게으름과 악행'의 사유로 Illinois Reform School에 송치되었다. 보호자는 O'Connell이 범죄행위를 한 것이 아니라 단순히 '아동 방임'에 근거하여 송치되었다는 이유로 인신보호영장을 신청하였다. 일리노이 대법원은 아동의 도덕적 복지와 사회의 선을 위한다는 주관적 고려만으로는 소년을 Reform School에 송치하기에 충분하지 않다고 판시하면서 소년을 석방하도록 명령하였다. 그러나 일리노이 대법원의 판결은 국친사상을 전면 부인한 것은 아니었다. 보호자의 권리와 책임을 박탈하기 위해서는 '소년에 의한 심각한 비행 또는 보호자 측면에서의 전적인 부적절성'이 인정되어야 한다는 것으로, 자녀를 양육하고 보호할 수 있는 보호자의 권리와 책임을 박탈할 수 없다는 점을 강조한 것이었다. Illinois Reform School은 이 판결 이후 2년 만에 폐쇄되었다(Burfeind & Bartusch, 2006; 한국소년법학회, 2006, p.43).

---

2 Reform School은 감화원 등으로 번역될 수 있으나 소년이 문제소년이라는 것을 전제하고 '개선', '재생', 또는 '개혁' 한다는 의미가 강하다. 따라서 굳이 번역하지 않고 원어 그대로 사용하기로 한다.

8) 아동구조운동child-saving movement

남북전쟁이 끝나고 나서 도시에서는 빈곤과 소년비행 문제가 점차 악화되고 있었다. 그리고 소년 수용시설은 구금 위주였고, 억압적이었다. 말로는rhetoric 소년에게 가정과 같은 시설이며, 관대한 분위기라고 주장하나 실상은 교도소와 다를 바 없었고, 심지어 잔인하고 무질서하였다. 이러한 현실에 대하여 중산층 이상의 여성이 주축이 된 자선단체들은 소년들을 위한 자원이 터무니없이 부족한 것에 대하여 한탄하고 있었다. 당시에 요보호아동dependent children은 구호시설에 성인과 함께 수용되고 있었다. 비행청소년delinquent children은 성인구치시설에 성인 범죄자와 함께 수용되었고, 특별한 고려 없이 성인 법원에서 재판을 받았다. 그나마 몇 개 없는 소년을 위한 시설은 대부분이 개인이 설립하거나 종교단체가 후원하는 것이어서 운영이 안정적이지 못하였다. 개혁가들은 주 정부가 이들 소년을 보호하고 보살필 책임을 담당하여야 한다고 느끼기 시작했다. 특히 미국 전역에 걸쳐서 여성 개혁가들은 정부가 '요보호, 방임, 및 비행소년'을 위하여 직접 개입하여야 한다고 주장하였고, 이들의 주장은 큰 영향을 미쳤다(Burfeind & Bartusch, 2006, pp.29–30). 아동구조운동의 주축이 된 여성 개혁가들이 '어머니' 역할을 공공분야로 확대한 것이다.

9) 소년법원의 설립(1899)

아동구조운동가들은 아동복지제도의 개혁을 위해서는 정치인 및 관료 조직의 지원이 있어야 한다는 것을 깨닫게 되었다. 시카고 여성 클럽Chicago Women's Club은 시카고 변호사 협회Chicago Bar Association, 일리노이 자선 협회Illinois Conference of Charities와 함께 개혁을 위하여 노력하였다. 그 결과 1898년 시카고 변호사 협회Chicago Bar Association 연례 회의에서 '요보호 및 비행소년'과 관련된 실태를 조사하기 위한 위원회를 구성하게 되었고, 개혁 입법을 위한 결의를 이끌어내었다.

개혁 입법인 '소년법원법 초안'의 핵심은 소년을 성인으로부터 '분리하여 처우하는 제도a separate system'를 만드는 것이었다. 이 법은 1899년 2월에 하원에 상정되었고 이어서 상원에 상정되어 4월 14일에 통과되었다(Platt, 1977, pp.131–132).

소년법원법은 개혁가들에 의하여 추진되었지만 급진적인 개혁의 결과물은 아니다. 당시에 운영되고 있는 관행을 현실화한 것이라고 할 수 있다. 소년을 성인과 구분하여 재판하는 법률을 매사추세츠주에서는 1874년에, 뉴욕은 1892년에 이미 제정하였다. 그러나 이들 주는 별도의 '소년법원'을 설치하는 데에 이르지는 못하였다.

우여곡절 끝에 아동보호운동은 각계의 노력 결과 약 1세기에 걸쳐서 마침내 소년법원이라는 결실을 보게 되었다. 이러한 소년법원의 창설과 관련하여 Roscoe Pound는 "1215년 영국의 마그나카르타Magna Charta 이후 사법제도에 있어서 최대의 진보"라고 격찬하였다(김동림, 1992, p.16 재인용). 이렇게 설립된 소년법원은 기존의 성인법원과 구분되었는데, 첫째, 구조와 관할, 둘째, 국친사상parens patriae의 확장에 따른 법적 권한, 셋째, 법의 철학과 절차에 있어서 기존 법원과 달랐다(Burfeind & Bartusch, 2006, p.31).

2 원형prototype으로서 일리노이 소년법원

일리노이 소년법원은 최초의 소년법원으로서 다른 주에서 소년법원을 설치하려고 할 때 원형으로 작용하였다. 일리노이 소년법원은 성인 형사법원과 구별되는 구조와 관할권, 국친사상이라는 철학적 배경, 교정주의의 실천, 법원선의주의라는 특징을 가지고 있다.

1) 소년법원의 구조와 관할권

일리노이 소년법원은 소년을 성인과 분리하여 재판하기 위하여 설립된 미국 최초의 법원이다. 재판장은 순회법원 판사가 임명되었고, 법정은 특별히 꾸며졌으며, 소년에 대한 자료도 구분하여 관리되었다.

이는 소년을 성인 사법 제도와 분리하고, '요보호, 방임 및 비행소년'을 위한 특별한 프로그램을 제공하기 위한 것이 목적이었다. 따라서 소년법원의 관할에는 당연히 비행소년juvenile delinquent, 요보호아동dependent children 및 방임아동neglected children이 포함되었다. 소년과 관련된 문제에 대해서는 소년법원에 광범위한 관할권이 의도적으로 부여된 것이다.

일리노이 소년법원법에 규정된 (1) 비행소년은 16세 이하로서 주법州法 또는 시市나 마을의 관습을 어긴 소년, (2) 요보호 및 방임아동은 부랑아동, 보호자의 적절한 양육 또는 보호가 결여된 아동, 부모의 방임이나 학대를 받는 소년, 8세 이하로서 거리에서 구걸을 하는 아동 등이 광범위하게 포함되었다. 이렇듯 소년법원에 광범위한 관할을 부여한 것은 친부모가 자신의 역할을 제대로 하지 못한다면 언제든지 개입할 수 있도록 하기 위한 것이다.

그러나 〈Box 3〉의 소년법원의 인적 구성에서 보여주듯이 소년법원의 인적 구성이 보호와 지원이 아니라 통제와 감독 위주로 되어 있어서 소년법원은 첫 출발부터 문제점을 내포하고 있었다. 특히 경찰관의 수가 16명으로 상대적으로 많은 것이 눈에 띈다. 이들 경찰관들은 소년의 송치이유에 대한 사실관계 확인을 위하여 필요한 인력이었을 것으로 추측된다. 미국의 소년법원은 모든 소년사건이 소년법원에 송치되는 법원선의주의를 채택하고 있으므로 소년이 범죄를 저질렀는지 여부를 확인하는 사실관계 확인과정fact-finding stage과 유죄판단 과정adjudication stage으로 구분하여 진행하게 된다. 사실관계 확인과정은 보호관찰관과 경찰관이 담당하게 되는데, 법원에서 이루어지는 사실관계 확인은 실체적 진실에 대한 공방이 이루어지기 마련이어서 온화한 분위기를 기대하기 어렵다.

〈BOX 3〉 일리노이 소년법원의 인적 구성

1) 1명의 순회법원 판사: 재판장
2) 6명의 보호관찰관: 보수는 주로 시카고 여성 클럽에서 지급하였다.
3) 1명의 유색흑인 여성: 전일제로 근무하였으나 무보수였고, 흑인 소년 사건을 전담하였다.
4) 21명의 무단결석 담당 직원: 결석 관련 업무를 담당, 교육위원회 소속이었다.
5) 16명의 경찰관: 가정방문 때 보호관찰관을 지원하는 업무를 담당하였다. 시카고 경찰청 소속이었다.
6) 36명의 시민: 보호관찰 중인 소년을 비정기적으로 지원하였다.

위의 인적 구성을 보면 정규직원 45명 중에서 무단결석 담당 직원과 경찰관이 37명으로 전체의 82%를 차지한다. 이는 소년법원이 비행소년의 체포 또는 처분 집행에 중점을 두고 있다는 것을 추측할 수 있다. 이러한 인적 구성은 소년법원을 설립할 때 상상하였던 이미지와 다르다. 소년법원의 이미지는 인자한 모습의 판사가 커다란 테이블에 둘러앉아서 엄한 아버지로서 자상하게 훈계하고 소년은 이를 기꺼이 받아들이는 모습이었다.

출처: Platt(Platt, 1977, pp.139-140) 재구성

〈BOX 4〉 일리노이 소년법원의 소년재판

소년법원은 소년법원법 제정으로 1899년 7월 4일 Cook County에서 문을 열었다. 판사에 Richard Tuthill이 임명되었다.
첫 사건은 절도로 체포된 11세 소년 Henry Campbell이었다. 재판은 공개되었다. 비공개로 진행되어야 한다는 의견도 있었으나 허용되지 않았다. Henry의 아버지는 Henry가 다른 아이들과 어울려서 문제를 일으켰을 뿐 착한 아이라고 주장하였다. 이 당시 소년법원법에 의하면 판사는 보호관찰을 부과할 수 있었으나, 실제로는 예산이 없어서 보호관찰관을 임명할 수 없었다. 따라서 판사에게는 소년을 부모에게 돌려보내거나 시설에 송치하는 것 말고는 다른 선택지가 없었다. 재판 결과 Henry의 부모는 할머니가 살고 있는 뉴욕으로 Henry를 보내서 문제를 일으키는 환경으로부터 완전히 분리하겠다는 약속을 하였고, 판사는 유죄판단adjudication이라는 공식적인 과정을 거치지 않고 보호처분을 하였다.
두 번째 사건은 2주 후에 열린 Thomas Majcheski 사건이었다. 그는 곡식을 훔친 죄로 송치되었는데, 당시로는 흔한 사건이었다. 아버지는 사망하였고, 자녀를 9명이나 둔 어머니는 바빠서 재판에 참여할 수 없었다. 아직 보호관찰관이 임명되지 않고 있었기 때문에 Tuthill 판사의 선택지는 (1) 사건을 기각(보호자에게 위탁)하는 것, (2) 시설에 수용하는 것, (3) 형사법원에 송치하는 것뿐이었다. 이 중에서 판사가 선택할 수 있는 최선은 학교 교육을 받을 수 있는 주립 소년교도소state reformatory에 보내는 것이었다. 판사가 판결을 하려고 할 때 약 300명의 청중 중에서 한 청년이 판사의 처분에 이의를 제기하였다. 판사는 그 청년이 소년을 책임질 수 있는지를 물었고, 청년이 이를 받아들였다. 이후에 그 청년은 Thomas를 자신의 어머니에게 맡겨서 보호하였다. 이 사건을 보면 몇 가지 문제점이 보인다. 먼저 소년법원은 Thomas의 어머니의 의견을 청취하지 않았으며, 어머니로서의 권리에 대해서도 고려를 하지 않은 것을 알 수 있다. 더 커다란 문제는 Thomas를 책임지겠다는 청년과 그의 어머니의 자격에 대한 검토가 없었다는 것이다. 특히 Thomas를 책임지겠다는 것은 그 청년이었으나 실제 Thomas를 보호한 것은 그 청년의 어머니였다. 그 청년의 어머니가 어떤 사람이었는지에 대한 확인뿐만 아니라 의견을 청취하는 절차도 없었다.
소년재판은 처벌을 위한 장소가 아니었고, 지역 공동체가 소년의 개선에 함께 참여하는 장이었다. 그러나 첫 재판부터 소년의 보호와 관련하여 취약점 또한 함께 나타나고 있었다.

출처: Tanenhous's Juvenile Justice in the Making(Sickmund & Puzzanchera, 2014, p.85 재인용)

2) 국친사상

Robert Mennel은 소년법원의 설립이 국친사상의 강조와 확장을 의미한다고 보았다(Burfeind & Bartusch, 2006, p. 35 재인용). 실제 일리노이 소년법원법은 '요보호 및 방임아동'을 위하여 필요하다면 명망 있는 시민 또는 사설단체나 국가기관에 위탁할 수 있도록 규정하고 있다. 비행소년에 대해서는 보호관찰관에게 위탁을 하는데, 보호관찰관은 해당 소년을 가정에서 보호관찰하거나 적당한 가정이나 기관에 위탁할 수 있었다. 그리고 소년법원법은 이외에도 직업훈련이나 기술학교, 소년원Boys' State Reformatory에 소년을 송치하도록 규정하였다(Platt, 1977).

일리노이 소년법원법이 제정되면서 요보호아동과 비행소년 간의 구별이 사실상 없어지게 되었다. 법에 의하여 범죄를 저지른 소년도 요보호아동 및 방임아동을 위한 시설에 함께 수용되게 되었기 때문이다. 소년을 성인과 함께 수용하는 것이 인권침해 논란을 일으켰듯이 요보호아동과 범죄소년을 함께 수용하는 것도 장차 논란을 일으킬 씨앗을 잉태한 것이라고 할 것이다.

3) 교정주의적 이상Rehabilitative Ideal

소년법원은 단순히 소년을 성인 사법시스템에서 분리한 것뿐만 아니라 소년법원이 성인 형사법원과 구분되도록 법 철학과 절차까지도 새롭게 하였다. 최초의 소년법원이 가진 이러한 법 철학은 교정주의이다. 형사법원에서는 유죄의 확정과 처벌이 목적이지만 소년법원에서는 문제의 진단과 교정에 중점을 두기 때문이다. 이러한 교정주의는 국친사상에 기반한 것이다. 국가가 자녀의 잘못을 교정하는 부모로서의 책임을 소년법원을 통하여 실현하려는 것이기 때문이다.

국친사상에 입각하여 부모로서의 책임을 이행하기 위해서는 적어도 다음 3가지의 원칙이 수반되어야 한다(Platt, 1977, p.141).

형사책임의 경감: 아동기 및 사춘기 개념의 발견에서 보듯이 소년은 미성숙하다. 초기 소년법원은 16세 미만인 자를 미성숙한 소년으로 규정하고, 죄를 범할 능력이 부족하다고 보았다. 소년은 신체적 정신적으로 미성숙하므로 법적 책임이 경감되며, 처벌이 아니라 교정의 대상이 되어야 한다.

아동복지적 접근: 아동구조운동가들은 최초의 소년법원을 사법제도가 아닌 복지제도로 구상하였다. 소년법원의 역할은 유무죄를 판단하는 것이 아니라 대상 소년의 사회적 환경을 분석함으로써 소년의 인격과 필요needs를 조사하여 '소년에게 최선의 이익the best interests of the child'이 무엇인지를 결정하는 것이었다. 소년법원의 초점은 범죄offense가 아니라 범죄자offender였다. 소년의 범죄 원인을 정확히 진단하고 해당 소년에 개별화된 맞춤형 처우를 하는 것이었다. 소년법원의 핵

심적인 관심은 '전인으로서의 소년total child'에 대한 과학적인 진단에 기초하여 소년의 최선의 이익을 목표로 하는 것이므로 소년이 송치된 사유(요보호, 방임 또는 비행)에 대해서는 거의 관심을 기울이지 않았다. 요보호, 방임 또는 비행은 단지 소년이 가지고 있는 문제real needs를 밝혀내기 위하여 분석하여야 할 증상에 불과하였다.

비공식적, 가족적 절차informal and family-like procedures: 교정이라는 이상을 달성하기 위하여 소년법원은 일반 형사법원과 다른 절차를 마련하였고, 용어까지 새롭게 하였다. 비공식적 절차의 주요 특징을 예로 들면 다음과 같다. 소년은 범죄로 기소되는 것이 아니라 지원과 원호를 받는다. 국가의 개입조치는 소년의 생애에 있어서 전과경력과 같은 오점stigma을 남기지 않는다. 절차는 비공식적이고, 적법절차 원칙은 소년법원이 민사법 관할이므로 적용되지 않는다. 비공식적, 가족적 절차라는 의미가 소년법원의 심리가 일반에 공개되지 않는다는 의미는 아니다. 최초 소년법원의 심리는 일반에 공개되었고, 시민은 소녑법원의 활동을 모니터링할 수 있었다. 1925년에 제정된 표준소년법원법The Standard Juvenile Court Act도 소년의 이름을 공표하는 것을 금지하지 않았다. 1959년에 이르러서 언론인의 출입이 법원의 허가를 받아야 가능하도록 변경되었다(Sickmund & Puzzanchera, 2014, p.97).

〈표 2〉 형사법원과 소년법원 용어 비교

형사법원	소년법원
defendant피고인 charge/indictment혐의/기소 arraignment기소인부절차 prosecution기소 trial심판 sentence판결	respondent피신청인 petition신청 hearing심리 adjudication유죄판단 finding평결 disposition처분

4) 법원선의주의

일리노이 소년법원법은 법원선의주의를 채택하였다. 선의권은 범죄소년에 대한 '처리 절차'를 결정하는 권한을 의미한다. 즉 사건을 소년법원에서 처리할 것인지 또는 형사법원에서 처리할 것인지를 결정하는 것이다. 그러므로 선의권에 대한 논의는 우선 소년법원이 형사법원과 별개의 법원으로 설립되어 있어야 가능하다. 최초 소년법원법에서 별도의 소년법원을 설립한 목적이 소년을 성인과 분리하고자 한 것이므로 의욕적으로 모든 소년사건(지위비행자, 요보호아동, 방임소년 및 범죄소년)을 소년법원에서 처리하는 것이 당연한 귀결이었다. 따라서 일리노이 소년법원법은 제도상 모든 소년사건이 소년법원으로 송치되는 구조였고, 이후 소년법원에서 심리 결과 사건을 형사법원에 송치할 것인지 여부를 결정할 수 있는 권한을 가졌다.

그러나 최초의 소년법원은 모든 사건이 검찰이 아닌 법원으로 송치되는 법원선의주의로 인하여 근본적인 문제점을 안게 되었다. 소년사건 처리 절차는 크게 나누어 송치referral, 접수intake, 유죄판단adjudication 및 처분disposition의 순서로 진행되는데, 소년법원에서 유무죄를 다투어야 하는 상황이 발생할 수밖에 없게 된 것이다. 선의권에 대해서는 제2장에서 자세히 살펴본다.

5) 일리노이 소년법원의 파급효과

일리노이 소년법원법의 파급력은 대단했다. 1925년까지 불과 26년 만에 메인주와 와이오밍주만을 제외하고 모든 주에서 소년법원법을 제정하였다. 1945년이 되어서는 미국의 모든 주에 소년법원이 설립되고, 일리노이 소년법원의 비구조적이고 비공식적인 체계는 곧 미국 전역의 소년법원의 표준이 되었다(Lenroot & Lundberg, 1925). 또한 소년법원과 함께 민영 및 국영 시설, 보호관찰과 같은 지역사회 교정기관과 같은 제도가 생겼다. 이들 기관은 모두 교정주의와 국친사상을 기반으로 하였다(Burfeind & Bartusch, 2006, p. 38).

6) 원형 소년법원에 대한 비판과 시사점

범죄를 저지른 소년에 대하여 단순히 형벌을 완화해주는 것이 아니라, '소년범죄'를 '소년의 구조 요청'으로 인식하고 그 원인을 찾아 해결하려는 혁신적인 생각은 어느날 갑자기 발생한 것이 아니라 오랜 역사를 거쳐 완성된 것임을 알 수 있었다. 이를 다시 정리하고 문제점을 분석해본다[3].

소년보호제도의 탄생에 결정적인 영향을 미친 것은 영국의 국친사상이다. 14세기 말에 확립된 국친사상은 보호가 필요한 아동 즉, 부랑아동, 유기 또는 방임된 아동에 대하여 국가가 보호할 책임을 진다는 것이다. 수 세기가 지난 19세기에 접어들어 식민지 미국에 국친사상이 전수되었으나 국가의 책임은 요보호아동에 머물렀고, 범죄를 저지른 소년까지 국가에서 보호, 양육하여야 한다는 생각에 이르지는 않았다. 이 무렵 빈곤이 범죄의 원인이라는 빈곤주의pauperism가 확산되기 시작하였고, 1825년에는 이들을 보호하기 위하여 House of Refuge가 설립되었다. 그러나 요보호소년에게 안전한 피난처를 제공한다는 취지와 달리 요보호아동과 범죄소년을 함께 수용하였으며, 감금과 다름없는 생활을 하였다.

이후 요보호아동을 시설에 수용하는 것의 위험성에 대하여 인식하게 되면서 소년들을 동부에서 서부의 농장에 보내는 고아열차orphan train운동이 일어났고, House of Refuge의 문제점을 보완한 Reform School이 생겨났다. 고아열차는 아동을 강제적으로 부모로부터 분리하여 다른 가정으로 보낸다는 점에서 근본적인 문제가 있고, Reform School은 소년을 '감금'하는 운영 형태의 근본적인 변화 없이 수업편제만을 부분적으로 변경한 것이다. 즉, 이른 아침과 야간에 수업을 하는 공장을 인가학교로 변경한 것에 불과하였다. 그리고 요보호아동과 범죄소년을 혼합 수용함에 따른 문제점을 안게 되었다.

이후 1861년 남북전쟁이 발발하면서 부랑아동 등 요보호아동은 더욱 늘어났고, 이들을 보호하고자 하는 사회적 노력도 본격화되었다. 이러한 노력은 여성 개혁가들이 주축을 이뤘다. 그리고 1899년 일리노이주 Cook County에 소년법원이 설립되었다.

소년법원은 영국 형평법 체계에 따라 민사법원에 속하는 것이었으나 '혼합주의'라는 문제점을 태생적으로 가지고 있었다. 먼저, 소년법원의 인적 구성이 혼합적이었다. 전체 소년법원 구성원 45명 중에서 경찰관이 16명이었으며, 무단결석 담당 직원까지 포함하면 37명이었는데 이는 전체 45명의 82%였다. 이 인력은 소년의 범죄사실 조사와 법 집행을 위한 것이었고, 이들의 참여는 소년법원을 민사적인civil 성격에서 형사적인criminal 성격으로 변화시키고 소년법원에 대한 외부의 시각

---

3 〈그림 2〉는 미국 소년보호제도의 변화를 그림으로 표현한 것이다. 그림은 크게 비형벌화와 형벌화로 구분하고, 연혁별로 각각의 노력이 비형벌화에 속하는지 여부를 표현하였다. 예를 들어 House of Refuge가 그림의 가운데에 위치한 이유는 House of Refuge가 비형벌화와 형벌화의 성격을 모두 가지고 있기 때문이다.

도 변화시켰을 것이다. 두 번째는 심리절차의 혼합이다. 성인 형사법원의 재판절차는 유죄 판단 단계와 처분 결정 단계로 나누어지는데, 소년법원은 민사재판에 속하면서도 형사법원의 절차를 그대로 차용한 것이다. 유무죄 자체를 다투는 과정 중 소년의 협조를 얻어 무엇이 필요한지를 조사하고 이를 개선하기 위한 처우 프로그램을 마련하는 일은 쉽지 않다. 세 번째는 집행의 혼합이다. 소년법원의 이상은 소년보호처분을 통하여 실현되는 것인데 이를 집행하는 시설이 교도소와 동일하게 운영되었다. 소년보호처분의 대상자에 범죄소년이 포함되어 있으므로, 집행시설은 범죄소년의 도주방지를 위해 폐쇄적으로 운영되었다. 이는 소년을 양육하고 보호하겠다고 하는 소년법원의 숭고한 이념을 결정적으로 무너뜨리는 행위였다. 특히 House of Refuge의 등장으로 인하여 요보호아동이 아니라 비행소년에 대한 국가의 개입 가능성이 확대되었으나(Rendleman, 1971, p.217), 보호처분을 받은 소년을 구금하는 현실은 소년법원의 성격이 민사적이지 않고, 형사적criminal이라는 확신을 갖게하는 원인이 되었다. 소년법원이라는 새로운 이념을 House of Refuge라는 과거의 현실(구금상태)에 그대로 가져다 붙인 것이다. House of Refuge는 그 명칭에도 불구하고 문을 밖에서 잠그는 구금시설이었으므로, 소년을 보호하는 곳이 아니라 처벌하는 곳이라는 인식이 계속될 수밖에 없었다. 결국, 소년을 보호하기 위하여 소년법원이 설립되고 국친사상의 이념을 천명하였지만, 소년을 구금하는 형태의 운영이 바뀌지 않으면서 소년법원의 설립취지가 무색해진 것이다.

이러한 비판 이외에도 당시에는 다른 비판이 있었다. 중산층 또는 상류층 여성들의 운동은 사회의 변혁을 저지하고 현상을 유지하려는 것일 뿐이라는 비판에서부터 개혁운동가의 뜻은 고상하지만 개혁은 수사rhetoric에 불과할 뿐 실질적인 성과를 거두지 못하였다는 비판까지 다양하였다. 이런 비판 중에서 새로운 소년법원 제도에 대해서도, 성인 형사법원과 함께 운영되었던 이전의 아동복지제도보다 더 징벌적이고 권위적인 제도로 바뀌었으며, 교정주의와 국친사상하에서 국가가 광범위하고 거의 제약이 없는 권한을 행사하게 되었다는 비판이 생겨났다(Burfeind & Bartusch, 2006, p.39).

이런 비판은 소년법원의 문제라기보다는 이를 집행하는 민영기관 또는 국가기관의 인력, 예산 등이 뒷받침되지 않아 발생하는 문제였다는 점에서 이러한 비판을 겸허하게 인정하고, 집행 영역의 역량을 키우고 운영방식을 변화시키는 데 집중하였더라면 하는 아쉬움이 있다.

원형 소년법이 안고 있는 '혼합주의'라는 태생적 결함과 비판에도 불구하고 소년법원은 미국의 다른 주뿐만 아니라 전 세계로 확산되었다.

〈그림 2〉 소년보호제도의 연혁별 비교

	비형벌화	형벌화
14C 말	◆ 영국의 **국친사상** (형평법원) – 요보호아동 보호 * 범죄소년은 해당 없음	
19C	◆ **빈민법과 포퍼리즘** – 부랑아동 요보호아동의 증가 – 포퍼리즘의 확대 (:빈곤이 범죄를 낳는다는 시각)	
1825 (19C 초)	House of Refuge * 수용대상 – 요보호아동 – 부랑아동 – 범죄소년 * 범죄소년이 사회복지체계에 편입됨	
1838	civil ←	Ex parte Crouse 사진 – 지위비행소녀를 House of Refuge에 송치 – 미국에서 국친사상 최초 적용 * House of Refuge의 문제점 부각됨
1853	탈시설과 고아열차 – 시설수용의 문제점 지적 	

	비형벌화	형벌화

Reform School

- House of Refuge의 대안으로 등장
- 학교 편제 도입
- 요보호아동과 범죄소년 혼합 수용

1861 ~ 1865

남북전쟁으로 부랑아동 급증
→ 아동구조운동 본격화

1899

소년법원 설립

- 민사법원으로서 소년법원
- 비범죄소년과 범죄소년을 모두 요보호소년으로 보아 심판함

재판절차	처분결정단계 (disposition stage) ← 유죄판단단계 (adjudication stage)	
인적 구성	보호관찰관 6명 무단결석담당관 21명 비정기 자원봉사자 36명	판사 1명 경찰관 16명
	실제 운영에 있어 경찰관의 비중이 압도적으로 됨에 따라 형사적 요소가 강해짐	

	비형벌화	형벌화
1966	**Kent 사건** – 소년법원의 관할 포기(사건을 심리 없이 형사법원으로 이송) – 연방대법원은 소년의 이익을 보호하기 위하여 적법절차원칙 천명함	적법절차
1967	**Gault 사건** – 소년법원의 현실이 국친사상과 괴리되었다는 Kent 사건의 판시 재확인 – 소년재판에 변호인조력권, 증인심문권, 자기부죄금지원칙 등 형사법의 원칙 적용	
1970		**Winship 사건** – 증거법칙 변경 – 소년법원이 민사법체계에 속한다는 것을 부정
1975		**Breed V. Jones 사건** – 소년법원에서의 유죄 판단은 형사법원에서의 재판과 동일하다고 판단 – 소년사건에 이중위험금지원칙 적용
1974		**◆ 소년사법 및 비행예방법 제정** – 엄벌주의 – 관할권 포기 제도 – 소년법원의 형벌권 약화 – 비밀보장 약화 – 균형사법 등장('작은 어른' 관점의 재등장)

3 적법절차 원칙의 등장과 '소년법원'의 변화(좌절)

적법절차 원칙은 미국 헌법과 권리장전the Bill of Rights을 통하여 성립된 절차적 권리이다. 세계 제2차대전이 끝나면서 제기된 비판은 소년법원의 비형식성informality에 대한 것이었다. 1946년 Paul Tappan은 'Treatment without Trial?(재판 없는 처우?)'라는 논문을 통하여 소년법원이 적법절차 원칙을 위배하고 있다고 비판했다(Tappan, 1946). 그리고 1966년 연방대법원은 켄트 사건에서 "성인에게 주어지는 절차적 보호도 받지 못하고, 소년에게 주어지는 적정한 보살핌과 처우도 받지 못한다. 소년은 양쪽 모두에서 가장 열악한 처우를 받고 있다"고 판시하였다. 학자들의 이러한 주장과 연방대법원의 판결에 의하여 '소년법원'은 커다란 변화를 겪게 되었다. 여기서 주목할 것은 'Reform School' 등 '소년보호시설'이 변화된 것이 아니라 '소년법원'이 변화되었다는 것이다. 그러나 이러한 결과는 소년법원이 소년보호 체계를 변화시키기보다는 현실의 벽에 막혀서 소년법원의 목적이 좌절되었다고 보아야 한다. 또한 경찰, 검찰, 법원, 보호관찰소, 소년보호시설, 자원봉사자 등으로 구성되어 있는 소년보호체계 전체를 개혁의 대상으로 보는 것이 아니라 소년법원의 신설이라는 한 단위의 변화만으로 문제해결이 가능할 것으로 본 단편적인 시각의 결과로 이해할 수 있다.

1) 적법절차와 관련한 미국의 주요 판결

(1) 켄트 사건('Kent v. United States, 383 U.S. 541,' 1966)

1966년 16세인 Morris Kent는 이웃 여성의 아파트에 침입하여 강간하고 지갑을 훔친 죄로 소년법원에 송치되었다. Kent는 이 사건 이외에도 다른 유사한 사건이 있다고 자백하였고, 소년법원은 '철저한 조사full investigation'를 한 이후에 '관할 포기 심리waiver hearing[4]' 없이 Kent를 형사법원으로 송치하였다. 이는 법원선의주의에 따라 모든 사건을 소년법원에 송치하여 소년법원에서 관할한다

4 관할포기에 대해서는 제2장 각국의 소년법제와 선의권에서 자세히 설명한다.

는 관할권을 포기한 것이고, 이는 소년법원에서 심리 받을 수 있는 소년의 권리를 침해한 것이었다. 형사법원에 송치된 Kent는 6건의 주거침입과 강간, 강도로 30~90년 형을 선고받았다. Kent의 변호인은 '관할 포기'에 대한 심리 없이 소년을 형사법원으로 송치한 것은 헌법위반으로 정당화될 수 없다고 주장하였다.

연방대법원은 소년법원에서 성인형사법원으로 전환되는 '관할권 포기'에 관하여, 국친사상이 임의적인 법 절차를 정당화해줄 수 없으며 '관할권 포기' 심리는 '변호사의 조력을 받을 권리'와 같은 기초적인 적법절차로 반드시 준수해야만 한다는 것을 견지하는 한편, 성인에게 적용되는 헌법적 권리가 아동에게도 보장되어야 한다는 것을 판시하였다. 그리고 소년법원의 실제 행정과 소년에 대한 지도, 지원과 교정이라는 과장된 표현 사이에 괴리가 있다는 점을 지적하였다. 국친사상하에서 정부는 소년에 적대적인 것이 아니라 소년의 복지를 위하여 소년의 관점에서 절차를 진행한다고 가정되었기 때문에 소년은 보석, 대배심에 의한 기소, 신속한 재판과 심리, 배심원에 의한 심리, 자기부죄금지의 원칙, 원고와의 대질신문, 변호사의 조력을 받을 권리 등을 부여받지 못하였다. 그리고 보호처분의 집행에 있어서 국가기관이나 민영시설은 적절한 보호를 위한 인원, 설비, 기술이 부족하다는 것이 명백하였다. 따라서 소년은 양 측면에서 최악의 처우를 받고 있다는 점을 지적한 것이다.

Kent 사건의 핵심은 소년법원이 적법절차 없이 소년에 대한 관할권을 포기하고 소년을 형사법원으로 송치한 것으로, 이는 소년에게 심각하게 불리한 것이었다. 연방대법원은 Kent의 이익을 보호하기 위하여 적법절차를 준수하도록 판결하였고, 이후 소년법원의 모습을 변화시키는 기폭제가 되었다.

(2) 골트 사건('In re Gault, 387 U.S. 1,' 1967)

1964년 6월 8일, 보호관찰 대상자인 15세 Gerald Gault와 그의 친구들은 이웃집 여성의 신고(음란 전화로 인한 고통 호소)로 경찰에 체포되었다. 경찰이 집에 도착하였을 때 Gault의 부모는 집에 없었고, 이후에도 부모는 체포 사실을 정식으로 통보받지 못하였으며, Gault 가 체포되었다는 사실도 우연히 알게 되었다. Gault는 다음날 오후 소년법원 심리가 개시될 때까지 구치소에 수감되었다. 보호관찰직원이 Gault가 '비행소년delinquent minor'이라는 비행의견서를 작성하였으나 그 의견서에는 음란 전화 사건에 대하여는 어떠한 내용도 포함되지 않았다. 심리는 소년법원에서 일정 기간 동안 근무하도록 지정받은 형사법원 판사에 의하여 진행되었고, 그 사건을 다룬 보호관찰직원이 Gault와 그의 어머니와 함께 참석했다. 신고했던 이웃 여성은 참석하지 않았고, 참석한 사람 중에 어떤 사람도 선서를 하지 않았으며, 어떤 자료도 기록, 관리되지 않았다. 판사가 Gault에게 음란 전화 사건에 대하여 물었는지 여부도 심리기록이 존재하지 않기 때문에 명확하지 않다. Gault의 어머니는 음란전화 사건에서 Gault는 단지 전화 다이얼을 돌린 뒤 그의 친구에게 건네줬을 뿐이라고 주장했다. 그러나 판사와 보호관찰직원은 Gault가 음란전화를 했다는 사실을 자백했다고 주장했다. 심리를 끝내고 나서 Gault는 구치소에 수용되었다가 석방되었다. 그러나 7일 후인 6월 15일 Gault는 같은 판사로부터 최종심리에 출석하라는 명령을 받았다. Gault의 어머니는 아들과 그 친구들이 실제 음란전화를 하였는지를 확인하기 위하여 신고자를 소환하여야 한다고 주장하였으나 판사는 그 여성이 꼭 참석해야 할 필요가 없다고 결정하였다. Gault가 최종심리에서 무슨 진술을 하였는지에 대해서는 자료가 없어 논란이 있으나, 판사는 Gault가 몇몇 음란한 말을 했다는 사실을 인정했다고 주장했다. 결론적으로 판사는 Gault가 비행을 했고 따라서 Gault가 21세가 될 때까지 또는 소년원장에 의하여 석방될 때까지 소년원에 수용할 것과 함께 50달러의 벌금을 병과하였다. 이 6년이란 기간의 선고는 Gault가 단지 비행소년delinquent minor이고 특히 부도덕한 일에 상습성이 있다는 이유 때문이었는데, 그 상습성은 Gault가 2년 전 다른 소년의 야구글러브를 한 번 훔친 적이 있다는 데에 근거했다. 2년 전의 사건은 소년법원에 송치되지 않았었다. 만일 Gault가 성인이었다면 이 사건에서는 5~50달러의 벌금 또는 60일 미만의 구금에 처해지는 것이 고작이었을 것이다.

연방대법원은 Gault 사건에서 소년법원의 현실과 국친사상 사이에 괴리가 있다는 Kent 사건의 판단을 재확인하였다. 비행소년이 송치되는 곳이 '교정학교 또는 산업학교'라고 듣기 좋게 말하여진다 하더라도 현실은 소년들이 장기간의 구금생활을 하게 된다는 것이다. 결국 Gault가 소년법원으로부터 도움을 받는 것이 아니라 처벌을 받고 있다고 하면서, 연방대법원은 Gault가 기소사실을 통보받을 권리, 변호인의 조력을 받을 권리, 증인을 심문할 권리, 자기부죄금지원칙의 권리를 가진다고 판결하였다. 그러나 소년법원의 조사 서류를 볼 수 있는 권리는 부인하였다. 연방대법원은 Gault 사건을 통하여 소년법원의 설립 근거인 국친사상을 공식적으로 부인하였다.

(3) 윈쉽 사건('In re Winship 397 U.S. 358,' 1970)

12세인 Samuel Winship은 가게에서 112달러를 훔쳤다는 사실로 시설에 수용되었다. 사건이 발생한 가게의 종업원은 피해자가 돈이 없어진 것을 알고 난 이후에 바로 Winship이 현장에서 도망치는 것을 목격했다고 주장했다. 그러나 다른 사람들은 그 종업원이 돈이 탈취당하는 것을 볼 수 있는 위치에 있지 않았다고 했다. 뉴욕 소년법원은 Winship을 소년원training school에 송치하였다. 소년법원은 Winship이 유죄라는 것에 대하여 민사법상의 증거원칙에 따라 판단하였는데, 민사법상의 증거원칙에 따르면 '증거의 우위preponderance of evidence'만 인정되면 사실을 인정할 수 있다. 이는 유죄를 인정하기 위해서는 '합리적인 의심reasonable doubt'이 없어야 한다는 형사법적 증거원칙과는 큰 차이가 있다. 결국 비행이 사실이 아니라는 합리적인 의심이 든다고 하더라도, 사실에 더 무게를 둘 수 있는 증거가 있다면 비행을 저질렀다고 결론지을 수 있다는 것이었다.

연방대법원은 소년법원이 소년을 처벌punish하고자 하는 것이 아니라 소년을 구하기save 위한 것이므로 성인 형사법원과 동일한 기준을 적용할 수 없다고 판단한 하급심의 결정을 기각하고, 소년재판에서도 형사법적 증거원칙, 즉 합리적 의심을 배제하는 증거가 요구된다고 판단하였다.

Winship 사건으로 소년법원이 민사법 체제에 속한다는 개념이 완전히 부정되었다. 즉, 형사법원에서 요구하는 기준, 합리적 의심을 배제하는 증거proof beyond a reasonable doubt가 소년법원에 요구되는 적법절차 원칙의 핵심 중의 하나라고 하였다. 이러한 결정은 소년보호기관이 소년의 행복과 보호를 위한 치료적 환경이라는 전통적인 견해에 대하여 연방대법원이 명확히 반대한 것이다. 어떤 목적이더라도 시설수용이라는 형태는 자유의 박탈을 수반하기 때문이다.

(4) 맥카이버 사건('McKeiver v. Pennsylvania, 403 U.S. 528', 1971)

16세인 Joseph McKeiver는 강도, 절도와 장물취득으로 송치되었다. 범죄 내용은 McKeiver와 20~30명의 소년들이 3명의 피해자를 쫓아가서 25센트cent를 빼앗은 것이었다. McKeiver의 변호인은 배심재판을 요구했으나 기각되었고, McKeiver는 보호관찰처분을 받았다. McKeiver의 변호인은 배심재판을 받을 권리를 침해받았다며 항소하였다. 그러나 연방대법원은 헌법 제14조는 소년법원에서 소년의 배심재판 받을 권리를 포함하지 않는다고 결정하였다.

Gault와 Winship 판결은 소년법원에서 '사실관계 확인 과정fact-finding stage'의 정확성을 높이는 결과를 낳았다. 그러나 McKeiver 사건에서 연방대법원은 배심원들이 '유죄인정 과정adjudication stage'에서 판사보다 더 정확하지 않으며, 무엇보다도 배심재판이 도입될 경우 소년법원에 쟁송적adversarial 성향이 더 강해짐으로써 소년심판의 비형식적 분위기를 해칠 것으로 판단한 것이다(Burfeind & Bartusch, 2006, p.42). 결과적으로 McKeiver 사건을 통하여 연방대법원은 배심제도에 있어서의 소년재판과 성인재판 사이의 차이에 관한 중요한 지침을 도출하였다. 일반적으로 성인은 범죄가 6월 이상의 구금형에 해당할 경우 배심원에 의한 심리를 받을 권리를 가진다. 그러나 연방대법원은 소년사건에 있어서는 배심원에 의한 심리가 적용되지 않는다고 선언한 것이다. 배심제도는 비형식적이고 직권주의적인 소년심판절차의 변형을 초래할 수 있기 때문이라는 것이 주된 이유였다. 소년법원과 성인법원의 이러한 전통적인 차이점을 유지하면서 연방대법원은 헌법상 성인에게 보장되는 여러 권리가 소년심판절차에 '모두' 적용되지는 않는다고 하였다. 현재 미국의 약 1/4의 주州에서 소년재판에 배심제도를 적용하지 않고 있다.

(5) 존즈 사건('Breed v. Jones, 421 U.S. 519,' 1975)

17세인 Gary Jones는 무장 강도 행위를 한 혐의로 Los Angeles 소년법원에 송치되었다. Jones는 재판에서 본 사건 이외에 2건의 강도 건에 대하여 추가로 범죄사실을 인정하였고, 소년법원 판사는 Jones를 성인 형사법원으로 이송하는 즉, 관할권을 포기하는 결정을 하였다. Jones의 변호인은 소년법원이 수정헌법 제5조의 이중위험금지원칙double jeopardy clause을 위반하였다고 주장했다. 항고법원은 소년에 대한 유죄판단juvenile adjudication은 재판trial이 아니기 때문에 이중위험금지원칙을 위반할 수 없는 상태에 있다고 판단하였으나, 연방대법원은 소년이 형벌법규 위반을 사유로 소년법원에서 받는 유죄판단juvenile adjudication은 형사법원에서의 재판과 동등하다고 판결하였다. 즉 Jones 사건에서 연방대법원은 소년법원이 소년을 성인 형사법원으로 이송하는 것은 이중위험금지원칙을 위반한 것으로 판단하였다.

2) 미국 소년법원의 형사법원화

위의 5개의 연방대법원 판례는 소년사법제도에 커다란 변화를 가져왔다. 국친사상과 교정주의는 급격히 퇴조하고 소년법원은 형사법원과 보다 더 유사하게 되었다.

생각하건대, 원형으로서의 소년법원은 민사법원으로 출발하였으나 모든 소년사건이 소년법원으로 송치되는 구조로 인하여 사실관계 확인을 위한 절차가 불가피하게 필요하게 되었고, 이러한 구조가 점진적으로 소년법원을 비구조적, 비형식적인 분위기에서 유무죄를 다투는 대립적 구조로 변화시켰다. 적법절차 원칙과 관련된 여러 판례가 축적되면서 Winship과 Jones 사건에 이르러서는 소년법원이 민사재판에 속하지 않는다는 것이 명확해졌다.

3) 소년사법 및 비행예방법(The Juvenile Justice and Delinquency Prevention Act, 1974)의 제정과 형사절차화

1974년에 소년비행을 새롭게 정의하고, 기존 국친사상이라는 법 철학의 방향을 바꾸기 위하여 소년사법의 관할과 절차를 재정립하기 위한 '소년사법 및 비행예방법The Juvenile Justice and Delinquency Prevention Act, 이하 '소년사법법'이라 한다.'을 제정하였다. 이 법률의 제정에는 다음과 같은 3개의 주요한 기관이 참여하였다.

① 법집행 및 사법행정에 대한 대통령위원회the President's Commission on Law Enforcement and Administration of Justice

② 범죄 및 비행예방에 대한 국가위원회the National Council on Crime and Delinquency

③ 형사사법 기준 및 목표에 대한 국가 자문위원회the National Advisory Commission on Criminal Justice Standards and Goals

(1) 법집행 및 사법행정에 대한 대통령위원회the President's Commission on Law Enforcement and Administration of Justice

법집행 및 사법행정에 대한 대통령 위원회(the President's Commission on Law Enforcement and Administration of Justice, 이하 대통령위원회라 한다)는 1965년 Johnson 대통령의 명령에 따라 범죄 및 범죄예방에 대한 조사를 시작하였다. 소년범죄에 대해서도 조사를 하였으며, 실증 조사에 근거한 대책을 권고하였다. 위원회는 최초 소년법원의 교정주의에 대한 이상과 현실과의 괴리에 대해서 주목하고 다음과 같이 평가하였다.

"소년법원이 표방하였던 위대한 희망은 달성되지 못하였다. 비행소년을 교정하는 것과 비행을 줄이는 것 또는 소년범죄자에 대하여 정의와 연민을 실현하는 데에도 실패하였다."

특별히 대통령위원회는 소년법원이 죄를 범하지 않은 소년에 대하여 가지고 있는 권한에 우려를 표명하고, 지위비행status offense[5]에 대한 소년법원의 관할을 폐지하여야 한다고 보았다. 대통령위원회의 권고는 다음과 같다(Burfeind & Bartusch, 2006, pp.42–44).

■ 다이버전diversion[6]

경미한 범죄소년에 대해서는 소년법원이 아니라 지역사회에서 처우되어야 한다. 이를 실천하기 위하여 범죄소년과 보호자에게 다양한 서비스와 지역사회 프로그램을 제공하기 위하여 소년지원국youth service bureaus과 같은 지역사회 자원을 개발하여야 한다고 권고하였다.

■ 기타 권고사항

형법을 위반한 소년에 대한 소년법원의 관할 축소, 구금 사용 제한, 재판 이전 단계에서의 비공식 보호처분informal disposition 확대, 재판 단계에서의 지역사회 교정 방안 개발 등을 권고하였다. 그러면서 중범죄 소년에 대해서는 보다 더 정형화되고 징벌적인 제도를, 그리고 유죄판단 단계에서는 기본적으로 적법절차원칙을 준수하도록 권고하였다.

---

5 지위비행status offense은 특정한 지위에 있는 자에게 금지된 행위를 의미하며, 여기서 특정한 지위는 미성년자를 의미한다. 즉, 미성년자에 의한 음주, 흡연, 가출 등이 비행으로 간주되는 것이다.

6 다이버전에 대해서는 제4장 보호처분은 무엇인가에서 자세히 설명한다.

생각하건대, 대통령위원회의 권고는 소년법원이 다이버전과 지역사회 교정을 보다 더 활용하도록 하는 것으로 요약될 수 있다. 처음 소년법원이 등장할 때는 성인 형사법원의 다이버전의 한 형태로 등장하였는데 이제는 소년법원이 형사법원의 대안적 역할을 하는 것이 아니라 형사법원과 같은 역할을 하고 있는 현실을 반영한 것이다. 1960년대 후반의 소년법원은 더 이상 초기 소년법원의 모습이 아니라 형사법원화된 상태가 되었다. 그리고 소년법원에서의 진단과 보호처분은 이제 소년의 문제에 대한 해결책을 위한 것이라기보다는 사회방위를 위하여 재범위험성을 중점적으로 판단하는 자료가 되었다.

(2) 범죄 및 비행예방 국가 자문위원회the National Council on Crime and Delinquency

1966년 대통령위원회는 '범죄 및 비행예방 국가 자문위원회(the National Council on Crime and Delinquency, 이하 범죄예방 자문위원회라 한다)에 미국 전역의 교정기관과 시설을 조사하도록 요구하였다. 조사 결과 미국 전역에서 '비범죄 소년(지위비행 소년, 요보호아동 및 방임소년)[7]'을 시설에 수용하고 있었으며, 법원의 영장 없이 수용된 경우도 있었다.

범죄예방 자문위원회는 다음과 같은 권고를 하였다.

"어떤 소년도 그가 비행소년이거나 비행으로 송치된 경우가 아니라면 그리고 그가 자신이나 지역사회에 위해가 되는 죄를 범할 개연성substantial probability이 없다면 어떤 구금시설에도 인치될 수 없다. 이와 더불어서 요보호아동과 방임소년을 포함하여 비범죄 소년은 다른 범죄소년과 혼거 수용되어서는 안 된다(Burfeind & Bartusch, 2006, p.43 재인용)."

- **형사사법 기준 및 목표에 관한 국가 자문위원회**the National Advisory Commission on Criminal Justice Standards and Goals

'형사사법 기준 및 목표에 관한 국가 자문위원회(the National Advisory Commission on Criminal Justice Standards and Goals, 이하 형사사법 자문위원회라 한다)'는 1971년에 성인 및 소년사법의 기준, 목표, 관행에 대한 모델을 공식화하기 위하여 설립되었다. 집중적인 조사연구 결

---

7 여기서 비범죄 소년은 범죄를 저지르지 않은 소년을 의미한다.

과, 형사사법 자문위원회는 "최우선의 기준은 소년비행의 '예방'에 두어져야 한다. 소년 및 형사사법체계에서 소년범죄자에 대한 '개입을 최소화' 하여야 한다. 그리고 비행소년delinquents과 범죄소년young offenders을 '지역사회에서 재통합' 하여야 한다"고 하였다. 그리고 형사사법 자문위원회는 소년법원의 관할권은 성인에 의하여 행해졌다면 유죄인 범죄행위가 있는 경우만으로 한정되어야 하고, 단순히 비행으로 송치된 소년은 어떤 경우라도 범죄로 기소 또는 유죄 확정된 성인과 함께 구금되어서는 안 된다고 권고하였다.

(3) 소년사법 및 비행예방법의 주요 내용

이러한 3개 기관의 권고사항에 대하여 Burfeind와 Bartusch(Burfeind & Bartusch, 2006, pp. 43-44)는 다음과 같이 평가하였다. 기존의 소년사법체계가 아동구조개혁가들이 꿈꾸었던 만병통치약이 아니라는 것이 이들 3개 기관의 일관된 결론이며, 이들 3개 기관의 권고사항이 1974년의 소년사법법의 제정에 기초를 제공하였다. 1974년의 소년사법법은 포괄적으로 소년비행문제를 해결하려는 최초의 연방 차원의 시도[8]이다. Kathleen K. Crank는 소년사법법을 4개 분야의 강제적 제도 개혁four system reform mandates이라고 정리하였다(Burfeind & Bartusch, 2006, p. 44 재인용).

① 지위비행 소년의 탈시설화deinstitutionalization: 지위비행 소년과 요보호아동, 방임소년은 구금시설에 수용되어서는 안 된다.

② 완벽한 분리sight and sound separation: 구금시설에서 소년과 성인의 분리는 단순히 접촉의 분리가 아니라 '시야와 소리의 분리sight and sound separation'를 제공하여야 한다.

③ 성인 구치소와 유치장 수용 금지jail and lockup removal: 소년법원에 송치된 소년은 어떠한 경우에도 성인이 수감될 수 있는 시설에 수용되어서는 안 된다. 이 강제조치에 예외를 적용하기 위해서는 법률에 의하여야 한다.

---

8 1974년 이전까지 소년범죄죄에 대한 기본적인 책임은 주와 지방 정부(state and local level)에서 담당하였으나. 소년사법법 제정으로 연방정부가 소년범죄에 대한 책임을 담당하고 이를 실행하기 위하여 "소년사법 및 범죄예방청Office of Juvenile Juistice and Delinquency Prevention(OJJDP)"을 설치하였다.

④ 불균형적인 소수인종 구금 개선disproportionate minority confinement: 주정부는 인구 비례를 초과하여 불균형적으로 소수인종을 구금하는 문제를 개선하여야 한다. 이를 위하여 주정부는 자료 수집, 문제 분석 및 평가, 프로그램 개발과 시스템 개선 활동 등의 단계를 수행하여야 한다.

소년사법법에 의하여 시작되고 소년사법 및 비행예방청OJJDP에 의하여 실행된 소년사법 개혁은 1966년부터 1975년 사이에 소년법 체계에 등장한 적법절차 원칙과 방향성이 일치한다. 이는 기존의 국친사상과 교정주의 이념에 의문을 제기한 결과이며, 이제 소년법원은 보다 더 성인 형사법원 체계에 근접하게 되었다(Burfeind & Bartusch, 2006, p.45). 성인범과의 분리에 관해서는 비범죄소년(지위비행 소년, 요보호아동, 방임소년)에 대한 탈시설화와 범죄소년을 성인 구치소에 수감하지 못하도록 하는 수준이 되었다. 그러나 비범죄소년에 대한 탈시설화는 제도개선이라기보다는 비범죄소년이 본래부터 처벌의 대상이 아니라 보호의 대상이었다는 점에서 원상회복에 불과하고, 범죄소년에 대하여 성인 구치소에 수감하지 못하도록 한 조치 또한 악풍 감염 방지와 인권보호를 위하여 당연한 조치에 불과하다.

이러한 변화를 원형 소년법원의 설립취지에서 본다면 성인 형사법원과 달리 범죄소년에 대해서도 복지적으로 처우하려는 모습을 잃게 된 것이다. 이제는 범죄소년에 대한 처우에 있어서 적법절차 원칙의 확립과 소년사법법의 제정으로 인하여 소년법원과 형사법원의 구별이 의미가 없게 되었다. 더 나아가 엄벌주의 주장이 등장하면서 일부 주에서는 소년법원을 폐지하는 움직임까지 생겨나게 되었다.

■ 엄벌주의: 처벌과 책임에 대한 주장

1984년에 '소년사법 및 비행예방을 위한 국가 자문위원회National Advisory Committee for Juvenile Justice and Delinquency Prevention'는 소년비행 분야에서 연방정부의 노력은 기본적으로 강력범죄자serious, 폭력범죄자violent, 상습범죄자chronic에 초점을 맞추어야 한다고 언급했고, 이어서 OJJDP는 소년범죄자 중에서 강력범죄자의 확인 및 통제에 몰두하였다. OJJDP는 폭력과 마약범죄의 예방과 통제를 위한 프로그램을 연구하고 개발하는 주와 지방정부에 예산을 지원하였고, 이 결과 주정부 차원에서 4가지 영역에서 큰 변화가 일어났다. (1) 입법에 의한 관할권 포기, (2) 소년법원의 형벌 강화, (3) 소년법원의 비밀보장 약화, (4) 균형사법balanced justice의 등장이다(Burfeind & Bartusch, 2006, p.45 재인용). 본격적인 엄벌주의 정책이 시작되었다고 할 수 있다.

■ 관할권 포기Waiver

미국은 모든 소년사건이 소년법원에 송치되는 법원선의주의 체제이다. 모든 소년사건에 대한 관할권이 소년법원에 있다. 따라서 소년 사건을 형사법원에서 재판하기 위해서는 소년법원이 가지고 있는 관할권을 먼저 포기하여야 한다. 이를 관할권 포기[9]라고 한다. 소년 강력범죄자를 처벌하기 위하여 모든 주에서 관할권 포기를 허용하는 법률을 제정하였다. 관할권 포기에는 3 종류가 있다.

① **판사에 의한 관할권 포기**: 일반적으로 소년법원 판사에게 권한이 주어져 있다. 관할권 포기는 기본적으로 판사의 재량행위이며, 적법절차에 따른 검토를 받는다.

② **검사에 의한 관할권 포기**: 소년사법법의 규정에 의하여, 특정 사건의 경우에 소년법원 또는 형사법원에 송치할 것인지 여부를 검사에게 판단하도록 하였다. 예를 들어서 중범죄 사건의 경우에 검사가 재량으로 사건을 성인 형사법원에 기소할 수 있다.

③ **입법에 의한 관할권 포기**: 입법으로 특정 소년 범죄자와 특정 범죄에 대해서 소년법원의 관할을 배제시키는 방식이다. 일반적으로 주정부에서는 법률로써 연령 설정과 범죄를 규정하여 소년법원의 관할을 배제시킨다.

■ 소년법원의 형벌권 강화

1980년대의 변화 중의 하나는 형사법원과 소년법원에서 형벌 옵션이 확대되었다는 것이다. 형벌 옵션의 확대는 보다 징벌적인 접근으로 귀결되었다. 전통적으로 소년법원은 인격 조사를 바탕으로 개별화된 처우를 하는 곳이었으며, 이는 범죄offense가 아닌 사람offender에 초점을 맞추는 것으로 소년범죄자의 필요와 상황에 맞는 처분을 하는 것이 명확한 목표였다. 그러나 각 주州에서 소년법원의 목적이 소년의 교정에서 처벌과 책임, 공공의 안전으로 변화되면서 소년법원은 사람offender이 아닌 범죄offense에 초점을 맞추게 되었다. 결과적으로 처분의 정도는 범죄에 비례하

9 관할권 포기라는 용어는 주로 waiver를 사용하지만 주에 따라서 transfer, certification 또는 remand 등이 사용된다.

게 되었다. 응보retribution와 억제deterrence가 교정correction을 대체한 것이다.

많은 주에서 범죄소년에 대한 관할 연령을 높였다. 일리노이주는 상습범죄자 기준에 해당되는 소년에 대하여 21세까지 소년원 등 교정시설에 수용할 수 있도록 개정하였다(Burfeind & Bartusch, 2006, p.46).

그리고 소년법원의 형벌권 강화에서 대표적인 변화는 소년법원에서도 형사법원에서와 같은 형벌을 선고할 수 있는 혼합 형벌blended sentencing의 도입이다.

■ 혼합양형blended sentencing

혼합양형은 소년법원에서 형사처벌을 선고할 수 있도록 하고, 반대로 성인 형사법원에서도 소년보호처분을 할 수 있도록 하는 제도이다. 형사법원에서 소년보호처분 선고를 허용하는 것을 형사혼합양형criminal blended sentencing이라 하고, 소년법원에서 형사 처벌 선고를 허용하는 것을 소년혼합양형juvenile blended sentencing이라 한다.

'소년혼합양형'은 일반적인 소년법원에서 선고할 수 있는 처벌 수위보다 높은 선고가 가능하기 때문에 소년법원의 엄벌주의 경향과 연관된다고 말할 수 있다. 형사혼합양형을 허용하는 주는 18개, 소년혼합양형을 허용하는 주는 14개에 이른다(Sickmund & Puzzanchera, 2014; 박미랑, 2014, p.115). 일반적으로 소년혼합양형의 운영은 범죄소년이 소년보호처분을 성공적으로 마치고 더이상 재범하지 않으면 성인양형은 정지되는 형태로 이루어진다. 그러므로 성인양형의 목적은 범죄소년으로 하여금 소년보호처분에 협력하도록 격려하고 장래 재범을 억제하는 것이다. 10개 주가 이러한 형태의 소년혼합양형제도를 두고 있다. 이를 '포섭적 혼합양형inclusive blended sentencing'이라고 한다. 콜로라도주, 로드아일랜드주와 텍사스주는 '인접적 혼합양형contiguous blended sentencing' 제도를 채택하고 있는데, 이는 범죄소년에게 소년보호시설에서의 수용기간을 넘어서는 처분기간을 선고한다. 최초 수용은 소년보호시설에서 시작을 하고, 이후 성인 연령에 도달하면 성인 시설로 이감될 수 있다. 마지막으로 '배제적 혼합양형exclusive blended sentencing'이다. 뉴멕시코주에서는 소년법원에서 처음부터 소년보호처분 대신에 성인 형사처벌을 명할 수 있는 권한을 소년법원에 부여하고 있다. 이를 배제적 혼합양형exclusive blended sentencing이라 한다.

'형사혼합양형'은 형사법원에서 소년보호처분을 하는 것이다. 형사법원에서 소년법원으로 사건을 역송치하는 제도를 두고 있으나 이러한 역송치의 경우 소년은 소년법원에서 동일한 심리과정을 다시 거쳐야 하는 어려움이 있다. 그러나 형사혼합양형은 형사법원에서 소년보호처분을 하는 것이므로 소년 입장에서는 새로운 기회를 부여받는 것이라고 할 수 있다. 따라서 이를 '안전밸브safety valve' 또는 '비상구emergency exit'라고 부른다. 11개 주는 배제적 혼합양형을 채택하고 있다. 즉 형사처벌이나 소년보호처분 중에서 선택하는 형태이다. 나머지 7개 주에서는 포섭적 혼합양형을 채택하고 있다. 형사처벌은 소년보호처분의 준수 여부에 따라 유예된다.

■ 비밀 보장 약화

전통적으로는 소년사법에서의 재판 절차와 소년에 대한 자료는 비공개였다. 이에 대해서도 커다란 변화가 발생하였다. 대부분의 주에서 법률로 범죄소년에 대한 자료를 사법기관, 학교, 피해자와 일반 대중에게 공개release하는 것을 허용하고 있다. 많은 주에서 공개를 허용하는 것뿐만 아니라 강력 또는 폭력범죄인 경우에 해당 소년이 속한 교육청에 통지notify하도록 요구하고 있다. 2008년에는 46개 주에서 학교에 이와 같은 통지를 하는 법률을 제정하였다(Sickmund & Puzzanchera, 2014, pp.97–98).

■ 균형 및 회복적 사법balanced and restorative justice의 등장

소년법원법의 목적이 소년범죄자의 교정에서 피해자에 대한 책임, 공공안전의 확보, 잠재적 범죄자의 범죄 억제로 변경되었다. 이는 비행소년을 바라보는 관점이 '소년'에서 '성인' 또는 '작은 어른'으로 바뀌었다는 것을 의미한다. 이는 소년이라고 할지라도 책임 및 지역사회의 안전과 균형을 맞추어야 한다는 새로운 지향점인 균형사법balanced justice의 등장과 일치한다.

1990년대에 들어서서 균형사법에 대한 관심이 커졌고, 1996년에 연방의회에서 '균형소년사법과 범죄예방법the Balanced Juvenile Justice and Crime Prevention Act'을 제정하였다. 이에 따라 OJJDP에서는 소년의 책임을 강화하는 법률을 제정하는 주정부에 예산을 지원하기 시작하였다. '소년의 책임에 대한 인센티브 예산Juvenile Accountability Incentive Block Grants Program' 2억5천만 달러를 책정하고, 주에서 소년의 책임을 강화하는 법률, 정책, 또는 절차를 제정 또는 개정하면 예산을 지원하였다. 그 결과 각 주에서는 아래와 같은 변화가 생겨났다(Burfeind & Bartusch, 2006, p.47).

① 15세 이상 소년이 강력 및 폭력범죄를 저지른 경우 반드시 성인 형사법원에 기소

② 보호관찰 위반을 포함하여 모든 비행 행위에 대하여 이전 처분보다 강화된 제재 시행

③ 소년법원에서 유죄판단을 받은 기록은 성인 범죄기록과 동등하게 취급

④ 소년법원 판사에 의한 비행소년의 보호자에 대한 감독 요구

그리고 많은 주에서 소년법원법의 목적[10]을 개정하였는데, 이는 연방정부의 예산을 획득하기 위한 손쉬운 방법이었다.

■ 한 번 성인은 영원한 성인

34개 주에서 한 번 성인으로 형사법원에 기소된 소년은 언제나 성인으로 취급되어야 한다는 법률을 제정하였다. 소년이 과거 형사법원에서 재판받은 전력이 있을 경우 이후 범죄에 대해서는 소년법원에서 심리를 배제하고, 반드시 형사법원에서 재판받도록 하는 제도이다(Sickmund & Puzzanchera, 2014, p.99).

〈BOX 5〉 몬태나 소년법원법의 목적

41-5-102. 목적. 몬태나 소년법원법은 아래의 입법 목적을 실현하기 위하여 해석되어야 한다.

(1) 가능하다면 언제든지 가족의 단일성과 복지를 지키고, 몬태나 소년법원에 송치되는 소년의 처우, 보호와 건전한 정신적, 신체적 발달을 제공하여야 한다.

(2) 응보를 추구하지 않는 제도를 통하여 청소년 비행을 예방, 감소시키기 위하여 다음을 제공한다

① 소년의 행동에 대하여 즉각적이고 일관성 있고, 시행 가능하며 회피할 수 있는 조치

② 소년이 성인범죄자가 되지 않도록 감독, 돌봄, 교정, 구금, 역량 강화, 지역사회 보호 프로그램

③ 적절한 경우, 소년법원의 명령에 따른 손해배상

④ 구금을 할 경우 민족적, 문화적 또는 종교적 유산을 향유할 권리

⑤ 위의 (1), (2)의 목적을 달성하기 위하여 소년을 부모로부터 분리시킬 수 있다. 다만 소년의 복지 또는 지역사회의 안전을 위하여 필요한 경우에 한한다.

⑥ 당사자는 헌법과 법률에 의한 권리에 따른 공정하고 정확한 심리와 절차를 보장받는다.

출처: Montana(Montana Code annotated, 2018)

10 소년법원법의 목적 조항에 대해서는 〈Box 5〉를 참고하기 바란다.

〈BOX 6〉 MORAL PANIC 현상

모럴 패닉moral panic이라는 용어는 Stanley Cohen이 1972년에 저술한 'Folk Devils and Moral Panics: The Creation of the Mods and the Rockers'에서 처음 주장하였다. 모럴 패닉은 어떤 조건이나 사건, 개인이나 집단이 사회의 가치나 이익에 대한 위협으로 정의되면 발생한다. 일반적으로 충격적인 사건이 3건 이상 연달아서 발생하면 일반 대중은 도덕적 공황상태panic에 빠진다. 핵심적인 특징은 정부, 정치권, 대중 등이 비합리적이고 비이성적으로 대응하는 현상이다(이웅혁 & 강욱, 2013, p.2).
도덕적 분노를 전파하는 핵심적인 역할은 미디어가 담당한다. 단순히 사실만을 보도하는 것도 우려와 불안, 공황상태를 불러일으킬 수 있다. 모럴 패닉의 사례로는 아동성애자들이 아동을 유괴한다는 믿음, 중세 시대의 마녀사냥, 마약과의 전쟁 등에 대한 과도한 대응이 있다(Scott, 2014).

제 2 장 각국의 소년법제와 선의권

1 각국의 소년법제

소년이 건전하게 성장하도록 돕기 위한 목적을 달성하기 위해서는 이를 실현할 수 있는 절차가 필요하다. 이러한 절차는 나라마다 그 문화적 특성에 따라 다양하게 발전해왔다.

일반적으로 법률체계는 크게 대륙법계와 영미법계로 구분된다. 대륙법계는 로마법의 전통을 이어받았고, 영미법계는 영국 보통법의 전통을 이어받았다. 대륙법계는 다시 서유럽과 북유럽으로 구분하기도 하는데, 스웨덴 등의 북유럽 국가는 로마법의 영향을 적게 받고 독자적으로 발전하였다(홍승인, 2007, pp.9-12). 따라서 법률체계는 영미법계와 대륙법계, 그리고 대륙법계는 북유럽형과 서유럽형으로 구분될 수 있다. 사와노보리 토시오는 이에 따라 소년법제를 3가지로 구분하고 있다(사와노보리 토시오, 2007, p.144).

먼저 소년법원이 범죄소년에 대하여 전속적 관할권을 갖는 영미형, 소년법원은 소년의 범죄사건만을 관할하고, 그 외의 요보호소년은 복지법에서 취급하는 독일과 프랑스의 서유럽형, 그리고 소년법원을 두지 않고 범죄소년을 복지법에 기초한 행정기관에서 취급하는 스웨덴 등의 북유럽형으로 구분된다. 이를 도표로 표시하면 아래와 같다. 영미형은 범죄소년 등을 소년법원에서 관장하고, 북유럽형은 복지행정기관에서 범죄소년 등을 관장한다.

〈표 3〉 각국의 범죄소년 및 요보호소년 관할 기관

구분	소년법원	복지행정기관
영미형	범죄소년과 요보호소년	–
서유럽형	범죄소년	요보호소년
북유럽형	–	범죄소년과 요보호소년

영미형은 범죄소년과 요보호소년을 모두 관할하므로 사법기능과 복지기능을 모두 갖고 있으며, 서유럽형의 소년법원은 범죄소년만을 관할하므로 사법기능에 중점을 두고 있다. 이에 반하여 북유럽형은 사회복지적 기능에 중점을 두고 있다. 아래에서는 영미형은 이미 살펴보았으므로 서유럽형인 독일과 북유럽형인 스웨덴의 소년법제에 대해서 살펴본다.

1) 독일의 소년법제

독일의 형법상 형사미성년자의 기준은 14세이다. 따라서 14세 미만자는 절대적 형사미성년자로서 형법상 '아동(Kind)'으로 분류되고, 이들은 형사처분의 대상이 되지 않음은 물론, 소년법원법상으로도 소년법원의 관할 대상이 아니다. 다만 14세 미만자가 구성요건에 해당하고 위법한 행위를 한 경우에는 소년이 적절한 교육을 받지 않았고(교육결손), 소년의 복지가 위태롭다(복지의 위태화)는 사실이 징표된 것으로 본다. 따라서 검사가 소년에 대한 교육결손과 복지의 위태화가 존재한다고 판단하는 때에는 해당 소년 및 친권자나 후견인에 대하여 사회법상의 교육 원조를 청구할 수 있음을 고지하고, 이를 소년청에 통고하여야 한다. 이와 같은 복지 처분과 병행하여 검사는 이 사안을 가정법원에 송치하여 필요한 경우 민사적 보호처분을 받게 할 것인가를 판단하여야 한다(김연지, 2018, p.64).

14세 이상 18세 미만의 행위자는 '소년Junge'으로 분류되고, 독일 소년법원법의 대상이다. 독일은 이 연령대의 소년에게 발달정도에 따른 개인차가 있다는 점을 인정하고, 이들 소년을 '조건부 책임능력자'로 보아 그 책임능력을 개별적으로 검토한다. 소년이 '예심단계'에서 책임능력이 없는 것으로 밝혀진 경우에는 소년법원은 이 사건을 가정법원에 송치하고, '공판단계'에서 책임능력이 없는 것으로 밝혀진 경우에는 소년법원은 무죄를 선고하면서 이 사건을 가정법원에 송치하지 않고 앞서 언급한 가정법원에서 부과할 수 있는 교육처분을 선고할 수 있다.

18세 이상 21세 미만의 '청년junge mann'은 성인으로 간주되어 성인 형사법원의 관할이지만, 소년법원법 제105조는 청년을 그 환경에 따라 소년법원의 관할로 두기도 한다. 청년은 완전한 형사책임능력자로서 유죄판결을 위하여 형사책임 능력을 검토할 필요는 없으나, 이 연령대의 청년이 성인으로서 충분히 발달하지 않아서 성인으로 처우하는 것이 적절하지 않은 경우가 있을 수 있다. 따라서 이 연령대 청년이 범행 당시에 정신적 및 도덕적 발달이 소년의 단계에 있고, 저지른 행위의 유형, 상황 또는 동기가 전형적인 소년의 범죄행위와 같다는 것이 밝혀지는 때에는 소년법원법에서 정하는 소년에 대한 처우를 부과한다. 이 경우 형사성년인 소년에게도 소년법원법이 우선적으로 적용된다. 소년을 분류하여 소년보호사건과 소년형사사건으로 이원적으로 처리하는 우리나라와는 달리, 독일에서는 소년사건을 소년법원에서 소년형사사건으로 처리한다. 따라서 독일의 소년법원은 형사법원이며(황정규 et al., 2003, p.839), 독일의 소년법원은 '소년형사법원'으로 불러야 올바르다.

독일 소년법원은 교육처분과 징계처분을 부과한다. 소년의 범죄행위에 대해서는 일차적으로 교육처분이 과해지고, 이 처분으로 충분하지 않은 경우에 비로소 징계처분을 할 수 있다. 그러므로 독일 소년법원법은 교육처분우선주의를 채택하고 있으며, 징계처분은 교육처분에 대해 보충적 관계에 있다. 소년법원은 사법적 대응으로 기소유예와 판사의 절차종결, 교육처분, 징계처분, 소년형벌 선고의 유예, 형벌집행의 유예, 소년형벌, 보안처분과 부가적인 조치(운전금지, 몰수, 폐기처분, 상실선고, 초과대금지불 등)를 한다(김연지, 2018, pp.64-71). 그러므로 독일 소년법원은 형벌 이외에도 완화된 형벌, 절차를 중지하고 개입프로그램을 적용하는 다양한 형태의 다이버전을 행한다.

2) 스웨덴의 소년법제

1899년 미국의 일리노이주에서 소년법원을 창설할 때, 북유럽의 스칸디나비아 제국에서는 이보다 3년 앞선 1896년에 아동복지위원회라는 행정기관을 만들었다. 이 위원회는 1902년 스웨덴에서 1905년에 덴마크에서 도입하는 등 북유럽에 전파되었으며, 핵심은 비행소년을 아동복지위원회[11]에서 관장하며, 복지처분을 하는 것이다.

스웨덴은 소년을 '15세 미만', '15세 이상에서 18세 이하', '19세 초과'로 구분한다. 형사책임연령은 15세이므로 15세 미만 소년에 대해서는 형벌을 과할 수 없다. 15세 이상 18세 미만 소년이 범죄를 저지른 경우에 사회복지제도와 형사법 사이의 관할권 중복이 있고, 사회복지위원회의 청문 후에 각 카운티의 수석검찰차관이 관할을 결정한다. 검찰관은 경찰관으로부터 소년사건을 송치받은 다음 기소를 결정하기에 앞서 소년이 거주하고 있는 지방자치단체 내의 사회복지위원회로부터 받은 해당 소년에 관한 사회적 조사 결과를 토대로 소년을 형사법원에 기소할 것인가 또는 사회복지위원회의 심판에 위임할 것인가를 결정한다. 기소강제주의를 취하고 있음에도 압도적으로 다수의 사건이 공소포기의 방법으로 사회복지위원회에 위임된다. 위원회는 심리 결과 다수결에 의하여 다음과 같은 결정을 할 수 있다.

① 보호가정private boarding home에 위탁

② 소년의 가정에 위탁

③ 교정훈련학교, 직업훈련시설, 병원 등에 송치[12]

④ 소년에 대한 훈계나 그 부모에 대한 계고

⑤ 불처분 등

카운티의 행정청은 위와 같은 위원회의 조치가 부당하다고 인정한 때에는 위원회에 다른 조치를 취하도록 명령할 수 있고, 위 명령에 대하여 위원회에 불복의 길이 열려 있다. 일반법원은 검찰관의 기소에 의하여 소년사건의 심판을 개시하게 되는데 검찰관이 사회복지보호위원회의 사회

---

11 스웨덴의 경우 아동복지위원회는 1975년에 사회복지위원회로 확대개편되었으며, 원칙적으로 5인 이상의 위원으로 구성되는데 공공부조위원회의 대표자 1인, 자치단체 내의 전임목사 1인, 공립학교 교사 1인, 소년보호에 헌신적인 자 2인 이상이 참여한다. 그 중 적어도 1인은 여자이어야 하고 또 1인은 법률에 정통한 사람임이 요구되며 도시에서는 의사 1인이 위원이 되어야 한다. 위원들은 직접 및 간접으로 지방자치단체의 주민들이 그 단체의 주민 중에서 선출한다(황정규 et al., 2003, pp.840-841).

12 교정학교 송치결정은 다수결이 아니라 재적위원의 과반수 찬성이 필요하다.

적 조사 결과를 토대로 스스로 기소 여부를 결정하는 경우와 사회복지위원회가 심리 결과 소년에 대한 형사소추가 필요하다고 인정하여 검찰관에게 다시 송치한 사건을 판단하여 기소하는 두 가지 경우가 있다. 법원은 심리 결과에 따라 소년에 대하여 무죄, 벌금, 자유형을 선고하고 형의 선고 또는 집행유예의 조치[13]도 하며, 18세 미만의 자인 경우에는 소년보호위원회에 송치하여 심판을 위임할 수도 있다(황정규 et al., 2003, pp.840-841). 사회복지위원회가 소년에 대하여 공적 보호를 위한 처분 결정을 하고, 보호자가 불복하는 경우에는 주 재판소에서 사건을 재심사한다(이충수, 2004, pp.173-176).

3) 소결

우리나라는 3가지 입법유형 중에서 어디에 속하는가? 영미형, 서유럽형, 북유럽형 어디에도 속하지 않는다고 하여야 한다. 우리나라의 경우 영미형의 계수를 받았지만 영미형과는 근본적으로 다른 구조를 가진다. 영미형은 '법원선의주의'가 기본이지만 우리나라는 '검사선의주의'를 채택하고 있다(〈표 4〉와 〈표 5〉 참조). 선의권의 의미에 대해서는 아래에서 살펴보겠지만 선의권의 형태에 따라 커다란 차이가 발생한다. 법원선의주의를 채택할 경우 소년법정에서 소년의 범죄사실을 다투지만 검사선의주의에서는 '법정에서' 소년의 죄책을 추궁할 수 없다는 특징이 있다. 또한 영미형의 소년법원은 형사법원으로 일원화되는 경향을 보이고 있는 것에 반하여 우리나라는 소년보호의 목적에 더욱 충실한 경향을 보이고 있다. 소년법의 목적을 '소년의 건전한 육성'에서 '소년의 건전한 성장을 돕는 것'으로 바꾸고, 피해자와 가해자의 회복을 목표로 하는 화해권고를 규정하는 등 본래 소년법의 목적을 더욱 명확히 하고 있다. 이에 대해서는 제2편 각론에서 자세히 살펴본다.

13 이 경우 법원은 여러 조건을 붙여 소년에게 보호관찰을 부과할 수 있으나 소년보호시설 수용을 명할 권한은 없다.

〈표 4〉 영미형과 우리나라 소년법제 비교

구분	소년법원	변형
영미형	범죄소년/요보호소년 (법원선의주의)	적법절차 강조 엄벌주의 경향 형사법원으로 일원화 경향
우리나라	범죄소년/요보호소년 (검사선의주의)	육성에서 '성장 지원'으로 목적 변경 화해권고 도입 등

〈표 5〉 외국과 우리나라 소년법제 비교

구분	소년법원	복지행정기관
영미형	범죄소년과 요보호소년 (법원선의주의)	–
서유럽형	범죄소년	요보호소년
북유럽형	–	범죄소년과 요보호소년
우리나라형	범죄소년과 요보호소년 (검사선의주의)	–

2 선의권의 문제와 소년법정

1) 선의권

소년법원[14]을 설치할 때에는 소년보호이념을 구현할 수 있는 제도와 절차를 만드는 일이 무엇보다 중요하다. 어떠한 절차가 소년에게 가장 적합한 처우를 할 수 있는지 여부와 관련해서 가장 중요하게 논의되는 것이 선의권이다. 우리나라는 소년사건을 소년보호사건과 소년형사사건으로 구분하고 있다. 범죄소년에 대하여 소년보호사건에 관한 절차는 소년법에 따르도록 되어 있고, 소년형사사건에 관한 절차는 소년법에 특별한 규정이 없는 한 「형사소송법」상의 일반 형사사건의 예에 따르도록 되어 있다. 따라서 범죄소년에 대하여는 보호처분을 하는 소년법상의 절차를 선택할 것인지 아니면 형벌을 부과하는 「형사소송법」상의 절차를 선택할 것인지의 문제가 생긴다.

법원 소년부가 형사법원과 별개의 법원으로 설립되어 있고, 소년의 사법처리가 보호절차와 형사절차로 양분되어 있는 경우에 일반적으로 범죄소년사건의 처리절차를 1차적으로 선택하는 권한을 선의권이라고 한다. 이 권한에 의하여 절차가 선택됨으로써 최종적으로 '형벌'이 부과될 것인가 또는 '보호처분'이 부과될 것인가가 1차적으로 결정된다(황정규 et al., 2003, p.832).

소년사건의 처리절차 및 선의권과 관련하여서는 입법적으로 두 가지 태도가 있다. 즉, 범죄소년의 사법처리 절차가 보호절차와 형사절차로 이원화되어 있는 법제하에서 절차 선택권을 1차적으로 검사에게 부여하는지 아니면 법원에 부여하는지에 따라 전자를 '검사선의주의'라고 하고, 후자를 '법원선의주의'라고 한다.

'검사선의주의'란 소년이 피의자인 사건에 대하여 형사절차에 따라 재판을 할 것인가 아니면 보호절차에 따라 재판을 할 것인가의 선택권을 검사로 하여금 먼저 행사하게 하는 제도를 지칭하고, '법원선의주의'란 일단 모든 소년사건이 소년법원에 집중되는 구조를 가지며 이후 소년법원

14 우리나라에는 아직 소년법원이 설치되어 있지 않다. 지방법원 또는 가정법원 내에 '소년부'를 두고 있을 뿐이다. 통상적으로 법원 소년부를 소년법원이라고 하지만 엄밀한 의미에서 소년법원은 아니다. 이 책에서는 불가피하게 소년법원과 법원 소년부를 혼용하여 사용한다.

이 범죄소년에 대하여 보호처분을 가할 것인가, 아니면 형벌을 가할 필요가 있는가를 판단한 다음, 형벌의 필요성이 있는 경우에는 검사에게 송치하여 일반 형사소송절차에 의하여 처리하게 하는 제도를 지칭한다. 다시 말하면 검사선의주의에서 결정의 핵심은 사건을 소년법원으로 송치할 것인지 여부이고, 법원선의주의에서는 사건을 형사법원으로 송치할 것인지 여부이다.

2) 양 제도의 장단점

(1) 검사선의주의

검사선의주의를 지지하는 입장에서는 다음을 검사선의주의의 장점으로 주장한다(차정일, 소년범죄의 운영실태 및 그 개선책 pp.46-47; 정진호, 검찰에 있어서 소년범죄처리실태와 그 개선방안, 법무부, 청소년범죄연구, 1987, p.148 황정규 et al., 2003, p.833 재인용).

① 검사에게 선의권을 부여하면, 현실적으로 형사정책적 필요에 대응하여 형벌과 보호처분을 효과적으로 조화시킬 수 있다.

② 검사가 절차의 초기 단계에서 사법처리 여부와 처리절차의 종류를 결정하는 것이 비행소년의 불안감을 완화하고 법원의 업무부담을 경감할 수 있다.

③ 검사가 선의권을 행사함에 있어서 전국적으로 일관된 기준을 정립하는 것이 용이하다.

④ 검사는 행정부에 소속되어 있어서 소년의 복지를 위한 다른 행정적 조치를 강구하기에 유리하다.

(2) 법원선의주의

이에 대하여 일반적으로 주장되는 법원선의주의의 장점은 다음과 같다(황정규 et al., 2003).

① 형사사건의 심판에 있어서도 소년의 인격과 환경 등을 충분히 조사하여 소년에 대한 처분 결정의 자료로 삼을 수 있다.

② 소년법의 근본정신이 소년의 건전한 육성[15]에 있음에 비추어 보호사건과 형사사건을 일괄하여 처리하는 것이 타당하다.

③ 공범사건 등에서 보호사건과 형사사건의 처리 결과의 불균형을 피할 수 있다.

④ 소년에 대하여 선도와 처우, 즉 보호처분을 우선한다는 이념에 합치된다.

(3) 소결

검사선의주의 또는 법원선의주의에 대해서는 각기 장점과 단점으로 대립하고 있다. 또한 법무부와 사법부라는 진영으로 나누어져서 논란이 커지는 측면도 있다. 일반적으로 법원선의주의는 법원의 엄격한 조사결과를 바탕으로 하여 교육과 보호를 중심으로 적절한 처우가 이루어진다는 점과 소년에 대하여 보호처분이 우선적으로 적용된다는 점, 형사재판부와 소년재판부로 오가는 절차의 반복을 줄일 수 있다는 점 등의 측면에서 소년보호이념에 충실하다고 한다. 반면, 검사선의주의는 처리의 선택권을 가진 검사가 소년의 환경이나 인격보다는 범죄사실의 경중을 중시하여 선도가 아닌 처벌을 위주로 하는 경향이 있고 소년에 대해 충분한 조사를 하지 않는 경향을 보이므로 소년보호의 근본이념에 반하는 측면이 적지 않다고 한다. 그러나 반론도 있다. 법원선의주의라고 하여 반드시 소년보호이념에 충실하다고 단정할 수 없다. 법원선의주의하에서도 소년의 처분을 결정하기 위한 조사를 철저하게 하지 않거나 절차의 중복 또는 지연의 문제가 발생하는 경우에는 소년보호이념에 충실하지 못할 수도 있다. 또한 검사선의주의가 소년보호이념에 충실하지 못한 측면이 있다고 하더라도, 부수적인 상황의 개선 예컨대, 미결구금 상태의 개선, 조사절차의 철저화 등을 통하여 충분히 소년보호이념의 충실을 기할 수 있다고 한다(이승현, 2007:10).

---

15 2007년 소년법 개정으로 소년법의 목적이 소년의 '건전한 육성'에서 소년의 '건전한 성장을 돕는 것'으로 바뀌었다.

이렇듯 가치판단이 선행된 상태에서 상대 진영의 법 논리에 대하여 논박하는 것은 의미가 크게 반감된다. 선의권을 둘러싼 제도의 장단점을 형식적인 측면에서 살펴보는 것보다 실제 재판이 이루어지는 현장인 소년법정을 먼저 살펴보는 것이 필요하다.

3) 소년법정

먼저 미국과 일본, 그리고 우리나라의 소년법정을 살펴본다. 선의권에 따라 소년법정에 참여하는 당사자가 달라진다.

법원선의주의에서는 소년법정은 판사를 중심으로 피고인(소년범죄자)과 검사(또는 보호관찰관)가 당사자로 참여한다. 이에 반하여 검사선의주의에서는 소년법정은 판사와 소년이 된다. 즉, 법원선의주의에서는 검사가 참여하며, 검사선의주의에서는 검사는 참여할 수 없다. 아래에서 살펴보겠지만 소년법정에 검사가 참여하는지 여부는 커다란 차이가 있다.

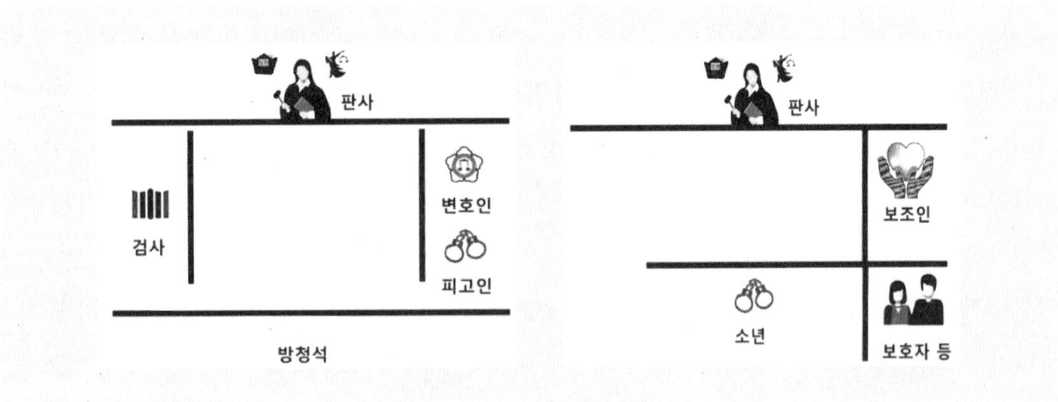

〈그림 3〉 형사법원과 소년법원 구조

(1) 미국 법원선의주의

미국은 표준주법제정標準州法制定을 위하여 표준소년법원법the Uniform Juvenile Court Act을 제정하였다. 표준소년법원법은 전국최고의장회의National Conference of Commissioners on Uniform State Laws에서

최초로 기안되었고, 펜실베이니아주 필라델피아에서 개최된 제77차 정기회의(회의 기간 1968. 7. 22~1968. 8. 1)에서 승인되어 주법州法으로 제정되었다. 이 표준소년법원법은 법원선의주의를 채택하고 있다. 소년의 비행, 방종 또는 요부조 소년임을 다투는 경우 소년법원에서 배타적인 관할권을 가진다고 규정한다(한영선, 2004, p.327). 다만, 특이한 점은 소년의 범죄사실을 조사하고 기소하는 역할을 검사가 아닌 보호관찰관에게 부여하고 있다는 점이다.

〈BOX 7〉 미국 표준소년법원법

Section 3. [관할]

(1) 소년법원은 이 법에 의하여 아래 사건에 있어서 배타적이고 고유한 관할권을 가진다.

① 소년이 비행, 방종적 또는 요부조 소년이라는 것을 다투는 사건, [또는 section 44에 정의된 교통비행을 저질렀다는 것을 다투는 사건]

② 입양사건의 일부분일 때를 제외한 양육권 종결을 위한 사건

③ section 39에서 section 42에 의하여 제기된 사건

(2) 소년법원은 이 법에 규정은 없으나 관계있는 법률에 기속을 받는 다음 사건에 대하여 배타적이고 고유한 관할권을 가진다.

① 연령에 관계없이 소년의 입양을 위한 사건(절차)

② 법이 동의를 규정하고 있는 경우에 있어서 결혼, 취업, 또는 군대의 등록에 필요한 사법적 동의를 위한 사건(절차)

③ 소년사건에 대한 주간州間 협약과 관련한 사건

④ 소년의 배치(직업안내)에 대한 주간州間 협약과 관련한 사건

⑤ 수용. 보호를 결정하는 절차 또는 소년의 후견인을 선정하는 사건

Section 6. [보호관찰관의 권한과 의무]

(1) 이 법의 목적과 의도를 달성하기 위하여 이 법과 법원이 부과한 한계 내에서 보호관찰관은 아래의 권한과 책임을 가진다.

① 조사 및 보고자료작성, 권고사항을 작성하여 이를 소년법원에 제출한다.

② 고소사실을 접수하고 조사를 행하며, 이 법에 의한 사건 진행의 개시를 위하여 소년의 비행, 방종적, 요부조 상태를 기반으로 기소한다.

출처: 미국 표준소년법 요해(한영선, 2004, pp.326-327)

〈그림 4〉 소년법정의 모습(1915년 콜로라도 덴버)

출처: 'Judge Lindsey in chambers, Juvenile Court, Denver, Colo.' Mile High Photo Co., [1910-1915]. Library of Congress Prints and Photographs Division, LC-USZ62-137719, 참여자는 판사, 법원 서기, 보호관찰관과 소년이다.

소년사건이 접수되어 정식으로 법원의 심리절차가 필요하다는 결정이 내려지면 심리가 개시된다. 소년법원의 심리는 크게 혐의 사실의 인정 여부를 위한 인정심리Adjudicate Hearing와 처분 결정을 위한 처분심리Disposition Hearing로 구분된다. 인정심리에서 신청서의 혐의사실이 인정되면 처분절차로 들어가는데, 이때 사건 담당 보호관찰관은 자료를 준비하여 처분심리를 위한 보고서를 작성한다. 처분심리는 이 보고서의 검토에서부터 시작한다. 이 과정에서 소년의 유무죄 여부에 대한 공방을 벌이므로 이 과정에서 소년이 경험하는 스트레스가 상당하다(이승현, 2007:131). 이러한 스트레스는 단순한 스트레스가 아니라 형사절차가 가지는 처벌의 성격도 있고, 이 과정에서 낙인이 될 가능성도 있다. 제1장에서 살펴보았듯이 미국은 소년법원에서 관할권을 포기하고, 사건을 성인 형사법원으로 송치하는 경향이 강화되고 있다.

(2) 일본의 법원선의주의

일본은 1922년 '구소년법'에서는 검사가 범죄소년에 대하여 공소를 제기할 것인지 여부를 판단하도록 하여(구소년법 제27조, 제62조) 검사선의주의를 채택하였다. 그러나 패전 이후 미군정의 영향으로 1948년의 '신소년법'에서 법원선의제로 전환되었다. 법원선의제로 변경되었으나 검찰관(검사)이 재판에서 완전히 배제되는 형태였다. 그러나 1997년의 고베 초등학교 살인사건과 사가 버스탈취사건, 그리고 검찰관이 소년심판에서 완전히 배제된 것에 대한 비판이 거세지면서 2000년 소년법이 개정되었다. 개정소년법(2000년)의 주요 내용은 검찰관과 변호사인 보조인이 심리에 참여하도록 하고, 피해자에 대한 심판 결과 등의 통지, 피해자 등의 심판기록 열람 등 피해자에 대한 배려 등을 반영하였다. 이후 2007년, 2008년, 2014년에 추가로 개정되었다.

〈BOX 8〉 일본의 주요 소년사건

고베 초등학교 살인사건

1997년 2월부터 5월에 걸쳐 고베 시내에 살고 있던 14세의 중학교 3학년생 소년이 길거리에서 초등학생 여자아이 2명의 머리를 망치로 쳐서 상해를 입히는 사건이 발생하였다. 약 1개월 후에는 다른 초등학생 여자아이의 머리를 망치로 내리쳐서, 살해하였다. 10일 뒤에는 다른 초등학생 여자아이의 배를 소형 칼로 찔러서 상해를 입혔다. 그 후 약 2개월 뒤에는 평소 알고 지내던 초등학교 6학년 남자아이를 목을 졸라 살해하였고, 다음 날 머리를 잘라 중학교 정문 앞에 버린 사건이다. 소년은 의료소년원 송치 처분을 받았다.

사가 버스탈취사건

2000년 5월에 17세 소년이 승무원과 승객 22명이 탄 고속버스(사가현 출발·후쿠오카현 도착)를 탈취한 다음, 차내에서 여성 3명을 도축용 칼로 찔러 1명을 사망에 이르게 하고, 2명에게 중상을 입힌 사건이다. 가정재판소는 소년이 책임능력은 있지만 해리성 장애를 치료할 필요가 있고, 치료와 교육을 통해 소년의 성정을 고치고 피해자에 대한 참회의 마음을 가지게 하며, 규범의식을 가르치기 위해서는 의료적 교정시설에 수용하는 것이 상당하다 하여, 검찰로 역송하지 않고 5년 이상이라는 의견을 붙여 의료소년원 송치를 결정하였다

출처: 소년법(카와이데 토시히로, 2016, p.367)

따라서 현 일본 소년법에 의하면 소년법정은 검찰관과 변호사인 보조인이 참여하는 구조이다. 2014년 개정 소년법에서는 '사형, 무기 또는 장기 3년을 초과하는 징역이나 금고에 해당하는 죄'에 대해서는 검찰관이 소년법정에 참석하여 범죄사실을 다투도록 하였다(카와이데 토시히로, 2016:361-369).

(3) 우리나라의 검사선의주의

우리나라는 미국과 일본의 영향을 받아 소년법을 제정하였지만 미국, 일본이 법원선의주의를 취하고 있는 것과 달리 검사선의주의를 채택하였다. 즉, 우리나라는 소년 형사사건에서 해당 사건을 기소할 것인지 또는 불기소할 것인지 여부를 결정할 권한을 검사에게 부여하고 있다. 이는 우리나라가 검사에게 기소 여부 결정권을 주는 '기소편의주의'를 채택하고 있기 때문에 소년사건에서도 사건을 기소할 것인지 아니면 불기소처분의 일종인 법원 소년부 송치를 할 것인지에 대한 선택권도 검사에게 부여하는 것이 자연스러운 흐름이었을 것으로 생각된다.

〈BOX 9〉 우리나라 소년법의 검사선의권 규정

〈소년법〉

제49조 ① 검사는 소년에 대한 피의사건을 수사한 결과 보호처분에 해당하는 사유가 있다고 인정한 경우에는 사건을 관할 소년부에 송치하여야 한다.

4) 소결

미국과 일본의 법원선의주의에서의 소년법정을 살펴보면 소년법정의 심리는 혐의 사실의 인정 여부를 위한 인정심리Adjudicate Hearing와 처분 결정을 위한 처분심리Disposition Hearing로 구분되고, 인정심리에서 검사 또는 보호관찰관이 참여하여 사실관계 확인을 소년과 다투는 것이 필수적이라는 것을 알 수 있다. 그에 반하여 우리나라의 소년법정에서는 검사 또는 보호관찰관이 참여할 수 없는 구조로 이루어져 있다.

이러한 참여자의 차이점은 소년법정에서 심리에 직접적으로 반영된다. 이제는 선의권을 둘러싼 장단점이 아니라 소년의 관점에서 살펴볼 필요가 있다.

먼저 심리의 대상이 되는 소년의 감정이다. 검사선의주의와 법원선의주의는 소년의 입장에서 커다란 차이점이 있다. 검사선의주의에서는 검사가 사건을 기소하지 않고 소년부로 송치한다. 즉, 검사가 공소권을 소멸시키는 결정을 하는 것이고, 소년에게는 형사 기소가 보호절차로 변경되는 것이므로 은전적 결정으로 느끼게 된다. 반면, 법원선의주의에서는 판사가 사건을 소년법원이 아닌 형사법원으로 송치할 것인지 여부를 결정하는 것이다. 소년의 입장에서는 이미 보호절차로 개시된 사건을 형사법원으로 송치하는 것이므로 좌절감을 경험하게 된다. 특히 미국에서는 'waiver of jurisdiction관할 포기, transfer송치'라고 하며 일반적으로 살인, 강도 등의 중범죄자 또는 교정곤란자의 경우가 이에 해당되는데, 소년법원은 범죄의 경중, 범죄피해의 정도, 소년의 연령이나 전과 등을 고려하여 사회방위에 필요하거나 소년의 사회복귀를 위해서는 성인에게 가능한 형사처분이 필요하다고 인정하는 경우에 형사법원으로 사건을 이송하게 된다. 이 경우 해당 소년은 자신이 사회로부터 한 번 더 버림받았고, 낙인찍혔다고 생각할 것이다. 아무리 적법절차를 준수하였다고 하더라도 소년이 느끼는 분노와 저항은 소년의 개선에 악영향을 미칠 것으로 충분히 예상할 수 있다.

두 번째는 시간이다. 검사선의주의에 의할 경우 법정에서 실체적 진실을 다투는 과정이 생략된다. 검사가 소년법정에 참여하지 않으며, 유무죄를 다투지 않기 때문이다. 그 기간만큼 소년은 불안정한 상태에서 빨리 벗어날 수 있다. 소년에게는 소송절차에 계류되는 시간 자체가 고통이자 처벌이다(Feeley, 1992). 신속하게 절차를 종료하는 것이 소년에게 매우 중요한 일이다. 그렇다고 하여 소년의 범죄사실에 대하여 조사를 하지 않는다는 의미는 아니다. 경찰과 검찰 단계에서 소년의 범죄에 대한 조사가 충분히 이루어지고, 소년이 범죄를 인정하는 경우에만 보호절차로 전환될 수 있기 때문이다.

세 번째는 권한에 대한 혼동이다. 검사선의주의에서는 검사가 1차적으로 선의권을 행사하는 것이므로 모든 권한을 검사가 독점한다는 오해가 있는 것으로 보여진다. 그러나 검사가 소년부 송치 결정을 하면 즉시 공소권이 소멸하게 되어 이후의 소년사건에 검사가 관여할 수 있는 길이 없어진다. 따라서 검사선의주의에서 검사의 역할은 '문지기'의 역할에 불과하다. 소년법원에 송치되고 난 이후 소년의 사건에 대해서는 모든 권한이 판사에게 집중되어 있다. 소년의 건전한 성장을 돕기 위한 처분을 결정할 수 있는 권한은 모두 판사에게 있다. 소년보호제도를 처벌의 관점에서 본다면 검사의 절차선택권이 권한이라고 할 수 있다. 그러나 소년보호제도는 처벌이 아니라 소년을 위한 복지적 제도이다. 따라서 권한이 아니라 개입에 대한 논의를 하여야 한다. 검사선의주의에 따라 검사의 관여 여지는 없고, 대신 사법부의 개입은 확대된다. 사법부가 제재가 아닌 조장적 행정행위를 하는 것이 적합한지 여부는 별개로 하더라도 소년보호제도를 권한의 다툼으로 이해하는 것은 지양하여야 할 것으로 생각된다.

네 번째는 법정의 분위기이다. 사소하게 보이지만 가장 중요한 요인이다. 소년보호절차의 목표는 소년의 건전한 성장을 돕는 것이다. 건전한 성장을 위해서는 용서와 화해 등 긍정적인 노력이 필요하다. 그런데 법원선의주의에 의할 경우 범죄사실을 확인하는 과정이 필수적으로 수반되고 이 과정에서 부정적 또는 불신적 분위기가 만들어진다. 소년의 대립당사자인 검사 또는 보호관찰관이 법정에 참여하여 소년의 범죄사실에 대하여 주장하면 소년은 자신을 방어할 수밖에 없고, 상호 공격과 방어는 보호절차를 형사재판으로 변질시킨다. 가까운 예로 미국과 일본의 법원선의주의는 적법절차를 강조하는 단계를 거쳐 엄벌주의로 회귀하고 있다.

결론적으로 소년의 입장에서 살펴볼 때 자신의 행위에 대하여 비난하고 책임을 추궁하는 검사(또는 보호관찰관)의 존재 유무는 그 자체로 소년에게 커다란 영향을 미친다. 소년보호제도에서 소년은 단순한 처분의 대상에서 동등한 참여자로 지위가 변화되고 있다. 소년을 대등한 참여자로 받아들일 수 있는 제도, 즉 검사를 소년법정에서 배제시킬 수 있는 검사선의주의가 더 나은 제도라고 생각된다.

3 법원 소년부의 성격

1) 소년법의 중요 특징

법원 소년부의 성격을 이해하기 위해서는 먼저 우리 소년법이 보호사건과 형사사건으로 구분되어 있다는 것과 보호처분이 행정처분이라는 것을 이해할 필요가 있다.

(1) 이원주의

우리나라 소년법은 크게 보호사건과 형사사건으로 구분된다. 보호사건은 가정법원 소년부 또는 지방법원 소년부에서 관할하고(소년법 제3조 제2항), 소년에 대한 형사사건은 일반 형사법원에서 관할한다(소년법 제48조). 소년에 대한 절차를 2개의 독립된 법원에서 관할하는 것을 이원주의라고 한다.

그러나 이원주의라는 용어는 가치 중립적이어서 소년사건을 2개의 독립된 법원에서 관할한다는 것을 나타낼 뿐 더 이상의 정보를 제공하지는 않는 한계가 있다.

(2) 보호사건의 행정처분주의

법원 소년부에서 결정하는 보호처분의 법적 성격은 행정처분에 가깝다. 보호처분은 작위 또는 부작위 등의 의무를 부과하는 행정행위이며, 형사법원의 판결과는 확연히 구분된다. 따라서 법원 소년부의 처분은 당연히 형사처벌이 아니므로 전과에 해당되지 않고, 장래 신상에 어떠한 영향도 미치지 않는다(소년법 제32조 제6항).

2) 소년법원은 존재하는가?

우리나라에는 소년법원은 존재하지 않는다. 지방법원 또는 가정법원에 소년부가 설치되어 있으며, 이를 편의상 소년법원이라고 부르고 있다. 소년에 대한 형사재판은 일반 형사법원에서 관할하고 있지만 이를 소년법원이라고 하지 않는다. 그렇다면 통상 보호사건을 관할하는 소년법원은 어떤 성격을 가지고 있으며, 과연 소년법원이라고 부르는 것이 합당한지를 살펴본다.

Shapiro는 비교학적 분석을 통하여 법원Courts이 법원이 되기 위해서는 다음 네 가지 요소가 있어야 한다고 한다(김명숙 et al., 2013; 최대권, 1984, pp.210-211).

① 법관은 공정성을 위하여 분쟁당사자로부터 독립해 있어야 한다는 법관의 독립성

② 법관은 대립한 당사자들의 경기에 대한 심판의 역할을 한다는 대립당사자성

③ 법원은 기존의 규칙에 따라 제기된 쟁점에 대해서만 결정을 하고 비법적非法的 쟁점에 대해서는 납을 하지 못한다는 기존의 법규정 적용성

④ 법원은 원고의 질문에 YES 또는 NO의 형식으로 답변하고 이에 따른 결정을 하게 되는데 이는 일방에게 승소를 다른 상대방에는 패소를 의미하는 승자독식의 결정성

Shapiro의 기준에 따르면 우리나라 소년법원은 법원에 해당되지 않는다. 먼저, 소년부 판사는 독립된 법관이지만 직접 문제해결의 당사자로서 존재한다. 둘째, 우리 소년법정에는 피해자와 가해자의 대립구조가 없으며 비형벌화의 대상인 가해소년만이 존재한다. 그리고 피해소년은 참여하지 않는다. 세 번째로 기존의 법규정에 따라 제기된 쟁점에 대해서만 결정을 하는 것이 아니라 소년의 건전한 성장을 돕기 위하여 다양한 쟁점을 다루므로 이것 또한 법원에 해당되지 않는다. 그리고 대립당사자가 없으므로 승자독식의 구조가 아니다.

현재 법원 소년부를 강학상 소년법원으로 부르고 있으나 법원의 성격을 전혀 가지고 있지 않다. 결론적으로 우리나라에 소년법원은 존재하지 않는다. 그렇다면 우리나라 소년법상 법원 소년부는 어떤 성격을 가지고 있는가? 소년범죄 문제를 해결하기 위한 기관으로서 판사가 담당하는 복지 행정관청이라고 하여야 한다.

3) 복지행정관청으로서의 소년법원

현재 우리 법원 소년부의 임무는 조사와 심리, 처분 결정 및 그 집행에 대한 감독을 하는 것이다.

조사는 주로 보호필요성에 대한 사회적 자료를 수집, 분석하는 생활환경조사를 말하며, 반사회적 행위 자체에 대한 증거조사는 거의 이루어지지 않는다. 법원의 조사에는 가사조사관의 조사, 전문가의 진단, 심리상담조사 등이 있다. 이는 일반 형사법원에 없는 법원 소년부의 특유한 제도이다.

심리는 소년부 판사가 심리기일에 소년과 보호자, 참고인 등을 직접 면접하여 조사하는 절차이

다. 일반 형사재판에서 이러한 심리는 범죄사실에 대한 입증을 위하여 이루어지며, 양형의 기초사실에 대한 조사는 한정적인 범위에서만 이루어지고, 당사자가 주장하지 않으면 중요하게 다루어지지 않는다. 그러나 소년법원의 심리는 비행사실보다 보호의 필요성을 주로 심리대상으로 삼게 된다.

한편, 법원 소년부는 보호처분의 집행에 대한 감독권한을 가진다. 형사재판의 집행이 검사의 권한인 점과 다르다. 예를 들어 법원장은 1호 처분의 위탁보호위원을 위촉하거나 해촉할 수 있고, 2호, 3호, 6호, 7호 처분의 집행기관과 소년법 제32조의2에 따른 대안교육, 상담교육, 보호자 특별교육기관을 지정하거나 그 지정을 취소할 수 있다.

헌법상 삼권분립원칙에 따라 법의 집행은 행정부가 하는 것이 원칙이고, 국민의 복지는 행정부와 입법부의 책임이다. 사법부는 법을 판단하는 것으로 그 기능을 다하는 것이 본래의 삼권분립이다. 그러나 소년법원은 조사와 심리 과정에서 상담 등 당사자 복지를 우선한다는 점, 대상자에게 (형벌이 아닌) 의무를 부과하는 결정을 한다는 점, 집행 감독에 대한 권한을 갖는다는 점에서 행정적 성격을 강하게 드러낸다. 위와 같은 점은 형사법원뿐만 아니라 민사, 행정법원과도 다른 법원 소년부의 고유한 특성이다. 이는 미국의 문제해결법원을 연상시킨다.

미국은 마약 문제와 같이 고질적인 범죄에 대하여 무언가 근본적인 대책을 강구해야 한다는 사회의 요구가 함께 하면서 문제해결법원을 출범시켰다. 1898년 플로리다주의 마이애미에서 약물법원drug court를 설치한 이후 2008년 기준으로 2,800개의 문제해결법원이 설치되었다(Wikipedia, 2019). 문제해결법원이란 기존의 형사사법시스템이 이미 발생된 사건을 처벌하는 것만으로는 사회문제를 해결하지 못한다는 반성적 인식하에 대두된 개념이다. 옳고 그름을 판단하는 전통적 사법의 영역에서 벗어나, 문제의 원인에 접근하여 그 원인을 개선하는 것을 추구한다. 문제해결법원의 중심적인 특징은 다음의 두 가지이다. 첫째, 지향에 있어서 문제해결법원은 피고인으로 하여금 법원의 지시에 따르도록 하여 피해자, 피고인, 그리고 공동체 사회에 바람직한 결과를 가져다주는 최종적인 일까지 감당하게 한다. 둘째, 운영방법에 있어서 문제해결법원은 검사와 변호사가 대립하고 판사가 중립적인 위치에서 선례에 따라 판단하는 대심적 혹은 당사자주의적 구조가 아니라 판사, 검사, 변호인이 모두 같은 목표를 향해 협의하면서 일을 수행하는 협력적 구조를 이룬다. 뿐만 아니라 문제해결법원에서는 법률외적 전문가들도 운영에 깊숙이 관여하게 된다(이승호, 2006).

현재 소년법원은 문제해결법원으로서의 기능을 강화하려는 추세에 있다. 1호 처분의 기관으로 사법형그룹홈을 도입한 것이나, 각급 법원에서 청소년희망프로그램을 시행하는 것, 화해권고제도나 청소년참여법정 등 소년법원에 특유한 제도들도 이러한 착안하에 만들어진 것으로 볼 수 있다. 소년법이 보호가 필요한 소년들의 건전한 육성을 돕는 것을 목적으로 한다는 점을 고려할 때, 이러한 추세는 매우 바람직한 것으로 생각된다.

위에서 간략하게 법원 소년부의 성격에 대해서 살펴보았다. 우리나라에는 사실상 소년법원은 존재하지 않으며 법원 소년부는 전형적인 법원과는 그 성격이 매우 다르다. 현재 법원 소년부는 복지행정기관의 역할을 담당하고 있다고 할 수 있는데, 앞으로 우리나라 법원 소년부가 '문제해결기관'으로 자리매김하기를 기대한다.

제 3 장 소년은 누구인가?

1 소년의 재발견

지금은 당연한 것이지만 소년이 성인과 구별된다는 개념이 근대 이전까지는 당연한 것이 아니었다. 고대 그리스와 로마에서는 소년에 대한 개념이 존재했지만 중세시대에 접어들어 소년을 작은 어른으로 보았기 때문이다.

1) 고대 그리스

아리스토텔레스(384~322 BC)는 소년young people이 다른 연령대와 비교하여 행동, 태도 감정에 있어서 구별된다고 하였다. 고대 그리스에서는 사춘기adolescence를 전 생애 과정에서 구별되는 시기로 보았다(Burfeind & Bartusch, 2006, pp.17–18).

〈BOX 10〉 기원전 1700년경 수메르 시대와 고대 그리스의 사회풍조

> 아래 대화는 기원전 1700년경 수메르 시대에 쓰여진 점토판의 내용을 해독한 것이다.
>
> "어디에 갔다 왔느냐?"
> "아무 데도 안 갔습니다."
> "도대체 왜 학교를 안 가고 빈둥거리고 있느냐? 제발 철 좀 들어라. 왜 그렇게 버릇이 없느냐? 너의 선생님에게 존경심을 표하고 항상 인사를 드려라. 왜 수업이 끝나면 집으로 오지 않고 밖을 배회하느냐? 수업이 끝나면 집으로 오거라. 내가 다른 아이들처럼 땔감을 잘라오게 하였느냐? 내가 다른 아이들처럼 쟁기질을 하게 하고

나를 부양하라고 하였느냐? 도대체 왜 글공부를 하지 않는 것이냐? 자식이 아비의 직업을 물려받는 것은 엔릴 신께서 인간에게 내려주신 운명이다. 글을 열심히 배워야 서기관(필경사)의 직업을 물려받을 수 있다. 모름지기 모든 기예 중 최고의 기예는 글을 아는 것이다. 글을 알아야만 지식을 받고 지식을 전해줄 수 있는 것이다. 너의 형을 본받고 너의 동생을 본받아라"(나무위키, 2019b).

소크라테스(470-399 BC)는 소년children에 대하여 오늘날의 아버지가 생각할 법한 평가를 하고 있다.

"아이들은 사치를 좋아한다. 예의가 없고 권위를 경멸한다. 어른들의 말을 무시하고 일이나 숙제를 하기 보다는 말만 많다. 어른이 방에 들어가면 이제 일어서지도 않는다. 부모에 거역하고 또래들과 떠들기를 좋아하며, 음식을 흘리며 먹고 스승을 위협한다."(Jensen & Rojek, 2009, p.5 재인용)

2) 고대 로마

고대 로마의 경우 7세 미만은 유아infans라고 하여 절대적 무능력자로 형사책임을 인정하지 않고 있으며, 7세 이상 14세 미만은 미성숙자impubes라고 분류하여 상대적 책임무능력자로 처우했다. 상대적 책임무능력자에 대해서는 범죄의 종류와 내용에 따라 개별적으로 판단하여 책임능력이 인정되는 때에만 책임을 추궁하였다. 그러나 유아 또는 미성숙자가 형사책임을 면한다고 하더라도 가장家長까지 불법행위로 인한 손해배상책임을 면할 수는 없었다. 14세 이상 25세 미만의 자는 미성년자minors로 분류되었으며 형사책임을 완전히 면할 수는 없었다. 다만 경솔, 무경험, 단순한 과실을 들어 형의 경감을 요구할 수 있었다. 즉, 로마는 7세는 절대적 무능력자, 14세 미만자는 미성숙자, 25세 미만자는 미성년자로 구분하고 있다. 14세 이상 25세 미만자는 미성년자minors로 명명하고 있으나 성숙자로서 성년자와 동일하게 취급하였다(조규창, 1998, pp.23-24).

3) 중세 시대

Philippe Aries는 그의 저서 'Centuries of Childhood아동의 시대'에서 중세(476~1450 AD)에는 아동기childhood에 대한 개념이 발견되지 않는다고 하였다(Burfeind & Bartusch, 2006, p.18 재인용). 중

세에는 일반적으로 5세 이하자에 대해서는 유아로 구분하고, 그 이상에 대해서는 청소년young people으로 분류하였는데, 청소년과 성인을 구별하지 않았다. 즉, 5세를 넘어서면 '작은 어른adults on a small scale'으로 취급되었다.

아동기에 대한 개념은 16세기 후반 및 17세기가 되어서야 생겨나기 시작한 개념이다(Shore, 2011, p. 110). 아동에 대한 관심이 고대 그리스와 로마 시대보다 후퇴한 것은 중세시대의 혹독한 생활 여건의 결과로 여겨진다. Aries는 아동기 또는 사춘기가 구별되지 않은 것이 아동을 '방임, 유기 또는 학대'하였다는 의미가 아니라 단순히 빈곤으로 인하여 아동기가 특별히 필요하다는 인식이 부족했다는 것을 의미한다(Burfeind & Bartusch, 2006, p.18). 이 시기의 아동은 무관심의 대상이었고, 성인과 동일한 취급을 받았으며, 심지어 사형도 가능했다. 영국의 Old Bailey에서는 1830년대에 16세 이하의 58명의 아동이 사형을 선고받았으며, 그 중에는 12세의 Hannah Creed도 포함되어 있다. Hanna는 평소 심부름을 해주곤 하던 집에서 물건을 훔쳤다는 이유로 사형을 선고받았다(Shore, 2011, p.112). 미국에서는 1855년에 10세였던 James Arcene이 강도살인을 했다는 이유로 사형을 선고하고 집행했다(Streib, 1987, p.72).

〈BOX 11〉 중세시대의 사회풍조

다음은 1311년 여름에 알바루스 펠라기우스가 쓴 한탄이다.

요즘 대학생들 정말 한숨만 나온다. 요즘 대학생들은 선생들 위에 서고 싶어 하고, 선생들의 가르침에 논리가 아닌 그릇된 생각들로 도전한다. 그들은 강의에는 출석하지만 무언가를 배우고자 하는 의지가 없다… 그들은 무시해도 되는 문제에 더 관심을 가진다. 사랑이니 미신이니 하는 것들 말이다. 그들은 그릇된 논리로 자기들 판단에만 의지하려 들며, 자신들이 무지한 영역에 그 잣대를 들이댄다. 그렇게 해서 그들은 오류의 화신이 된다. 그들은 멍청한 자존심 때문에 자기들이 모르는 것에 대해 질문하는 것을 창피해한다.
(중략)
그들은 주일에는 성당에 가서 미사를 드리는 대신, 친구들과 마을을 쏘다니거나 집에 틀어박혀 글이나 끄적인다. 만약 성당에 가게 되면, 하느님에 대한 공경으로 가는 게 아니라 여자애들을 만나러, 또는 잡담이나 나누려고 간다. 그들은 부모님이나 교단으로부터 받은 학자금을 술집과 파티와 놀이에 흥청망청 써버리며, 그렇게 결국 집에 지식도, 도덕도, 돈도 없이 돌아간다.

출처: https://namu.wiki/요즘 젊은 것들은 버릇이 없다(2018. 7. 31)

4) 르네상스 시대

르네상스Renaissance에 이르러서 가족생활과 자녀양육이 중요한 문제가 되기 시작하였고, 자녀양육을 위한 지침서가 저술되기 시작하였다. 지침서에는 아동, 아동기, 그리고 양육에 대한 명확한 표현이 있었고, 아동을 순수하고innocent 취약한vulnerable 존재로 보고 있다. 이는 부모에게 아동을 악하고 타락한 세상으로부터 보호하고 아동을 도덕적으로 고결하고 신뢰할 수 있는 존재로 훈련시켜야 한다는 책임이 있다는 것을 의미하게 되었다. 이제 가족은 단순히 '이름과 땅'을 물려주는 역할이 아니라 자녀에게 새로운 감정과 태도를 불어넣는 윤리적, 영적 기능을 담당하고 자녀의 몸과 영혼을 주조하는 역할을 담당하게 되었다(Burfeind & Bartusch, 2006, p. 19 재인용).

특히 John Locke(1632~1704)는 1693년에 '교육론Some Thoughts Concerning Education'을 발표하였는데, 이 책은 1800년까지 26판이 인쇄될 정도로 큰 영향을 미쳤다. 로크는 아동은 도덕적으로 백지인 상태blank slate로 태어난다고 믿었고, 자녀의 삶에 있어서 부모의 역할, 특히 감독, 훈육과 도덕적 훈련의 필요성을 강조하였다. 로크의 교육론은 아동기 또는 소년기는 보호와 훈련이 요구되는 취약성vulnerability과 의존성dependency의 시기로 보는 르네상스 시대의 인식을 대표한다. Jean Jacques Rousseau(1712~1778)는 'Emile'(1762)을 통하여 아동의 발달단계를 처음으로 주장하였는데, 아동기에서 성인기로 전환되는 기간을 소년들이 직면하는 '독특한 인간의 역경distinctive human plight'이라고 하고, 역경은 주로 도덕과 성적 긴장moral and sexual tensions으로 특징된다고 하였다(Burfeind & Bartusch, 2006, pp.19-20 재인용).

결론적으로 경제적으로 어느 정도 안정이 되는 르네상스 시대가 되어서야 소년이 성인과 구별되는 존재라는 것과 발달단계로서의 아동기가 필요하다는 것을 다시 깨닫게 되었다. 그리고 아동은 순수성innocence, 취약성vulnerability, 의존성dependence을 가진 존재이며, 사춘기에는 도덕적, 성적 긴장을 겪게 된다는 인식은 사회화 기구로서의 가정과 학교의 중요성과 결부되었다. 그리고 이는 청소년을 건강하고 생산적인 성인으로 성장, 성숙시키기 위해서는 보호, 양육, 감독, 훈육, 훈련과 교육이 필요하다는 인식으로 이어졌다.

2 발달과정과 소년

소년과 성인 간의 차이를 강조하는 발달심리학자들의 주장은 소년범죄자와 성인범죄자를 다르게 처우해야 한다는 것을 시사하고 있다. 발달심리학자들은 발달의 연속성을 인정하면서도, 인지적, 정서적, 사회적 발달에 있어서 질적 변화가 모든 단계에 있다고 한다. 이 일련의 변화를 발달단계라고 하는데 각 발달단계는 전단계前段階에 기반하고 있지만 질적으로는 그것과 다르다.

발달단계에 있는 청소년기의 불안정한 특징을 바라보는 시각은 두 가지이다. 대표적으로 Stanley Hall은 청소년기를 '질풍노도storm and stress의 시기'로 정의하는데, 이는 청소년기를 문제의 시기로 보는 것이다. 즉 신체의 급격하고 현저한 변화와 불안정하고 예측할 수 없는 정서로 대표되는 시기로 보았다. 그러나 이후 청소년에 대한 과학적 연구가 이루어지면서 Josselyn, Sorenson과 같은 학자들이 등장하여 청소년기를 불가피하게 혼란을 겪지만 심리적으로 전혀 병든 상태가 아니라고 보았다. 인간의 성장에 있어서 필수불가결한 변화기간으로 보는 것이다. 즉 청소년기를 하나의 과정으로 인식하고 그 기간 동안의 혼란을 정상적인 것으로 본다(유기향, 1981, p.398).

청소년들을 사회화하여 올바르게 기능하도록 하는 것은 모든 사회의 중요한 과제이다. 그러나 청소년들은 특유의 본질 때문에 그 한계를 자주 벗어난다. 특히 청소년이 비행을 저지르는 경우에 사회의 반응은 다양하다. 이러한 반응은 청소년기를 바라보는 관점에 따라 달라질 수 있다. 예를 들어 청소년기를 불안정하고 예측불가능한 문제의 시기로 더 큰 문제로 발전하기 전에 교정하여야 할 시기로 보는 것과 청소년기의 혼란을 정상적인 성장과정으로 보는 것과는 대응이 다를 것이다. 따라서 성장과정에 있는 청소년기를 어떻게 바라보는가 하는 관점은 소년범죄 문제에 대한 대응과 긴밀하게 연관되어 있다. 소년범죄자가 누구인지 정확하게 알기 위해서는 아동의 발달과정을 함께 살펴보아야 한다.

3 소년범죄자[16]

소년범죄자를 이해하기 위해서는 먼저 범죄자 분류에 대해서 살펴볼 필요가 있다. 범죄자 분류는 개별처우를 가능하게 하는 도구적 이점과 범죄자에 대한 정확한 인식의 기준을 제공해주는 기능을 하므로 범죄자를 분류하는 것은 매우 중요하다. 먼저, 범죄인의 특성을 파악하여 이들을 적절히 분류하는 것은 이들을 개별적 특성에 맞게 처우하는 것을 가능하게 한다(이윤호, 2007). 그리고 개별처우는 서비스가 필요한 대상자를 선정하여 가장 적합한 프로그램을 제공하므로 효과성이 높고, 보다 비용절감적인 프로그램 운영을 가능하게 한다. 그러나 무엇보다도 범죄자 분류를 통하여 이들이 청소년기에만 범죄를 저지르는지 아니면 평생 범죄를 저지르는지 구별할 수 있다면 청소년 범죄자에 대한 사회적 낙인효과를 줄이는 결과도 기대할 수 있다. 일반시민들은 '한번 범죄자는 평생 범죄자'라는 선입견을 가지고 있기 때문이다.

범죄자 분류는 크게 두 가지로 구분할 수 있는데, 하나는 Lombroso와 같은 실증주의 학파들에 의한 전통적인 범죄자분류와 발전범죄학자들에 의한 분류로 나눌 수 있다. 전통적인 범죄자 분류에는 두개골의 형태 등 범죄자 개인의 특성에 따른 분류 또는 개선가능성에 따른 분류, 범죄동기에 따른 분류 등이 있다. 그리고 발전범죄학자들에 의한 분류로는 Moffitt(1997)에 의한 청소년기 한정형 범죄자와 평생지속형 범죄자 분류, Wolfgang(1983) 등에 의한 일반범죄자와 만성범죄자 등의 분류가 있다.

1) 전통적인 범죄자 분류

실증주의 학파의 대표인 Cesare Lombroso는 1897년에 발간한 『범죄인론』에서 범죄자군을 간질병적 범죄자the epileptic criminal, 정신병적 범죄자the insane criminal, 생래적 범죄자the born criminal로 분류하였다. 후년에 이르러 기회 범죄자the occasional criminal라는 범주를 추가하였는데, 기회 범죄자를 보다 세분하여 (1) pseudo criminal준범죄자, (2) criminaloid범죄질, (3) habitual criminal상습범죄자

16 소년범죄자 분류는 한영선의 소년범죄자의 범죄중단에 관한 연구(한영선, 2011)에서 발췌, 인용하였다.

등 세 가지로 구분하였다(민건식, 1984).

Radbruch는 개선가능성을 기준으로 우발범인과 상습범인의 두 가지 유형으로 분류하였고, 아샤펜부르크는 반사회적 위험을 기준으로 (1) 우발범(부주의하나 악의 없는 범죄인) (2) 격정범인(격앙된 분위기에서 범행한 범죄인) (3) 기회범인(유실물을 횡령한다든지 하는 경우로서 유혹에 쉽게 넘어가는 경향을 가진 범죄인) (4) 예모범인(사전에 치밀하게 계획, 준비하여 실행한 범죄인) (5) 누범인(법률적으로 동일 또는 유사한 구성요건에 해당되는 죄를 여러 차례 행한 범죄인) (6) 상습범인(상습성향을 가지고 범죄를 행한 자로서 건전한 사회생활상의 생업에 필요한 안정성이 결여된 자를 총칭) (7) 직업범인(강력한 범죄정신을 갖고 있으며 특수한 소질로 인한 범죄의사가 확고한 범죄생활자이며, 범죄전문가) 등으로 구분하고 있다(이수성 & 조준현, 1991).

그 외에도 범죄인의 동기에 따라 범죄적 경향을 가진 경향범, 열정적 범죄자, 확신범 등으로 분류하기도 하고, 반사회성의 강약에 따라 상습범인과 우발범인, 연령에 따라 성년범인과 소년범인, 정신병질 등의 기준에 따라 정상범인과 이상범인, 가치의식의 정상성 유무에 따라 보통범과 확신범, 성별에 따라 남성범인과 여성범인으로 분류하기도 한다.

2) 발달범죄학과 범죄자 분류[17]

(1) 발달범죄학

발달범죄학자는 범죄자의 범죄경력criminal career과 범죄경로criminal trajectory를 기준으로 분류한다. 경력 또는 경로를 분석하는 것이므로 특정 시점의 범죄현상이 아니라 범죄자의 생애에 대한 종단적 연구방법을 이용한다.

예를 들어서 '범죄자 A'가 있다고 할 때, 그는 특정한 나이(시기)에 범죄행위를 시작하고, 높거나 낮은 특정의 개인범죄율을 가지며, 절도 또는 사기 등 특정 유형의 범죄행위들을 조합하여 저지르는 경향이 있다. 그리고 마지막에 가서는 결국 범죄를 더 이상 저지르지 않게 된다. 따라서 이들에 대한 종단적 자료를 이용하면 다음과 같은 범죄현상을 이해할 수 있다(Piquero,

17 발전범죄학의 범죄자 분류는 Han and Bax(Youngsun Han & Trent Bax, 2016)의 Desistance from and Persistence in Male Offending: The Case of South Korea에서 발췌, 인용하였다.

Farrington, & Blumstein, 2003).

㉠ 왜 그리고 언제 범죄가 시작되는가onset

㉡ 왜 그리고 어떻게 범죄를 지속하는가persistence

㉢ 범죄가 이전보다 자주 발생하거나 또는 보다 심각해진다면 그 이유는 무엇인가escalation

㉣ 왜 그리고 언제 또는 어떻게 범죄를 중단하는가desistance

범죄경로criminal trajectory는 종단적인 연속물 혹은 인생의 주요 영역에 있어서의 연관된 사회적, 심리적, 생물학적 상태의 연속물을 말한다. 경로는 인생과정을 통해 이루어지는 발달 혹은 경로로서 교육적 경로, 직업적 경로, 정신건강 경로, 범죄경로 등의 경로를 의미한다. 직업 경로로 설명을 한다면 학교 교사를 20년간 하다가 자영업을 하는 경우와 정년까지 교사로 퇴직하는 경우를 생각해볼 수 있다. 이 경우 앞의 경우는 직업 경로가 변화change된 것이고, 후자의 경우는 안정stability적인 것이다. 따라서 범죄경로는 범죄자가 범죄경력에서 벗어나는지 여부, 그리고 어떤 생애사건life events을 통하여 변화되는지에 관심을 가진다.

최근 발전범죄학자들이 밝혀낸 주요한 연구결과는 다음과 같다(Glueck & Glueck, 1952; Rolf Loeber & Farrington, 2001; R. Loeber & Le Blanc, 1990).

㉠ 범죄 발생시의 연령이 어릴수록(낮을수록) 범죄지속과 관련이 있다.

㉡ 연령과 범죄 사이에는 강한 상관관계가 있다.

① 발달범죄학적 인간관

발달범죄학에서 보는 인간관은 크게 모집단이질론population heterogeneity, 상황의존론state dependence, 그리고 이를 절충하는 통합이론적 관점mixed theory으로 구분된다(강은영, 2005, p.8).

Gottfredson과 Hirsch로 대표되는 모집단이질론에 의하면 범죄성향은 아동기의 부적절한 사회화의 결과로 형성되며, 이때 고착된 범죄성은 생애주기 내내 안정적으로 지속된다고 본다. Gottfredson과 Hirsch가 주장하는 범죄성향은 '낮은 자기통제력low self control'이다. 이는 생애 기간 동안 변화되지 않는다. 따라서 모집단이질론을 잠재적 특성이론latent trait theory이라고도 한다. 이들은 상황이 아니라 개인적인 특성을 중시한다(Michael R. Gottfredson & Hirschi, 1990).

이와 달리 상황의존성state dependence은 청소년기의 '긍정적인' 친구관계, '좋은' 결혼, '좋은' 취업 등과 같은 생애사건life events의 영향을 받아 범죄경력이 변화한다고 본다. 즉, 범죄자를 변화가능한 존재로 바라본다. 개인적 특성이 아니라 상황이 중요하다고 보는 것이다. 애그뉴Agnew의 일반긴장이론General Strain Theory 서덜랜드Sutherland의 차별적 접촉이론Differential Association Theory, 러메트Lemert의 낙인이론Labeling Theory이 상황의존론에 속한다.

그리고 통합이론적 관점mixed theory은 개인적 '특성'과 생애사건과 같은 '상황'의 존재를 모두 인정한다. Sampson과 Laub의 연령단계별 비공식적 사회통제 이론Age-graded Theory of Informal Social Control과 Moffitt의 이원론적 범죄자 유형론Dual Taxonomy Approaches이 여기에 해당된다. 최근의 연구결과는 개인적 특성과 생애사건과 같은 상황 모두가 범죄경력 발전에 중요한 영향을 미친다고 한다(Piquero et al. 2003 p. 403 강은영, 2005, pp.13–14 재인용).

〈BOX 12〉 인간관과 형사정책

일반적으로 우리는 사람을 만날 때 그가 선한 사람인지 또는 악한 사람인지 빨리 파악하고자 한다. 이는 단순한 호기심 때문이 아니다. 상대방이 적이라면 나의 생존에 위협이 될 수 있기 때문에 타인에 대한 인상을 빨리 평가하는 일은 매우 중요하다. 타인에 대한 평가 즉, 인상형성은 자신의 경험 또는 교육을 통하여 만들어지게 되며, 한번 형성된 시각은 오랫동안 지속되고, 세상을 이해하고 상호작용하는 데 커다란 영향을 미친다. 예를 들어 사람은 모두 선하다는 시각을 가진 사람은 잘 속임을 당할 수 있다는 단점이 있으나 보다 많은 사람들과 교류하고 적극적으로 탐험하며 보다 긍정적으로 삶을 영위할 수 있는 장점이 있다. 반대로 모든 사람이 악하다고 보는 경우에는 다른 사람으로부터 속임을 당할 위험은 줄어들겠지만 다른 사람과 교류를 꺼리게 되고 위축된 상태에서 부정적인 삶을 살아갈 가능성이 높다. 이렇듯 개인이 사람을 선하거나 악하다고 보는 시각은 실질적으로 그의 삶에 영향을 미치는 효용성이 있듯이 형사사법시스템에서 범죄자를 어떻게 바라보는지도 형사정책을 형성하는 데 매우 중요한 역할을 한다.

범죄자를 어떻게 바라볼 것인지는 어떤 '색의 안경'을 쓸 것인지와 유사하다. 자신이 선호하는 색깔의 안경이 주는 효용성이 있을 것이다. 예를 들어 검은색의 렌즈를 가진 안경이라면 햇빛이 눈부시는 낮에 사물을 훨씬 쉽게 볼 수 있을 것이고, 어두운 저녁에는 잘 보이지 않을 것이다. 노란색의 안경이라면 밤에 잘 보이고, 낮에는 너무 눈이 부시게 될 것이다.

그러나 주어진 범죄현상에 따른 문제해결에서 중요한 것은 이러한 안경이 주는 효용성이 아니라 실제 있는 현상을 정확하게 볼 수 있는지 여부이다.

발전범죄학의 가장 큰 공헌 중의 하나는 범죄자의 생애를 종단적으로 분석하여 범죄를 중단하는 존재와 범죄를 지속하는 존재를 발견한 것이며, 이러한 2종류의 범죄인이 동시에 존재한다는 것이다. 범죄인을 바라보는 시각이 다른 것은 이러한 현상을 어떻게 이해할 것인지와 관련이 있다. 그러나 우리에게 중요한 것은 '누가' 평생 범죄를 저지르는 생애지속형 범죄자인지, 생애지속형 범죄자는 '얼마나' 존재하는지다. 다행스럽게 현재 연구결과에 따르면 생애지속형 범죄자는 소수로만 존재한다.

〈그림 5〉 발달범죄학에 의한 소년범죄자 유형

② 연령과 범죄

아래 〈그림 6〉은 '범죄-연령 곡선'으로 우리나라 법원에 접수된 범죄를 연령별로 분포시킨 것이다. 청소년기에 급격히 증가하고 16~17세경에 정점에 이르렀다가 이후 감소하는 패턴을 보여준다.

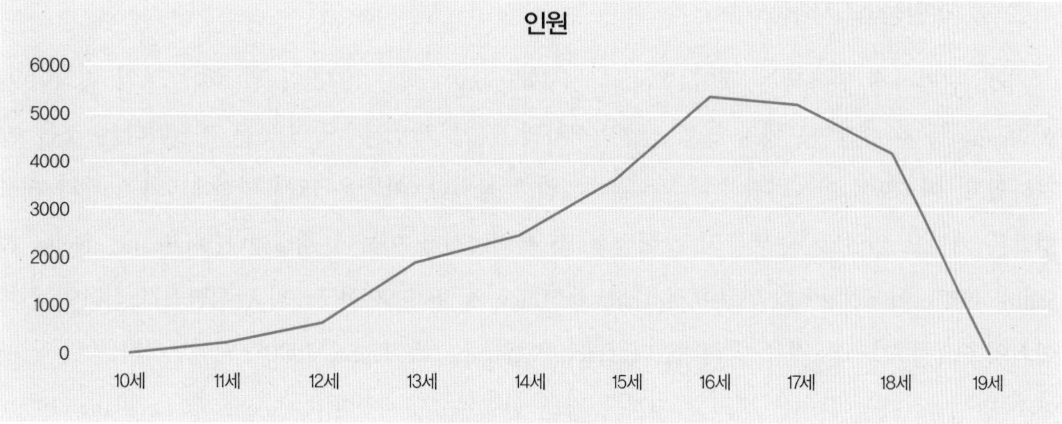

〈그림 6〉 범죄-연령 곡선

출처: 사법연감(2017) 재구성

범죄-연령 곡선에서 범죄건수가 감소하는 이유는 2가지로 설명할 수 있다. 하나는 전체적으로 연령이 증가하면서 '활동적인 범죄자들active affenders의 수'가 줄어드는 것과 다른 하나는 활동적인 범죄자들은 줄어들지 않지만 이들이 저지르는 '범죄건수'가 줄어드는 것으로 해석할 수 있다.

연령이 높아지면서 범죄가 감소하는 정확한 원인에 대해서는 아직 의견이 통일되지 않고 있지만, 연령과 범죄 사이에 명확한 상관관계가 있다는 것은 범죄학에서는 정설이다(Kazemian, 2007). Stattin 등의 연구에 의하면 소년범죄는 17세까지 증가하다가 그 이후에는 감소한다(Stattin & Magnusson, 1991). 패링턴Farrington이 주도한 케임브리지 연구Cambridge Study에서는 범죄경력의 시작은 13세에서 18세 사이에서 이루어진다(Blumstein, Cohen, Roth, & Visher, 1986).

현대 발달범죄학자들의 통설적인 견해는 범죄행동은 사춘기에 증가하기 시작하여 어른으로서의 사회적 역할, 자아정체성 등의 영역이 성숙하면서 18세와 26세 사이에서 정점에 이르고 이후 감소하는 것으로 본다(Rocque, Posick, & White, 2015, p.350)[18].

18 Rocque 등은 성숙을 성인의 사회적 역할, 자아정체성(인지), 사회심리적, 시민적, 뇌과학적 영역 등 5가지로 구분하였고, 연구 결과 이 중에서 범죄중단과 상관관계가 있는 것은 성인의 사회적 역할, 자아정체성(인지), 사회심리적 영역의 성숙 등 3가지였다.

③ 6%의 만성범죄자chronic 6%

가장 빈번하게 인용되는 것이 Wolfgang(Wolfgang et al, 1972)이 발견한 6%의 법칙이다. Wolfgang 등은 종단연구에서 전체 남성범죄자의 6%가 체포건수의 52%를 저질렀다는 것을 발견하였고, 이 6%를 만성범죄자chronic offenders라고 불렀다. 이들은 18세 이전에 5회 이상의 체포경력을 가지고 있었고, 대부분의 강력범죄 및 폭력범죄를 이들이 저질렀다(Wolfgang, Figlio, & Sellin, 1972). 이어진 2번째 연구에서 Tracy 등(Tracy, et al, 1990)은 7%의 만성범죄자 집단이 전체 범죄의 61%를 저지른 것을 밝혀내었다(Tracy, Wolfgang, & Figlio, 1990). 케임브리지 종단 연구에서 만성범죄자들이 처음 범죄를 저지른 평균 연령은 13.8세였다(R. Loeber & Le Blanc, 1990). Rochester, Denver 그리고 Pittsburgh 연구에서 만성범죄자는 범죄경력이 9세에서 12세 사이에 시작되는 것을 발견하였다(Thornberry, Huizinga, & Loeber, 1995).

④ 범죄지속의 패러독스

범죄지속의 패러독스paradox of persistence는 Sampson과 Laub이 만든 개념이다. 범죄지속의 패러독스는 시간을 회고적으로 뒤돌아보면 대부분의 성인 범죄자들은 비행청소년이었으나 시간을 삶의 순방향으로 보면 대부분의 비행청소년들이 성인 범죄자가 되지 않는 현상을 말한다(Cohen & Vila, 1996, pp.141-142 재인용). 즉, 대부분의 성인 범죄자는 어릴 적 비행이 있지만, 반대로 대부분의 비행청소년들은 성인범죄자로 성장하지 않는다는 의미이다. 이는 시간의 흐름에 따른 연속과 불연속이 동시에 존재한다는 것을 의미한다. 즉, 아동기 및 청소년기의 일탈적 범죄행위는 성인 범죄성의 가장 중요한 지표 중의 하나라는 연속성과 동시에 대부분의 비행청소년들이 성인범죄자가 되지 않는다는 불연속성(변화)이 존재한다. 결국 시간의 흐름에 따른 연속과 불연속(변화), 양자가 모두 존재하며 이에 대한 원인론적 설명은 매우 복합적이다(강은영, 2005, p.11). 그러나 Wolfgan 등이 밝혀낸 6%의 만성범죄자의 존재를 전제로 한다면 이들은 청소년기부터 범죄를 시작하여 평생지속형 범죄자가 되고, 94%의 청소년 범죄자는 청소년기에만 한정하여 범죄를 저지르고 범죄를 중단하는 청소년기 한정형 범죄자라는 점에서 범죄지속의 패러독스는 쉽게 이해될 수 있다.

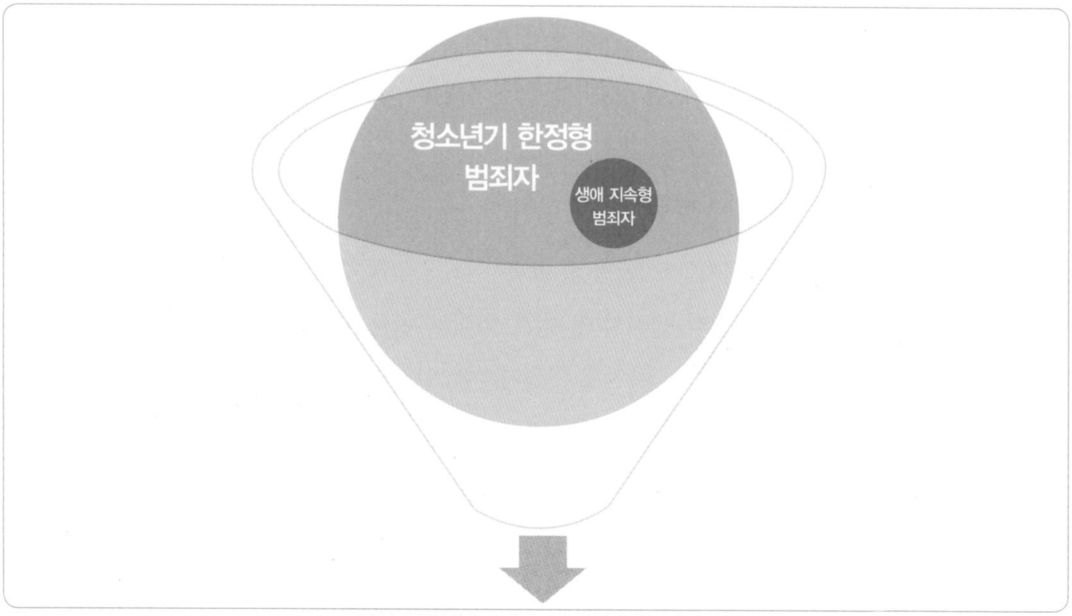

성인 만성 범죄자 = 생애지속형 범죄자

〈그림 7〉 성인 만성 범죄자와 생애지속형 범죄자

(2) 발달범죄학자의 범죄자 분류

① Innocents, Desisters와 Persisters

Blumstein, Farrington과 Moitra는 사람을 3가지로 분류했다. 범죄자는

㉠ Innocents(범죄를 저지르지 않은 사람),

㉡ Desisters(비교적 낮은 범죄지속율을 보이는 사람),

㉢ Persisters(비교적 높은 범죄지속율을 보이는 사람)'으로 구분된다(Blumstein, Farrington, & Moitra, 1985).

이러한 분류는 각각의 사람은 범죄를 저지른 이후에 각 종류별로 다른 부류와 구별되는 일관된 범죄중단 가능성을 가지고 있다는 것을 가정하고 있다. 예를 들어 Persisters의 특징을 살펴보면 언어지능에 비하여 동작지능이 낮고, 8세에서 10세 때에 또래와 학교 교사에 의하여 문제가 많은 소년으로 평가된다. 부모 중에 범죄경력을 가진 사람이 있고, 부모의 훈육방식도 열악하다.

② 청소년기 한정형 범죄자와 평생지속형 범죄자

Moffitt(1997)은 범죄자를 '청소년기 한정형 범죄자'와 '평생지속형 범죄자'로 구분한다. Moffitt의 주장에 의하면 청소년기 한정형 범죄자의 경우, 10대 후반에 가장 높은 범죄발생률을 기록하다가 성인기 초기에 급격히 감소한다. 반면에 평생지속형 범죄자는 범죄를 중단하지 않는다. 따라서 청소년기 한정형 범죄자라고 판단하기 위해서는 성인기 초기에 범죄를 중단하여야 한다. 성인기 초기에 범죄를 중단하지 않으면 평생지속형 범죄자로 분류된다.

③ 일반범죄자와 만성범죄자chronic offender

Wolfgang과 그의 동료들은 1945년 필라델피아 출생집단birth cohort 연구에서 17세 이전까지 경찰접촉이 5회 이상인 자를 만성범죄자chronic offender로 규정하였다(Wolfgang, Tracy, & Figlio, 1990, p. 15). 그러나 만성 범죄자의 판단기준에 대해서는 다양한 견해가 있다. Piquero는 남녀를 구분하여 여성의 경우 4회 이상이면 만성범죄자chronic offender, 남성은 5회 이상일 때 만성범죄자chronic offender로 본다(Piquero et al., 2003). 그리고 Blumstein과 그의 동료들(Blumstein et al., 1985)은 기본적으로 경찰접촉이 6회 이상이어야 할 뿐만 아니라 13세 이전에 기소되어야 하고, 형제자매 중에 기소된 자나 문제아동이 있어야 한다고 한다.

3) 소결

생각하건대 실증주의자들에 의한 전통적인 범죄자의 분류는 기준이 모호하여 실제 범죄자를 분류할 때 정확한 구분이 곤란하다. 두개골의 크기라든지 체모의 존재 여부에 따라 범죄자를 분류하는 것도 타당성이 결여되어 있다. 그리고 우발범과 격정범으로 구분하는 것도 실제 사건이 발생했을 때 이를 구분하기 어려운 경우가 많을 것이다. 우발적인 것이나 격정적인 것 모두 충동에 의하여 발생할 수 있기 때문이다. 그리고 누범자, 상습범죄자, 직업범죄자의 경우도 구별이 곤란하기는 마찬가지이다. 범죄를 직업으로 삼는 직업범죄자라면 대부분이 누범자 또는 상습범죄자로 분류하여야 할 것이기 때문이다. 다음으로 남성, 여성, 소년, 성인 등으로 구분하는 것 또한 내면의 범죄성향을 파악하는 것이 아니라 외면적 차이만을 설명하고 있다는 한계가 있다. 이렇듯 전통적인 범죄자 분류는 기준이 모호하고 타당성이 결여되어 있으므로 실제 범죄자를 분류할 때 실질적인 역할을 하기 곤란하다. 그리고 객관성, 과학성이 부족하여 이에 따라 프로그램을 집행하기도 곤란한 측면이 있다.

발전범죄학자들에 의한 범죄자 분류에도 몇 가지 생각해볼 점이 있다. '만성범죄자chronic offender'는 범죄경력이 오랫동안 지속되는 범죄자를 의미한다는 점에서 '누범자'와 구별이 된다. 즉, 범죄횟수가 아니라 범죄경력의 지속기간이 기준이다. 그럼에도 불구하고 '범죄지속기간'이 아니라 5회 입건 등의 '범죄횟수'를 기준으로 하고 있는 것은 잘못이라고 본다. 굳이 '만성범죄자chronic offender'라는 용어를 사용한다면 해당 범죄자가 입건되었을 때 얼마나 오랫동안 범죄를 지속하였는지를 기준으로 하여 판단하는 것이 합리적일 것으로 생각된다. 다른 하나는 지금까지의 범죄자 분류는 범죄자가 재범을 하는지 여부와 범죄를 얼마나 오랫동안 지속하는지를 기준으로 삼았다는 것이다. 범죄의 반복 또는 지속만이 아니라 범죄의 중단을 기준으로 범죄자를 분류해 볼 필요가 있다. 즉, 조발비행자Early starter 또는 후발비행자Late starter와 같은 구분이 아니라 조기중단자Early desister 또는 비중단자Non-desister로 구분할 수 있을 것이다.

4 작은 어른이라고 보는 관점의 재등장

최근 들어 소년이란 이유로 성인에 비하여 관대한 처분을 할 뿐만 아니라 다양한 보호조치를 강구하고 있음에도 불구하고 소년범죄가 개선되는 양상을 보이지 않자 소년범죄에 엄격하게 대응하고자 하는 경향이 두드러지고 있다. 최근 미국의 경우 소년범죄가 흉포화되면서 1970년대부터는 중대범죄에 대해서는 관할을 소년법원에서 형사법원으로 일원화하는 법개정이 이루어지고 있다. 미국에서 보여지는 엄벌화 경향은 미국이 소년범죄를 성인범죄와 구별하여 다루어야 한다는 국친사상에 따라 세계 최초로 소년법원을 설립한 나라라는 점에서 충격적이라고 할 수 있다.

작은 어른이라고 보는 관점은 범죄소년의 대부분이 비록 성장발달 과정에 있다고는 하지만 자기결정능력을 갖춘 하나의 인격체로서 권리의 주체임과 동시에 사회에 대해 일정한 책임을 져야 하는 존재로 보는 것이다. 따라서 범죄소년을 이와 같이 '작은 어른'으로 이해하면 소년범죄 가운데 특히 심각한 범죄는 성인범죄자와 동일하게 형사재판을 거쳐 형벌을 받게 하여야 한다. 이 경우 소년 피고인에 대해서도 성인과 같은 절차상의 권리가 동일하게 보장된다. 결국 한 사람의 어른으로 다루어지는 것이다(사와노보리 토시오, 2007:125-126).

범죄소년을 작은 어른으로 보는 관점이 대두하게 된 가장 큰 요인은 소년이 저지른 범죄의 흉악성 때문이지만 소년을 미성숙한 보호의 대상으로 본 국친사상의 비판에도 있다. 그 비판내용은 첫째, 범죄소년을 지나치게 관대하게 처우하여 범죄 현상이 전혀 개선되지 않고 있다. 둘째, 소년의 복지를 위하여 처우한다고 표명하고 있으나 실제로 소년의 복지를 위한 처우를 실시할 수 있는 여건이 형성되어 있지 않고, 처우의 내용도 열악하여 개선이 되지 않는다. 셋째, 소년심판절차가 적법하지 않아 소년의 권리를 부당하게 침해한다는 것이다(사와노보리 토시오, 2007, p. 127).

미국의 이러한 새로운 움직임은 엄벌주의 정책get-tough policy이라고 지칭되기도 하는데 유의해서 볼만한 점이 있다.

첫째, 소년법원의 관할권을 제한하는 것이다. 이를 위하여 소년법원의 적용 연령을 변경하는 것과 살인, 강간 등 특정 중대범죄의 관할권을 제한하는 것, 또는 소년법원 자체를 폐지하고 형사법원으로 통일하는 방법이 활용된다. 살인, 강간 등의 중대범죄의 경우는 처음부터 형사법원에서 관할권을 가지도록 법률에 규정하는 사례가 있다. 미국의 일부 주에서는 소년법원을 폐지하고 모든 소년사건을 형사법원에서 관할하는 사례까지 생겨나고 있다. 일본의 경우는 형사미성년자 연령을 16세에서 14세로 인하하였는데, 이 경우 형벌가능연령은 늘어나고, 상대적으로 소년법의 적용을 받는 소년의 연령은 줄어들게 된다. 우리나라의 경우도 2007년의 개정으로 20세 미만에서 19세 미만으로 소년법의 적용 연령을 직접적으로 인하하여 대상을 축소[19]하였다.

19 소년법의 적용연령을 20세에서 19세로 인하함으로써 소년범죄의 감소 또는 예방이라는 형사정책적 목표가 달성되었을까? 이를 확인하기 위해서는 2007년을 기준으로 19세 이상 20세 미만자의 범죄율의 변화를 살펴보면 된다. 민수홍의 견해에 의하면 오히려 19세 이상 20세 미만자의 범죄율이 증가하였다고 한다. 범죄는 감소하지 않고 이들은 형사처벌로 인하여 범죄자라는 낙인이 찍히는 결과가 발생한 것이다.

둘째, 적법절차의 보장을 강화하는 것이다. 성인 형사법원에서 재판이 이루어지는 경우는 당연히 재판의 당사자로서의 지위를 누리기 때문에 적법절차를 강화한다는 것이 동어반복이라고 할 수 있다. 적법절차를 보장한다는 것은 소년법원을 유지하면서 형사법원에서 주어지는 증인신문권 등의 권리를 부여하는 것을 의미한다.

셋째, 비시설화를 포함한 다이버전 등 처우의 다양화를 모색하는 것이다. 이러한 움직임 중에서 소년법원을 폐지하는 것은 미성숙한 인격체로서의 소년을 부정한다는 점에서 과거로의 회귀라고 할 것이어서 찬성할 수 없으나 나머지 경향은 범죄소년을 보호한다는 '보호주의'를 부정하는 것이 아니라는 점에 주의를 기울일 필요가 있다(사와노보리 토시오, 2007:128).

제 4 장 보호처분은 무엇인가?

형벌을 대체 또는 보완하기 위한 제도로는 보안처분, 그리고 다이버전, 비범죄화 조치 등이 있다. 보호처분은 형벌을 대체하기 위하여 고안된 것이다. 보호처분이 무엇인지를 이해하기 위해서는 먼저 형벌부터 시작하여, 보안처분, 다이버전 등과 비교하며 살펴보아야 한다.

1 형벌과 보호처분

1) 형벌

보호처분이 형벌과 다르다는 것은 분명하다. 그렇다면 형벌과 보호처분은 어떻게 다른가? 형벌은 범죄에 대한 법의 효과로서 범죄자에게 과하는 법익의 박탈, 고통의 부과를 의미한다. 그러므로 형벌은 기본적으로 범죄자에게 가해지는 해악害惡이다. 왜 형벌을 부과하여야 하는지에 대해서는 크게 응보주의와 목적형주의로 구분된다. 형벌이 실제 어떻게 작동하는지, 형벌이론이 무엇인지, 그리고 형벌의 종류와 관계없이 형벌을 통하여 달성하려고 하는 목적은 일반적으로 4가지로 설명된다.

① 범죄자와 다른 사람들에 대한 억제

② 사회방위

③ 범죄자의 교정

④ 정의로서 응보 또는 범죄자에 대한 사회적 복수

① 내지 ③은 목적형주의에 해당하고, ④는 응보주의에 해당한다. 이에 대하여 순서대로 간략하게 살펴본다.

〈BOX 13〉 형벌의 종류

> 형벌의 종류는 크게 생명형, 자유형, 명예형, 재산형으로 구분된다.
> ① 생명형은 사형
> ② 자유형은 징역, 금고, 구류
> ③ 명예형은 자격상실과 자격정지
> ④ 재산형은 벌금, 과료, 몰수가 있다.

(1) 억제deterrence

억제는 해악의 부과를 통하여 '다른 사람'으로 하여금 동종의 범죄를 저지르지 못하게 하는 것이다. 그리고 다른 한편으로는 '그 범죄자'가 다시 재범하지 않도록 억제하는 것이다. 이때 범죄의 억제는 해악의 부과에 따른 것이지 '그 범죄자'의 변화에 의한 것이 아니다. 억제는 '그 범죄자'를 교정하기 위한 것이 아니다. 단지 범죄가 억제되기만 하면 족하다.

'다른 사람'의 범죄를 억제하는 것을 일반예방general prevention 또는 일반억제general deterrence라고 하고, '그 범죄자'를 억제하는 것을 특별예방specific prevention 또는 특정인 억제specific deterrence[20] 라고 한다. 억제에는 다음과 같은 전제가 있다.

① 일반예방은 일벌백계一罰百戒로 이해할 수 있다. 한 사람을 엄하게 처벌하여 다른 백 사람이 범죄하지 못하도록 위협을 가하는 것이다. 이는 사람을 수단으로 사용하는 것이 가능하다

20 일반예방과 특별예방으로 구분하는데, 일반억제와 특정인 억제로 이해하는 것이 옳다. specific deterrence에서 specific은 특별한special 사람이 아니라 구체적 또는 특정specific을 의미하기 때문이다.

는 전제이다. 그러나 인간으로서의 그 자체의 가치를 고려하지 않고 사람을 목적이 아니라 수단으로 사용하는 것은 기본적으로 부도덕한 행위이다. 일반예방의 논리가 부당함은 테러리즘이 부당하다는 것과 동일하다. 테러리즘도 특정 목적을 달성하기 위하여 정부, 대중 또는 개인에게 위해를 가하여 위협하는 행위이기 때문이다.

② '다른 사람들'이 재소자(수형자)에게 부과된 형벌(해악)을 알고, 결과적으로 자기 자신을 반성하면서 궁극적으로는 장래의 행동을 변화시킬 것이라는 전제이다. 그러나 일반적으로 범죄에 대한 뉴스는 보도되지만 '재판 결과'는 보도되지 않는다. 교도소에서의 고통스러운 수형생활은 더욱 보도되지 않는다. 결국 범죄의 결과에 대해서 어떤 처벌을 받는지에 대한 정보는 많지 않다. 그리고 이러한 사실을 소년범죄자로 범위를 좁혀서 살펴보면 이러한 전제가 부당하다는 것은 더욱 명확하다. 일반적으로 소년범죄자들이 저녁에 형벌 경향을 연구하면서 시간을 보내지도 않으며, 어떤 판사의 판결 패턴이 재물 손괴죄를 강하게 처벌하는 것이라고 생각해서 손괴죄를 범하지 않을 것이라는 증거는 어디에도 없다. 무엇보다도 소년범죄자들은 자신이 체포될 것이라는 생각이 전혀 없다. 당연히 처벌의 고통에 대해서도 생각하지 않는다.

③ 대부분의 범죄는 사전에 심사숙고해서 이루어진다는 전제이다. 사형제도의 범죄 억제 효과에 대한 많은 연구들은 실제 살인자들이 살인의 결과 자신이 어떻게 처벌될지를 이미 알고 있음에도 불구하고 범죄에 대한 유혹에 시달리는 순간에는 그 결과를 거의 생각하지 않는다는 것을 보여준다. 그리고 격정범죄의 경우에는 자신의 범죄행위에 대한 최종적인 처벌(사형)에 대해 안다고 하더라도 범죄실행에 전혀 영향을 주지 못한다.

④ 사람들은 자신이 체포될 것이라고 생각한다는 전제이다. 처벌의 위험이 지금보다 훨씬 크다 하더라도 대부분의 사람들은 자신들이 잡힐 것이라고 생각하지 않는다. 미국의 경우 100건의 범죄 중에서 약 50건 정도가 신고되고, 12명이 체포되며, 6명이 유죄 판결을 받고, 1.5명이 교도소에 간다(Mitford, 1971:276). 교도소에 갈 확률이 1.5%에 불과한 것이다. 다시 말하면 범죄를 저지르고 교도소에 가지 않을 확률이 98.5%에 이른다.

⑤ 억제의 효과는 처벌의 강도와 상관관계가 있다는 전제이다. 예를 들어서 처벌을 1의 강도로 하면 억제가 1만큼 발생하고, 처벌의 강도를 10으로 하면 억제도 10만큼 발생할 것이라는 믿음이다. 그러나 사람과 사회는 이런 식으로 작동하지 않는다. 처벌의 강도를 강화시키

면 억제효과가 발생하는 것이 아니라 폭동, 반란, 회피, 부패 등의 부작용이 발생한다.

결론적으로 억제가 다른 사람들이 범죄를 저지르는 것을 예방한다는 증거는 없다. 처벌은 너무 불안정하고 불규칙해서 합리적으로 범죄를 계획하는 얼마 안 되는 사람에게조차 영향을 미치지 못한다. 엄격한 형벌이 범죄 발생률에 영향을 미친다고 하더라도 사람을 본보기로 사용하는 것은 문명사회에 모욕적이고, 각 개인의 가치를 무시하는 일이다.

(2) 사회 방위

일반적으로 사람들은 범죄자를 처벌하지 않으면 같은 범죄가 반복해서 발생할 것이라는 두려움이 있다. 그리고 범죄자의 처벌이 사회를 안전하게 지켜줄 것이라고 믿는다. 이러한 견해가 사회방위이다. 그러나 해악의 부과를 통하여 사회가 방위된다는 생각은 잘못되었다는 주장이 있다. 캐나다의 Morris(Ruth Morris, 1995, pp. 26–30)는 정말 위험한 범죄자는 사회에 있다고 주장한다. 교도소에는 길거리에서 발생하는 좀도둑, 강도와 같은 잡범들로 가득하고, 정말 커다란 해악을 끼치는 화이트칼라범죄자white-collar criminals(기업범죄, 부패범죄, 환경범죄 등)는 거리를 활보하며 여전히 사회를 위협한다는 것이다. 즉, 사회방위를 위한 시스템이 작동하지 않는다고 한다.

"많은 사람들이 교도소가 나를 보호해줄 것이라고 상상하며 잠이 들 것이다. 사실 교도소는 수많은 범죄자들을 일정 기간 동안 구금한다. 그들이 폭력 범죄와 비폭력 범죄를 모두 저지를 것 같지만 그중에 90%는 비폭력 범죄자이다. 교도소는 사회에 있는 위험한 사람들의 대부분을 구금하지 못한다. 사회를 위협하는 가장 확실한 범죄는 전쟁, 대량학살, 고문과 환경파괴이다. 이것들은 대부분이 정부와 대기업의 특권이고, 그들 중 교도소에서 복역하는 사람은 거의 없다. 양형 패턴을 연구해 보면 가장 폭력적인 범죄자를 가장 오랜 기간 동안 구금하지도 않는다. 우리의 응보적인 사법 시스템은 가진 자들의 재산을 보호하는 것이다."

Pepinsky 등은 Morris보다 한발 더 나아가서 형사사법시스템이 제대로 작동해본 적도 없다고 주장한다(Pepinsky and Jesilow, 1984 pp.2–3 Ruth Morris, 1995 재인용).

"사람들이 안전해야 된다라는 전제에 대하여 다툼이 없다. 그러나 형사사법이 범죄자를 더 많이, 더 신속하게 처벌하는 것이 문제를 더욱 악화시키고, 문제의 대부분을 보지 못하게 만들며, 일반적으로 시민의 안전을 약화시킨다…(중략)…시스템이 작동하지 않는다는 것은 사실이 아니다. 그 시스템은 처음부터 작동해본 적이 없다. 정상적으로 작동할 수 있도록 디자인되지 않은 기계를 고칠 수는 없다."

(3) 범죄자의 교정

범죄자에게 고통을 부과함으로써 그가 자신의 행위를 반성하도록 하는 것이다. 범죄자의 인격과 특성을 고려하여 그에 맞는 처우를 함으로써 그가 교화, 개선되도록 하고 궁극적으로는 사회에 성공적으로 재진입하는 것을 목표로 한다.

그러나 많은 연구들이 형벌은 교정 효과가 없다고 반복해서 이야기하고 있다. 형벌은 본질적으로 고통이자 해악이다. 범죄자를 철저히 구금, 격리시킴으로써 그들이 앞으로 사회에 공헌할 수 있는 기회, 스스로 결정하고, 긍정적인 기술을 익히고, 그것이 무엇이든지 간에 바람직한 사회적 기술과 사회와 연결을 유지할 수 있는 거의 모든 기회를 없애 버린다. 또한 그 유대를 유지하려고 하는 몇 안 되는 믿을 수 있는 가족들과의 접촉을 제한하고, 가족 구성원들이 면회를 올 때 수치심을 준다. 또한 그들을 무능력하게 만들고, 분노하게 한다.

(4) 응보 또는 사회적 복수

응보적 사법시스템 내에서 처벌은 상처를 주기 위한 고통 부과를 의미한다. 응보는 응보적 형사사법시스템에서 달성할 수 있는 유일한 목적이기도 하며, 응보 자체가 정의이다. 그러나 이러한 목적 달성에 너무나 성공적이어서 범죄자들의 재사회화에는 실패하는 모순을 안고 있다. 출소 후 사회적응능력을 잃은 사람들이 다시 재범을 하지 않도록 하기 위해서는 사회복지시스템으로 이들을 부양하여야 한다. 즉, 범죄자에 대한 응보(복수)를 통하여 그들을 무능력한 존재로 만들고, 그것이 성공한 결과 그들의 재범 방지를 위하여 세금을 투입하는 것이다.

2) 형벌과 보호처분

형벌은 해악의 부과로서 억제, 사회방위, 교정, 응보라는 4가지 목적을 가지고 있다. 그렇다면 보호처분은 어떤 목적을 가지고 있는가? 김용우(김용우, 1998, pp. 118-120)는 보호처분은 소년의 건전한 육성이 주목적이고 일반예방이나 응보적 내용은 전혀 포함되어 있지 않다고 한다. 반면에 형벌은 사회질서의 유지 내지는 사회정의의 실현을 위한 일반예방적 기능이 우선적으로 작용한다고 한다. 물론 형벌도 개인의 교화를 목적으로 하지만 실제 형벌을 통하여 교화가 이루어지지 않는다. 다시 말해서 보호처분이 비행소년의 개선을 우선적 목표로 한다면 형벌은 사회의 개선 및 안전을 우선적 목표로 한다. 따라서 형벌집행에 있어서는 책임주의원칙, 형평성, 비례성 등이 원칙적으로 고수되어야 하지만 보호처분은 개별화된 처우를 위한 재량과 집행의 융통성이 허용된다고 한다. 그러면서도 보호처분을 형벌과는 다른 벌이라고 하여 여전히 '벌'이라는 용어를 사용할 뿐만 아니라 그 벌은 국가의 자의적인 판단에 의해 결정되고 시행되는 것이 아니고 법률에 의해 행해지는 것이기 때문에 일단 법적 절차에 의해 결정되면 반드시 집행되는 것이고, 이 점에서 상황에 따라 마음대로 집행을 보류하거나 취소할 수 있는 교육권 등에 의한 징계와는 다르다고 한다. 환언하면 보호처분이 아무리 교육적·복지적 성격의 처우라 할지라도 그것이 사법적 조치임을 부인할 수 없다고 하여 보호처분과 형벌의 구분이 모호하다.

그러나 우리 소년법은 보호처분과 형벌을 구분하는 이원주의를 채택하고 있기 때문에 보호처분과 형벌은 확실히 구분된다. 그리고 보호처분은 사법적 조치 즉, 형사법적 조치가 아니라 민사적 조치이다.

이렇듯 보호처분과 형벌이 확실히 다름에도 불구하고 계속해서 보호처분을 형벌과 유사한 성격을 가지고 있다고 하는 이유는 소년원 송치처분과 같은 강제적인 처분이 있기 때문이다. 소년원 송치처분이 형벌적 성격을 가지고 있다고 보는 이유는 그것이 강제성을 가지고 있기 때문은 아니다. 교도소를 연상시키는 운영을 하고 있기 때문이다. 민영소년원이라고 할 수 있는 6호 처분이 폐쇄형 또는 개방형으로 운영되고 있지만 이를 형벌로 보지는 않는 이유이기도 하다. 보육원 등 사회복지 시설 수용이 형벌이 아닌 것과도 같다. 형벌의 조건 중의 하나는 시설의 폐쇄성에 있다. 폐쇄적 형태로 운영되는 시설 수용은 본질상 형벌이라고 할 것이다. 따라서 소년원 송치처분이 형벌이라는 비난을 면하기 위해서는 시설을 전면 개방적으로 운영하여야 할 것이다. 여기서 전면 개방이라 함은 도주 방지를 위한 높은 담장과 생활실의 잠금장치를 철거하는 것을 의미한다.

「보호소년 등의 처우에 관한 법률」(구 「소년원법」)은 소년원의 목적이 법원 소년부로부터 송치된 소년을 수용하여 교정교육을 하는 것을 임무로 한다고 규정(제2조 제1항)하고 있다. 소년원의 목적은 대상소년에 대한 교정교육이고, 수용은 교정교육을 하기 위한 방법이다. 수용은 개방형 시설에서도 가능하다.

미국 일리노이 소년법원 운동이 실패한 이유 중의 하나가 잠금장치를 밖에서 채우는 House of Refuge에 소년들을 송치하여 폐쇄적으로 운영하였다는 것이다. 소년법원에서 아무리 소년의 이익을 위한 조치라고 말하더라도 소년과 보호자, 시민들이 이를 형벌로 인식하는 것은 너무도 당연하다. 소년보호처분이 진정한 보호처분이 되기 위해서는 시설에의 수용이 보호가 될 수 있는 개방적 시설과 인적 구성을 갖추어야 한다.

2 비범죄화

1) 비범죄화

비범죄화는 형법의 개입 범위를 당벌적인 행위에 국한하고 형사사법의 부담을 줄이고자 하는 노력이며, 형벌의 폐해를 인식하고 범죄자의 재사회화를 효과적으로 달성하기 위하여 종래 자유형 위주의 형사제재를 비시설적 처우제도나 비형사적 사회통제로 전환하려는 시도이기도 하다(임웅, 2007, pp.461–463). 이러한 비범죄화의 이론적 근거는 국가권력 수단 중에서 가장 침해적인 성질을 지닌 형벌은 최후의 수단으로 사용되어야 한다는 형법의 보충성 원칙과 형법은 수에 있어서, 규모에 있어서 최소화하여야 한다는 형법의 최소화 원칙이다.

임웅(임웅, 2007, p. 462)은 비범죄화decriminalization라는 개념을 최광의로 이해할 경우 "법정책상의 변화로 말미암아 국가형벌권 행사의 범위를 축소시킬 의도로 일정한 형사제재 규정의 폐지

廢止 또는 부적용不適用이 일어나거나 형사제재를 보다 가볍게 하려는 모든 시도"를 의미한다고 하면서 비범죄화의 종류를 9가지로 구분하고 있다.

2) 비범죄화의 종류

임웅은 비범죄화를 법관의 축소해석에 의한 비범죄화부터 대체수단 없는 비범죄화까지 모두 9가지 종류로 구분한다.

① **대체수단 없는 비범죄화:** 아무런 대체수단 없이 비범죄화를 한 것으로 순수한 의미의 비범죄화이다.

② **보안처분을 대체수단으로 하는 비범죄화:** 형벌을 부과하지 않으면서 그 대체수단으로서 보안처분을 적용하는 것이다. 보안처분으로는 치료감호법상의 치료감호, 보안관찰법상의 보안관찰 등이 있다.

③ **사법私法적 제재를 대체수단으로 한 비범죄화:** 범죄자에게 범죄피해자에 대한 원상회복을 이행하도록 하고, 이에 응하는 경우 형벌부과를 면하도록 하는 제도이다. 이 제도는 가급적 가해자와 피해자 간의 화해를 통하여 문제를 민사적으로 해결하도록 하고 피해자가 신속히 피해를 변상받을 수 있도록 하는 장점이 있다.

④ **범칙금부과처분을 대체수단으로 한 비범죄화:** 종래의 형벌제재를 지양하고 범칙금부과처분을 대체수단으로 한 비범죄화이다. 주로 '경미범죄' 및 '행정범죄'의 성격이 강한 범죄영역에서 행해진다. 우리나라는 「도로교통법」상 경미한 교통법규위반행위와 「경범죄처벌법」상의 범법행위에 대하여 범칙금부과처분을 대체수단으로 한 비범죄화를 하였다.

⑤ **전환:** 전환diversion이란 '형사제재수단이 존재하기는 하지만 형사정책적인 전략상 형법규범 위반행위자에 대한 형사절차를 보류하거나 중단하면서 사회내 처우프로그램에 위탁하는 일련의 조치'를 말한다. 경미범죄뿐만 아니라 소년범의 경우에 형사처벌의 낙인효과를 피하고 사회복귀와 재범방지의 효율을 기하기 위하여 활용된다.

⑥ **비형벌화:** 비형벌화depenalization는 '일정한 형벌체계 내에서 형벌의 한 종류를 폐지하거나 형벌 등급을 낮추는 것'을 의미한다. 자유형을 벌금형으로 변경하는 것이 한 예이다. 비형벌화의 주요 과제로는 사형제도의 폐지와 상습범에 대한 가중처벌규정 폐지가 있다. 상습범에 대한 가중처벌은 과잉처벌금지원칙에서 근본적인 검토를 필요로 한다.

⑦ **소추요건의 상향조정:** 소추요건을 상향하여 처벌과정에 하나의 허들huddle을 마련하는 것도 비범죄화에 속한다. 소추요건 상향조정에는 범죄의 친고죄화 또는 반의사불벌죄화 및 반의사불벌죄의 친고죄화를 들 수 있다.

⑧ **기소편의주의에 의한 비범죄화:** 「형사소송법」상의 기소편의주의(제247조 제1항)를 활용함으로써 사실상 비범죄화를 할 수 있는 방안이다. 경미범죄에 있어서 피의사건이 소송조건을 구비하고 있고 범죄혐의가 충분하더라도 사안이 경미하고 범정도 미약한 경우에는 불기소처분의 이유 중의 하나가 되고, 실무상으로도 보통 기소유예처분을 한다.

⑨ **법관의 축소해석에 의한 비범죄화:** 실체법의 영역에서 법관이 형법 각칙상의 구성요건을 '축소해석'함으로써 이루어진다. 형벌규정은 법익침해의 일정한 강도를 처음부터 예상해서 마련된 것이므로 법익침해의 정도가 경미한 범죄에 대해 법적용을 배제하는 법관의 해석상의 여과기능이라고 할 수 있다.

임웅은 비범죄화 종류 중에서 보호처분에 대해 언급하지 않고, 전환diversion을 소년범의 낙인효과를 피하기 위한 것으로 설명하고 있다. 따라서 임웅은 보호처분이 전환과 동일한 것이거나 전환의 한 종류로 인식하는 것으로 생각된다. 그러나 보호처분과 다이버전은 성격이 다른 것이므로 이에 대해서는 자세히 살펴볼 필요가 있다. 아래에서는 보호처분의 성격을 이해하기 위하여 비범죄화의 일종인 보안처분과 다이버전에 대해서 계속해서 살펴본다.

3 보안처분과 보호처분

1) 보안처분

형벌에 대하여는 책임주의의 원칙이 적용되므로, 형벌은 반드시 책임을 전제로 하고 형벌의 양은 책임의 양을 넘을 수 없다는 제약이 있다. 따라서 책임무능력자에 대하여는 형벌이 적용될 수 없어 그러한 가해자로부터 일반 국민을 보호할 수 없다. 또한, 형법은 행위를 기준으로 처벌을 정하고 있으므로, 행위에 비해 특별한 위험성을 가지고 있는 행위자에 대하여도 일반 국민의 보호가 부족한 것은 마찬가지이다.

이러한 경우 범죄를 범할 위험성이 있는 자의 장래의 범죄를 예방함으로써 범죄위험성 있는 자로부터 일반을 보호하려는 형사정책적 수단이 보안처분이다. 보안처분은 형벌로는 행위자의 사회복귀와 범죄의 예방이 불가능하거나 행위자의 특수한 위험성으로 인해 형벌의 목적을 달성할 수 없는 경우에 형벌을 대체하거나 보완하기 위한 목적적 조치이다. 전통적 형법이론에서는 형벌과 보안처분을 다음과 같이 구별한다.

〈표 6〉 형벌과 보안처분의 구별

	형벌	보안처분
목적	범죄 진압	범죄 예방
관점	일반예방	특별예방
발생원인	과거의 위법행위에 대한 응보	장래 위험성에 대한 사전 방위
기초	개개의 행위에 표현된 책임	범죄자의 사회적 위험성

최근의 논의에 따르면 범죄인의 사회복귀 역시 보안처분의 주된 목표라고 하나, 보안처분이 본질적으로 장래 범죄로부터 사회를 보호하기 위하여 생긴 것이라는 점에 대하여는 이론異論이 없다.

우리 「헌법」 제12조 제1항은 '누구든지 법률과 적법한 절차에 의하지 않고는 보안처분을 받지 아니한다'고 하여 보안처분을 예정하고 있다. 그리고 「형법」에서 선고유예 및 집행유예의 경우 보호관찰을 할 수 있고, 집행유예의 경우 사회봉사 또는 수강명령을 명할 수 있다고 하여 보안처분에 관한 규정을 두고 있다. 그 외에 「보호관찰 등에 관한 법률」 및 「치료감호 등에 관한 법률」이 단행법으로 존재한다.

보호관찰 대상자는 치료감호가 가종료되거나 치료위탁된 피치료감호자, 「형법」에 의하여 보호관찰을 조건으로 형의 선고유예, 집행유예, 가석방 또는 임시퇴원된 자 및 소년법에 의하여 보호관찰의 보호처분[21]을 받은 자 등이 포함되며 감호시설 외에서 지도, 감독하는 것을 내용으로 한다(「보호관찰 등에 관한 법률」 제3조 등). 이는 피보호관찰자를 자유 상태에 두면서도 사회적으로 관리, 감독함으로써 사회의 안전을 보장하고, 범죄자의 사회복귀를 돕기 위한 것이다.

치료감호란 심신장애자와 중독자 및 정신성적 장애자를 치료감호시설에 수용하여 치료를 위한 조치를 행하는 보안처분을 말한다(「치료감호 등에 관한 법률」 제2조, 제16조). 치료감호는 대상자의 치료와 사회 안전의 목적을 동시에 달성하기 위한 보안처분이다.

2) 보안처분과 보호처분

소년법상의 보호처분에는 보호자 또는 보호자를 대신하여 소년을 보호할 수 있는 자에게 감호위탁(1호 처분), 수강명령(2호 처분), 사회봉사명령(3호 처분), 보호관찰관에 의한 단기/장기 보호관찰(4, 5호 처분), 소년보호시설에 감호 위탁(6호 처분), 소년의료보호시설에 위탁(7호 처분), 소년원 송치(8, 9, 10호 처분)이 있다. 이 중 보호관찰이나 소년의료보호시설 위탁 등은 「보호관찰 등에 관한 법률」에 따른 보호관찰이나 「치료감호 등에 관한 법률」에 따른 치료감호와 유사한 구조이다. 그 외에 수강명령과 사회봉사명령도 「형법」상 보안처분과 같이 규정되어 있다. 이러한 이유로 많은 학자들이 보호처분을 넓은 의미의 보안처분으로 이해하고 있는 실정이다.

그러나 우리 소년법은 제1조에 「반사회성이 있는 소년의 환경의 조정과 품행의 교정을 위한 보호처분 등의 필요한 조치를…(중략)…함으로써 소년이 건전하게 성장하도록 돕는 것을 목적으로

21 「보호관찰 등에 관한 법률」에 보호관찰 대상자로 소년법에 의한 보호처분을 받은 사람을 규정하고 있을 뿐 소년법상의 보호처분이 보안처분이라는 의미는 아니다.

한다」고 규정하여, 소년보호처분의 목적이 장래의 '범죄 예방' 및 '사회보호'라는 보안처분의 목적과는 다르다는 것을 명확히 하고 있다[22].

보안처분은 「범죄를 예방하기 위하여 국가에 의해 행하여지는 형벌 이외의 강제적 조치」라고 정의되며, 소년보호처분은 범죄의 사전예방보다는 비행소년에 대한 사후적 치료 및 교육에 중점을 두고 있다. 형사처분이 아닌 교육적 복지적 조치로서 소년에 대한 강제적 요소가 있다고 하더라도 이는 보호목적상 불가피하게 수반되는 것으로 보호처분의 본질적 요소가 아닌 점에서 앞의 보안처분과 근본적으로 차이가 있다.

또한 보안처분이 고정화된 형벌제도의 보완적 장치로서 주로 대륙법국가에서 타협적, 조정적으로 발전되어 온 것과 달리, 보호처분은 전세계적으로 소년비행에 대한 구체적인 개입과정을 통하여 자연적, 경험적으로 형성, 확립되었다는 연혁상의 차이에서도 양자는 구별된다(정영석, 1982, p. 373; 한국형사법학회, 1982, p.858).

한편, 보안처분은 행위자에게 형사책임능력이 부존재할지언정 행위 자체는 범죄(위법)에 해당하는 것을 요건으로 하나, 보호처분은 소년의 반사회성을 요건으로 할 뿐 위법행위가 있을 것을 요건으로 하지 않는다.

따라서 보호처분은 보안처분과 달리 대상자의 보호를 최우선적인 목적으로 하는 별도의 처분이며, 보안처분과는 다른 별개의 행정적 조치로 보는 것이 타당하다.

그리고 「보호관찰 등에 관한 법률」 제3조는 단순히 보호관찰 받을 대상자를 규정한 것으로 보호관찰의 성격을 규정한 것이 아니다. 이는 소년법에 의한 보호처분을 받은 소년이 보호관찰의 대상이 된다는 의미이며, 보호관찰관이 보호관찰을 집행하는 책임을 가진다는 것을 의미한다. 소년법상의 보호관찰은 소년보호처분의 일종이며, 보안처분과는 그 성격을 달리한다. 따라서 보호관찰소의 장은 보안처분인 「형법」에 의한 성인 보호관찰처분과 보호처분인 소년법에 의한 소년보호관찰처분을 집행할 때 소년법의 목적에 따라 소년의 건전한 성장을 돕기 위하여 보호관찰관과 프로그램 등을 구분하여 집행하여야 할 것이다.

22 「보호관찰 등에 관한 법률」 제1조와 「치료감호 등에 관한 법률」 제1조는 '범죄 예방'이 법의 목적이라고 명시하고 있다.

〈BOX 14〉「보호관찰 등에 관한 법률」 상의 보호관찰 대상자

〈보호관찰 등에 관한 법률〉

제3조(대상자) ① 보호관찰을 받을 사람(이하 '보호관찰 대상자'라 한다)은 다음 각 호와 같다.

① 「형법」 제59조의2에 따라 보호관찰을 조건으로 형의 선고유예를 받은 사람

② 「형법」 제62조의2에 따라 보호관찰을 조건으로 형의 집행유예를 선고받은 사람

③ 「형법」 제73조의2 또는 이 법 제25조에 따라 보호관찰을 조건으로 가석방되거나 임시퇴원된 사람

④ 「소년법」 제32조제1항제4호 및 제5호의 보호처분을 받은 사람

⑤ 다른 법률에서 이 법에 따른 보호관찰을 받도록 규정된 사람

4 다이버전과 보호처분

1) 다이버전

다이버전[23]은 형사사법과 동시에 등장하였으며, 경찰활동에서 가장 많이 볼 수 있다. 과속차량을 단속하였으나 벌금(또는 과태료)을 부과하지 않고 재량을 발휘하여 현장에서 구두 경고를 하는 것이 전형적인 다이버전이라고 할 수 있다. 그러나 단순한 교통법규 위반뿐만 아니라 공식적인 형사절차가 진행되면 해당 절차의 중단은 쉬운 일이 아니다. 형사정책은 국가의 형벌권 행사를 중심으로 전개되어 왔고, 형벌권은 범죄행위를 규정하고 범죄인에 대하여 수사와 기소, 재판을 거쳐 형벌을 집행함으로써 실현된다. 따라서 다이버전은 범죄인에 대한 형벌선고를 회피하게 만드는 것이므로 당연히 형벌집행을 포기하는 결과를 낳고 자의적인 다이버전은 불법으로 이

23 Diversion은 "방향을 바꾸게 하다. 우회시키다"는 뜻을 가진 divert라는 타동사의 명사형이다. Diversion이라는 용어를 우리나라 학자들은 우회 또는 전환(이진국, 임웅), 분리(심영희), 전환처리(권태호), 회피(김동림), 대체처분(홍석조, 정동기, 오영근)으로 번역하여 사용하기도 하며, 번역없이 다이버전(이기헌, 신동운)이라고 쓰는 학자들도 있다(오영근, 1995, p.79). 여기서는 본래의 의미를 손상시키지 않기 위하여 번역 없이 다이버전으로 사용한다.

어진다. 그렇다고 하여 모든 사건을 절차에 따라 원칙대로 처리하는 것은 사실상 불가능하다. 형법 법률에 저촉되는 모든 사람을 전과자로 만드는 것뿐만 아니라 한계를 넘어서는 업무량으로 인하여 경찰, 검찰, 법원은 마비될지도 모른다. 특히 과잉형벌은 낙인효과를 가져와 범죄인의 사회복귀에 불리하게 작용하고 범죄인의 자아의식에 영향을 미쳐 오히려 재범을 부추긴다(Bishop & Decker, 2006). 다이버전은 형벌과잉에 따른 부작용을 인식하고 그 궤도를 수정하려는 당연한 결과라고 할 수 있다.

그렇다면 다이버전은 무엇이며, 어떤 상태에서 정당화되는 것인가? 다이버전의 개념을 살펴본다.

다이버전은 소년범에게 전통적인 처벌이나 제재를 가하지 않고 새로운 형태의 비공식적 제재를 부과하는 것이다(Bynum & Thompson, 2002; Development Services Group, 2017). 이러한 개념 정의는 다이버전이 2가지 요소로 구성되어 있다는 것을 보여준다.

첫째, 전통적인 처벌에서 벗어나는 것과

둘째, 새로운 형태의 비공식적인 제재를 가하는 것이다.

그러나 이러한 개념 정의에 의하면 다이버전의 대상은 누구인지, 다이버전의 주체는 누구인지, 형사단계의 어느 단계에서 하는 것인지 등이 분명하지 않다.

우리나라 학자들의 견해를 살펴보면, 오영근은 다이버전을 형사법원이 유죄판결을 내리기 전에 형사사법기관이 통상의 공식적인 형사사법 처리절차를 중지하는 조치로 이해한다(오영근, 1995, p.79). 이진국은 유죄임에도 불구하고 유죄판결을 선고하기 이전에 '절차'를 중지하는 것이며, 따라서 다이버전은 일종의 절차적 비범죄화라고 한다(이진국, 2006a, p.82). 임웅은 다이버전은 형사제재수단이 존재하기는 하지만 형사정책적인 전략상 형법규범 위반행위자에 대한 형사절차를 보류하거나 중단하면서 사회내 처우 프로그램에 위탁하는 일련의 조치라고 한다(임웅, 2007, p.462).

오영근과 이진국의 정의는 Bynum과 Thompson의 정의보다 한층 구체적이다. 그리고 오영근은 다이버전을 형사사법 처리절차를 중지하는 것으로 이해하고 있는데, 이는 형사절차가 언제든지 재개될 수 있다는 것을 의미한다. 이에 반하여 다이버전을 절차적 비범죄화라고 보는 이진국의 주장은 법적 안정성을 높인 견해라고 생각한다. 그러나 비공식 제재의 부과 여부, 경찰단계의 다이버전 가능 여부 등에 대해서는 여전히 명확하지 않다. 임웅의 개념정의는 절차이탈과 프로그램

위탁이라는 2개의 요소를 모두 포함하여 개념을 정의하고 있다. 따라서 사회내 처우 프로그램에 위탁하는 조치가 없으면 다이버전이라고 보지 않는 점에서 가장 좁은 의미의 다이버전 개념으로 보인다. 다른 비범죄화 조치와 구별하기 위해서 개념을 엄격하게 이해하는 것이 필요하다는 점에서 임웅의 견해가 타당하다고 생각한다. 그리고 다이버전의 법적 성격을 절차적 비범죄화로 본 이진국의 견해 또한 타당하다고 생각한다.

따라서 다이버전은 형사제재수단이 존재하기는 하지만 형사정책적인 전략상 형법규범 위반행위자에 대한 형사절차를 보류하거나 중단하면서 사회내 처우 프로그램에 위탁하는 일련의 조치라고 본다. 그리고 이러한 다이버전의 법적 성격은 절차적 비범죄화이다.

다음으로 다이버전을 좀 더 명확히 이해하기 위하여 누가 다이버전의 대상이 되는지를 살펴보아야 한다. 형사사법 기관의 소추 절차에 계류되어 있으면서 '혐의가 없거나,' '혐의가 없다고 주장하는' 자는 대상이 아니라고 보아야 한다. 혐의가 없으면 '혐의없음'으로 결정하고 당연히 절차를 중단하여야 할 것이며, '혐의가 없다고 주장하는' 경우에는 법정에서 실체적 진실을 다투어야 할 대상이다. 혐의가 없다고 주장하는 자에 대하여 형벌이 아니라고 하더라도 새로운 형태의 비공식적 재재를 부과할 수 없기 때문이다. 따라서 다이버전의 대상은 유죄확정은 아니지만 죄를 범한 것이 분명하고, 본인이 이를 인정하는 경우라야 한다.

다음으로 절차를 종결할 수 있는 권한을 가지고 있는 기관이어야 한다. 절차 종결 권한이 없다면 다이버전의 주체가 될 수 없다. 대륙법계 국가에서 다이버전 권한을 사법기관인 검사와 판사에게 부여하는 이유는 다이버전에 관한 종국결정이 범죄에 대한 법률적 판단을 내용으로 하는 사법의 영역에 속하는 것이기 때문이다. 따라서 경찰이 행하는 '훈방'은 사건 종결권이 경찰에 없으므로 다이버전이라고 할 수 없다. 절차를 종결할 수 있는 권한이 없으므로 경찰단계에서는 훈방단계에서 개입형 다이버전(수강명령 등)을 할 수도 없다. 그러나 현실적으로 이루어지고 있는 경찰단계에서의 다이버전이 모두 불법이라고 할 수 없고, 소년에 대하여 행하여지는 '훈방'은 소년의 낙인을 최소화하는 순기능을 가지고 있으므로 신속히 법률의 근거를 마련하여 합법화하여야 할 것이다

다음으로 시기이다. 공식적 형사절차는 경찰의 입건으로 사건번호가 부여되면 개시되고, 유죄의 확정과 형벌 집행의 종료로 공식적인 형사절차는 종료된다. 다이버전은 공식적인 형사절차

로부터 전환하는 것을 의미하므로 공식적인 형사절차가 개시되기 이전의 내사단계, 형벌이 종료되고 난 이후의 사면, 복권 등은 다이버전으로 볼 수 없다. 절차가 진행되어야 다이버전의 대상이 된다. 또한 입법으로 특정 행위를 비범죄화하는 '입법적 비범죄화decriminalization'는 다이버전이라고 할 수 없다. 다이버전은 형사사법 절차 진행 중에 있는 자를 비범죄인화하는 것이기 때문이다. 입법에 의한 비범죄화[24]의 경우 절차 진행이 될 수 없다.

다음으로 사회내 처우 프로그램의 적용 여부이다. 최협의로 다이버전을 이해하는 임웅의 견해에 의하면 유죄가 인정됨에도 불구하고 범죄의 경중, 반성의 정도 등을 고려하여 형사절차를 중단하는 것이므로 사회내 처우 프로그램을 당연히 적용하여야 한다. 따라서 최협의로 다이버전을 이해할 경우 보호관찰 또는 수강명령 등 사회내 처우프로그램을 적용하지 않는 것은 다이버전으로 볼 수 없다. 그러나 다이버전을 넓게 이해하는 견해에 의하면 비록 죄를 범하였으나 재범위험성이 없거나 아주 낮다고 인정되는 경우에는 별도의 사회내 처우 프로그램을 적용할 필요가 없다고 본다. 따라서 사회내 처우 프로그램의 적용 여부는 원칙적으로 부과하여야 하나 필요성을 따져서 부과하지 않을 수도 있다.

사회내 처우 프로그램 적용과 관련하여 다이버전은 2가지로 구분된다. 하나는 아무런 처우 프로그램을 부과하지 않고 절차를 종료하는 '단순 다이버전'과 다른 하나는 프로그램을 부과하는 '개입형 다이버전'이다. 단순 다이버전의 경우에 아무런 제재를 가하지 않고 절차를 종료하는 것이므로 낙인을 최소화할 수 있는 장점이 있고, 개입형 다이버전의 경우는 대상자의 범죄위험성을 교정하기 위한 프로그램 적용 등으로 위험성을 감소시킬 수 있다는 장점이 있다. 단순 다이버전은 기소유예, 집행유예가 대표적이며, 개입형 다이버전은 보호관찰이 대표적이다. 사회방위의 목적 그리고 범죄성향의 개선을 위하여 처우 프로그램을 부과하는 개입형 다이버전이 선호되고 있으나 보호관찰 위반으로 형사처벌을 받을 수 있는 부작용net–widening도 있다.

---

24 비범죄화의 대상으로는 낙태죄, 마리화나 소지 또는 사용, 안락사, 도박, 동성애 등이 있다.

〈표 7〉 처우 프로그램에 따른 구분

구분	내용
단순 다이버전	– 범죄를 저질렀으나 아무런 처우 프로그램 적용 없이 절차 중단 – 낙인 방지에 효과적임
개입형 다이버전	– 처우 프로그램을 적용 – 재범위험성의 감소 – net-widening의 부작용 가능

이상으로 다이버전의 개념과 필요성, 유형에 대하여 살펴보았다. 그러나 다이버전이 필요하다고 하여 순기능만 있는 것은 아니다. 오영근(오영근, 1995, pp.85-86)은 다음과 같이 장단점을 열거한다. 먼저 다이버전의 단점은 다음과 같다.

① 다이버전으로 인하여 예전에는 비공식적으로 단순히 처리되었을 사건에도 형사사법제도가 개입함으로써 사회통제망이 확대된다.

② 형벌의 확실성이 범죄감소를 가져온다고 볼 때, 다이버전은 형벌의 고통을 감소시켜 재범률의 증가를 초래한다.

③ 다이버전으로 인하여 범죄의 원인을 제거하는 데 실패했기 때문에 범죄문제는 결코 해결되거나 해소되지 않는다.

④ 다이버전은 담당자에게 광범위한 재량을 부여함으로써 형사사법의 불평등을 심화시킨다.

⑤ 다이버전은 사실상 유죄추정에 근거하여 당사자를 보호관찰상태에 둚으로써 「헌법」상의 자유와 권리보장에 충실하지 못하다.

⑥ 다이버전의 대상자가 조건을 이행하지 못하여 사법절차가 재개된 경우 더 엄한 처벌을 받을 위험이 있다.

⑦ 다이버전 기간 중 증거의 멸실로 기소 등 사법처리가 불가능해질 수 있다.

⑧ 다이버전은 결국 심판 전 개입프로그램이라는 또다른 형사사법제도를 창출할 뿐이다.

위와 같은 단점에도 불구하고 다이버전이 발생하게 된 이유에 대해서 살펴보았듯이 다이버전이 가지는 장점이 있다.

① 다이버전은 범죄문제를 처리함에 있어서 보다 경제적인 방법이다.

② 다이버전은 범죄인이 전과자로 낙인찍힐 가능성을 감소시킨다.

③ 다이버전은 형사사법기관의 전체 업무량을 감소시킨다.

④ 다이버전은 대상자에게 필요한 적절한 처우를 제공함으로써 보다 인도주의적이다.

⑤ 다이버전은 사소한 범죄를 저지른 사람을 통상의 형사절차에 의해 처리되어야 할 상습범이나 중대한 범죄인으로부터 분리시킨다.

⑥ 범죄인이 직업을 갖고 자신과 가족을 부양할 수 있도록 하고, 범죄인이 피해자에게 배상할 수 있는 기회를 준다[25].

2) 다이버전과 보호처분

다이버전은 분명 단점보다는 장점이 많고, 형벌의 과잉, 범죄자의 낙인을 예방하기 위하여 반드시 필요한 제도이다. 그렇다면 다이버전과 소년보호처분은 동일한 제도인가?

다이버전이 공식적인 형사절차가 개시되고 난 이후 형의 집행이 종료되기 이전에 형사절차를 중지하는 절차적 비범죄화 조치라고 정의할 때, 소년보호처분이 다이버전에 해당하는지가 문제이다.

일반적으로 소년보호처분이 형사절차에서 전환하는 것이므로 일응 다이버전으로 이해된다. 그러나 절차적 비범죄화인지에 대해서는 의견을 달리해야 한다고 생각한다. 소년법 제32조 제6항에 소년의 보호처분은 그 소년의 장래 신상에 어떠한 영향도 미치지 아니한다고 규정하고 있다.

---

25 오영근은 가족 부양 등의 기회를 줄 수 있다는 것을 다이버전의 목적으로 분류하고 있으나 장점에 해당된다고 생각되어 장점에 포함시켰다.

〈BOX 15〉 보호처분의 효력

〈소년법〉

제32조 ⑥ 소년의 보호처분은 그 소년의 장래 신상에 어떠한 영향도 미치지 아니한다

소년법 제32조 제6항은 단순히 선언적인 규정이 아니다. 소년법원에 송치된 소년에 대해서는 검사의 공소권이 소멸되고, 소년보호처분을 받은 소년은 이 규정에 따라 전과기록에 등재되지도 아니하는 등 실질적인 보호를 받고 있다. 그렇다면 장래 신상에 어떠한 영향도 미치지 아니한다는 것은 어떻게 이해하여야 가능한가? 소년의 행위를 「형법」상의 범죄로 이해할 경우 장래 신상에 어떠한 영향도 미치지 않게 할 수 있는 방법이 없다. 장래 신상에 어떠한 영향도 미치지 않는다는 것을 이해하기 위해서는 소년이 소년보호절차로 송치되는 순간부터 '실체적으로 소년의 범죄가 발생하지 않았다'고 이해하여야 한다. 이는 단순히 '절차적으로 비범죄화'하는 수준을 넘어서는 것이다. 소년보호처분은 형사정책적 결단에 의하여 죄가 없다고 선언하는 것으로 이해하여야 한다. 따라서 소년보호처분은 다이버전과 다른 특별한 형태의 비범죄화 조치로서 '실체적 비범죄화'라고 이해하여야 한다. 소년보호처분을 실체적 비범죄화로 이해한다면 소년보호처분은 더이상 「형법」의 개입이 아니며, 「형법」이 개입하여서도 아니 된다. 그렇다고 하여 소년을 위한 국가의 복지적 개입을 금지하는 것은 아니다.

그리고 기존의 다이버전의 개념으로 설명하지 못하는 대상이 소년보호처분에 존재한다는 점을 기억하여야 한다. 즉, 우범소년과 촉법소년이다. 다이버전는 죄를 범한 대상자에게 비범죄화라는 형사정책적 결단을 하는 것이므로 죄를 범하지 않은 우범소년과 형사미성년자인 촉법소년은 다이버전의 대상이 아니라고 보아야 한다. 소년보호처분을 다이버전과 동일한 처분으로 이해할 경우 촉법소년과 우범소년을 소년법에서 제외하여야 한다는 결론에 도달하게 된다.

5 소년보호처분의 성격

1) 소년보호처분의 성격

소년을 건전하게 성장하도록 돕고자 하는 소년법의 목적은 법원 소년부 판사의 정확한 진단과 심리, 보호처분, 그리고 보호관찰소 등 참여기관의 집행에 의하여 실현되는 구조를 가지고 있다. 소년보호처분은 형벌, 보안처분, 그리고 다이버전과도 성격이 다른 실체적 비범죄화 조치이다. 그러나 소년법의 숭고한 이념에도 불구하고 집행을 담당하는 보호관찰소, 소년원 등이 소년을 범죄인으로 처우한다면 그 성과를 기대하기 어렵다. 아래에서는 실체적 비범죄화 조치인 소년보호처분의 성격에 부합하지 않는 사안에 대하여 검토하고자 한다.

2) 엄벌주의 논쟁과 피해자 회복

소년이 저질렀다고 생각할 수 없는 흉악한 범죄가 발생하면 소년법이 범죄소년에게 너무 온정적이어서 소년범죄가 발생한다는 생각이 늘어난다. 9세 아동에 의한 '용인 캣맘 살인사건(시사상식사전, 2016)', '일본 고베에서 발생한 초등학생 살인사건' 등을 보면 우리나라의 경우 14세 미만자, 일본의 경우 16세 미만자에 대하여 형벌을 과할 수 없다는 것에 대하여 너무 관대하다는 주장이 있었다. 일본 고베 초등학생 살인사건의 경우 대상자가 형사미성년자로 형사처벌을 할 수 없어 보호처분을 할 수밖에 없었고, 그는 1997년 보호처분을 받고 약 8년간 소년원 생활을 하다가 2004년 3월 출원하였다. 용인 캣맘 살인사건은 소년법의 적용대상도 아니어서 아무런 처분을 받지 않았다.

소년범죄자에 대한 엄벌화 경향에 대해서 몇 가지 살펴본다. 첫째, 소년법이 관대하다는 비판에 대하여 일본과 비교해서 살펴보면 일본과는 결을 달리한다. 일본은 전건 소년법원 송치주의여서 모든 사건이 소년법원으로 송치되고 있는 것에 반하여 우리나라 소년법은 검사선의주의에 따라 대부분의 사건이[26] 검찰청 검사에게 송치된다. 관할 검찰청 검사는 사건을 조사하여 죄질이 흉악한 경우는 형사법원에 기소하여 형사처벌을 받도록 하고 있다. 뿐만 아니라 검사가 사건을 형사법원이 아닌 법원 소년부로 송치한 경우에도 법원 소년부 판사는 사건을 조사 또는 심리하여 새로운 범죄사실이 발견되었고, 그 사건의 죄질이 금고 이상의 형사처벌을 하는 것이 인정되는 경우에는 관할 검찰청의 검사에게 사건을 다시 송치하도록 되어 있다. 이러한 제도는 소년범죄 사건 모두를 가정재판소에 송치하는 일본의 제도와 비교하여 엄격하다고 할 수 있다.

둘째, 소년원 송치처분이 유죄확정에 의한 소년교도소 수감과 비교하여 관대한지 여부도 논란이 있을 수 있다. 법원 소년부에 송치되어 보호처분을 받는 것이 형사법원에 기소되어 형사처벌을 받는 것과 비교하여 관대하다고 볼 수 없다는 견해도 있다. 법원 소년부에 송치되는 상당수의 소년이 보호관찰처분이나 소년원 송치처분을 받게 되는데, 보호관찰처분은 사회에서 생활하지만 소년원 송치처분을 받는 경우는 소년원에서 수용되어 생활하여야 한다. 형사처벌에 비하여 일견 가벼워 보이는 면이 있지만 어느 쪽이 가벼운 처분이라고 단정하기 어렵다. 형사법원에서는 벌금에 해당되는 처분을 받는 것으로 종결될 사안이 보호처분이라는 이유로 2년 미만의 소년원 송치처분을 받는 경우도 있기 때문이다. 뿐만 아니라 형사미성년자인 촉법소년과 범죄를 범하지 않은 소년이 우범소년이라는 이유로 보호처분을 받는 것은 결코 가벼운 처분이 아니다. 또한 현행 소년원은 높은 담장과 쇠창살로 철저히 격리된 생활을 하고 있으므로 사실상 교도소와 구분하기 곤란한 면도 있다.

다음으로는 피해자에 대한 피해회복 문제이다. 소년범죄 언론보도와 관련하여 국민의 분노가 높은 이유는 피해가 발생하였음에도 가해자를 처벌하지 않는다는 인식이 자리잡고 있는 것으로 생각된다. 소년보호제도는 실체적 비범죄화로서 가해소년을 처벌하지 않는 구조이므로 가해자로 하여금 강제적으로 피해자에게 직접 피해를 배상하도록 하는 것은 원천적으로 불가능한 구조이다. 그러나 비범죄화로 인하여 범죄사실은 없어졌으나 피해사실이 없어지지는 않았고 피해자가 없어지지도 않았다. 소년법이 가해소년의 건전한 성장만을 중시하여 범죄 피해의 회복에 대해서는 소홀히 하였다고 할 수 있다. 가해자를 비범죄인화하여 피해배상의 가능성을 낮춘 주체가 국

26 소년법에 의하면 보호자, 학교장 또는 사회복지시설장에 의한 통고, 경찰서장에 의한 촉법소년 송치의 예외가 있다.

가이므로 피해자의 회복에 대해서는 전적으로 국가에서 부담하여야 한다. 2007년 소년법 개정으로 도입된 화해권고 등은 가해자의 참여를 전제로 하는 소극적인 대응이라고 할 수 있으며, 국가는 보다 적극적으로 피해회복을 위한 규정을 소년법에 규정하여야 할 것이다. 국가에서 소년범죄의 피해자를 지원하여 그의 완전한 회복을 도모하기 이전에는 현행 소년보호제도가 정의롭지 못하다는 인식은 계속될 것이다.

3) 보호처분과 도주죄 성립 여부[27]

소년보호처분 중에서 소년원 송치처분은 국가의 강제력에 의하여 신체의 자유를 제한하는 것으로서 소년원생에게 실력적 지배관계를 설정하는 법률행위이다. 지배관계는 물리적 지배뿐만 아니라 심리적 강제, 직원과 원생 상호간의 신뢰관계 형성, 교권 등 교육적 요소를 포함하고 있으며, 이러한 실력적 지배관계로 인하여 소년보호처분의 이념에 관계없이 수용이 구금인지 아닌지에 대한 견해가 다양하다. 소년원 수용에 대한 이러한 법적 성격의 논란으로 인하여 소년원생이 이탈을 하면 언론에서 가장 먼저 '소년원생 도주' 등을 제목으로 보도하고, 심지어 검찰과 경찰에서도 이탈 소년원생에 대한 사법처리를 주장하는 사례가 발생하고 있다. 따라서 이러한 오해를 불식하기 위하여 논란이 되는 부분을 자세히 살펴본다.

먼저 구금설을 살펴보면, 구금설은 소년심판이 소년의 보호를 목적으로 하는 것이기는 하나 범죄방지를 위한 형사정책적 보호이므로 구금에 해당한다는 견해이다. 따라서 「형법」 제9장 제145조의 도주죄의 '법률에 의한 구금'에 소년원 수용이 포함되므로 소년원생이 시설을 이탈했을 때는 도주죄의 주체로 본다. 소년의 이탈행위가 도주죄를 구성할 경우 이탈소년에 대하여 경찰 또는 사인이 현장에서 체포할 수 있게 되며, 이탈한 소년은 도주라는 새로운 범죄행위로 인하여 검사의 기소에 의한 형사처벌의 위험에 놓이게 된다. 구금설은 보호처분을 보안처분의 일종으로 보는 견해와 일치한다.

다음 비구금설은 소년원송치처분은 '공공'의 복지를 위한 자유의 제한이 아니며 소년법이 지향하는 '소년'의 건전한 성장을 돕기 위한 조치이므로 구금이 아니라고 하는 견해이다. 이 경우 원생

---

27 보호처분의 도주죄 성립여부는 한영선이 발표한 한국청소년학회 국제학술대회의 한국의 소년범 처리실태와 개선방안(한영선, 2018)에서 발췌, 인용하였다.

의 소년원 이탈은 「형법」상 도주죄를 구성하지 않는다. 비구금설은 보호처분을 형벌을 보완하는 보안처분이 아니라 순수한 복지적, 교육적 처분으로 이해한다.

생각건대 비구금설이 옳다고 생각한다. 그 근거로, 첫째, 소년법은 전적으로 소년의 건전한 성장을 돕는 것을 목적으로 하고 있다. 소년의 범죄적 위험성으로부터 사회를 방위한다고 하는 보안처분의 성격도 없으며(김혜정, 2013), 형사처분에서와 같은 일반예방효과를 예정하고 있지 않으며, 사회방위적인 효과는 반사적 이익에 지나지 않는다(김용우, 1998, p. 119). 그리고 소년원 수용은 '비행소년으로부터 사회를 보호'하는 것이 아니라 수용이라는 방법을 이용하여 일정 기간 '유해환경으로부터 소년을 보호'하기 위한 것이다. 다시 말해서 소년원 및 소년분류심사원의 수용강제는 공공의 안전을 위한 자유의 제한이 아니고 소년법이 지향하는 소년의 복지를 위한 조치이므로 구금과는 성질을 달리한다. 따라서 국가의 보호조치를 거부하고 시설에서 이탈하는 것은 가정에서의 가출과 다를 것이 없다. 또한 범죄소년이 형사절차에서 소년보호절차로 전환되면 소년의 건전한 육성을 위하여 형사적 책임을 면제시켜 주는 것인데 원생의 시설이탈에 도주죄를 적용하여 다시 전과자로 만든다는 것은 본말本末이 전도된 것이라 할 것이다.

둘째, 소년법 제32조에 의한 제1호 내지 제10호의 보호처분은 그 효력이 동일한 데도 불구하고 소년법 제32조 제1항 제1호에 의한 보호자 등에게 감호를 위탁한 뒤 소년이 보호자의 감독범위를 벗어났을 경우(가출), 또는 동조 동항 제6호에 의한 아동복리시설 위탁처분을 받은 뒤 소년이 시설을 이탈한 경우는 단순 가출이나 시설 이탈로 처리되는 것과 달리 소년원 송치자의 경우에만 도주죄를 적용하는 것은 불합리하다.

결론적으로 소년원 수용은 '법률에 의하여 체포 또는 구금'된 것과는 근본적으로 성질을 달리한다. 소년법은 형사절차에서 소년보호절차로 전환diversion되면 장래 어떠한 불이익도 받지 않는다는 것을 명시하고 있다(제32조 제6항). 그럼에도 불구하고 소년원생이 시설에서 이탈하면 교도소 재소자가 탈주한 것과 같이 취급하는 것은 형사처벌과 보호처분을 혼동하고 있는 것이다. 실무적으로도 소년원 직원들이 이탈사고에 대한 불안감으로 인하여 교정교육보다는 감호 중심으로 교정현장에 임하게 되므로 소년원생의 자율성을 극도로 제약하게 되고 이는 실질적인 교정교육이 이루어지기 어렵게 할 뿐이다.

4) 소년사건의 전과기록 말소를 위한 규정 마련

소년법 제32조 제5항에 '소년의 보호처분은 그 소년의 장래 신상에 어떠한 영향도 미치지 않는다'라고 규정하고 있다. 그러나 이 규정이 보호처분을 받은 경우에 보호처분을 받았다는 사실을 공표하지 않는다는 것인지, 소년의 범죄사실 자체를 말소한다는 것인지 명확하지 않다.

「형의 실효 등에 관한 법률」에 의하면 수사자료표는 '범죄경력자료'와 '수사경력자료'로 나누어 관리되고 있다. 소년이 보호처분을 받은 경우 범죄경력자료에는 등재되지 않지만 수사자료표에는 계속해서 등재되어 있다. 수사자료표란 수사기관이 피의자의 지문을 채취하고 피의자의 인적사항과 죄명 등을 기재한 표(전산입력되어 관리되거나 자기테이프, 마이크로필름 그 밖에 이와 유사한 매체에 기록, 저장된 표를 포함)로서 경찰청에서 관리하는 것을 말한다(동법 제2조 제4호). 「형의 실효 등에 관한 법률」은 전과자 중에서 재범을 하지 않는 자에 대하여는 일정 기간이 경과하면 자동적으로 형이 실효되게 함으로써 이들의 정상적인 사회복귀를 보장하고 산발적인 규정에 의한 전과기록의 관리를 체계화함으로써 이를 효율적으로 관리하려는 것이라고 밝히고 있으나 무죄판결, 검사의 불기소처분을 받은 자에 대해서도 일정 기간 수사자료표를 관리하도록 하고 있어 수사기관의 편의를 위한 측면이 강하다(최영승, 2012, pp.173-175). 그리고 소년부 송치의 보호처분에 대해서는 규정 자체가 없는 실정이다. 실무상 우리나라에서 범죄기록을 조회하면 〈표 8〉과 같은 자료를 받게 되는데 수사자료조회표에 의하면 죄명이 기재되어 있어 소년이 무슨 범죄를 저질렀는지 알 수 있고, 해당 내용을 구체적으로 알지 못한 상태에서 소년을 대단한 범죄를 저지른 흉악범으로 예단할 가능성까지 있다. 앞으로 소년이 법원 소년부로 송치된 경우에는 수사자료표를 삭제하는 방향으로 개선되어야 할 것으로 생각된다.

참고로 미국에서는 사건이 소년법원으로 송치되면 모든 사건명을 Minor로 표기하여 소년이 어떤 범죄를 지었는지 모르도록 함으로써 소년을 섣부른 예단으로부터 보호하고 있다. 뿐만 아니라 미국 표준소년법에 의하면 소년의 청구에 의하여 법집행기관에 의한 기록물 봉인sealing of records을 청구할 수 있도록 하여 소년을 보호하고 있다(한영선, 2004).

〈표 8〉 수사자료조회표 예시

인적사항	성명 등록기준지 전과지문 일련번호			
일련번호	죄명	처분일	처분관서명	처분결과
01	절도	1999.05.05	춘천지방검찰청	소년보호사건
02	도로교통법	2000.05.26	춘천지방법원	벌금 20만원

5) 범죄중단 예측표 개발

발달범죄학에서 발견한 결과에 의하면 소년범죄자는 청소년기 한정형 범죄자가 대부분이다. 한영선의 연구에 의하더라도 평생지속형 범죄자는 6.8%이고, 범죄중단자는 전체 범죄소년의 74.1%, 잠재적 범죄중단자는 19.1%이다(한영선, 2011). 범죄지속자보다 범죄중단자가 대부분을 차지하므로 범죄지속자보다는 범죄중단자를 예측하는 것이 맞을 가능성이 더 높다. 그러나 지금까지의 범죄예측연구는 재범가능성이 '높은' 대상자를 분류해내기 위한 '재범위험성 예측표' 개발이 주를 이루었다. 재범위험성 예측표는 재범위험성이 낮은 소년을 판별하기 위한 것이 아니라 재범가능성이 높은 대상자를 밝혀내기 위한 것이다. 재범 위험성이 높은 소년을 사전에 밝혀냄으로써 장기간 사회와 격리하거나 또는 보다 강도 높은 프로그램을 적용함으로써 사회방위라는 목적을 달성하기 위한 것이었다. 그리고 이러한 '재범위험성 예측표'의 핵심 지표는 과거의 범죄경력과 가정환경 등 정태적인static 지표가 주를 이루고 있다. 이러한 결손가정 등의 정태적 지표는 소년이 아무리 열심히 노력하더라도 바꿀 수 없는 지표라는 점에서 불합리한 면이 있다. 그리고 과거의 비행력은 범죄중단 여부를 판단하는 예측력을 가지지 못할 뿐만 아니라 소년의 개선의지 또는 개선가능성을 파악하지 못하게 방해하는 요소이기도 하다. 무엇보다 큰 걸림돌은 재범가능성이 높은 범죄자를 구별해내는 것이 어렵다는 것이다. 평생지속형 범죄자로 분류되는 대상자는 5~7%에 불과하기 때문이다.

다음으로는 예측에 따른 오류의 문제이다. 평생지속형 범죄자가 아닌 데도 불구하고 평생 지속형 범죄자라고 진단하는 경우를 '타입 I 오류type I error' 또는 '거짓양성오류false positive error'라고 한다. 그리고 그 폐해는 대상자에게 있어서는 회복이 곤란할 정도로 막중하다. 따라서 소수의 평생지속형 범죄자를 조기에 발견하여 엄격한 처벌을 하자는 견해에는 동의하기 어렵다. 이제는 관점을 바꾸어서 범죄 지속자가 아니라 범죄 중단자를 예측하는 도구를 만들 필요가 있다. 청소년기라는 불안정한 기간에만 범죄를 하고 범죄를 중단하는 74.1%를 찾는 데 노력을 기울여야 한다. '재범위험성 예측표'가 아니라 '범죄중단자 예측표'가 개발되어 실무에 적용한다면 형사절차에서 보다 적극적으로 다이버전 또는 소년보호처분을 적용할 수 있을 것이고, 시설 수용에 의한 악풍 감염을 최소화할 수 있을 것이다. 앞으로 과학적이고 체계적인 '범죄중단 예측표'가 개발되어 청소년범죄예방 정책에 새로운 전기를 마련하게 되기를 기대해 본다.

2

JUVENILE LAW

각론

제 1 장 소년법

1 소년법의 연혁

1) 소년법 제정 이전

소년법이 제정되기 이전의 고대에 소년은 부모의 죄에 연좌되어 같은 형벌로 처벌받거나 노비가 되었다. 예를 들어 부여에서는 살인죄를 저지르면 범인은 사형에 처하고 그 가족은 노비로 삼았다. 이 경우 소년을 포함하여 그 가족은 노비가 되었다(구병삭, 1984).

고구려에서는 절도죄를 저지른 자에게 절취한 물건의 12배를 배상하게 하고, 빈곤하여 배상할 수 없는 경우에는 그 자녀를 노비로 보내어 갚도록 하였다. 이는 소년을 보호의 객체가 아니라 노동력이라는 의미에서 일종의 재물로 취급하였다는 것을 알 수 있다(김용태, 나용식, & 명경식, 1981).

소년을 부모에 부속된 객체 또는 노동력으로 파악하는 경향은 고려 시대에 들어서 다소간의 변화를 보인다. 부모가 모반이나 반역죄를 저지른 경우에 범인의 자식이 16세 이상이면 같은 교수형에 처하였으나, 15세 이하이면 노비로 삼았다. 소년의 연령에 따라 형벌에 차등을 둔 것이다.

조선 시대에는 중국 '대명률'을 계수하여 진일보한 면을 보인다. 형사책임능력에 관한 규정을 두었는데, 7세 이하는 사형에 처할 죄를 범한 경우에도 벌하지 않았고, 10세 이하는 사형에 처할 경우에도 죄장을 갖추어 왕의 재결을 받아서 처벌하도록 하였다. 그리고 10세 이하자가 절도죄나 상해죄를 범한 경우 녹을 징수하도록 하였고, 그 외의 죄는 처벌하지 않았다. 15세 이하자는 감형하도록 하였고, 강도나 살인죄가 아니면 구금하지 않는 등 성인 범죄자와 구분하여 감경처우하였다.

2) 소년법 제정 이후

우리나라에 근대적인 소년사법제도가 도입된 것은 식민지 시기인 1942년 3월 23일 조선소년령(朝鮮少年令, 制令 제6호)의 제정에서 비롯되었다고 할 수 있다. 그러나 이 법령은 제도로서 정착되기 전에 해방을 맞이하여 실질적으로 주목할 만한 정도에 이르지 못하였다. 1945년 8월 15일 일본의 식민통치에서 해방되고 곧바로 미국의 군정이 실시되면서 소년사법에 관한 법령인 조선소년령은 1945년 11월 2일 군정법령 제21호에 근거하여 그 효력을 그대로 유지하였다(한국소년법학회, 2006, p.49).

약 3년간의 미군정을 거치고 난 후 대한민국 정부가 수립되었으나 사회적 불안은 가장 약한 지위에 있는 소년에게도 커다란 영향을 주어 빈곤에 기인하는 범죄가 급격하게 증가하였다. 이에 따라 조선소년령을 대체할 수 있는 독자적인 법률 제정의 필요성이 요청되어 정부는 1949년, 1955년, 1957년 세 차례 소년법안을 국회에 제출하였으나 폐기되었다. 1958년 7월 2일 국회가 정부의 소년법안을 폐기하고, 국회 법제사법위원회의 대안을 의결하여 동 대안이 1958년 7월 12일 제20차 본회의 의결을 거쳐 1958년 7월 24일 법률 제489호로 공포되면서 「소년법」이 제정되었다. 곧이어 1958년 8월 7일 「소년원법」이 제정되면서 우리나라 소년사법제도의 기본 골격을 갖추게 되었다. 이후 소년법은 1963년 가정법원의 설립에 맞추어 제1차 개정되었고, 1977년 소년감별소[28]의 신설과 함께 제2차 개정이, 1988년 보호관찰소의 설치와 함께 제3차 개정이 이루어 졌다. 특히 1988년의 개정에서는 보호관찰이 본격 도입되면서 보호처분의 종류가 장단기 보호관찰처분과 소년원송치처분도 장단기로 구분되는 등 소년보호처분의 내용에 있어서 이전의 소년법과 상당한 정도로 변경되었다(변동열, 1997, p.99).

그 사이 경찰은 1966년 「소년경찰직무요강」을, 검찰은 1981년 「소년선도보호지침」을, 대법원은 1982년 「소년심판규칙」을 제정함으로써 소년사법의 구체적인 틀을 형성하는데 일정한 영향력을 행사하였다. 그리고 소년법도 1988년 전면 개정된 이래 약 20년간 한 차례의 개정도 없이 유지되

28 소년감별소는 일본 소년법의 용어를 차용한 것이며 병아리 감별을 연상시킨다는 민원 등으로 인하여 1995년에 '소년분류심사원'으로 변경되었다.

어 왔다. 그러나 청소년 인구가 감소하여 소년사건의 수가 감소하였음에도 재범률 및 촉법소년의 비행이 증가하고 범죄가 흉포화된다는 우려가 늘면서 소년사법 전반에 대한 개선이 필요하다는 의견이 꾸준히 제기되었다.

이에 법무부에서는 2005년 12월 '소년법개정특별분과위원회'를 구성하여 소년법 개정작업에 착수하였다. 위원회에서는 9차에 걸친 회의를 통해 7가지 중요 쟁점별로 전문가를 초빙하여 의견을 청취하고, 기존의 연구논문을 분석하여 개정작업을 수행하였다. 주요 쟁점사항으로는 회복적 소년사법의 도입, 수사단계에서의 다이버전 확대, 보호처분의 다양화·내실화, 검사선의주의와 법원선의주의에 관한 재검토, 소년보호사건의 대상에 관한 검토, 소년범 인권보장 관련 규정의 강화, 청소년 비행예방에 관한 기본규정의 신설 등이었다(이진국, 2006b, p. 89). 소년법 개정안은 2007년 11월 1일 국회에 제출되었으며, 2007년 11월 16일 법제사법위원회 소위원회의 심의를 통과하고, 2007년 11월 23일 국회 본회의 의결을 거쳐 2007년 12월 21일 공포, 2008년 6월 22일부터 시행되었다. 개정된 소년법(이하 '법'이라 한다)의 주요 내용[29]은 다음과 같다.

첫째, 대상 연령을 하향조정하였다(법 제2조, 법 제4조 제1항 제2호, 제3호). 청소년의 성숙 정도, 「청소년보호법」 등 다른 법률과의 통일성, 만 19세는 대학생인 점 등에 비추어 이 법의 적용 상한 연령을 20세 미만에서 19세 미만으로 1년을 낮추었고, 소년범 연령이 점차 낮아질 뿐 아니라 범행내용도 사회적으로 문제가 되는 경우가 적지 아니하여 촉법소년 및 우범소년의 하한 연령을 12세 이상에서 10세 이상으로 2년을 낮추었다.

둘째, 소년 및 피해자의 인권을 보장하기 위하여 국선보조인제도와 화해권고제도를 도입하였다(법 제17조의2, 법 제25조의3). 그동안의 소년보호사건 절차에는 「형사소송법」의 국선변호인제도와 같은 규정이 없어 소년범의 인권보장이 미흡하였던 점을 개선하고자 신체의 자유가 제한되어 있는 위탁소년에 대하여는 필수적으로 국선보조인을 선정하도록 하고, 위탁소년이 아니더라도 국선보조인이 필요하다고 인정되는 경우에는 국선보조인을 선정할 수 있도록 하였다. 그리고 소년의 품행을 교정하고 피해자를 보호하기 위하여 필요한 경우 소년부 판사로 하여금 피해변상 등 피해자와의 화해권고를 할 수 있도록 하고, 피해자 또는 그 법정대리인 등에게 보호사건 심리

29 소년법 개정 주요내용은 한영선과 이영호의 개정소년법의 실효성 확보방안(한영선 & 이영호, 2008, pp.65-68)의 내용을 발췌하였다.

기일에 의견을 진술할 수 있도록 하였다(법 제25조의2).

셋째, 보호처분을 다양화·내실화하고, 보호처분의 기간을 조정하였다(법 제32조, 법 제32조의2, 법 제33조). 보호처분의 종류와 내용이 다양하지 못하여 소년의 품행 교정을 위한 적절하고 실효성 있는 처분을 내리지 못하고 있다는 지적이 있고, 또한 보호처분의 실효성 제고 및 인권 보호를 위하여 보호처분의 기간도 조정할 필요가 있다는 지적이 있어 보호관찰에만 부가하도록 되어 있는 사회봉사명령과 수강명령을 독립된 보호처분으로 하였다. 또한, 1개월 이내 소년원 송치 처분을 신설하였으며, 인성교육 위주의 대안교육, 청소년단체 상담·교육, 외출제한명령, 보호자 교육 명령제도 등을 새롭게 도입하였다. 또한, 단기보호관찰기간을 6개월에서 1년으로 연장하면서 수강명령은 100시간, 사회봉사명령은 200시간을 초과할 수 없도록 하고, 장기 소년원 송치 처분의 수용 상한기간을 2년으로 명문화하였다.

넷째, 수사단계에서 소년사건을 적정하게 처리하기 위한 소년의 품행 및 환경의 조사가 미흡하다는 지적이 있어 검사의 '처분결정전 사전 조사제'를 도입(법 제49조의2)하였다. 이는 검사가 소년사건을 처리할 때에 분류심사관, 보호관찰관 등 전문가가 조사한 소년의 품행·환경 등 분석자료를 토대로 사건을 처리할 수 있게 한 것이다.

다섯째, 소년범에 대하여 사법절차 회부로 인한 낙인효과를 차단하면서 선도·보호를 하는 선도조건부 기소유예제도를 도입하였다(법 제49조의3). 이는 기존에 시행되고 있던 선도조건부 기소유예의 근거를 「소년법」에 명문화함과 동시에 선도의 내용을 범죄예방자원봉사위원[30] 선도, 소년 선도·교육과 관련된 단체·시설에서의 상담·교육 등으로 다양화한 것이다.

마지막으로 기존 「소년법」이 '소년사건의 사후처리 절차만을 규율하고 있어 비행소년이 건전하게 성장하도록 돕는다는 법의 이념을 달성하기에는 부족하다'는 지적에 따라 청소년 비행을 방지하기 위하여 법무부 장관으로 하여금 '비행예방 정책'을 수립하도록 하는 규정을 신설(법 제67조의2)하였다.

30 범죄예방위원이 현재는 법사랑위원으로 변경되었다.

〈표 9〉「소년법」 개정 관련 주요 내용 비교

구분		개정 전	개정 후
목적		소년의 건전한 육성	소년이 건전하게 성장하도록 돕는 것
통고기관		보호자, 학교, 사회복리시설의 장	보호관찰소장 추가
연령 기준	범죄소년	14세 이상 20세 미만	14세 이상 19세 미만
	촉법소년	12세 이상 14세 미만	10세 이상 14세 미만
	우범소년	12세 이상 20세 미만	10세 이상 19세 미만
우범 기준		보호자의 정당한 감독에 복종하지 않는 성벽이 있는 것 정당한 이유 없이 가정에서 이탈하는 것 범죄성이 있는 자 또는 부도덕한 자와 교제하거나 자기 또는 타인의 덕성을 해롭게 하는 성벽이 있는 것	집단적으로 몰려다니며 주위 사람들에게 불안감을 조성하는 성벽이 있는 것 정당한 이유 없이 가출하는 것 술을 마시고 소란을 피우거나 유해환경에 접하는 성벽이 있는 것
전문가 진단		정신과 의사 등	보호관찰소의 조사결과 추가
인권보장		보조인 선임	보조인 선임 허가 취소 가능 국선보조인 규정 신설
피해자 권리		의견진술	피해자 등의 진술권 보장 화해권고제도 도입
보호처분 다양화		7종류 처분	수강명령, 사회봉사명령, 1개월 이내 소년원 송치처분 신설
검찰단계 다이버전		-	검사결정전 조사제도 조건부 기소유예제도 명문화
비행예방정책		-	비행예방정책 규정 신설

2 소년법의 목적

우리나라는 1958년 「소년법」을 제정한 이래, 총 12차례의 「소년법」 개정이 있었으며 주요 개정은 1963년, 1977년, 1988년, 그리고 2007년에 이루어졌다. 특히 2007년 개정은 전면 개정에 가까운 작업으로, 이는 당시 법무부 주도로 '소년법개정특별분과위원회'를 조직하여 9차에 걸친 회의를 거쳐 선정된 7가지의 중요 쟁점에 대해 활발히 논의한 결과이다. 이 과정에서 「소년법」 목적 조항도 함께 개정되었다.

목적 조항은 「소년법」 전반에 걸친 해석의 기준이 되는 것이므로 매우 중요하다. 1958년 제정 「소년법」 제1조는 "… 특별조치를 행함으로써 소년의 건전한 육성을 기함을 목적으로 한다."라고 규정하고 있고, 2007년 개정 「소년법」 제1조는 "… 특별조치를 함으로써 소년이 건전하게 성장하도록 돕는 것을 목적으로 한다."로 개정하였다.

목적 조항을 문리적으로 살펴볼 때 "육성"을 한다는 것은 대상소년을 교육의 객체로 바라보는 시각이 전제되어 있는 것임에 반하여, "소년이 건전하게 성장하도록 돕는 것"은 대상소년을 성장의 주체로 바라보는 것으로서 이는 「소년법」이 대상소년을 바라보는 시각에 일대 전환이 있었던 것으로 볼 수 있다. 여기에 대해서 자세히 살펴본다.

1) 소년법 목적 변경의 연혁

(1) '제정 소년법'의 목적과 국친사상, 교정주의의 퇴조

1958년 제정 「소년법」 제1조(목적)는 "본법은 반사회성 있는 소년에 대하여 그 환경의 조정과 성행의 교정에 관한 보호처분을 행하고 형사처분에 관한 특별조치를 행함으로써 소년의 건전한 육성을 기함을 목적으로 한다"고 규정하고 있다.

목적 조항은 대상과 수단 그리고 목적으로 구성되어 있다. 먼저 대상은 반사회성 있는 소년이며, 수단은 환경의 조정과 성행의 교정인데 이는 보호처분을 통하여 실행된다. 그리고 목적은 건전한 육성을 기하는 것이다. 이를 다시 줄이면 반사회성 있는 소년을 건전하게 육성하는 것이 「소년법」의 목적이다. 따라서 제정 「소년법」이 바라보는 소년은 결핍되어 있거나 왜곡되어 있는 소년이며, 국가는 이들을 건전하게 육성하는 책임을 지고 있다는 인식이 반영되어 있다. 이러한 인식의 체계는 영미법계의 국친사상과 교정주의에 영향을 받은 것이다. 그러나 국친사상과 교정주의 이념은 총론에서 살펴보았듯이 이미 퇴조한 사상이다.

(2) 헌법상 권리로서 소년의 성장발달권의 등장

영미법계의 지도이념인 국친사상과 교정주의는 미국에서 많은 비판을 받고 역사의 무대에서 퇴장하였다. 이에 따라 우리나라 소년사법의 지도이념도 대상소년을 처분의 객체로만 바라보는 국친사상과 교정주의의 한계에서 벗어나야 할 때가 되었다. 그렇다면 「소년법」의 지도이념을 어디서 찾아야 하는가? 한국소년법학회는 「소년법」이 개정되기 이전에도 우리 「소년법」 제1조가 국친사상 또는 교육사상에 뿌리를 두었다고 해석할 이유는 없다고 본다(한국소년법학회, 2006, p. 37)[31]. 그리고 조준현은 「소년법」의 지도이념을 우리 헌법에서 찾아야 한다고 주장한다(조준현, 2007, p.15). 조준현에 따르면 대한민국헌법 제10조(행복추구권)에 따라 모든 인간은 행복을 추구할 권리가 있으며, 당연히 모든 인간에는 수형자도 포함된다. 소년이 여기에 포함되는 것은 명확하다. 소년은 자율적인 존재로서 자기 자신을 주장할 수 있고, 자기 자신을 의미 있게 주장하기 위하여 필수 불가결한 자유와 권리를 향유할 권리를 가진다(조준현, 2007, pp.14–15). 따라서 소년법상의 참여자들(경찰, 검찰, 법원, 보조인, 소년원, 보호관찰소 등)은 소년심판절차에서 소년을 소년사법의 단순히 객체로서 육성되는 피동적인 존재가 아니라 스스로 절차에 참여하여 실효성 있게 자신을 드러내면서 절차에서 소년이 스스로 의미 있게 성장할 수 있도록 바라보고 그 권리를 보장하여야 한다(조준현, 2007, p.15).

이러한 헌법상 권리인 성장발달권이 담보되기 위해서는 앞서 다루었던 교정주의Rehabilitative Ideal에 따른 (1) 형사책임의 경감, (2) 소년에게 최선의 이익이 되도록 하는 아동복지적 접근, (3)

31 한국소년법학회의 주장은 소년법이 2007년 개정되기 이전의 소년법 제1조에 대한 해석이지만 이러한 주장이 개정 소년법에서 달라질 이유는 없다고 생각된다.

일반 형사법원과 다른 비공식적 가족적 절차가 필요하다. 다만 이러한 내용은 교정주의에 따른 것이 아니라 헌법상 아동의 성장발달권으로부터 나온다.

2) '개정 소년법'의 목적[32]

개정 「소년법」은 제정 「소년법」과 달리 '소년을 건전하게 육성하는 것'이 아니라 '소년이 건전하게 성장하도록 돕는 것'으로 개정되었음은 이미 설명한 바와 같다. 제정 「소년법」에서는 소년은 육성의 '대상 또는 객체'일 뿐이었지만, 개정 「소년법」에서 소년은 성장의 '주체'로 규정하여 소년을 바라보는 시각에 일대 전환이 일어났음을 보여준다.

이러한 변화는 소년이 어느 정도 스스로에 대하여 책임을 가지고 결정할 수 있음을 인정하고, 스스로 성장할 기회를 갖도록 하는데 그 의미가 있다. 이에 따라 국가는 소년의 성장을 돕는 '협력자 또는 파트너'의 역할을 하게 되었다. 그렇다고 하여 국가의 역할이 후퇴하였다는 의미는 아니다.

(1) 건전한 성장

개정 「소년법」의 목적 조항은 소년이 건전한 성장을 이루도록 돕는 것이 국가의 책임임을 분명히 하였다. 즉 소년은 이제 '교육의 대상'이 아니라 '학습의 주체'라는 것을 천명한 것이다. 따라서 법원 소년부 판사를 포함한 관계기관은 소년을 성장발달의 주체이자 상호 협력의 파트너로 바라보아야 한다. 유관기관의 협력이 아니라 소년과의 협력이 중요한 이슈가 된 것이다.

그렇다면 소년과의 협력을 통하여 국가는 소년이 어느 정도까지 성장하도록 하여야 하는가? 일본의 아라끼 신이荒木伸怡는 건전 육성의 기준을 다음과 같이 제시한다[33]. 건전 육성에는 3단계가 있으며, 첫 단계는 소년이 장래에 범죄를 반복하지 않도록 하는 것, 두 번째 단계는 그 소년이 안고 있는 문제를 해결하여 평균 또는 보통의 상태에 이르도록 하는 것, 마지막 세 번째 단계는

32 개정 소년법의 목적은 '교정 패러다임의 변화에 관한 소고(한영선 & 박지영, 2019)'의 내용을 수정, 정리하였다.
33 아라끼 신이가 건전 육성이라는 용어를 쓰는 이유는 일본 소년법의 목적이 '건전한 육성'이기 때문이다.

소년이 가지고 있는 숨겨진 가능성을 끌어내어 개성이 풍부한 인간으로 성장하도록 배려하는 것이다. 이 중에서 세 번째는 기본적으로 가정의 역할로서 국가가 무리해서 행하면 폐해가 생길 염려가 크므로 결국, 소년법이 말하는 건전한 육성은 제2의 의미로 받아들여야 한다고 한다(사와노보리 토시오, 2007, p. 119, 재인용).

〈표 10〉 건전한 성장의 기준

1단계	2단계	3단계
해당 소년이 장래에 범죄를 반복하지 않도록 하는 것	해당 소년이 안고 있는 문제를 해결하여 평균 또는 보통의 상태에 이르도록 하는 것	소년이 가지고 있는 숨겨진 가능성을 끌어내어 개성이 풍부한 인간으로 성장하도록 배려하는 것

출처: 사와노보리 토시오의 '소년법' 중에서 아라끼 신이의 주장을 정리하였다.

생각하건대 '건전한 성장'을 2단계까지로 보는 것은 받아들이기 어렵다. 아라끼荒木의 이러한 주장은 소년의 '건전한 육성'을 목적으로 하고 있는 현행 일본 소년법 제1조[34]의 규정에 충실한 해석이기 때문이다. 그러나 우리나라 「소년법」은 2007년 개정을 통하여 소년이 건전하게 성장하도록 돕는 것으로 목적이 바뀌었다. 즉, 제정 「소년법」에서는 건전한 육성의 기준을 국가에서 정하였다면, 2007년 개정 「소년법」에서는 성장의 목표는 소년이 정하는 것이고, 국가는 이를 돕는 것으로 이해할 수 있다. 개정 「소년법」상 소년은 자기주도적인 학습의 주체이다. 이는 소년을 교정할 수 있다는 시각에서 소년이 범죄적 환경 또는 개인의 성격 등을 스스로 극복하고, 스스로의 학습을 통하여 성숙한 상태를 이룰 수 있도록 지원하여야 한다는 것으로 교육관이 바뀐 것이다. 따라서 강제적인 교육을 통하여 대상 소년을 변화시키려고 할 때는 일본의 아라끼荒木 교수가 주장하는 것처럼 소년이 안고 있는 문제를 해결해주고, 평균의 성장을 기준으로 하면 충분하다고 할 것이지만, 소년이 자기주도적으로 자신의 성장 목표를 설정한다고 할 때는 외부에서 정하는 목표는 의미가 없어진다.

34 일본 소년법 제1조 "이 법률은 소년의 건전한 육성을 기하기 위하여, 비행이 있는 소년에 대하여 성격의 교정 및 환경의 조정에 관한 보호처분을 행하고, 소년 및 소년의 복지를 해한 성인의 형사사건에 대하여 특별한 조치를 강구하는 것을 목적으로 한다."

소년의 건전한 성장을 돕는다고 할 때 어떤 방법을 사용하여야 하는가? 소년이 가진 문제성을 소거消去하는 방법과 소년이 가진 강점을 신장伸張시키는 방법으로 구분할 수 있다. 제정 「소년법」이 건전 육성을 이념으로 하고 있을 때 건전 육성은 소년의 반사회성을 제거하는 것을 통하여 가능하다고 보는 견해(최병각, 2007, p.1086)도 있었다. 그러나 소년의 건전한 성장을 돕는 것이 「소년법」의 목적이 된 이상 소년이 원하지 않는 경우에 반사회성을 제거하는 강제적인 교육은 허용되지 않는다고 보아야 한다. 긍정심리학의 주장을 빌리지 않더라도 '더하기'가 아닌 '빼기'를 통하여 자기주도적 학습이 이루어질 수는 없다. 소년에게 부정적인 영향을 미치는 것은 금지되고 소년에게 긍정적인 영향을 주는 것만이 허용된다고 해석함이 타당하다.

다음으로 검토할 것은 소년에게 건전한 성장가능성이 없다면 어떻게 하여야 하는가? 소년이 건전하게 성장하도록 돕는 것을 목적으로 하는 것이므로 소년에게서 건전한 성장가능성을 기대하기 어려운 경우가 문제된다. 이 경우는 사건을 검찰로 다시 송치하는 규정을 두고 있다(법 제7조 제1항). 그러나 이는 법원 소년부에서 소년에 대한 관할권을 스스로 포기waiver하는 것이므로 극히 신중하여야 한다. 소년이 자포자기의 상태를 보인다고 하더라도 법원 소년부 판사는 끝까지 포기하지 않는 모습을 유지하여야 할 것으로 생각된다. 「소년법」 제7조에서는 사건을 조사 또는 심리한 결과 별개의 범죄사실이 발견되고, 그 범죄의 동기와 죄질이 형사처분을 할 필요가 있을 경우로 제한하고 있다. 따라서 검사 또는 형사법원 판사에 의한 송치 사건을 심리하면서 죄질이 극히 불량하다고 하더라도 다른 범죄사실이 발견되지 않았다면 관할권을 포기할 수 없다. 새로이 발견된 범죄사실의 동기와 죄질이 형사처분을 할 필요가 있다고 인정되는 경우라 하더라도 판사의 개인적인 심증만으로는 부족하고, 법원조사관, 분류심사관, 정신과 전문의 등 전문가의 정밀한 진단이 있어야 할 것이다. 그러나 이러한 진단에도 불구하고 소년의 성장가능성에 대한 섣부른 판단 이전에 소년보호절차의 각 참여자는 소년의 건전한 성장을 위하여 제대로 '돕는' 일에 실패한 것은 아닌지를 자성할 필요가 있다.

(2) '돕는 것'의 의미

'돕는 것'과 관련하여 유사한 용어로 상담, 멘토링, 훈련 등이 있다. 상담은 내담자가 직면하고 있는 문제를 해결하도록 돕는 것이고, 멘토링은 해당 분야의 전문적인 식견을 가지고 있는 사람

(멘토mentor)이 그것을 필요로 하는 사람(멘티mentee)에게 자신의 노하우를 전수해주는 것을 말한다. 그리고 훈련은 작업환경에서 생산성 향상을 위하여 기술, 규정, 개념 또는 태도를 체계적으로 습득하도록 교육하는 것을 말한다. 그러나 상담과 멘토링, 그리고 교육은 개정 「소년법」의 목적조항에 적합하지 않다. 상담 등은 상담가, 멘토, 또는 훈련교관이 전문가로서 피상담자 또는 멘티보다 높은 식견을 가지고 있고, 반대로 피상담자나 멘티 등은 문제를 해결할 능력 또는 경험이 부족하다는 것을 전제하고 있기 때문이다(길영환, 2009, p.52). 특히 훈련의 경우에는 대상소년이 동의하지 않더라도 소년의 장래에 도움이 된다는 이유로 강제될 가능성이 높다는 점에서 육성에 가깝다. 따라서 '돕는 것'의 의미를 상담, 멘토링, 훈련 등으로 이해한다면 이는 다시 '교정주의'로 회귀하는 결과가 된다.

그렇다면 제정 「소년법」의 목적인 일방적인 '육성' 또는 '교정주의'의 틀을 벗어나서 쌍방향적, 협력적인 틀에서 '돕는 것'을 이해할 필요가 있다. 소년의 건전한 성장을 '돕는 것'의 의미는 변화의 주체는 소년이라는 것을 인정하는 것이므로 소년을 객체가 아니라 협력의 주체로서 파트너로 인식하는 것이 필요하다. 이러한 접근으로 코칭coaching이 있다. 원래 코칭은 개인의 행복과 자아실현을 돕기 위한 방법으로 시작되었다(윤형식 & 도미향, 2016, p.6). 코칭은 수평적 파트너십 관계에서 코칭 고객이 가지고 있는 문제를 스스로 해결하도록 지원하는 쌍방향 커뮤니케이션이라는 점에서 상담 등 다른 인적자원개발 기법과 다른 특성을 가진다.

현재 코칭의 개념에 대해서 합의된 견해가 존재하지 않으나 국제코치협회International Coach Federation에서는 코칭을 '고객의 개인적, 전문적 가능성을 극대화시키기 위해 영감을 불어넣고 사고를 자극하는 창의적인 프로세스 안에서 고객과 파트너 관계를 맺는 것'으로 표현한다. 한국 코치협회Korea Coach Association는 '개인과 조직의 잠재력을 극대화하여 최상의 가치를 실현할 수 있는 수평적 파트너십'으로 정의하고 있다. 즉, 코칭은 완성이 아니라 성장의 과정으로 보는 것이며, 목표지향적이고 행동지향적 활동으로 본다. 그리고 개인의 목표달성이 기본적으로 포함되고 그 목표 달성 영역이 직무, 조직 및 직업, 그리고 사회로 점점 넓어지면서 다양화되고 있다(유기웅, 조정선, 김형숙, 노경, & 백장현, 2017, pp.2–3).

코칭의 종류는 리더십코칭, 비즈니스코칭, 성과코칭, 커뮤니케이션코칭, 커리어코칭, 라이프코칭, 관계코칭, 학습코칭 등으로 분류된다(박정영, 2009, p.70). 그중에서 라이프코칭의 목적은 인생의 행복을 성취하는 것이고, 이를 위하여 대상자(피코치)로 하여금 자신의 잠재능력을 발견하게 하고 그것을 개발시켜 나가는 과정으로 정의된다(길영환, 2009, pp.45-49). 코칭의 종류 중에서 「소년법」 상 '소년의 건전한 성장을 돕는 것'에는 라이프 코칭이 가장 유사하다고 생각된다.

라이프 코치가 하는 일을 좀 더 자세히 살펴보면, 라이프 코치는 피코치의 인생 전반에 대한 설계를 해준다. 특히 미래에 대한 로드맵을 분명하게 볼 수 있도록 도움을 준다. 피코치가 가진 개인적인 문제들을 해결할 수 있는 능력을 키우는 데 도움을 준다. 피코치의 목표 달성을 위하여 전적으로 조력한다. 피코치의 잠재능력을 최대한 발견하여 강화시켜줌으로써 문제해결을 스스로 할 수 있도록 한다. 피코치가 어려운 문제에 처해 있을 때 적절한 동기부여를 하여 난관을 극복할 수 있도록 돕는다(길영환, 2009, p.49).

이러한 코칭이 가능하기 위해서는 코치와 피코치가 '의도적이며 상호 협동적인 파트너 관계'가 되어야 한다. 의도된 관계성은 쌍방이 원하는 목적을 달성하기 위해 서로 협력하고 노력하며 나가는 것을 뜻한다. 이는 성공을 위해서 필수적이다. 그리고 코치와 피코치가 서로 신뢰하여야 한다(길영환, 2009, pp.51-52).

우리나라 소년보호절차의 참여자가 라이프 코치로서 대상소년을 바라보고 접근할 때 소년은 자기주도적인 학습을 하고 변화될 가능성이 더 높다고 본다.

3) 개정 소년법의 목적에 따른 원칙 제안

(1) '이전 「소년법」'의 기본원칙

① 법원행정처에서 제시하는 기본원칙과 비판

이제 다시 제정 「소년법」으로 돌아와서 「소년법」의 기본원칙을 살펴보자. 법원행정처에서 발간한 '소년'에 의하면 소년보호는 복지적·행정적 기능을 갖지만 대상소년이 반사회성 있는 소년이라는 점에서 경우에 따라서는 강제조치를 수반하므로 사법적 기능[35]도 아울러 가지고 있다고 한다(법원행정처, 2014, p.3). 즉 소년심판은 합목적적, 실질적, 개별적, 사회적, 과학적 성격을 가지는

35 강제적 조치라고 하여 사법적 기능을 가진다고 하는 주장에는 문제가 있다. 과징금의 부과 등 대부분의 강제적 조치는 행정처분이기 때문이다. 화해 조정과 같이 사법적 기능 중에도 강제적 조치가 아닌 것도 많이 있다.

것뿐만 아니라 사법적 기능에서 법적 안정성, 형식성, 보편성을 가질 것이 요구된다고 본다. 이러한 소년심판의 특수성으로 인하여 소년보호절차는 형사소송절차에 비하여 통고주의, 직권주의, 실질주의·과학주의, 개별주의·비공개주의의 특성을 가진다고 한다(법원행정처, 2014, pp.3−4)[36].이에 대해서 자세히 살펴본다.

㉠ 통고주의

검사의 기소에 의하여 시작되는 형사소송절차와 달리 소년보호절차는 검사의 송치뿐만 아니라 형사법원, 경찰서장의 송치나 보호자 또는 학교, 사회복리시설, 보호관찰소의 장의 통고에 의해서도 시작된다. 이는 비행소년을 조기에 발견하여 조치하기 위해서이다(법원행정처, 2014, p. 4).

실제 통고제도는 기존의 사법시스템, 즉 소년범죄의 관할권이 1차적으로 경찰이 수사하고, 이후 검찰이 기소 여부를 판단한 후에 소년부가 심판하는 획일적인 소년사법시스템과 달리 수사기관을 거치지 않고 바로 법원 소년부로 사건이 넘어가서 조사와 보호처분을 할 수 있다는 점에서 소년사법체계의 통일성은 저해되는 측면이 있다. 그러나 수사기록과 전과기록이 남지 않고 조속히 법원이 사건에 개입할 수 있다는 장점이 있다. 따라서 소년의 이익을 지향하는 소년사법시스템이며, 범죄소년에게도 심리적 낙인과 사회적 낙인을 받지 않고 절차지연에 따른 문제나 2차 피해자화를 방지하게 되는 장점이 있다(천정환, 2016).

그러나 이러한 통고주의가 소년심판의 기본원칙이 되기에는 문제가 있다고 생각한다. 통고주의는 단순히 소년보호절차상 하나의 방법에 불과하기 때문이다. '통고주의'를 채택하고 있다기보다는 보호자 등이 수사기관을 거치지 않고 직접 법원 소년부에 보호처분을 촉구할 수 있는 '통고'라는 제도가 마련되어 있다고 이해하는 것이 적합하다.

㉡ 직권주의

우리나라 소년심판은 형사소송절차와 달리 소년에 대한 후견적 입장에서 법원의 직권에 의해 진행된다. 따라서 소년은 심판의 당사자라기보다는 주로 심리의 객체로 취급된다(법원행정처,

36 2014년에 발간된 "법원실무제요 소년"은 2000년에 발간된 "법원실무제요(소년, 비송)"의 후속편으로 2007년 개정된 소년법의 내용을 반영하기 위하여 발간된 것이지만 소년심판의 기본원칙에 대해서는 변화된 내용이 없다.

2014, p.4).

이렇게 소년을 심리의 객체로 파악하는 것은 육성의 대상으로 바라보던 제정 「소년법」의 목적 아래에서나 타당할 수 있는 원칙이다. 소년이 건전하게 성장하도록 돕는 것이 목적인 2007년 개정 「소년법」하에서 소년은 객체가 아니라 주체이고 소년심판의 파트너이기 때문에 이러한 직권주의는 적절하지 않다.

그리고 무엇보다도 우리나라 「소년법」 체계에서 직권주의라는 용어는 사용하여서는 안 된다고 생각한다. 소년심판에 검사가 참여하지 못하고 오직 판사만 존재하는 구조이기 때문이다. 현재 판사만 존재하는 우리나라 「소년법」 체계에서 직권주의라는 용어는 자칫 우리 「소년법」이 '규문주의'를 채택하고 있다는 의미로 오해될 수 있다. 규문주의는 재판에서 유죄, 무죄를 판단하는 자와 범죄를 규탄하는 자가 나누어져 있지 않고 법원이 스스로 절차를 개시하여 심리, 재판하는 주의를 말한다. 일명 '원님 재판'을 의미한다(나무위키, 2019a). 우리나라 「소년법」이 검사가 소년심판에 관여하지 못하도록 한 것은 판사로 하여금 과거의 원님처럼 아무런 견제없이 직권으로 유무죄를 조사하고, 직권으로 소년의 의사를 묻지 않고 처분을 하라는 의미가 아니다. 소년의 잘못에 대하여 더 이상 책임을 묻지 않는 것이므로 소년의 건전한 성장을 위하여 주도적인 역할을 하여야 한다는 의미이다. 쟁송적 성격이 없는 우리나라 「소년법」 구조에서 당사자주의 또는 직권주의라는 용어 자체가 부적절하다.

「소년법」 제24조의 "심리는 친절하고 온화하게 하여야 한다"는 규정도 소년보호절차의 심리가 쟁송구조가 아니라는 것을 확인시켜주는 것이다. 「소년심판규칙」 제25조에서 소년부 판사로 하여금 소년에게 "비행사실을 고지하고 그 이익이 되는 사실을 진술할 기회를 주어야 한다"고 하는 규정을 유념할 필요가 있다. 비행사실을 단순히 고지만 하는 것이고, 비행사실에 대하여 다투어서는[37] 안 된다.

ⓒ 실질주의와 과학주의

소년보호절차에서는 소년이 건전하게 성장하도록 하는 것이므로 합목적성이 요구된다. 따라

37 호통판사로 알려진 천종호 부장판사가 소년법정에서 심리를 할 때 비행사실의 단순한 고지가 아니라 호통을 치고, 소년의 보호자와 비행사실을 다투는 장면은(한겨레TV, 2014) 소년보호절차에 대한 잘못된 이미지를 전달하는 것이다. 자칫 중국의 드라마 '판관 포청천' 처럼 호통을 치면서 범죄자를 처벌하는 모습을 연상시킨다.

서 절차의 형식성이 완화되고 엄격한 증거법칙이 적용되지 않는다. 또한 소년보호의 목적을 달성하기 위해서 의학, 심리학, 교육학, 사회학 등의 전문적 지식을 활용할 필요가 있다(법원행정처, 2014, p.4).

한국소년법학회에서 편찬한 소년법(한국소년법학회, 2006, p.80)에서는 이를 협력성과 과학성이라고 하여 소년보호절차의 중요한 원칙으로 제시하고 있다. 중요한 원칙이라는 점에 동의한다.

㉣ 개별주의와 비공개주의

소년이 건전하게 성장하도록 돕기 위하여 소년보호는 소년 한 사람 한 사람에게 개별적으로 이루어져야 한다. 또 소년의 장래를 위하여 소년심판은 공개하지 아니한다(법원행정처, 2014, p.4).

구체적인 소년의 건전한 성장을 돕기 위해서는 당연히 도출되는 것이 원칙이 개별주의라고 할 것이다. 그리고 소년의 낙인 방지는 소년의 성장발달에 매우 중요한 것이므로 비공개주의도 중요한 원칙이라는 점에 동의한다.

㉤ 소결

이상으로 법원행정처의 '소년'이 제시하는 4가지 원칙을 살펴보았으며, 몇 가지 문제점을 지적하였다. 결론적으로 법원행정처에서 제시하는 원칙 중에서 통고주의와 직권주의는 소년심리의 기본원칙에서 제외되어야 한다. 특히 직권주의라는 용어는 현행 소년보호사건의 심리 구조상 검사가 부존재하므로 규문주의와 동의어로 오해될 수 있어 시급히 시정되어야 한다고 생각한다.

4가지 기본원칙의 문제점을 마무리하기 전에 보다 근본적인 부분을 지적하고자 한다. 소년보호가 강제조치를 수반하므로 사법적 기능도 가지고 있다(법원행정처, 2014, p.3)는 주장이다.

먼저 용어의 혼용混用이다. 법원행정처는 기본원칙을 '제1장 소년심판의 의의, 제1절 소년심판의 본질 및 특징'에서 설명하고 있는데 이는 소년보호가 아니라 소년심판이라는 용어를 사용함으로써 논의의 출발점에 혼란을 주는 것이다. '심판'이란 일반적으로 심리와 재판을 아울러 이르는 용어이다. 그런데 「소년법」은 형사사건과 보호사건을 구별하면서, 보호사건에서는 오직 '심리'라는 용어만을 사용하고 있다. 이는 소년에 대한 낙인의 방지를 위한 것이다. 따라서 '법원 소년부'의 역할에 대한 설명을 하면서 소년심판이라는 용어를 사용하는 것은 문제가 있다. 법원 소년부는 전적으로 보호사건만을 관할하고 있기 때문이다. 같은 취지에서, 소년보호사건의 심리를 위해 제정된 대법원규칙의 이름이 「소년심판규칙」인 점도 재고되어야 할 것이다. 따라서 '소년심판의 본질 및 특징'이라고 하는 부분은 '보호사건' 심리의 본질 및 특징으로 이해하여야 할 것을 '소년심판'의 본질 및 특징으로 범위를 넓혀서 사용한 것으로 개념의 혼동을 초래하고 있다. 이 결과 소년보호가 강제조치를 수반하므로 사법적 기능도 가지고 있다는 주장(법원행정처, 2014, p.3)은 잘못이라고 생각된다.

② 한국소년법학회에서 제시하는 원칙

한국소년법학회는 「소년법」의 실천원칙과 소년법원의 특성으로 구분하여 논의하고 있어서 법원행정처의 논의보다 합리적이다. 「소년법」의 이념과 실천원칙(한국소년법학회, 2006, pp.34-38)으로는 최소처분원칙과 교육처분원칙을 제시하고 있으며, 소년법원의 대표적인 특성으로 심판의 독립성, 소년보호사건과 소년형사사건을 분리하는 소년사건의 이원주의, 송치기관 이외의 가정, 학교, 전문가 등의 협력을 필요로 하는 협력성, 대상소년의 조사, 진단, 심리 등을 위한 과학성, 소년의 교육적, 복지적 측면을 강조한 교육·복지 정책성을 들고 있다.

먼저 한국소년법학회가 제시하는 최소처분원칙과 교육처분원칙은 형사사건과 보호사건을 포괄하는 대원칙으로 현재까지도 유효하다고 생각된다.

그러나 소년법원의 특징으로 심판의 독립성, 소년사건의 이원주의, 협력성, 과학성, 교육 및 복지정책성을 들고 있는데, 여전히 심판이라는 용어를 사용하고 있다는 점에서 한계를 보여준다. '심판'은 역시 법원 소년부의 특성이 아니라 형사법원의 특징이기 때문이다. 그리고 '독립성'이라고 하는 것의 내용이 단순히 사법행정의 운영과 예산의 독립성이라고 한다면 이를 법원 소년부의 대표적인 특징이라고 할 수 없다. 사법행정의 운영과 예산의 독립성은 법원의 공통된 특징이기 때문이다. 현재 소년법원은 존재하지 않는 강학상의 개념일 뿐이고, 법원조직법상 가정법원 또는 지방법원의 '소년부'로 편제되어 있다. 또한 법원 소년부는 소년의 건전한 성장을 돕기 위하여 타 부처, 민간기관, 전문가 등과 협력하여야 하는 것이 필수적인데, 심판 또는 심리의 독립성이라고 하는 것은 법원 소년부 판사의 '독단'으로 읽힐 수도 있어 보인다.

(2) 현행 소년법의 기본원칙 제시

현행 「소년법」은 소년의 주체성과 자기결정권을 도외시하고 소년을 '육성의 객체'로 보는 권위주의적인 기존의 접근에서 벗어나서 소년을 자기주도적 '학습의 주체'로 천명한다. 이제 소년보호절차의 참여자 모두는 특히 소년은 법원 소년부 판사와 파트너의 위치에서 협력하는 당당한 주체이다. 개정 「소년법」의 목적에 맞추어 5가지 원칙을 아래와 같이 제시하고자 한다. 법원행정처 및 한국소년법학회의 원칙을 중심으로 앞서 검토하였던 내용과 보호사건의 특징을 고려하였다.

- 비행소년 이익 최우선의 원칙
- 회복적 정의 원칙
- 타기관과의 협력주의
- 소년과의 대등적 파트너십
- 과학주의 및 개별처우

① 비행소년 이익 최우선 원칙

아동권리협약Convention on the Rights of the Child에 의한 원칙이다. 아동권리협약은 1989년 유엔총회에서 채택되었고, 우리나라는 1991년 11월 20일 비준하였다. 아동권리협약은 국내법과 동등한 효력이 있다. '아동권리협약' 제3조는 소년사법 집행 절차에서 모든 결정을 내릴 때 아동에게 가장 좋은 것이 무엇인지를 가장 우선적으로 고려하도록 하여 아동의 이익을 최우선으로 지키도록 하고 있다. 주목하여야 할 것은 대상이 일반적인 소년이 아니라 반사회성이 있는 소년 즉 비행소년이라는 점이다. 따라서 「소년법」은 비행소년(범죄소년, 촉법소년 및 우범소년)의 이익을 최우선적으로 고려하여야 한다. 그렇게 할 때에만 소년의 건전한 성장을 도울 수 있다. 우리 「소년법」은 비행소년의 이익을 최우선하기 위하여 국선보조인 제도의 도입, 전문가에 의한 진단 등의 제도를 두고 있다.

그렇다면 비행소년에 의하여 피해를 입은 피해자는 어떻게 되는가? 2007년 「소년법」이 개정되기 이전까지는 고려되지 않았다. 2007년의 개정으로 피해자 또는 법정대리인 등이 심리기일에 의견을 진술할 수 있고, 피해자와의 화해권고 제도의 도입으로 피해변상 등을 기대할 수 있게 되었다. 그러나 「소년법」이 기본적으로 가해청소년에게 새로운 기회를 부여하고자 하는 것이라는 점에서 한계는 명백하다. 피해자를 위해서는 별도의 법률 제정이 필요하다.

② 회복적 정의 원칙

회복적 정의는 사법절차 속에 피해자를 참여시켜 피해자와 가해자의 대화와 타협, 그리고 피해회복을 이끌어내어 범죄와 범죄의 결과를 건설적인 방법으로 해소하려는 새로운 패러다임이다(이용식, 2018). 이는 기존 형사사법의 한계를 보완하기 위한 대안적인 움직임이다. 우리 「소년법」은 2007년 '화해권고제도'를 도입하여 회복적 정의 프로그램을 운영하고 있다.

회복적 정의에서의 회복은 단순히 물질적인 손해의 배상에 그치는 것이 아니라 자기 존중, 인간의 존엄성 그리고 무엇보다도 균형감을 회복하려는 노력을 의미한다(김성돈, 2005). 즉, 가해자, 피해자, 지역사회가 함께 손상된 관계의 회복에 집중하여 문제를 해결하는 것이다. 이러한 시도는 소년이 건전한 성장을 할 수 있는 좋은 출발점이 될 수 있기에 바람직해 보인다. 성공적인 회복적 정의를 위해서 소년은 자신의 행위로 인한 결과를 인정하고 책임을 부담하는 과정을 경험해야 한다. 특히 회복적 책임은 단순히 도덕적 반성에 그치는 것이 아니라, 잘못을 인정하는 것에서 출발하여 실질적인 피해 회복의 약속과 의무를 지고 이행을 하는 일련의 과정이다(조균석, 김재희, 2019). 따라서 회복적 정의 프로그램에 참여하는 것은 소년에게 처벌만큼 무거운 책임이 될 수 있고 이는 소년이 한걸음 성장하는 데 도움이 될 수 있을 것이다.

김재희와 조균석(김재희 & 조균석, 2019)은 이러한 회복적 정의 패러다임을 교정(형 선고 이후 단계)을 위한 목적으로 활용하여 범죄자의 갱생과 사회복귀뿐만 아니라 피해자의 재사회화 내지 피해 회복을 통한 법공동체의 재통합을 추구하게 된다고 설명한다. 다만 아쉬운 점은 소년을 범죄자로 보는 관점으로 회복적 정의 패러다임을 「소년법」에 적용하고자 하는 것으로 이는 바람직하지 않다고 생각된다. 앞서 언급한 바와 같이, 「소년법」은 소년을 '범죄자'로 규정하지 않기 때문이다. 즉, 「소년법」은 소년의 행위의 유무죄를 따지지 않으며, 소년을 '처벌'하거나 '교정'하고자 하는 데 그 목적이 있지 않다. 화해권고제도는 회복적 정의의 일환으로 시행되고 있지만, 이 제도를 통해 이루어진 화해는 보호처분시 고려할 임의적인 참작사유에 불과하다는 한계점을 가진다. 또한 보호처분 결정의 참작사유인 화해권고제도를 「형법」상의 징벌 제도인 사회봉사명령, 피해회복명령과 함께 '회복적 정의'의 한 범주에 묶는 것은 「소년법」상 보호처분의 목적(교육, 선도, 보호)과 부합하지 않는다(이용식, 2018). 이런 경우 소년사법에 적용된 회복적 정의가 일종의 징계, 형벌로 기능하게 될 여지가 있으므로 주의할 필요가 있다. 따라서 소년사법에 회복적 정의를 적용하는 것은 신중하게 이루어져야 한다.

무엇보다도 회복적 정의를 소년사법에 적용하는 것은 '피해자'를 소년사법절차에 포함하고, 나아가 소년으로 하여금 스스로 개선 및 성장의 기회를 얻도록 하는데 그 가치가 있다. 「소년법」이 소년을 보호하는데 그 첫 번째 목적이 있다고 하여 피해자를 절차에서 배제하거나 적절한 제도로써 배려하지 않는 것은 바람직하지 않다. 따라서 「소년법」은 프로그램에 참여하길 원하는 피해자가 가해소년에게 미칠 영향, 피해자가 가해소년으로부터 받을 영향, 2차 가해자화 등 여러 가지 요소를 복합적으로 신중히 고려하여 화해의 장을 마련하도록 노력하여야 한다. 현재 「소년법」에 의하면 소년보호사건의 화해권고제도는 심리개시결정 전에 권고되어 시행된다. 하지만 소년의 건전한 성장을 진정으로 돕고 피해자의 회복을 돕는 것이 오늘날 소년사법이 추구하는 방향이라면, 심리개시결정 이후에도 적절한 절차 과정에 화해권고제도를 적용할 수 있도록 하여 소년과 피해자 모두에게 열린 기회를 주어야 한다고 본다.

③ 타기관과의 협력주의

협력주의란 효과적으로 소년을 보호하기 위해 국가뿐만 아니라 소년의 보호자, 가정, 학교, 지역사회, 기타 관련단체 등 사회 전반에 걸친 상부상조와 협력이 필요하다는 원칙이다. 「소년법」 제28조는 법원 소년부 판사가 그 직무에 관하여 모든 행정기관, 학교, 병원 그 밖의 관련 단체에 필요한 원조와 협력을 요구할 수 있도록 하고 있다. 소년의 비행 원인과 환경, 개별적 성향을 정확하게 파악하기 위하여 관계기관의 협조가 필요하기 때문이다. 또한 「소년법」 제67조의2는 비행소년의 선도·교육과 관련된 중앙행정기관·공공기관 및 사회단체와의 협조체계를 구축하고 운영하는 책임을 법무부장관에게 부여하고 있다. 소년의 비행을 예방하고 더 나아가 비행소년의 자립과 교육을 위해 공공기관뿐만 아니라 민간의 협조를 요구하는 것이다. 소년의 비행과 범죄를 그 소년만의 잘못으로 보고 책임을 물을 것이 아니라 소년의 가정, 학교 더 나아가 사회 구성원 모두가 소년 보호를 위해 적극적으로 협력해야 한다.

④ 소년과의 대등한 파트너십partnership

협력주의가 타기관과의 대등한 협력을 전제로 한다면 파트너십은 소년과의 대응한 협력을 전제로 한다. 대등한 협력을 전제로 할 때 교수자 중심의 교육敎育 또는 육성育成에서 벗어나서 학습자 중심의 학습學習과 성장成長이 가능하다.

이 원칙에 따라 법원 소년부 판사, 조사관, 분류심사관, 보호관찰관 등 관련 기관은 권위적인 태도로 소년을 대하는 것이 아니라 수평적 위치에서 소년과 협력하여야 한다. 이는 위에서 살펴본 코칭과 일맥상통하며, 국가는 코치coach로서 소년 스스로 문제 해결을 하고, 성장할 수 있도록 적극적으로 지원하고 협력하여야 한다.

⑤ 과학주의 및 개별처우원칙

「소년법」 제9조는 소년사건을 조사할 때 의학·심리학·교육학·사회학이나 그 밖의 전문적인 지식을 활용하여 소년과 보호자 또는 참고인의 품행·경력·가정 상황, 그 밖의 환경 등을 밝혀 소년 개인의 특성에 맞는 개별적 처우를 하도록 명시하고 있다. 소년 개개인은 각자 다른 환경에서 자라며 서로 다른 개성과 특성을 가지고 있다. 따라서 소년이 가진 개별적인 요소를 종합적으로 고려하여 개개인에게 맞는 처우를 통해 소년의 건전한 성장을 도와야 한다. 또한 소년사건을 조사 또는 심리함에 있어서 의사, 심리학자, 교육자나 그 밖의 전문가의 진단, 소년분류심사원의 분류심사 결과와 의견, 보호관찰소의 조사결과와 의견 등을 고려하도록 하는 「소년법」 제12조는 소년을 조사함에 있어서 법률적 지식뿐만 아니라 각 분야 전문가의 지식을 통하여 보다 전문적이고 과학적으로 소년에게 어떤 종류의 처분을 어느 정도 부과하는 것이 적절한지 검토하여 소년의 이익을 위한 최선의 처분을 선택하게 한다.

개별주의란 범죄인 처우의 개별화 이념에 따라, 소년보호조치를 취할 때 소년 개개인을 독립적으로 취급하고 그에게 알맞은 처우를 하여야 한다는 것이다(이수현, 2004). 소년의 건전한 성장을 돕기 위해서는 당연한 원칙이다. 따라서 소년의 처분을 결정할 때 공범들과 형평성을 고려한다든지, 사회의 법감정을 고려하여 소년에게 합당한 처분 이상을 하는 것은 용납될 수 없다 할 것이다.

다음으로 소년의 건강한 성장발달을 위하여 과학주의와 개별처우를 선택한다면 단계적 처우graduated sanction를 적용해서는 안 될 것이다. 단계적 처우는 보호처분의 종류 중에서 1호 처분 내지 10호 처분 중에서 범죄 횟수에 따라 점진적으로 강한 처분을 부과하는 것이다. 예를 들어 어떤 소년이 1호 처분을 받았다면 다음에는 2호 처분, 2호 처분을 받았다면 3호 처분 등으로 점점 강한 처분을 하는 것이다. 그러나 이런 경향이 계속된다면 소년의 개별적 특성은 사라지고, 기계적인 처분만이 남게 될 것이다. 법원 소년부 판사는 소년의 상황에 따라 소년의 성장에 도움이 되는 처분을 하여야 한다.

3 「소년법」의 대상

1) 소년의 종류

「소년법」의 대상이 되는 것은 「소년법」 제4조에서 규정하고 있는 소년으로 한정된다. 소년보호 심리의 대상이 되는 소년은 첫째, 죄를 범한 14세 이상의 소년(범죄소년), 둘째, 10세 이상 14세 미만의 형벌 법령에 저촉되는 행위를 한 소년(촉법소년[38]), 셋째, 죄를 범할 우려가 있는 10세 이상 19세 미만의 소년(우범소년)이다.

---

38 이들을 범죄소년이라고 하지 않고 '촉법소년'이라고 하는 이유는 형벌 법령에 저촉되는 행위를 하였으나 형사미성년자로서 형사처벌의 대상이 되지 않기 때문이다. 그러나 여기서 주의해야 할 점은 소년이 형사법원의 재판을 받지 않으므로 유죄로 확정될 수 없고, 따라서 '범죄'라는 용어를 사용하는 것이 부적절하다는 것이다.

〈Box 16〉「소년법」상 보호의 대상

〈소년법〉

제4조(보호의 대상과 송치 및 통고) ① 다음 각 호의 어느 하나에 해당하는 소년은 소년부의 보호사건으로 심리한다.

① 죄를 범한 소년

② 형벌 법령에 저촉되는 행위를 한 10세 이상 14세 미만인 소년

③ 다음 각 목에 해당하는 사유가 있고 그의 성격이나 환경에 비추어 앞으로 형벌 법령에 저촉되는 행위를 할 우려가 있는 10세 이상인 소년

㉠ 집단적으로 몰려다니며 주위 사람들에게 불안감을 조성하는 성벽(性癖)이 있는 것

㉡ 정당한 이유 없이 가출하는 것

㉢ 술을 마시고 소란을 피우거나 유해환경에 접하는 성벽이 있는 것

2) 소년의 기준: 연령

우리 헌법은 제10조에서 '모든 국민은 인간으로서의 존엄과 가치를 가지며, 행복을 추구할 권리를 가진다. 국가는 개인이 가지는 불가침의 기본적 인권을 확인하고 이를 보장할 의무를 진다'고 규정함으로써 인간으로서의 존엄과 가치를 헌법의 핵심가치로 규정하고 있으므로 소년 또한 인간으로서 존엄과 가치를 가진 존재임은 당연하다. 이러한 기본적 인권 이외에 사회적 기본권을 통하여 사회적 약자인 소년에 대한 보호 규정을 두고 있다. 예를 들면 청소년과 관련해서는 제31조 제2항에서 '자녀'에 대한 의무교육을, 제32조 제5항에서는 '연소자'의 근로에 대한 특별보호를, 제34조 제4항에서는 국가의 '청소년' 복지정책 의무를 규정함으로써 일정한 연령에 달하지 못한 국민에 대하여는 명시적으로 특별한 보호를 받을 수 있도록 강제하고 있다(오영희, 2009, p.4). 각 법률에서 소년의 보호를 위하여 구체적인 규정을 마련하고 있다.

〈표 11〉 현행법상 소년 연령

법률	용어	규율내용	연령
청소년기본법	청소년	청소년 육성 및 지원	9세~24세
민법	미성년자	법률행위능력 제한	19세 미만
		혼인연령	18세
소년법	소년	보호처분 및 형사처분 특례	10세~19세 미만
보호소년 등의 처우에 관한 법률	소년	보호소년 등의 처우 및 교정교육	10세~19세 미만
청소년보호법	청소년	청소년 유해환경 단속	19세 미만
청소년의 성보호에 관한 법률	청소년	청소년의 성매매 금지	19세 미만
사행행위 등 규제 및 처벌특례법	청소년	사행행위업소 청소년 출입금지	19세 미만
아동복지법	아동	아동에 대한 보호조치	18세 미만
근로기준법	연소자	도덕상, 보건상 유해, 위험한 사업에의 근로금지	18세 미만
공연법	연소자	공연물 등급분류	18세 미만
음반·비디오물 및 게임물에 관한 법률	청소년	게임물 등 등급분류	18세 미만
가정폭력방지 및 피해자보호 등에 관한 법률	아동	가정폭력피해자 보호·지원	18세 미만
형법	형사미성년자	절대적 책임 무능력	14세 미만
유엔 아동권리협약	아동	–	18세 미만
병역법	징집병	병역의무자	19세
	모집병	병역지원자	18세
공직선거법	선거연령	선거인 명부	18세

출처: 오영희, 2009 '국제 인권규약 상 청소년의 권리에 관한 고찰' 4면, 재구성, 유엔의 아동권리협약은 비준된 조약이므로 현행법에 포함시켰다.

성인 연령은 법률별로 차이가 있지만 일반적으로 19세로 여겨진다. 19세가 되면 민법상 법률행위능력의 제한이 사라지고, 병역의 의무도 지게 되기 때문이다. 「소년법」에서도 19세 미만을 적용상한선으로 규정하고 있다. 그러나 소년에 의한 흉악한 사건이 발생하면 이 연령에 대한 논의가 활발해진다. 「소년법」의 적용연령과 형사미성년자의 연령을 인하하여야 한다는 주장이 대두된다. 소년의 연령에 대해서는 상한과 하한으로 구분하여 살펴볼 필요가 있다.

(1) 소년의 상한 연령

2007년 「소년법」 개정에서 크게 논의된 것이 소년의 '상한 연령'을 인하하여야 한다는 것이었다. 주된 논거는 소년의 발육상태가 빨라졌다는 것과 「민법」 개정안과 「청소년보호법」에서 19세 이상을 성인으로 인정하고 있다는 것이었다. 그러나 「민법」, 「청소년보호법」 등에서 소년연령이 상이한 것은 각각의 법률이 정하고 있는 보호의 법익에 따라서 개별적으로 정하여진 것으로 반드시 연령을 통일할 필요가 없으며, 입법으로 「소년법」 적용대상에서 일괄적으로 19세 소년을 배제하는 것이 아니라 검사와 형사법원이 개별 사건에 따라 보호처분 또는 형사처벌을 하도록 하는 것이 바람직하다는 반대의견과 소년 상한 연령 인하는 「소년법」의 기본이념 후퇴이자 소년범에 대한 형벌강화라는 비판이 있었다. 그러나 이러한 비판에도 불구하고 2007년 「소년법」은 20세였던 상한 연령을 19세로 인하하였다(최병각, 2007, pp.1084-1087).

소년부는 조사 또는 심리한 결과 본인이 20세 이상인 것이 판명된 때에는 결정으로써 사건을 관할지방법원에 대응하는 검찰청 검사에게 송치하여야 한다. 다만, 제51조의 규정에 의하여 법원에 이송하여야 할 경우에는 그러하지 아니하다.

(2) 소년의 하한 연령

「소년법」의 대상 소년은 14세 이상 19세 미만의 범죄소년, 10세 이상 14세 미만의 촉법소년, 10세 이상의 우범소년이다. 2007년의 「소년법」 개정에서 우범소년을 대상에서 제외하여야 한다는 주장과 촉법소년의 연령을 인하하여야 한다는 주장이 있었다.

촉법소년의 연령을 인하하는 문제는 「형법」[39]의 형사책임연령을 인하하는 입장인데, 이에 대해서 견해가 대립되었다. 인하해야 한다는 주장은 다음과 같다.

39 형사미성년자(14세 미만) 연령은 「형법」에 규정되어 있으므로 촉법소년의 연령(14세 미만)을 인하하는 것은 소년법 개정만의 문제는 아니다.

① 14세 미만의 청소년도 형사책임을 부담할 수 있도록 충분한 발육상태를 보이고 있다.

② 소년범죄에 대한 국가의 대처가 강화되어야 한다.

③ 저연령층이 흉악범죄를 저지르는 사례가 늘고 있다.

이에 반해 형사책임연령의 인하에 반대하는 입장은 다음과 같다.

① 형사책임연령의 인하를 정당화하는 조기성숙에 대한 발달심리학적 증거가 없다.

② 소년범죄는 우발적이고 장기적인 고려 없이 저지르는 것이 일반적이기 때문에 저연령층 아동에 대한 형사처분은 실효성이 떨어진다.

③ 저연령층 범죄소년에 대하여 형사사법적 대응방식이 소년복지적 대응방식보다 더 효과적이라는 증거가 없다.

외국의 입법례를 살펴보면, 영국은 1998년 9월 30일에 제정된 '범죄 및 무질서 대책법'Crime and Disorder Act 제34조에서 10세 미만의 아동을 형사미성년자로 규정하고 있다. 독일의 경우 소년법원법의 인적 적용범위는 행위시 14세 이상의 소년과 18세 이상 21세 미만의 준소년을 대상으로 하고 있기 때문에 소년법원법 적용대상의 하한 연령은 14세이다. 일본의 경우 2000년 11월 28일 소년법 개정에 따라 형벌적용 대상연령을 16세에서 14세로 인하하였다(이진국, 2006b, pp.93-94).

2007년 「소년법」 개정 논의에서 촉법소년의 상한연령(형사책임연령)을 인하하여야 한다는 주장은 받아들여지지 않았으나 하한 연령은 12세에서 10세로 인하하였고, 우범소년 규정을 삭제하여야 한다는 주장을 받아들이는 대신에 우범소년의 하한 연령 역시 12세에서 10세로 인하하는 개정이 이루어졌다.

생각하건대, 12세 미만의 소년에 대해서는 낙인효과를 가중시키는 사법기관에 의한 개입보다는 복지행정형 개입이 적절하다는 반론이 있으나(이진국, 2006b, p.98), 일반적으로 평생지속형 범죄자는 초발비행의 시기가 빠른 소년이며(Moffitt, 1997), 소년의 정신적·육체적 발육의 정도도 과거보다 더 빨라졌고, 위법한 행위를 저지른 소년에 대해서는 비행의 조기발견과 조기처우가 중요하다는 점에서 촉법소년의 하한 연령 인하에 찬성한다.

제 2 장 소년보호절차

소년심판은 보호사건과 형사사건으로 구분된다. 보호사건의 절차는 비행소년의 발견, 조사, 심리와 보호처분의 결정으로 세분된다. 소년에 대한 형사사건은 일반 형사사건의 예를 따라서 진행되며, 환형처분의 금지, 사형 및 무기형의 완화, 부정기형 등의 특칙을 규정하고 있다. 제2장에서는 소년보호절차에 대해서 제3장에서는 소년형사절차의 특칙에 대해서 살펴본다.

1 소년보호절차의 개관

소년보호절차를 도표로 표시하면 다음과 같다. 진행 절차를 범죄소년을 중심으로 간략하게 설명한다. 범죄소년을 발견한 경찰서장이 사건을 검찰로 송치하면, 검찰청 검사는 사안을 검토하여 공소를 제기할 것인지 아니면 법원 소년부로 송치할 것인지를 결정하게 된다. 이를 검사선의주의라 한다. 사건이 법원 소년부로 송치되면 법원 소년부 판사는 전문가의 진단 또는 소년분류심사원의 조사결과를 참고하여 심리를 개시한다. 법원 소년부 판사는 소년의 건전한 성장을 돕기 위한 최선의 방안으로 불처분을 포함하여 1호 내지 10호의 보호처분 중에서 단독처분 또는 병과처분을 한다. 소년보호절차의 특징 중의 하나는 보호처분의 결정으로 법원 소년부 판사의 임무가 종료되지 않는다는 것이다. 민간 위탁기관의 경우는 법원장의 관리 감독이 계속되며, 국가행정기관(보호관찰소, 소년원 등)에서 집행하는 경우에 보호관찰소장 등의 신청에 따라 판사는 처분변경 등의 결정을 하게 된다.

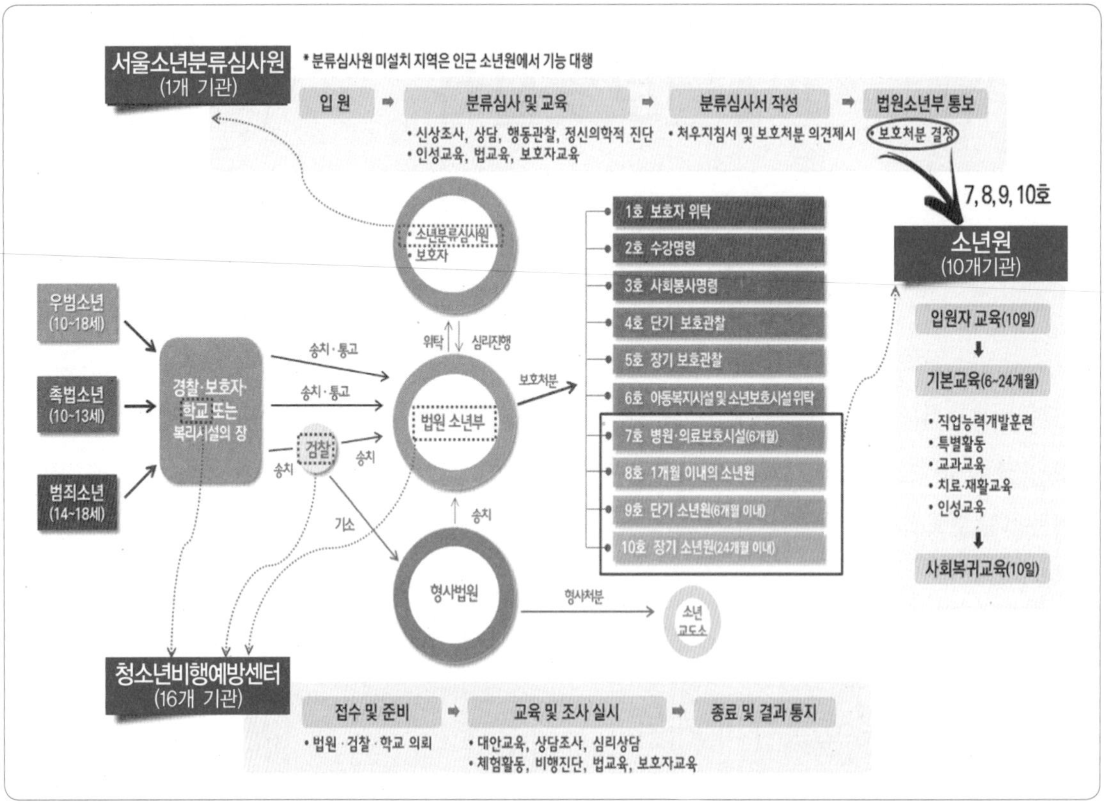

〈그림 8〉 소년보호절차

출처: 법무부 범죄예방정책국 소년보호과 내부자료(2019)

1) 소년범죄 추이

(1) 소년범 발생 현황

전체 청소년인구는 〈표 12〉에서 보듯이 2009년 정점을 찍은 후에 점차 줄어들어 있다. 소년범이 전체 소년인구에서 차지하는 비율은 2007년부터 2018년 동안 평균 1.5%이다. 청소년인구 대비 소년범 비율은 안정적인 추이를 보여주고 있으며, 2009년과 비교해서 보면 소폭 감소하고 있는 것을 볼 수 있다.

〈표 12〉 인구대비 청소년범죄 현황(단위: 명)

구분＼연도	2009	2010	2011	2012	2013	2014	2015	2016	2017	2018
소년인구*	6,185,496	6,141,417	6,025,195	5,832,916	5,614,039	5,387,108	5,145,484	4,909,983	4,727,024	4,578,733
소년범	113,022	89,776	83,060	107,490	91,633	77,594	71,035	76,000	72,759	66,142
구성비	1.8%	1.5%	1.4%	1.8%	1.6%	1.4%	1.4%	1.5%	1.5%	1.4%

출처: 통계청 국가통계포털 주민등록인구현황(주민등록연앙인구)
[연앙인구: 한 해의 중앙(7.1.)에 해당하는 인구로, 연말·연초 대비 그 해의 인구를 가장 잘 대표]
*소년인구는 2008년까지는 12~19세 기준, 「소년법」 개정에 따라 2009년부터는 10~18세 기준으로 산출

범죄유형별로 살펴보면 재산범죄는 2013년 증가하였다가 감소하고 있으며, 강력범죄는 2009년 2.8%에서 2018년 5.3%로 크게 증가한 것으로 나타났다. 강력범죄는 살인, 강도, 강간, 방화를 4대 강력범죄로 분류하고 있는데, 이를 자세히 살펴보면 살인, 강도, 방화사건은 지속적으로 감소하고 있으나 강간과 성폭력 사건이 2009년 1.4%에서 2018년 4.8%로 크게 증가하여 강력범죄의 증가 원인이 전적으로 성범죄의 증가임을 알 수 있다. 재산범 중에서는 사기와 횡령범죄가 증가하고 있는 추세이다.

〈표 13〉 범죄유형별 현황(단위: 명)

구분＼연도		2009	2010	2011	2012	2013	2014	2015	2016	2017	2018
전체		113,022 (100.0%)	89,776 (100.0%)	83,060 (100.0%)	107,490 (100.0%)	91,633 (100.0%)	77,594 (100.0%)	71,035 (100.0%)	76,000 (100.0%)	72,759 (100.0%)	66,142 (100.0%)
재산범*		45,300 (40.1%)	40,079 (44.6%)	37,544 (45.2%)	46,789 (43.5%)	44,945 (49.0%)	35,564 (45.8%)	31,271 (44.0%)	32,101 (42.2%)	28,100 (38.6%)	25,555 (38.6%)
	절도	38,494 (34.1%)	33,534 (37.4%)	31,380 (37.8%)	37,256 (34.7%)	33,092 (36.1%)	26,047 (33.6%)	21,170 (29.8%)	22,534 (29.7%)	20,008 (27.5%)	16,904 (25.6%)
	장물	820 (0.8%)	722 (0.8%)	454 (0.5%)	1,200 (1.1%)	1,498 (1.6%)	830 (1.1%)	801 (1.1%)	591 (0.8%)	443 (0.6%)	290 (0.4%)
	사기	4,796 (4.2%)	4,739 (5.3%)	4,616 (5.6%)	6,701 (6.2%)	8,600 (9.4%)	7,251 (9.3%)	7,844 (11.0%)	7,482 (9.8%)	6,225 (8.6%)	6,968 (10.5%)

횡령	1,190 (1.1%)	1,084 (1.2%)	1,094 (1.3%)	1,632 (1.5%)	1,755 (1.9%)	1,436 (1.9%)	1,456 (2.0%)	1,494 (2.0%)	1,424 (2.0%)	1,393 (2.1%)
강력범**	3,182 (2.8%)	3,106 (3.5%)	3,289 (4.0%)	2,790 (2.6%)	2,521 (2.8%)	3,158 (4.1%)	2,713 (3.8%)	3,343 (4.4%)	3,463 (4.8%)	3,509 (5.3%)
살인	18 (0.0%)	19 (0.0%)	12 (0.0%)	26 (0.0%)	23 (0.0%)	33 (0.0%)	16 (0.0%)	19 (0.0%)	18 (0.0%)	11 (0.0%)
강도	1,414 (1.3%)	819 (0.9%)	1,082 (1.3%)	877 (0.8%)	623 (0.7%)	405 (0.5%)	432 (0.6%)	317 (0.4%)	244 (0.3%)	215 (0.3%)
방화	176 (0.2%)	161 (0.2%)	174 (0.2%)	201 (0.2%)	140 (0.2%)	156 (0.2%)	58 (0.1%)	147 (0.2%)	118 (0.2%)	110 (0.2%)
강간·성폭력	1,574 (1.4%)	2,107 (2.3%)	2,021 (2.4%)	1,686 (1.6%)	1,735 (1.9%)	2,564 (3.3%)	2,207 (3.1%)	2,860 (3.8%)	3,083 (4.2%)	3,173 (4.8%)
폭력범***	29,380 (26.0%)	23,135 (25.8%)	21,714 (26.1%)	32,172 (29.9%)	21,826 (23.8%)	18,810 (24.2%)	16,883 (23.8%)	18,815 (24.8%)	20,108 (27.6%)	18,692 (28.3%)
폭행	3,502 (3.1%)	3,376 (3.8%)	3,450 (2.8%)	6,257 (5.8%)	5,550 (6.1%)	9,128 (11.8%)	9,321 (13.1%)	10,568 (13.9%)	11,517 (15.8%)	10,918 (16.5%)
상해	3,006 (2.7%)	2,797 (3.1%)	2,626 (4.2%)	3,298 (3.1%)	2,619 (2.9%)	7,117 (9.2%)	5,882 (8.3%)	6,373 (8.4%)	6,519 (9.0%)	5,483 (8.3%)
공갈	1,495 (1.3%)	1,422 (1.6%)	1,509 (1.8%)	2,827 (2.6%)	1,127 (1.2%)	1,974 (2.5%)	1,285 (1.8%)	1,499 (2.0%)	1,597 (2.2%)	1,791 (2.7%)
폭력행위등	21,377 (18.9%)	15,540 (17.3%)	14,129 (17.0%)	19,790 (18.4%)	12,530 (13.7%)	591 (0.8%)	395 (0.6%)	375 (0.5%)	475 (0.7%)	500 (0.8%)
과실치사상	77 (0.1%)	68 (0.1%)	70 (0.1%)	47 (0.0%)	41 (0.0%)	66 (0.1%)	54 (0.1%)	70 (0.1%)	70 (0.1%)	69 (0.1%)
업무상 과실치사상	10 (0.0%)	4 (0.0%)	1 (0.0%)	8 (0.0%)	13 (0.0%)	9 (0.0%)	5 (0.0%)	7 (0.0%)	9 (0.0%)	7 (0.0%)
기타	3,429 (3.0%)	3,653 (4.1%)	3,619 (4.4%)	5,973 (5.6%)	5,163 (5.6%)	5,538 (7.1%)	6,036 (8.5%)	6,826 (9.0%)	6,505 (8.9%)	6,372 (9.6%)
특별법범	31,644 (28.0%)	19,731 (22.0%)	16,823 (20.3%)	19,711 (18.3%)	17,124 (18.7%)	14,449 (18.6%)	14,073 (19.8%)	14,838 (19.5%)	14,504 (19.9%)	11,937 (18.0%)

출처: 대검찰청 범죄분석(대검찰청, 2016, 2017, 2019)

*절도·장물·강도: 「특정범죄 가중처벌 등에 관한 법률」/ 사기·횡령: 「특정경제범죄 가중처벌 등에 관한 법률」

**강간: 「성폭력범죄의 처벌 등에 관한 특례법」, 「아동·청소년의 성보호에 관한 법률」 위반(강간 등)

***폭행·상해·공갈: 「폭력행위 등 처벌에 관한 법률」 위반범죄 포함

아래 〈표 14〉은 연도별 전과 현황이다. 이전 전과기록이 없는 초범자의 경우 2013년까지 증가하다가 감소하는 등 증감을 반복하고 있다. 전과기록[40]이 있는 재범자[41]의 경우는 2013년을 기준으로 감소하고 있다.

〈표 14〉 연도별 전과 현황(단위: 명)

구분 \ 연도		2009	2010	2011	2012	2013	2014	2015	2016	2017	2018
전체		113,022 (100.0%)	89,776 (100.0%)	83,060 (100.0%)	107,490 (100.0%)	91,633 (100.0%)	77,594 (100.0%)	71,035 (100.0%)	76,000 (100.0%)	72,759 (100.0%)	66,142 (100.0%)
전과 없음		65,990 (58.4%)	50,830 (56.6%)	45,047 (54.2%)	56,527 (52.6%)	44,502 (48.6%)	40,996 (52.8%)	35,650 (50.2%)	41,173 (54.2%)	40,168 (55.2%)	37,025 (56.0%)
전과 있음		36,583 (32.3%)	31,538 (35.1%)	30,611 (36.9%)	40,201 (37.4%)	38,046 (41.5%)	29,652 (38.2%)	27,055 (38.1%)	26,260 (34.6%)	24,040 (33.0%)	22,308 (33.7%)
	1범	15,103 (13.4%)	12,091 (13.4%)	11,391 (13.7%)	14,403 (13.4%)	12,388 (13.5%)	9,853 (12.7%)	8,636 (12.2%)	8,444 (11.1%)	8,039 (11.0%)	7,164 (10.8%)
	2범	7,637 (6.8%)	6,546 (7.3%)	6,254 (7.5%)	7,669 (7.1%)	6,782 (7.4%)	5,244 (6.8%)	4,518 (6.4%)	4,493 (5.9%)	4,191 (5.8%)	3,705 (5.6%)
	3범 이상	13,843 (12.2%)	12,901 (14.4%)	12,966 (15.6%)	18,129 (16.9%)	18,894 (20.6%)	14,555 (18.8%)	13,901 (19.6%)	13,332 (17.5%)	11,810 (16.4%)	11,439 (17.3%)
미 상		10,449 (9.2%)	7,408 (8.3%)	7,402 (8.9%)	10,762 (10.0%)	9,085 (9.9%)	6,946 (9.0%)	8,330 (11.7%)	8,567 (11.3%)	8,551 (11.8%)	6,809 (10.3%)

출처: 대검찰청 범죄분석(대검찰청, 2019)

소년범죄자가 재범한 경우를 좀 더 구체적으로 살펴보면 〈표 15〉와 〈표 16〉과 같다. 전체 재범

40 「소년법」에 의한 보호처분은 소년의 장래에 영향을 미치지 않으며 전과경력으로 등록되지 않는다. 또한 형사법원에서 유죄가 확정되어 소년교도소에 복역하는 소년수의 수는 연간 100명 정도이다. 그럼에도 전과 경력자가 매년 2만 명 이상으로 나타나는 것은 이해할 수 없다. 생각건대 '소년부 송치'를 전과기록에 포함한 것으로 추정된다.

41 범죄분석 자료의 경우 유죄가 확정된 소년과 법원 소년부 송치로 보호처분을 받은 소년, 기소유예를 받은 소년 등을 모두 '재범자'로 규정하고 있다. 그러나 일반적으로 재범은 기소유예 등의 처분이 아니라 형사법원에서 판결에 의하여 유죄가 확정되어야 한다. 따라서 범죄분석상의 '재범자'라는 용어는 「소년법」의 맥락에서 정확하지 않다고 할 수 있다. 독자는 이를 감안하여 '재범' 또는 '재범자'라는 용어를 이해할 필요가 있다.

자 중에서 1년 이내의 재범이 2017년 77.7%, 2018년 79.0%로서 대부분이 1년 이내에 재범하는 것을 보여주고 있다. 즉, 전체 재범자 중에서 1년 이내 재범자가 약 80%에 이르는 것을 볼 때 효과적인 조기 개입이 절실함을 알 수 있다.

〈표 15〉 소년범 재범기간(단위: 명)

연도 구분	2009	2010	2011	2012	2013	2014	2015	2016	2017	2018
전체	36,532 (100.0%)	31,191 (100.0%)	30,261 (100.0%)	44,319 (100.0%)	41,032 (100.0%)	32,265 (100.0%)	30,248 (100.0%)	30,368 (100.0%)	28,583 (100.0%)	26,905 (100.0%)
1개월 이내	4,584 (12.6%)	3,467 (11.1%)	4,415 (14.6%)	6,615 (14.9%)	5,634 (13.7%)	4,121 (12.8%)	3,781 (12.5%)	4,306 (14.2%)	4,021 (14.1%)	4,050 (15.1%)
3개월 이내	5,307 (14.5%)	5,970 (19.1%)	5,692 (18.8%)	8,011 (18.1%)	6,943 (17.0%)	5,160 (16.0%)	4,825 (16.0%)	5,330 (17.6%)	5,076 (17.8%)	4,954 (18.4%)
6개월 이내	4,578 (12.5%)	4,381 (14.0%)	4,132 (13.7%)	5,897 (13.3%)	5,906 (14.4%)	4,807 (14.9%)	4,290 (14.2%)	4,243 (14.0%)	4,262 (14.9%)	4,125 (15.3%)
1년 이내	13,766 (37.7%)	10,408 (33.4%)	9,684 (32.0%)	13,702 (30.9%)	12,564 (30.6%)	9,834 (30.5%)	9,142 (30.2%)	9,420 (31.0%)	8,841 (30.9%)	8,119 (30.2%)
2년 이내	4,758 (13.0%)	4,069 (13.0%)	3,750 (12.4%)	4,908 (11.1%)	5,235 (12.8%)	4,645 (14.4%)	4,289 (14.2%)	3,765 (12.4%)	3,554 (12.4%)	3,255 (12.1%)
3년 이내	2,485 (6.8%)	2,018 (6.5%)	1.817 (6.0%)	2,724 (6.1%)	3,100 (7.6%)	2,514 (7.8%)	2,702 (8.9%)	2,232 (7.3%)	2,002 (7.0%)	1,753 (6.5%)
3년 초과	1,054 (2.9%)	878 (2.8%)	771 (2.5%)	2,462 (5.6%)	1,650 (4.0%)	1,184 (3.7%)	1,219 (4.0%)	1,072 (3.5%)	827 (2.9%)	649 (2.4%)

출처: 대검찰청 범죄분석(대검찰청, 2019)

〈표 16〉 소년범 재범기간 재구성(단위: 명)

구분 \ 연도	2017	2018
전체	28,583 (100.0%)	26,905 (100.0%)
1년 이내	22,220 (77.7%)	21,248 (79.0%)
1년 초과 3년 이내	6,383 (22.3%)	5,657 (21.0%)

출처: 대검찰청 범죄분석 재구성(대검찰청, 2016, 2017, 2019)

(2) 검찰의 소년범 처리

검찰은 입건된 사건을 범죄 또는 비행사실의 경중에 따라 기소유예, 선고유예 또는 보호관찰부 기소유예, 소년부송치, 약식기소, 불구속 구공판, 구속 구공판 등의 종국처분을 한다. 구체적인 처리 현황을 보면 검찰이 형사법원에 기소하는 비율이 2009년 6.9%에서 2018년 10.8%로 증가하였다. 2018년에 구속 상태에서 기소하는 비율은 1.2%에 불과하다. 20년 전인 1998년도의 구속기소율은 전체 53,972명 중에서 16,745명으로 11.3%였다(대검찰청, 2000).

검찰이 소년법원으로 송치하는 소년보호송치의 경우 2009년 28.7%에서 2018년 36.7%로 지속적으로 증가하고 있다. 이에 반하여 기소유예처분을 하는 비율은 2009년 50.2%에서 2018년 31.9%로 크게 감소하였다. 이는 검사선의주의를 채택하고 있는 우리나라에서 검사가 형사적 처분을 자제하고, 소년에게 자기 개선의 기회를 부여하고 있다는 것을 의미한다.

〈표 17〉 검찰의 소년범 처리 인원 및 구성비(단위: 명)

구분 \ 연도		2009	2010	2011	2012	2013	2014	2015	2016	2017	2018
전체*		113,022 (100.0%)	89,776 (100.0%)	83,060 (100.0%)	102,871 (100.0%)	88,062 (100.0%)	72,964 (100.0%)	65,924 (100.0%)	72,354 (100.0%)	70,713 (100.0%)	64,065 (100.0%)
기 소		7,795 (6.9%)	5,443 (6.1%)	4,691 (5.6%)	7,877 (7.7%)	8,758 (9.9%)	7,038 (9.6%)	6,842 (10.4%)	6,688 (9.2%)	6,439 (9.1%)	6,902 (10.8%)
구공판	구속	1,770 (1.6%)	1,386 (1.5%)	1,315 (1.6%)	1,655 (1.6%)	1,493 (1.7%)	1,128 (1.5%)	1,161 (1.8%)	980 (1.4%)	788 (1.1%)	795 (1.2%)
	불구속	2,159 (1.9%)	1,527 (1.7%)	1,710 (2.0%)	3,243 (3.2%)	3,800 (4.3%)	3,063 (4.2%)	3,155 (4.8%)	3,044 (4.2%)	2,947 (4.2%)	3,509 (5.5%)
구약식		3,866 (3.4%)	2,530 (2.8%)	1,666 (2.0%)	2,979 (2.9%)	3,465 (3.9%)	2,847 (3.9%)	2,526 (3.8%)	2,664 (3.7%)	2,704 (3.8%)	2,598 (4.1%)
소년보호송치		32,453 (28.7%)	30,143 (33.6%)	30,587 (36.8%)	36,478 (35.5%)	29,641 (33.7%)	23,743 (32.5%)	20,732 (31.4%)	23,894 (33.0%)	24,479 (34.6%)	23,488 (36.7%)
가정보호송치		37 (0.0%)	9 (0.0%)	10 (0.0%)	21 (0.0%)	35 (0.0%)	50 (0.1%)	151 (0.2%)	188 (0.3%)	181 (0.3%)	172 (0.3%)
성매매 보호송치		16 (0.0%)	11 (0.0%)	7 (0.0%)	-	2 (0.0%)	4 (0.0%)	7 (0.0%)	13 (0.0%)	27 (0.0%)	11 (0.0%)
아동보호송치		-	-	-	-	-	-	-	11 (0.0%)	5 (0.0%)	7 (0.0%)
불기소		71,100 (62.9%)	52,685 (58.7%)	46,224 (55.7%)	56,668 (55.1%)	47,486 (53.9%)	39,559 (54.2%)	36,558 (55.5%)	39,612 (54.7%)	39,179 (55.4%)	33,040 (51.6%)
	기소유예	56,715 (50.2%)	42,021 (46.8)	36,582 (44.0%)	43,013 (41.8)	34,914 (39.6%)	27,601 (37.8%)	23,563 (35.7%)	25,752 (35.6%)	25,054 (35.4%)	20,405 (31.9%)
	혐의없음	4,684 (4.1%)	4,801 (5.3%)	4,151 (5.0%)	6,113 (6.0%)	5,925 (6.7%)	5,379 (7.4%)	5,886 (8.9%)	6,141 (8.5%)	5,902 (8.3%)	5,475 (8.5%)
	죄가안됨	1,184 (1.0%)	339 (0.4%)	272 (0.3%)	324 (0.3%)	202 (0.2%)	182 (0.2%)	132 (0.2%)	173 (0.2%)	163 (0.2%)	179 (0.3%)
	공소권 없음	8,517 (7.5%)	5,524 (6.2%)	5,219 (6.3%)	7,218 (7.0%)	6,445 (7.3%)	6,397 (8.8%)	6,977 (10.6)	7,546 (10.4%)	8,060 (11.4%)	6,981 (10.9%)
기소중지		1,535 (1.4%)	1,392 (1.6%)	1,455 (1.8%)	1,686 (1.6%)	2,032 (2.3%)	2,440 (3.3%)	1,552 (2.4%)	1,905 (2.6%)	365 (0.5%)	410 (0.6%)
참고인 중지		86 (0.1%)	93 (0.1%)	86 (0.1%)	141 (0.1%)	108 (0.1%)	130 (0.2%)	82 (0.1%)	43 (0.1%)	38 (0.1%)	35 (0.1%)

출처: 대검찰청 범죄분석(대검찰청, 2016, 2017, 2019)

(3) 소년법원의 사건접수 현황

소년법원에 접수되는 사건은 통고사건과 송치사건으로 구분된다. 통고사건은 보호자와 경찰서장[42]이 소년법원에 검찰을 거치지 않고 직접 통고하는 것이고, 송치사건은 검사와 형사법원에서 송치하는 것이다.

〈표 18〉의 소년법원 사건 접수현황을 살펴보면, 소년법원에 접수되는 사건은 2009년 48,007명에서 2018년 33,301명으로 계속 감소하고 있다.

감소 추세 속에서 각 송치기관별 송치비율은 크게 변화가 없으나 법원송치 즉 형사법원에서 법원 소년부로 송치된 건수가 2009년 2,050명에서 2018년 954명으로 크게 감소하였다. 그리고 보호자 등에 의한 통고사건이 2009년 14명에서 2018년 407명으로 크게 증가하였다.

〈표 18〉 소년법원 사건 접수현황(단위: 건)

구분 \ 연도	2009	2010	2011	2012	2013	2014	2015	2016	2017	2018
전체 (접수사건)	48,007 (100.0%)	44,200 (100.0%)	46,497 (100.0%)	53,536 (100.0%)	43,035 (100.0%)	34,165 (100.0%)	34,075 (100.0%)	33,738 (100.0%)	34,110 (100.0%)	33,301 (100.0%)
법원송치	2,050 (4.3%)	2,212 (5.0%)	2,417 (12.8%)	2,848 (5.3%)	2,695 (6.3%)	1,610 (4.7%)	1,494 (4.4%)	1,357 (4.0%)	1,124 (3.3%)	954 (2.9%)
검사송치	33,385 (69.5%)	31,715 (71.8%)	32,803 (71.7%)	36,133 (67.5%)	29,284 (68.0%)	24,110 (70.6%)	24,527 (72.0%)	24,319 (72.1%)	24,014 (70.4%)	22,578 (67.8%)
경찰서장 송치	11,609 (24.2%)	9,213 (20.8%)	9,401 (15.4%)	12,799 (23.9%)	9,500 (22.1%)	7,104 (20.8%)	6,756 (19.8%)	6,788 (20.1%)	7,743 (22.7%)	8,335 (25.0%)
타법원 소년부에서 이송	949 (2.0%)	1,026 (2.3%)	1,818 (0.1%)	1,588 (3.0%)	1,368 (3.2%)	1,146 (3.4%)	989 (2.9%)	915 (2.7%)	876 (2.6%)	1,027 (3.1%)
보호자등에 의한 통고	14 (0.0%)	34 (0.1%)	58 (0.0%)	168 (0.3%)	188 (0.4%)	195 (0.6%)	309 (0.9%)	359 (1.1%)	353 (1.0%)	407 (1.2%)

출처: 법원행정처 사법연감(법원행정처, 2017)

42 경찰이 소년법원에 사건을 접수시키는 것은 '송치(소년법 제4조 제2항)'이나 검찰을 거치지 않는다는 점에서 보호자 등의 통고와 성격이 유사하다.

(4) 소년보호사건 임시조치 현황

소년법원에 송치된 사건에 대하여 소년부 판사는 「소년법」 제18조 제1항에 의하여 사건의 조사, 심리에 필요하다고 인정한 때에는 소년의 감호에 관하여 결정으로써 ① 보호자, 소년을 보호할 수 있는 적당한 자 또는 시설에 위탁하는 것 ② 병원 기타 요양소에 위탁하는 것 ③ 소년분류심사원에 위탁하는 것 중 한 가지 조치를 취할 수 있다.

「소년법」 제18조 제1항 제1호 및 제2호의 위탁기간은 3월을, 제1항 제3호(소년분류심사원 위탁)의 위탁기간은 1월을 초과하지 못한다. 다만 계속의 필요가 있을 때에는 소년법원의 결정으로써 1회에 한하여 이를 연장할 수 있다.

최근 10년간 소년부 판사의 임시조치 현황을 보면 「소년법」 제18조 제1항 제1호부터 제3호까지의 추이 중에서 소년분류심사원 임시조치가 2009년 7.6%에서 2018년 11.9%로 다소 증가하였다. 그러나 임시조치 인원에 큰 변화는 없다.

〈표 19〉 소년법원 임시조치 현황(단위: 건)

구분 \ 연도		2009	2010	2011	2012	2013	2014	2015	2016	2017	2018
전체 (접수사건)		48,007 (100.0%)	44,200 (100.0%)	46,497 (100.0%)	53,536 (100.0%)	43,035 (100.0%)	34,165 (100.0%)	34,075 (100.0%)	33,738 (100.0%)	34,110 (100.0%)	33,301 (100.0%)
위 탁		9,782 (20.4%)	9,199 (20.8%)	9,214 (19.8%)	10,640 (19.8%)	9,605 (22.3%)	8,742 (25.6%)	8,236 (24.2%)	7,488 (22.2%)	7,639 (22.4%)	7,474 (22.4%)
	소년분류심사원	3,631 (7.6%)	3,934 (8.9%)	3,803 (8.2%)	4,895 (9.1%)	4,592 (10.7%)	4,025 (11.8%)	3,921 (11.5%)	3,403 (10.1%)	3,393 (9.9%)	3,965 (11.9%)
	보호자 · 기타시설	6,149 (12.8%)	5,261 (11.9%)	5,411 (11.6%)	5,744 (10.7%)	5,013 (11.6%)	4,715 (13.8%)	4,312 (12.7%)	4,084 (12.1%)	4,238 (12.4%)	3,501 (10.5%)
	병원 · 요양소	2 (0.0%)	4 (0.0%)	-	1 (0.0%)	-	2 (0.0%)	3 (0.0%)	1 (0.0%)	8 (0.0%)	8 (0.0%)
불위탁		38,225 (79.6%)	35,001 (79.2%)	37,283 (80.2%)	42,896 (80.2%)	33,430 (77.7%)	25,423 (74.4%)	25,839 (75.8%)	25,654 (77.0%)	26,471 (77.6%)	25,827 (77.6%)

출처: 법원행정처 사법연감(법원행정처, 2019)

(5) 소년보호사건의 처분 현황

소년부 판사는 조사, 심리의 결과 비행사실이 인정되는 경우 보호의 필요성 유무와 정도에 따라 불처분, 검사에게 송치, 보호자에게 감호 위탁, 보호관찰, 소년원송치 등의 종국결정을 한다. 처분에 대한 통일된 기준은 없고 전적으로 소년부 판사의 재량에 일임되어 있다. 처우의 선택은 소년의 건전한 성장을 돕기 위하여 보호의 필요성 정도에 상응하는 것이 기본이나 비행사실의 경중, 사회 방위적 배려 등 복합적인 요소를 참작하게 된다. 특히 비행전력과 그에 따른 처분 내용 및 횟수 등은 보호의 필요성 판단에 중요한 요소가 된다. 소년부 판사는 심리의 결과 보호처분의 필요가 있다고 인정한 때에는 1호 내지 10호의 보호처분결정을 한다.

법원 소년부 판사는 사건을 심리한 결과 보호처분을 할 필요가 있다고 판단되면 보호처분을 하며, 그렇지 않을 경우에는 심리불개시, 불처분, 검찰청 송치 등의 결정을 한다. 사건이 소년법원에 접수되면 70% 이상이 1호 내지 10호의 처분을 받으며, 그 비율은 70~75%이다.

〈표 20〉 소년법원 보호처분 현황(단위: 건)

구분 \ 연도	2009	2010	2011	2012	2013	2014	2015	2016	2017	2018
전 체 (처리사건)	47,865 (100.0%)	45,090 (100.0%)	48,713 (100.0%)	50,771 (100.0%)	45,393 (100.0%)	34,600 (100.0%)	35,920 (100.0%)	33,142 (100.0%)	34,474 (100.0%)	34,276 (100.0%)
보호처분	35,819 (74.8%)	32,416 (71.9%)	35,072 (72.0%)	36,150 (71.2%)	31,952 (70.4%)	24,529 (70.9%)	25,911 (72.1%)	23,526 (71.0%)	24,383 (70.7%)	24,494 (71.5%)
1호	5,883 (12.3%)	4,527 (10.0%)	4,021 (8.3%)	4,222 (8.3%)	3,822 (8.4%)	2,960 (8.6%)	3,771 (10.5%)	3,142 (9.5%)	3,135 (9.1%)	3,104 (9.1%)
1·2호	3,388 (7.1%)	4,251 (9.4%)	4,123 (8.5%)	4,518 (8.9%)	3,522 (7.6%)	2,420 (7.0%)	2,609 (7.3%)	2,554 (7.7%)	2,504 (7.3%)	2,963 (8.6%)
1·2·3호	572 (1.2%)	615 (1.4%)	874 (1.8%)	1,040 (2.0%)	646 (1.4%)	445 (1.3%)	581 (1.6%)	557 (1.7%)	727 (2.1%)	776 (2.3%)
1·2·4호	4,891 (10.2%)	4,473 (9.9%)	4,998 (10.3%)	5,180 (10.2%)	4,020 (8.9%)	3,163 (9.1%)	3,696 (10.3%)	3,255 (9.8%)	3,025 (8.8%)	3,022 (8.8%)
1·2·5호	1,186 (2.5%)	1,309 (2.9%)	1,393 (2.9%)	1,118 (2.2%)	1,496 (3.3%)	1,026 (3.0%)	803 (2.2%)	1,009 (3.0%)	969 (2.8%)	886 (2.6%)
1·2·3·4호	1,905 (4.0%)	1,777 (3.9%)	2,420 (5.0%)	2,266 (4.5%)	1,557 (3.4%)	1,160 (3.4%)	1,627 (4.5%)	1,272 (3.8%)	1,393 (4.0%)	1,262 (3.7%)
1·2·3·5호	1,581 (3.3%)	1,288 (2.9%)	1,990 (4.1%)	1,831 (3.6%)	1,901 (4.2%)	1,541 (4.5%)	1,571 (4.4%)	1,413 (4.3%)	1,519 (4.4%)	1,238 (3.6%)
1·3호	1,148 (2.4%)	1,399 (3.1%)	1,629 (3.3%)	1,405 (2.8%)	1,297 (2.9%)	982 (2.8%)	1,133 (3.2%)	851 (2.6%)	851 (2.5%)	754 (2.2%)

1·3·4호	2,183 (4.6%)	2,182 (4.8%)	2,418 (5.0%)	2,087 (4.1%)	1,868 (4.1%)	1,844 (5.3%)	1,832 (5.1%)	1,194 (3.6%)	1,086 (3.2%)	958 (2.8%)
1·3·5호	1,731 (3.6%)	1,482 (3.3%)	1,352 (2.8%)	1,560 (3.1%)	1,843 (4.1%)	1,535 (4.4%)	1,082 (3.0%)	891 (2.7%)	802 (2.3%)	754 (2.2%)
1·4호	4,780 (10.0%)	3,593 (8.0%)	3,689 (7.6%)	3,054 (6.0%)	2,746 (6.4%)	2,354 (6.8%)	2,299 (6.4%)	1,923 (5.8%)	1,508 (4.4%)	1,447 (4.2%)
1·5호	1,256 (2.6%)	880 (2.0%)	808 (1.7%)	637 (1.3%)	900 (2.0%)	742 (2.1%)	647 (1.8%)	522 (1.6%)	505 (1.5%)	443 (1.3%)
2호	71 (0.1%)	37 (0.1%)	18 (0.0%)	51 (0.1%)	107 (0.2%)	70 (0.2%)	16 (0.0%)	59 (0.2%)	159 (0.5%)	274 (0.8%)
3호	268 (0.5%)	116 (0.3%)	53 (0.1%)	104 (0.2%)	125 (0.3%)	92 (0.3%)	49 (0.1%)	87 (0.3%)	67 (0.2%)	175 (0.5%)
4호	23 (0.1%)	34 (0.1%)	77 (0.1%)	103 (0.2%)	91 (0.2%)	63 (0.2%)	40 (0.1%)	154 (0.5%)	270 (0.8%)	279 (0.8%)
4·6호	192 (0.4%)	104 (0.2%)	146 (0.3%)	56 (0.1%)	22 (0.0%)	39 (0.1%)	46 (0.1%)	33 (0.1%)	41 (0.1%)	32 (0.1%)
5호	2 (0.0%)	13 (0.0%)	28 (0.1%)	71 (0.1%)	41 (0.1%)	32 (0.1%)	19 (0.1%)	27 (0.1%)	80 (0.2%)	81 (0.2%)
5·6호	739 (1.5%)	747 (1.7%)	922 (1.9%)	1,164 (2.3%)	1,150 (2.5%)	834 (2.4%)	883 (2.5%)	1,063 (3.2%)	986 (2.9%)	1,229 (3.6%)
5·8호	1,708 (3.6%)	1,689 (3.7%)	1,915 (3.9%)	2,607 (5.1%)	1,879 (4.1%)	1,257 (3.6%)	1,316 (3.7%)	1,012 (3.1%)	1,099 (3.2%)	1,194 (3.5%)
6호	128 (0.3%)	73 (0.2%)	9 (0.0%)	14 (0.0%)	13 (0.0%)	9 (0.0%)	2 (0.0%)	5 (0.0%)	7 (0.0%)	5 (0.0%)
7호	100 (0.2%)	81 (0.2%)	150 (0.3%)	195 (0.4%)	149 (0.3%)	183 (0.5%)	141 (0.4%)	105 (0.3%)	198 (0.6%)	230 (0.7%)
8호	22 (0.0%)	11 (0.0%)	15 (0.0%)	7 (0.0%)	3 (0.0%)	-	5 (0.0%)	3 (0.0%)	- (0.0%)	9 (0.0%)
9호	919 (1.9%)	861 (1.9%)	883 (1.8%)	1,206 (2.4%)	1,153 (2.5%)	812 (2.3%)	794 (2.2%)	770 (2.3%)	972 (2.8%)	842 (2.5%)
10호	992 (2.1%)	806 (1.8%)	1,019 (2.1%)	1,169 (2.3%)	1,252 (2.8%)	813 (2.3%)	866 (2.4%)	770 (2.3%)	756 (2.2%)	779 (2.3%)
병과처분 기타	151 (0.3%)	68 (0.2%)	122 (0.3%)	485 (1.0%)	349 (0.8%)	153 (0.4%)	83 (0.2%)	855 (2.6%)	1,724 (5.0%)	1,758 (5.1%)
심리불개시	7,377 (15.4%)	7,338 (16.3%)	7,905 (16.2%)	9,209 (18.1%)	8,065 (17.8%)	5,669 (16.4%)	5,703 (15.9%)	5,547 (16.7%)	5,676 (16.5%)	5,590 (16.3%)
불처분	3,041 (6.4%)	3105 (6.9%)	2,579 (5.3%)	2,278 (4.5%)	2,663 (5.7%)	2,543 (7.3%)	2,763 (7.7%)	2,650 (8.0%)	2,986 (8.7%)	2,805 (8.2%)
타법원 이송	1,234 (2.6%)	1,840 (4.1%)	2,536 (5.2%)	2,441 (4.8%)	2,179 (4.8%)	1,403 (4.1%)	1,093 (3.0%)	1,106 (3.3%)	1,059 (3.1%)	1,079 (3.1%)
검찰청 송치	394 (0.8%)	391 (0.9%)	621 (1.3%)	693 (1.4%)	534 (1.8%)	456 (1.3%)	450 (1.3%)	313 (0.9%)	370 (1.1%)	305 (0.9%)
기 타	-	-	-	-	-	-	-	-	-	3 (0.0%)

출처: 법원행정처 사법연감(법원행정처, 2019)

*2008.6.22. 개정 「소년법」 시행에 따라 2008년도부터 보호처분 현황이 상세화되었음

일반적으로 보호처분은 보호관찰로 대표되는 사회내 처우와 시설에 수용하여 교육하는 주거 처우[43]로 구분한다. 주거 처분(시설내 처분)은 6호(복지시설), 7호(치료), 8호(1개월), 9호(6개월), 10호(2년 이내) 처분이고, 사회내 처분은 주거 처분을 제외한 처분이 해당된다. 아래 〈표 20〉을 보면 보호처분 중에서 사회내 처분 비율은 2017년 83.4%, 2018년 82.4%이며, 주거 처분은 2017년 16.6%, 2018년 17.6%이다.

〈표 21〉 보호처분 중 사회내 처분과 주거 처분 현황(단위: 명)

구분 \ 연도	2017	2018
전체 보호처분	24,383 (100.0%)	24,494 (100.0%)
사회내 처분	20,324 (83.4%)	20,174 (82.4%)
주거 처분	4,059 (16.6%)	4,320 (17.6%)

출처 : 법원행정처 사법연감(재구성)(법원행정처, 2019)

2) 소결

지금까지의 우리나라 소년보호사건의 추이를 정리하면 첫째, 전체 소년범죄는 청소년 인구 대비 1.4%로 안정적인 추세를 보이고 있다. 둘째, 범죄유형별로는 재산범 중에서 사기와 횡령범죄가 증가하고 이와 반대로 강도는 꾸준히 감소하고 있으나 강간과 성폭력 범죄가 2007년 834명에서 2016년 2,860명으로 300% 이상 증가하였다. 셋째, 청소년 재범자의 경우 2013년까지 증가하다가 이후 계속 감소하고 있다. 그리고 재범기간을 보면 전체 재범자 중에서 1년 이내의 재범이 10년 평균 75.3%로서 대부분이 1년 이내에 재범한다. 넷째, 검찰단계에서 검사의 법원 소년부 송치율이 2007년 24.3%에서 2016년 33.9%로 지속적으로 증가하였고, 기소유예처분을 하는 비율이

43 통상 사용하고 있는 '시설내 처우'라는 용어는 형사법원의 형 선고에 의한 교도소 수감으로 인식되는데, 우리나라에는 '소년원'과 별도로 김천에 '소년교도소'가 존재한다. 소년보호처분은 비범죄화에 의한 보호처분이므로 '시설내 처우'라는 용어는 소년법의 목적을 훼손할 우려가 있다. 따라서 '6호 내지 10호 처분'을 통합하여 지칭할 때 '주거 처우'라고 통일하여 사용한다.

2007년 50.7%에서 2016년 34.7%로 크게 감소하였다. 다섯째, 10세 이상 14세 미만의 촉법소년 송치율이 감소추세를 보이고 있으나 보호자 등에 의한 통고사건 즉, 우범사건은 꾸준히 증가하고 있다. 여섯째, 법원 소년부 판사가 결정한 보호처분 중에서 사회내 처분 비율은 2007년 91.8%에서 2016년 80.5%로 크게 감소하고, 이와 반대로 주거처분이 크게 증가하고 있는 경향을 보이고 있다.

2 비행소년의 발견

비행소년의 발견이란 비행소년의 존재가 인지되어 그 사건이 법원 소년부에 보내지기까지의 단계를 말한다. 소년보호절차는 비행소년을 발견하는 것으로 시작된다. 성인 형사사건의 경우는 수사기관에 의한 범죄 인지와 수사, 검사의 공소제기와 형사법원에서의 재판이 일반적인 절차이다. 비행소년을 발견한 경우에 이를 법원 소년부에 송치 또는 통고할 수 있는 자는 「소년법」에서 비행소년의 종류에 따라 다르게 규정하고 있다. 먼저 통고에 대해서 살펴본다.

1) 대상소년의 통고

(1) 연혁

우리 「소년법」은 1963년 개정시에 일본 소년법을 모방하여 통고제도를 도입하였다. 일본의 통고제도는 '누구나' 통고할 수 있도록 하고 있는데 반하여 우리나라는 통고권자를 제한하고 있는 점이 다르다(이정주, 2012).

〈표 22〉 일본과 우리나라 통고 비교

일본 소년법	우리나라 소년법
제6조(통고) ① 가정재판소의 심판에 부쳐야 할 소년을 발견한 자는 가정재판소에 통고하여야 한다.	제4조(보호의 대상과 송치 및 통고) ① 다음 각 호의 어느 하나에 해당하는 소년은 소년부의 보호사건으로 심리한다. ② 제1항제2호 및 제3호에 해당하는 소년이 있을 때에는 경찰서장은 직접 관할 소년부에 송치(送致)하여야 한다. ③ 제1항 각 호의 어느 하나에 해당하는 소년을 발견한 보호자 또는 학교 · 사회복리시설 · 보호관찰소(보호관찰지소를 포함한다. 이하 같다)의 장은 이를 관할 소년부에 통고할 수 있다

통고제도를 도입한 이유는 일본 소년법의 영향이 가장 크겠으나 「소년법」이 개정되던 1963년은 개발독재 군부정권의 등장이라는 시대적 특수성을 감안하여야 한다는 견해도 있다. 이 당시 통고 대상인 청소년이 부도덕한 자와 교제만 해도 「소년법」의 대상이 되도록 하였는데, 이는 군사정권하의 무질서한 사회질서를 경찰과 검찰 등 사법기관을 동원하여 사회방위를 도모하려는 경찰국가의 이념을 실현하기 위한 조치였다고 본다(천정환, 2016, p. 159). 그러나 통고제도가 이러한 사회통제의 목적을 위하여 도입되었는지 여부를 따질 실익은 없어 보인다. 사실상 실무에서 운영이 되지 않는 사문화된 규정이었기 때문이다. 그리고 통고제도가 활성화되지 않은 이유는 검찰이 기소독점주의의 원칙을 훼손하는 통고제도에 대하여 달가워하지 않았기 때문으로 이해된다. 위의 〈표 18〉을 보아도 전국 법원에 접수된 통고 건수는 극히 미미하다. 이런 실태를 반영하여 2009년에는 사문화된 통고제도를 폐지하여야 한다는 일부 개정안이 발의되었으나[44], 소년에 대한 교육적 관점에서 접근하고 있는 「소년법」의 특수성과 통고제도가 소년에 대한 낙인을 방지한다는 사법부의 신중한 입장에 의하여 통고제도는 명맥을 유지하게 되었다. 그러던 것이 2010년에 들어서서 학교폭력이 사회적 문제로 등장하면서 통고제도에 대한 소극적인 분위기가 변하였다. 경찰 또는 검찰을 거치지 않는 통고제도가 신속하게 학교폭력 문제를 해결할 수 있는 방안으로 제시되었고, 사법부에서도 가정법원의 확대 등 조직의 확대를 꾀하고 있었던 입장에서 통고제도를 적극적으로 활용하게 되었다.

44 2009년 10월 28일 우윤근 의원의 대표발의로 소년법 일부 개정안이 발의되었다.

(2) 통고의 개념

통고란 범죄소년, 촉법소년, 우범소년을 발견한 보호자, 학교장, 사회복리시설의 장, 보호관찰소장(법 제4조 제3항)이 수사기관을 거치지 않고 직접 법원에 사건을 접수시키는 절차로 공공기관 또는 사인의 공법상 행정행위이다. 비행소년을 발견한 경우에 검찰을 거치지 않고 바로 법원에 통고할 수 있는 권한을 일반인에게 부여하고 있는 것으로 「소년법」의 중요한 특징이다. 통고사건에 대해서는 해당 사건이 범죄에 해당되더라도 검찰이 개입할 수 있는 여지가 없다.

(3) 통고의 주체: 보호자 또는 학교·사회복리시설·보호관찰소의 장

일반인은 범죄행위자를 발견하게 되는 경우에 신고나 고소에 의하여 발견행위를 보조하는 지위에 있을 뿐이므로 일반인은 범죄 발견의 주체가 아니다. 그러나 우리 「소년법」은 소년에 대해서 「형사소송법」의 원칙에 예외를 두고 있다. 비행소년(범죄·촉법·우범소년)을 발견한 경우에 경찰과 검찰을 거치지 않고 바로 법원에 통고할 수 있는 권한을 특정한 일반인에게 부여하고 있다. 즉, 통고사건의 경우는 경찰과 검찰의 개입이 원천적으로 배제된다.

먼저 보호자 또는 학교·사회복리시설·보호관찰소의 장이 법원 소년부에 통고할 수 있는 권한을 가진 주체이다. 그러나 이들이 통고할 수 있는 대상은 모든 비행소년이 해당되는 것은 아니다 「소년법」 제4조에서는 통고의 처분권자만 제한적으로 열거하고 범죄소년, 촉법소년, 우범소년 모두를 그 대상으로 규정하고 있으나, 소년법의 이념과 취지를 고려할 때 통고 처분권자들과 특정한 관계에 놓여 있는 대상에 한정된다고 보는 것이 타당하다. 즉, 자녀, 학생, 보호원생, 보호관찰대상자와 같은 특정한 관계에 있는 경우에만 통고할 수 있다고 보아야 한다. 따라서 보호자가 자신의 자녀와 어울려 다니면서 술을 마시고 소란을 피우는 우범소년을 발견하였다고 해서 자신의 자녀가 아닌 다른 우범소년을 통고할 수는 없다. 마찬가지로 보호관찰소장이 보호관찰대상자를 지도하는 과정에서 보호관찰대상자가 아닌 가출소년을 발견하였다고 하더라도 이를 법원 소년부에 통고할 수 없다. 통고가 이루어지면 법원 소년부에 의한 조사, 심리 등의 강제적인 조치가 이루어지게 되므로 통고권의 확대로 인한 부당한 인권의 침해를 방지하기 위해 통고 대상의 범위는 신중하게 고려되어야 한다.

(4) 통고의 방식

통고의 방식은 「소년심판규칙」에서 정하고 있다(제6조). 통고는 서면 또는 구술로 할 수 있다. 서면으로 하는 경우는 특별한 양식이 있지는 않으나 청주지방법원 소년부에서 양식을 만들어 홍보한 사례가 있어 소개한다.

〈소년심판규칙〉

제6조(통고의 방식 등) ① 법 제4조 제3항에 따른 통고는 서면 또는 구술로 할 수 있다.
② 제1항의 통고에는 소년과 보호자의 성명, 생년월일, 직업, 주거, 등록기준지, 통고자의 성명, 통고하게 된 사유 및 소년의 처우에 관한 의견을 명시하여야 한다.
③ 구술의 통고가 있는 때에는 소년부 법원서기관, 법원사무관, 법원주사 또는 법원주사보(이하 '법원사무관 등'이라 한다)는 이를 조서에 기재하고 서명 날인하여야 한다.

〈BOX 17〉 보호소년 통고서 양식

보호소년 통고서

통고인 청주○○중학교장 홍길동
학교 소재지 청주시 ○○구 ○○동 1234

위 통고인은 다음과 같이 보호소년을 발견하였으므로 「소년법」 제4조 제3항에 의하여 이를 통고합니다.

다음

보호소년	성 명	김○○
	주민등록번호	94○○○○-1234567
	직 업	학생
	주 소	청주시 ○○구 ○○동 567
	등록기준지	충북 청원군 ○○면 ○○리 567
보호자	성 명	김○○
	주민등록번호	62○○○○-1234567
	직 업	회사원
	주 소	청주시 ○○구 ○○동 567

통고하게 된 사유 별지 1. 기재와 같음.
처우에 대한 의견 및 특이사항 별지 2. 기재와 같음.

첨부서류 1. 사건경위서(담임교사 이○○) 1통
1. 진술서(피해학생 박○○) 1통
1. 진술서(보호소년 김○○) 1통
1. 의견조회서(학교폭력대책자치위원회) 사본 1통

통고인 홍 길 동 (인)
청주지방법원 소년부 귀중

출처: 청주지방법원 소년부에서 학교장에 의한 통고제도를 활성화하기 위하여 교육장 교육용으로 작성한 것이다.

(5) 통고의 효과

통고에 의하여 조사가 개시된다. 그러나 사건을 법원에 접수하였다고 하여 즉각적으로 법원 소년부의 심리의 대상이 되지 않는다. 통고에 의한 경우 해당 소년이 법 제4조가 정한 대상에 해당하는지 여부를 조사하여야 하기 때문이다. 이는 경찰이나 검찰의 수사가 이루어지지 않았기 때문에 당연하다 할 것이다. 통고대상 여부를 조사, 확인한 이후에 소년을 심리할 필요가 있다고 인정할 때에 비로소 소년은 심리의 대상이 된다. 이런 점이 송치와 다르다. 송치는 「소년법」 제4조 제1항과 제2항에서 정한 요건을 갖추어 송치를 하면 이를 수리하지 않을 수 없다.

〈소년법〉

제11조(조사명령) ② 소년부는 제4조 제3항에 따라 통고된 소년을 심리할 필요가 있다고 인정하면 그 사건을 조사하여야 한다.

소년부 판사는 통고서, 법원조사관의 조사서, 참고자료를 검토하여 사건의 수리 여부를 결정하게 된다. 통고사건도 일단 수리가 되고 나면 일반 송치사건과 같은 절차대로 진행된다. 그리고 심리할 필요가 있다고 인정하면 그 사건에 대하여 반드시 조사하여야 한다(법 제11조 제2항). 따라서 소년이 장기간의 가출, 본드 흡입 등의 약물남용 등으로 즉각적인 개입과 정밀한 진단이 필요하다고 판단되면 임시조치로 소년분류심사원에 위탁할 수도 있다.

통고된 사건에 대하여 법원 소년부의 결정은 세 가지이다. 첫째, 조사 결과 심리할 필요가 없다고 인정하는 경우의 '심리 불개시 결정', 둘째, 보호처분을 할 수 없거나 할 필요가 없다고 인정되는 경우의 '불처분 결정', 그리고 소년의 건전한 성장을 돕기 위한 '보호처분 결정' 이다.

〈소년법〉

제11조 (조사명령) ② 소년부는 제4조 제3항에 따라 통고된 소년을 심리할 필요가 있다고 인정하면 그 사건을 조사하여야 한다.

(6) 통고 현황

통고사건 현황은 〈표 23〉을 보면 2010년 이전까지는 접수사건이 전국 13개 법원 소년부에서 연간 20건 이하로 아주 미미한 수준에 머무르고 있다가 2011년부터 급속도로 증가하는 현상을 보인다.

2015년도에 통고건수가 급격하게 증가하는 경향을 보이는데, 사회복리시설장과 학교장의 통고가 약 80%를 차지하는 것으로 나타났다.

〈표 23〉 통고권자별 통고현황(단위: 명)

통고권자	빈도	백분율
사회복리시설장	30	41.7
학교장	27	37.5
보호자	14	19.4
보호관찰소장	1	1.4
계	72	100.0

출처: 이형섭, 정선욱(이형섭, 정선욱, pp.79-80)의 논문에서 발췌하였다.

통고 대상자에 대하여 법원 소년부 판사는 주로 보호관찰처분(4호, 5호 처분)을 하였다. 다만, 아동복리시설장이 통고한 사건에 대해서는 장기보호관찰 다음으로 아동복지시설 위탁처분(6호 처분)을 많이 하였고, 학교장이 통고한 사건에 대해서는 1개월 미만 소년원 송치처분(8호 처분)을 많이 한 것이 두드러진다.

〈표 24〉 통고권자별 보호처분 현황(단위: 명)

구분	아동복리시설장	학교장	보호자	보호관찰소장
수강명령(2호)	4(7.3 %)	2(5.1%)	1(4.5%)	-
사회봉사명령(3호)	1(1.8%)	7(17.9%)	2(9.1%)	-
단기보호관찰 처분(4호)	5(9.1%)	22(56.4%)	5(22.7%)	1(100.0%)
장기보호관찰 처분(5호)	25(45.5%)	3(7.7%)	9(40.9%)	-
아동복리시설 위탁(6호)	20(36.4%)	-	4(18.2%)	-
1개월 이내 소년원 송치(8호)	-	39(100.0%)	1(4.5%)	-
계	55(100.0%)	74(100.0%)	22(100.0%)	1(100.0%)

출처: 이형섭, 정선욱(2016:79-80)의 논문에서 발췌하였다.

(7) 통고제도는 필요한가?

연혁에서 살펴보았듯이 통고제도의 폐지에 대한 논의가 있었다. 통고사건이 300건 이상으로 활용되고 있는 상황이어서 폐지에 대해서는 당분간 논의가 있을 것으로는 보이지 않는다. 그러나 통고제도가 가지는 장단점 또는 의의에 대해서는 정리할 필요는 있다.

통고제도는 대상소년을 발견하여 이를 수사하고 검찰에 송치하는 기존의 사법시스템과 달리 수사기관을 거치지 않고 바로 법원 소년부에서 조사와 심리를 진행한다는 점에서 수사기록과 전과기록을 남기지 않는 장점이 있다. 이에 따라 경찰과 검찰의 수사 및 기소 과정에서 겪게 되는 심리적 고통과 사회적 낙인도 최소화할 수 있다. 무엇보다도 신속하게 절차를 마무리할 수 있다는 장점이 있으며, 학교폭력 등 비교적 경미한 사건의 경우 2007년에 도입된 화해권고제도 등 다양한 프로그램을 통하여 문제해결을 탄력적으로 시도할 수 있다. 우범소년을 조기에 발견하여 개입할 수 있으므로 이들의 범죄가능성을 억제할 수 있다(이정주, 2012). 사건을 다이버전하게 되어 경찰이나 검찰이 부담해야 하는 업무를 경감할 수 있다는 의견도 있으나(장천환, 2016) 실제 통고사건의 수가 미미하여 업무부담을 줄일 수 있는 정도는 아닐 것으로 생각된다.

통고제도에 대하여 반론도 있다. 경찰과 검찰 단계를 건너뛰어 곧바로 사건을 법원으로 보내는 것은 경찰과 검찰에서 마련해 두고 있는 다이버전 프로그램(기소유예 등)을 활용하지 못하게 한다. 또한 법원은 사법절차에서 마지막에 해당되는 권위 있는 기관이므로 소년의 불안감을 가중시킬 수 있다. 그리고 법원과 판사는 사법권의 특성상 독자적인 판단을 우선시하므로 처분내용에 있어서 지역적 편차가 커지는 문제가 발생할 수 있다. 그리고 소년의 복지를 위한 행정업무는 행정부의 소관인데 법원에서 이를 담당하는 것은 3권분립원칙에 위배된다. 또, 범죄에 해당하지 않아 다른 사법절차에는 회부될 수 없는 행위에 대해서도 보호절차를 진행하고, 사건을 법원조사관이 조사하여 소년원 송치 등의 실질적인 제재를 부과할 수 있으므로 이는 부당하게 법의 영역을 확장하는 것net-widening이며, 학교장이 사건을 법원 소년부에 통고하여 사실상의 제재부과절차인 소년보호사건으로 처리하는 것은 낙인이라는 역효과가 발생하여 결과적으로 소년의 보호에 도움이 되지 않는다는 주장이다.

생각하건대, 통고제도는 일반 시민이 모든 우범소년에 대해서 통고권을 행사하는 것이 아니라 우범소년의 보호자 또는 학교장 등 소년과 밀접한 관계에 있는 자에 의하여 개시된다는 점을 주목하여야 한다. 소년의 문제행동이 보호자 등이 감당할 수 있는 한계를 벗어나서 국가의 도움이 필요할 경우에 어쩔 수 없이 사건을 통고하는 것이므로 국가 공권력이 부당하게 행사되는 사례는 상상하기 어렵다. 또한 통고에 의하여 즉시 심리가 진행되는 것이 아니라 법원 조사관이 해당 사실을 조사한 이후에 판사에 의한 심리가 진행되므로 인권 침해의 우려는 적다고 할 수 있다. 가정이나 보호시설 또는 학교 등에서 도저히 감당할 수 없는 소년을 발견하는 경우에 경찰 등의 공식적인 형사사법절차를 거치는 것이 아니라 간소화된 통고절차를 이용하는 것으로 신속하게 사건을 처리할 수 있으며, 경찰이나 검찰 단계를 거치면서 겪게 되는 불안도 최소화하는 장점이 있다. 따라서 통고제도는 「소년법」을 소년법답게 만드는 제도이다. 「소년법」은 소년을 처벌하기 위한 것이 아니라 소년의 건전한 성장을 돕기 위한 법이다. 이를 위해서는 소년을 가장 잘 아는 사람(보호자 등)의 신청에 의하여 발동되는 통고권이 꼭 필요하다. 통고제도는 우범소년 규정과 함께 「소년법」의 목적에 가장 부합하는 제도라고 할 것이다.

다만, 통고의 대상으로 촉법소년과 우범소년에 대해서는 문제가 없으나 범죄소년에 대해서까지 보호자 또는 학교의 장 등이 공식절차를 거치지 아니하고 법원에 통고할 수 있도록 하는 것은 적법절차의 원칙, 그리고 관할중복 등의 문제가 있다는 비판이 있다(이진국, 2006b, p. 110). 그러나 이러한 비판을 수용할 경우에 학교폭력 사건에 대해서는 학교장이 통고를 할 수 있는 길이 근본적으로 차단된다는 점에서 현실상 수용할 수 없다고 할 것이다. 학교폭력과 관련해서는 2004년 1월 29일에 제정되고 2019년 8월 개정된 「학교폭력예방 및 대책에 관한 법률」(이하 「학교폭력예방법」이라 한다)과의 관련성도 검토해 보아야 한다. 「학교폭력예방법」은 학생의 건전한 육성을 목적으로 교육지원청에 '학교폭력대책심의위원회'를 설치하여 학교 내외에서 학생 간에 발생한 범죄행위에 대하여 피해학생의 보호, 가해학생에 대한 선도 및 징계, 피해학생과 가해학생 간의 분쟁조정 등을 할 수 있도록 규정하고 있다. 이 법 제17조에 의하면, 심의위원회는 피해학생의 보호와 가해학생의 선도·교육을 위하여 필요하다고 인정하는 때에는 가해학생에 대하여 일정한 조치를 취할 것을 교육장에게 요청할 수 있다. 그리고 가해학생이 해당 조치를 거부하거나 기피하는 경우에는 심의위원회는 추가로 다른 조치를 할 것을 교육장에게 요청할 수 있다(동법 제17조 제11항). 이 경우 심의위원회가 요청하는 추가적인 조치가 소년법원으로의 통고가 될 수 있다. 따라서 범죄소년에 대한 통고 규정을 삭제한다면 학교폭력에 대한 대응조치가 제한되게 된다고 할 것이다.

다만, 2007년의 개정으로 통고권자에 보호관찰소장이 포함된 것은 문제가 있다고 본다. 보호관찰소장은 공공기관으로서 담당하는 보호관찰대상소년에 대하여 경고와 훈계, 구인 또는 처분변경 등의 처분을 할 수 있는 권한이 관련 법률에 규정되어 있다. 따라서 이는 권한의 중복으로 보여진다. 실무상으로도 보호관찰소장에 의한 통고는 2015년도의 1건만이 확인되고 있다. 통고 이전에 정식 업무처리 절차에 따라 경고, 구인 등의 조치를 할 수 있기 때문이다. 위에서 살펴보았듯이 보호관찰관이 자신이 담당하는 보호관찰대상소년이 아닌 일반 우범소년을 발견하였을 때 이에 대하여 통고처분을 하는 것은 보호관찰관이 아니라 소년담당 경찰관의 업무를 하는 것으로서 본래의 권한을 벗어나는 것이라고 하여야 할 것이다.

2) 대상소년의 송치

송치란 송치기관인 경찰서장, 검사 및 법원이 소년사건을 소년부에 보내 보호사건으로 계속시키는 행위를 말한다. 송치는 형식적 요건이 구비되어 있는 이상 이를 수리하여야 한다는 점에서 심리의 필요 여부를 조사하여 수리하는 통고와 다르다. 「소년법」의 규정(제4조 제2항, 제49조 제1항, 제50조)상으로는 송치기관은 송치에 관한 요건이 인정되면 사건을 소년부에 송치하여야 한다고 되어 있어 원칙적으로 소위 송치강제주의가 채택되어 있으나 송치기관은 소년부송치 외에 다른 적절한 조치도 취할 수 있으므로(예컨대, 경찰서장은 선도를 위한 적절한 조치, 검사는 불기소처분 또는 약식명령청구, 법원은 벌금형, 선고유예 또는 집행유예 등) 송치강제의 원칙은 실제로는 큰 의미가 없다.

10세 이상 14세 미만의 '촉법소년'과 10세 이상 19세 미만의 '우범소년'에 대해서는 경찰서장이 송치권자이다. 경찰서장은 이들을 발견하면 반드시 법원 소년부에 송치하여야 한다(법 제4조 제2항).

14세 이상 19세 미만의 범죄소년 중에서 경찰의 수사 단계를 거쳐 검사에게 송치된 '범죄소년'에 대해서는 검사만이 해당 소년을 법원 소년부에 송치할 수 있다(법 제49조). 우리 「소년법」은 검사선의주의를 취하고 있기 때문이다.

우리 「소년법」은 경찰과 검사 외에 법원에도 송치권한을 부여하고 있다. 법원[45]이 소년에 대한 피고사건을 심리한 결과 보호처분에 해당하는 사유가 있다고 인정한 때에는 사건을 관할 소년부에 송치하도록 규정하고 있다(법 제50조).

(1) 경찰서장의 송치

① 의의 및 대상

경찰서장은 「소년법」 제4조 제1항 제2호 및 제3호에 해당하는 소년 즉, 촉법소년이나 우범소년이 있을 때에는 직접 관할 소년부에 송치하여야 한다(제4조 제2항).

---

45 여기서 법원은 형사법원을 의미한다.

〈소년법〉

제4조 (보호의 대상과 송치 및 통고) ① 다음 각 호의 어느 하나에 해당하는 소년은 소년부의 보호사건으로 심리한다.

1. 죄를 범한 소년
2. 형벌 법령에 저촉되는 행위를 한 10세 이상 14세 미만인 소년
3. 다음 각 목에 해당하는 사유가 있고 그의 성격이나 환경에 비추어 앞으로 형벌 법령에 저촉되는 행위를 할 우려가 있는 10세 이상인 소년
   가. 집단적으로 몰려다니며 주위 사람들에게 불안감을 조성하는 성벽이 있는 것
   나. 정당한 이유 없이 가출하는 것
   다. 술을 마시고 소란을 피우거나 유해환경에 접하는 성벽이 있는 것

② 제1항 제2호 및 제3호에 해당하는 소년이 있을 때에는 경찰서장은 직접 관할 소년부에 송치하여야 한다.

경찰서장의 송치에 관한 사항은 경찰청훈령인 「범죄수사규칙」에 규정하고 있다. 이에 따르면 범죄소년에 대해서는 사건을 입건하여 수사를 종결하였을 때에는 관할 지방검찰청 검사장 또는 지청장에게 송치하여야 한다(규칙 제214조 제1항). 촉법소년에 대하여는 적절한 선도, 보호조치를 취하되 보호자가 없거나 보호자의 감호가 부적당하다고 인정될 때에는 「아동복지법」에 의한 보호조치를 취하거나, 이를 소년보호사건으로 하여 경찰서장이 직접 관할 법원 소년부에 송치하여야 한다(규칙 제214조 제2항). 우범소년에 대하여서도 가능하면 적절한 선도, 보호의 조치를 취하되 보호자가 없거나 보호자의 감호가 부적당하다고 인정될 때에는 「아동복지법」에 의한 조치를 강구하거나 이를 소년보호사건으로 하여 경찰서장이 직접 관할 소년부에 송치하여야 한다(같은 조 제3항).

② 경찰서장에 의한 범죄소년의 법원 소년부 송치

'범죄소년'에 대해서는 경찰서장이 사건을 법원 소년부에 송치할 수 없다. 경찰서장은 범죄소년을 발견하면 '검사'에게 송치하여야 한다. 따라서 경찰서장이 검사에게 송치할 사건을 검사에게 송치하지 아니하고 소년보호사건으로 하여 소년부로 송치한 경우에는 법원 소년부에서는 사건을 수리할 수 없다. 예를 들어 촉법소년(14세 미만)과 범죄소년(14세 이상)이 공범인 경우에 경찰서장

이 사건 공범 모두를 촉법소년으로 착오하여 법원 소년부에 송치한 경우에 법원 소년부는 해당 촉법소년에 대해서만 사건을 수리하여야 하고, 범죄소년에 대해서는 접수하여서는 아니 된다.

그러나 법원 소년부가 착오로 사건을 접수한 경우에 이를 어떻게 처리하는지가 문제된다. 이 경우 법원 소년부가 법 제7조 제1항을 준용하여 결정으로 사건을 관할 지방법원에 대응한 검찰청 검사에게 송치하여야 한다는 견해가 있다(법원행정처, 2014:102). 그러나 이는 부당한 해석이라고 생각된다. 「소년법」 제7조 제1항의 규정은 심리 중에 새롭게 발견된 범죄사실의 동기와 죄질이 형사처분을 할 필요가 있다고 인정될 때 관할 검찰청 검사에게 송치하는 것이고, 소년의 심리 적격성에 대한 규정이 아니기 때문이다. 무엇보다 중요한 것은 법원 소년부가 사건을 검찰청 검사에게 송치한 경우 「소년법」 제49조 제3항에 따라 검사가 해당 사건을 법원 소년부에 다시 송치할 수 없다는 점이다. 즉, 경찰서장의 착오로 인한 행정행위로 인하여 소년이 법원 소년부 송치를 받을 수 있는 기회를 부당하게 박탈당하게 되는 것이다. 따라서 경찰서장이 범죄소년을 촉법소년으로 착각하여 법원 소년부에 송치한 행정행위는 중대한 착오에 의한 것이므로 법원 소년부는 이에 대하여 기각 결정을 하여 원 처분기관으로 보내는 것이 정당하다고 생각한다.

〈소년법〉

제49조(검사의 송치) ① 검사는 소년에 대한 피의사건을 수사한 결과 보호처분에 해당하는 사유가 있다고 인정한 경우에는 사건을 관할 소년부에 송치하여야 한다.

② 소년부는 제1항에 따라 송치된 사건을 조사 또는 심리한 결과 그 동기와 죄질이 금고 이상의 형사처분을 할 필요가 있다고 인정할 때에는 결정으로써 해당 검찰청 검사에게 송치할 수 있다.

③ 제2항에 따라 송치한 사건은 다시 소년부에 송치할 수 없다.

③ 송치절차

경찰서장이 송치를 함에 있어서는 송치서에 본인의 주거, 성명, 생년월일 및 행위의 개요와 가정상황을 기재하고 기타 참고 자료를 첨부하여야 한다(법 제5조). 여기서 참고자료란 서류와 증거물 전부를 말하며(규칙 제7조 제2항) 공범이 있거나 기타 사유로 참고자료를 첨부할 수 없는 경우에는 그 중 소년보호사건과 관련되는 부분의 등본을 첨부하여야 한다(같은 조 제3항).

④ 불복방법

경찰서장이 촉법 및 우범소년에 대하여 행한 법원 소년부 송치에 대하여 소년은 불복할 수 없다. 촉법소년 또는 우범소년에 대해서는 「형법」상의 유무죄를 다투는 것이 아니기 때문이다. 다만, 인격중시설에 따라 소년의 보호필요성이 소년심판의 핵심이 되며, 소년의 건전한 성장을 돕기 위하여 국가에서 개입하는 것이므로 법원 소년부 판사는 온화하고 친절한 분위기에서 소년의 이익을 위하여 노력하여야 할 것이다.

(2) 검사의 송치

① 의의

검사는 소년에 대한 피의사건을 수사한 결과 보호처분에 해당하는 사유가 있다고 인정한 때에는 사건을 관할소년부에 송치하여야 한다(법 제49조 제1항).

② 요건

검사는 소년사건을 형사법원에 기소할 수도 있고, 불기소 또는 기소유예할 수도 있다. 또한 사건을 법원 소년부에 송치할 수도 있다. 이러한 결정은 모두 기소편의주의에 따른 검사의 재량행위이다. 「소년법」에서는 검사에게 사건을 법원 소년부에 송치하는 사유로 피의사건을 수사한 결과 '보호처분에 해당하는 사유가 있다고 인정한 경우'로 규정하고 있다.

〈소년법〉

제49조 (검사의 송치) ① 검사는 소년에 대한 피의사건을 수사한 결과 보호처분에 해당하는 사유가 있다고 인정한 경우에는 사건을 관할 소년부에 송치하여야 한다

㉠ 피의사건과 범죄사실의 인정

먼저 법원 소년부에 사건을 송치할 수 있는 것은 '피의사건' 이어야 한다. 여기서 중요한 것은

단순한 피의사건이면 충분한 것이 아니라 소년이 자신의 피의사실에 대하여 인정을 하여야 한다. 소년이 피의사실을 인정하지 않으면 어떻게 되는가? 이 경우 검사는 사건을 법원 소년부에 송치할 수 없다고 보아야 한다. 법원 소년부는 유무죄를 다툴 수 없는 구조이다. 일반 형사법원과 달리 대립당사자구조가 아니며, 판사는 조사와 심리를 할 뿐 수사권한이 없다. 법원 소년부 송치로 검사의 공소권이 소멸되어 검사가 법원 소년부에 참여할 수 있는 방법이 없고, 법원 소년부는 판사가 무죄를 확신한다고 하더라도 '죄 없음' 판단을 할 수 없다. 판사가 보호처분을 결정할 때 반드시 범죄가 사실인지 확인해야하는 것도 아니다. 따라서 판사의 주된 관심사는 범죄사실의 진위가 아닌 소년의 보호필요성에 있다. 실제로 범죄사실에 대한 조사는 매우 제한적으로만 이루어진다. 결국, 소년이 자신의 피의사실에 대해 무죄를 주장하는 경우 검사는 형사법원에 공소를 제기하여 판사의 판결을 받든지, 불기소처분으로 사건을 종결해야 할 것이다.

㉡ 우범사건과 소년부 송치

'피의사건'이 아닌 '피고사건[46]'을 검사가 법원 소년부에 송치할 수 없는 것은 너무도 당연하다. 그렇다면 '우범사건'을 검사가 법원 소년부에 송치하는 것이 가능한지 여부가 문제될 수 있다. 예를 들어서 소년의 사건을 조사한 결과 피의사실이 입증되지는 않지만 우범사실은 인정되는 경우에 이를 법원 소년부에 송치할 수 있는가? 생각하건대 법원 소년부에 송치할 수 없다고 보아야 한다. 검사는 범죄소년에 대해서만 송치할 수 있는 권한이 있고, 촉법이나 우범소년에 대해서는 어떠한 권한도 없기 때문이다. 즉, 우범소년에 대해서는 송치가 아니라 통고를 하여야 하는데, 우리 「소년법」은 검사에게 통고할 수 있는 권한을 부여하고 있지 않다. 통고권은 오직 범죄 및 촉법, 우범소년을 발견한 보호자, 학교·사회복리시설의 장, 보호관찰소의 장에게만 부여하고 있다. 따라서 검사가 범죄사실을 입증하지 못한 소년에 대해서는 당연히 불기소처분을 하여야 하고, 이를 우범사유로 하여 법원 소년부로 송치할 수 없다 할 것이다.

③ 보호처분 상당성

법원 소년부 송치는 검사가 보호처분에 해당하는 사유가 있다고 인정하여야 한다. 즉, '보호처

46 피고사건은 이미 공소가 제기된 사건을 의미한다.

분 상당성'에 대한 판단인데, 보호처분 상당성은 소년이 비록 범죄를 저질렀지만 소년의 건전한 성장을 위하여 형사처분보다는 「소년법」에 규정된 보호처분을 하는 것이 그 소년에 대한 처우로서 보다 적절하다고 인정되는 것을 말한다. 이러한 보호처분 상당성에 대한 판단은 검사의 재량 행위이므로 구체적 사건의 사안에 따라 합목적적으로 판단한다.

보호처분 상당성을 논의하기에 앞서 2007년 「소년법」 개정 이전에는 보호처분에 해당하는 기준으로 "벌금 이하의 형에 해당하는 범죄"를 규정하고 있었다. 벌금 이하의 형에 해당되는 범죄라는 것은 법정형이 벌금, 구류, 과료뿐이고, 사형, 징역, 금고가 포함되어 있지 않은 경우를 말한다. 대부분의 법정형에 사형, 징역, 금고 등이 포함되어 있어 벌금 이하의 형에 해당하는 범죄는 사실상 없다고 할 수 있어서 벌금 이하의 형에 해당하는 범죄라는 문구는 유명무실한 규정이었다. 따라서 사건이 벌금형 이하에 해당되는 경미한 범죄이어야 한다는 형식적 기준을 삭제하고, 보호처분 상당성이라는 실질적 기준만을 법원 소년부 송치의 판단기준으로 삼게 된 것은 진일보한 것이라고 생각된다.

〈표 25〉 검사 송치 관련 조문 비교

개정 전 검사 송치	개정 후 검사 송치
제49조 (검사의 송치) ① 검사는 소년에 대한 피의사건을 **수사한 결과 벌금 이하의 형에 해당하는 범죄이거나 보호처분에 해당하는 사유가** 있다고 인정한 때에는 사건을 관할소년부에 송치하여야 한다.	제49조(검사의 송치) ① 검사는 소년에 대한 피의사건을 **수사한 결과 보호처분에 해당하는 사유**가 있다고 인정한 경우에는 사건을 관할 소년부에 송치하여야 한다.

법원행정처는 보호처분 상당성에 대하여 다음과 같이 밝히고 있다. 소년의 성행, 지능, 환경, 피해자와의 관계는 물론 학교생활, 교우관계, 나이, 보호처분 경력, 범죄 정상의 경중, 범행 후의 정상, 과형에 의한 폐해, 공범자와의 처우의 균형 등의 요소를 종합하여 판단하여야 하고, 이를 인정하기 위해서는 해당 사건의 형사절차에 과하여질 것이 예상되는 구체적 형벌(자유형의 실형, 자유형의 집행유예, 벌금형) 보다 송치 후 보호절차에서 예상되는 구체적 처분(보호관찰, 소년보호시설 감호위탁, 소년원 송치 등)이 소년의 개선을 위하여 유효할 것을 요구하고 있다(법원행정처, 2014:104). 즉, 보호처분의 유효성과 함께 형벌이 아닌 보호처분을 선택하는 것이 피해감정,

사회의 불안, 처벌감정, 정의관념에 비추어 사회적으로 허용되어야 하는 것을 전제로 한다.

그러나 법원행정처에서 규정하고 있는 기준 중에서 공범과의 형평성, 피해자의 피해감정 특히 사회의 불안 등을 고려하여야 한다는 것은 적합하지 않은 것으로 생각된다. 「소년법」은 오직 소년의 건전한 성장을 돕는 것을 목적으로 하고 있으므로 사회의 법감정, 사회방위 등을 고려해서는 아니 된다. 피해자의 피해감정, 피해회복을 위해서는 별도의 법률이 제정되어야 한다. 2007년 「소년법」 개정으로 피해자에 대한 피해 변상과 화해를 권고하는 규정(법 제25조의3)이 신설되었으나 피해자 지원을 위해서는 매우 미흡하다고 할 수 있다.

〈표 26〉 보호처분 상당성 판단 요인 비교

소년에 대한 판단요인	피해자 등 고려요인
- 소년의 나이, 성행, 지능, 환경 - 피해자와의 관계 - 학교생활, 교우관계, - 보호처분 경력, 범죄 정상의 경중, 범행 후의 정상, 과형에 의한 폐해 등	- 공범자와의 처우의 균형 - 피해감정, 사회의 불안, 처벌감정, 정의관념 등

④ 기소유예처분과 소년부 송치처분 비교

「형사소송법」 제247조는 검사에게 범인의 연령, 성행, 지능과 환경, 피해자에 대한 관계, 범행 동기, 수단과 결과, 범행 후의 정황 등을 참작하여 공소를 제기하지 않을 수 있는 권한을 부여하고 있다.

〈형사소송법〉

제247조(기소편의주의) 검사는 「형법」 제51조의 사항을 참작하여 공소를 제기하지 아니할 수 있다.

〈형법〉

제51조(양형의 조건) 형을 정함에 있어서는 다음 사항을 참작하여야 한다.

1. 범인의 연령, 성행, 지능과 환경
2. 피해자에 대한 관계
3. 범행의 동기, 수단과 결과
4. 범행 후의 정황

검사가 공소를 제기하지 않는 것은 수사 종결의 결정이며, 이를 불기소처분이라고 한다. 법원 소년부 송치도 불기소처분의 일종이다(검찰사건사무규칙 제57조 제1항). 따라서 소년부 송치 결정이 있으면 당연히 해당 사건에 대한 수사가 종결된다.

〈검찰사건사무규칙〉

제57조(결정) ①검사가 사건의 수사를 종결할 때에는 다음 각호의 구분에 따라 결정을 하여야 한다.

1. 공소제기
2. 불기소
3. 기소중지
4. 참고인중지
5. 공소보류
6. 이송
7. 소년보호사건 송치
8. 가정보호사건 송치
9. 성매매보호사건 송치

불기소처분은 기소유예[47]와 혐의 없음, 죄가 안됨, 공소권 없음, 각하로 구분된다(검찰사건사무규칙 제69조 제3항). 그리고 법원 소년부 송치가 포함된다. 그렇다면 공소를 제기하지 않는다고

47 검사가 행하는 기소유예처분의 법적 근거에 대하여 논란이 있었으나 2007년 소년법 개정에서 이를 명문으로 규정하여 논란을 해소하였다.

할 때 기소유예처분과 법원 소년부 송치처분이라는 두 가지 처분 중에서 어느 것을 우선하여야 하는지가 문제된다.

먼저 기소유예처분과 법원 소년부 송치처분 중에 어떤 것이 더 무거운 처분인지를 살펴볼 필요가 있다.

'기소유예처분'은 피의사실이 인정되나 「형법」 제51조 각호의 사항을 참작하여 소추를 필요로 하지 아니하는 경우에 행하며, 전과기록이 남지 않는다. 기소유예기간 동안에 다른 범죄행위를 한다면 기소유예처분이 취소되지만 다른 특별한 일 없이 기간이 경과된다면 처분이 종료된다.

'법원 소년부 송치처분'은 피의사건을 수사한 결과 보호처분에 해당하는 사유가 있다고 인정한 경우에 행한다. 역시 불기소처분으로 검사의 공소권은 즉시 종료된다. 검사가 다시 개입할 수 있는 방법은 없으며 전과기록도 남지 않는다. 다만, 법원 소년부에서 사건을 조사, 심리하게 되므로 보호처분을 검토하게 되어 종료시까지 시간이 더 소요되고 소년은 불안정한 상태에 놓인다. 따라서 검사에 의한 기소유예처분이 일응 법원 소년부 송치처분보다 더 가볍다고 볼 수 있고, 검사도 법원 소년부 송치보다는 기소유예처분을 더 많이 활용하고 있다[48].

그러나 기소유예처분을 할 때 검사는 피해자와의 합의 여부, 피해감정, 사회의 불안, 처벌감정 및 정의관념 등을 검토하여야 하지만, 이러한 기준은 법원 소년부 송치시에는 적용되지 않는다고 보아야 한다. 또한 공안, 마약, 흉악, 조직 또는 상습 폭력배, 치기배, 현저한 파렴치범 등은 기소유예 제외 대상자이다. 그리고 연령에 있어서도 기소유예처분을 하기 위해서는 소년이 18세 미만이어야 하지만 법원 소년부 송치는 19세 미만이어야 한다. 따라서 두 가지 처분 중에서 경중을 따지기는 어렵고, 소년의 건전한 성장을 돕기 위하여 합목적적으로 판단하여야 할 것이다

48 대검찰청 범죄분석에 의하면 검사에 의한 소년부 송치 결정은 2005년부터 10년간 22~36%이고, 기소유예처분은 37~56%으로 기소유예처분이 더 많다.

〈표 27〉 기소유예와 법원 소년부 송치 기준 비교

	기소유예	법원 소년부 송치
사유	피의사실이 인정되나 「형법」 제51조 각호의 사항을 참작하여 소추를 필요로 하지 아니하는 경우	피의사건을 수사한 결과 보호처분에 해당하는 사유가 있다고 인정한 경우
고려사항	피해자 합의, 사회의 불안 등	소년의 건전한 성장
대상	범죄내용의 경중에 관계없이 재범가능성이 희박한 18세 미만	14세~19세 미만
제외 대상자	공안, 마약, 흉악, 조직 또는 상습 폭력배, 치기배, 현저한 파렴치범	없음
공소권	유예기간 경과시 소멸	즉시 소멸
종료	선도보호기간 경과시 (6월~1년, 3월씩 2차 연장 가능)	보호절차 종료시

⑤ 효력

검사에 의한 법원 소년부 송치로 즉시 공소권이 소멸한다. 공소권의 소멸로 검사가 소년의 사건에 개입할 수 있는 방법은 없다. 검사가 사건을 법원 소년부로 송치할 때 의견을 붙여서 보낼 수 있으나 이 자료도 참고자료에 불과하며, 법원 소년부 판사는 이 의견에 기속되지 않는다.

⑥ 절차

검사가 범죄소년을 송치하는 경우에는 송치서에 범죄사실과 적용법조를 명시하여야 한다(소년심판규칙 제7조 제1항). 검사가 사건을 법원 소년부에 송치할 경우에도 송치서와 함께 관계되는 서류와 증거물 전부를 송부하여야 하며, 다만 공범이 있거나 기타의 사유로 이를 송부할 수 없을 때에는 송치하는 사건과 관련되는 부분의 등본을 송부하여야 한다(같은 조 제2항, 제 3항). 송치서에 보호처분에 대한 의견서를 첨부하는 경우도 있다.

〈소년심판규칙〉

제7조 (소년 보호사건의 송치방식등) ① 검사가 법 제4조 제1항 제1호에 해당하는 소년 보호사건을 송치하는 경우에는 법 제5조에 따른 송치서에 범죄사실과 적용법조를 명시하여야 한다.
② 법 제5조의 참고자료는 관계되는 서류와 증거물 전부를 말한다.
③ 공범이 있거나 그 밖의 사유로 법 제5조에 따른 송치서에 제2항의 참고자료를 첨부할 수 없는 경우에는 그 중 소년 보호사건과 관련되는 부분의 등본을 첨부하여야 한다.

⑦ 불복방법

그렇다면 소년이 일관되게 무죄를 주장하고 있는 피의사건에 대하여 검사가 법원 소년부에 사건을 송치하였을 경우에 소년이 이에 불복할 수 있는지가 문제된다. 현행 「소년법」은 이에 불복할 수 있는 규정을 두고 있지 않으므로 소년이 소년보호절차를 받는 것이 억울하다고 하더라도 검사에 의한 법원 소년부 송치결정에 대하여 소년이 불복할 수 있는 방법이 없다. 법원 소년부에서도 소년이 일관되게 무죄를 주장한다면 판사는 이를 관할 검찰청 검사에게 사건을 역송치하여 사안을 다투도록 할 수 있을 뿐이다.

(3) 법원의 송치

① 의의

법원은 소년에 대한 피고사건을 심리한 결과 보호처분에 해당하는 사유가 있다고 인정한 때에는 사건을 관할 소년부에 송치하여야 한다(법 제50조).

〈소년법〉

제50조 (법원의 송치) 법원은 소년에 대한 피고사건을 심리한 결과 보호처분에 해당할 사유가 있다고 인정하면 결정으로써 사건을 관할 소년부에 송치하여야 한다.

② 요건

㉠ 사실심리를 거칠 것

소년부 송치는 '피고사건을 심리한 결과' 즉, 사실심리를 거친 다음에 행하여야 한다. 공소사실의 인정, 보호처분 상당성의 판단은 공판절차에서 조사한 증거에 기하여 행하여져야 한다.

㉡ 범죄사실의 인정

공소사실에 관하여 유죄의 심증을 얻을 수 있을 정도로 범죄사실이 인정되어야 한다. 소년이 자백할 때에는 보강증거가 다소 부족한 점이 있어도 법원 소년부에 송치할 수 있다(*대법원 1982. 10. 15.자 82모36 결정*, 1982).

그리고 보호처분에 해당하는지 여부에 대한 판단은 전적으로 판사의 자유재량행위이다(*대법원 1991.1.25. 선고 90도 2693 판결*, 1991). 따라서 판사가 소년을 법원 소년부로 송치하지 아니하고 실형을 선고하였다고 하여 다툴 수 없고, 그 반대도 같다. 그러나 소년이 범죄사실을 부인하고, 다른 증거도 없어 유죄의 심증을 얻을 수 없을 때에는 소년이 우범성향을 보인다고 하여도 무죄판결을 하여야 하고, 우범소년으로 하여 소년을 법원 소년부로 송치할 수 없다(법원행정처, 2014:107).

〈BOX 18〉 법원의 재량권에 관한 판례

대법원 1991. 1. 25. 선고 90도2693 판결[특수강도, 특수절도, 공기호부정사용, 도로교통법위반][공1991.3.15.(892),901]

【판시사항】
소년범에 대한 보호처분과 법원의 재량권

【주 문】
상고를 기각한다.

【판결요지】
소년에 대한 피고사건을 심리한 법원이 그 결과에 따라 보호처분에 해당할 사유가 있는지의 여부를 인정하는 것은 법관의 자유재량에 의하여 판정될 사항이다.

【이 유】

피고인의 상고이유에 대한 판단

원심이 유지한 제1심 판결이 채용한 증거들 (특히 피고인이 제1심 공판정에서 범행을 모두 자백한 점)을 기록과 대조하여 검토하면, 피고인의 이 사건 특수강도 범죄사실을 충분히 인정할 수 있을 뿐만 아니라, 이 사건에 있어서와 같이 징역 장기 3년, 단기 2년 6월의 형이 선고된 판결에 대하여는 형의 양정이 심히 부당함을 들어 상고이유로 할 수 없는 것이므로, 논지는 이유가 없다.

국선변호인의 상고이유에 대한 판단

소론은 요컨대 피고인의 초범으로서 범행의 정도가 경미할 뿐더러 범행 후 잘못을 반성하고 있는 점 등을 고려할 때 「소년법」 제1조 및 제4조 제1항 제1호에 비추어 피고인에게 형을 선고하기 보다는 보호처분을 하여야 마땅하므로, 피고인에게 실형을 선고한 원심판결을 파기하여 피고인에게 보호처분을 하도록하여 달라는 것이어서, 결국은 원심의 피고인에 대한 형의 양정이 부당하다는 취지로 볼 수 있다.

그러나 이 사건에 있어서 형의 양정이 부당함을 들어 상고이유로 할 수 없는 것임은 앞서 판단한 바와 같을 뿐만 아니라, 소년에 대한 피고사건을 심리한 법원이 그 결과에 따라 보호처분에 해당할 사유가 있는지의 여부를 인정하는 것은 법관의 자유재량에 의하여 판정될 사항이므로(당원 1990.10.12. 선고 90도1760 판결 참조), 논지도 받아들일 것이 못된다.

그러므로 피고인의 상고를 기각하고 상고후의 구금일수 중 일부를 제1심 판결의 본형에 산입하기로 관여법관의 의견이 일치되어 주문과 같이 판결한다.

대법관 ○○○, ○○○, ○○○

㉢ 효력

사건을 법원 소년부에 송치하는 것은 판결이 아니라 결정으로 행하게 되며, 사건의 관할권이 법원 소년부로 이관되면서 형사법원의 관할은 종료된다. 다만, 형사법원은 국가형벌권 발동을 위하여 검사가 공소를 제기하여 유무죄를 다투는 것이다. 따라서 형사법원에서 소년에게 범죄사실이 인정됨에도 사건을 법원 소년부로 송치하는 경우에 검사가 이에 불복할 수 있는지가 문제된다. 이에 대하여 항고를 인정하는 명문의 규정이 없으므로 일반항고, 즉시항고, 특별항고 모두 인정되지 않는다는 학설도 있으나, 판례는 「소년법」 제48조의 준거 법례에 따라 「형사소송법」 제402조를 근거로 보통항고는 할 수 있다고 한다(대법원 1986. 7. 25. 자 86모9 결정, 1986). 따라서 형사법원의 소년부 송치 결정이 판사의 재량행위이지만 이에 대하여 검사는 항고로 다툴 수 있다.

〈소년법〉

第48조(준거법례) 소년에 대한 형사사건에 관하여는 이 법에 특별한 규정이 없으면 일반 형사사건의 예에 따른다.

〈형사소송법〉

第402조(항고할 수 있는 재판) 법원의 결정에 대하여 불복이 있으면 항고를 할 수 있다. 단, 이 법률에 특별한 규정이 있는 경우에는 예외로 한다.

3 사건의 접수와 조사

1) 사건의 접수

사건의 접수란 사건에 대한 서류를 최초로 법원이 받아들이는 법률행위로서 '수리'에 해당된다. 통고 또는 송치에 의하여 법원 소년부가 이를 접수하면 그 효과로서 법원 소년부에서 사건을 조사, 심리할 수 있는 관할권이 생기게 된다.

사건이 접수되면 법원 공무원은 통고 또는 송치와 관련된 서류의 구비 여부를 확인하고, 사건번호를 부여한다.

그리고 법원 소년부 판사는 사건이 접수되면 소년 및 보호자 또는 보조인 중 적당하다고 인정되는 사람에게 다음의 사항을 서면으로 고지하여야 한다(소년심판규칙 제9조).

〈소년심판규칙〉

제9조(비행사실 등의 고지) 소년부 판사는 소년 보호사건을 접수한 때에는 소년 및 보호자 또는 보조인 중 적당하다고 인정되는 사람에게 다음 각 호의 사항을 서면으로 고지하여야 한다. 다만, 법 제50조에 따라 송치된 소년 보호사건에 있어서는 소년의 비행사실은 이를 고지하지 아니할 수 있다.

1. 소년의 비행사실
2. 소년 또는 보호자는 보호자 또는 변호사, 그 밖의 소년부 판사의 허가를 받은 사람을 보조인으로 선임할 수 있다는 것
3. 소년이 소년분류심사원에 위탁된 경우에 소년 또는 보호자가 스스로 보조인을 선임하지 아니할 때에는 법원이 국선보조인을 선정하게 된다는 취지
4. 법 제17조의2 제2항 각 호의 어느 하나에 해당하는 때에는 법원에 대하여 국선보조인의 선정을 신청할 수 있다는 취지
5. 보호자는 조사, 심리 기일에 출석하여 의견을 진술할 수 있고 소년보호에 도움이 되는 자료를 제출할 수 있다는 것

사건이 접수되면 법원 소년부 판사는 신속히 사건을 검토하여 임시조치의 필요성과 심리개시 여부 및 조사의 필요성에 대하여 검토하여야 한다.

공소시효는 사건이 법원 소년부에 접수되었다고 하여 정지되지 않고, 심리개시 결정이 있었던 때에 진행이 정지된다(법 제54조)

2) 불고불리의 원칙

통고 또는 송치되지 않고는 소년보호절차가 진행되지 않는다는 점에서 불고불리의 원칙은 중요하다. 불고불리의 원칙은 보호처분의 일사부재리의 범위를 획정하는 의미도 있으므로 이 원칙은 중요하다. 그러나 불고불리의 원칙이 적용되는 '범위'에 대하여 다툼이 있다. 먼저 소년보호사건에서의 적용범위에 관하여, '소년'에게 적용된다는 점에는 이론이 없다. 즉 소년A의 사건을 조사, 심리하는 과정에서 소년B의 비행을 발견한 경우에 소년부는 소년B에 관하여 통고, 송치 등의 수리절차를 거치지 않는 한 조사, 심리의 대상으로 할 수 없다.

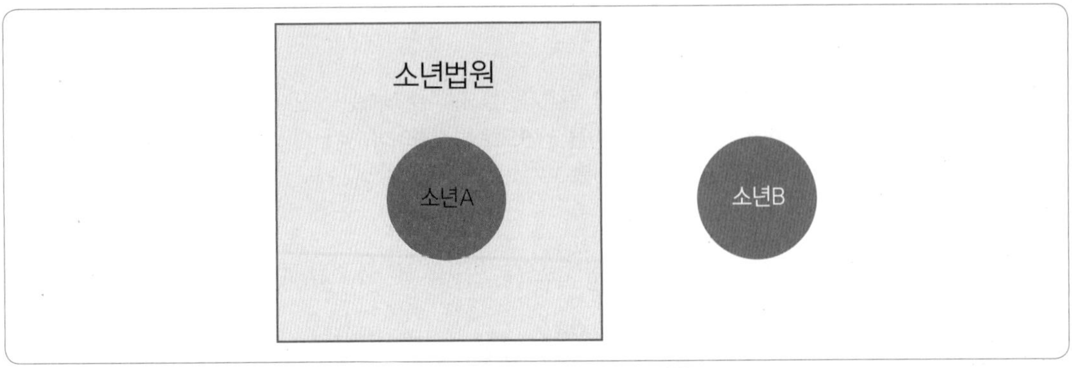

〈그림 9〉 '소년'에 대한 불고불리 원칙

그러나 '비행사실'에 관하여 이 원칙이 적용되는가는 논란이 있다. 즉, 보호사건이 이미 계속 중인 소년의 조사, 심리의 과정에서 새로운 비행사실(여죄로서의 범죄, 촉법사실 또는 우범사실)을 발견한 경우, 법원 소년부는 통고, 송치 등의 접수절차를 거치지 않고 이 비행사실을 심리의 대상으로 할 수 있는지가 문제된다. 비행사실 중시설에 따르면 불고불리의 원칙은 사법기관의 수동성, 중립성에 기초한 것으로, 법원의 공정한 판단을 객관적으로 담보하기 위한 원리라고 할 것이며, 적법절차 보장의 관점에서도, 불고불리의 원칙은 '소년'과 '비행사실' 모두에 적용된다고 한다.

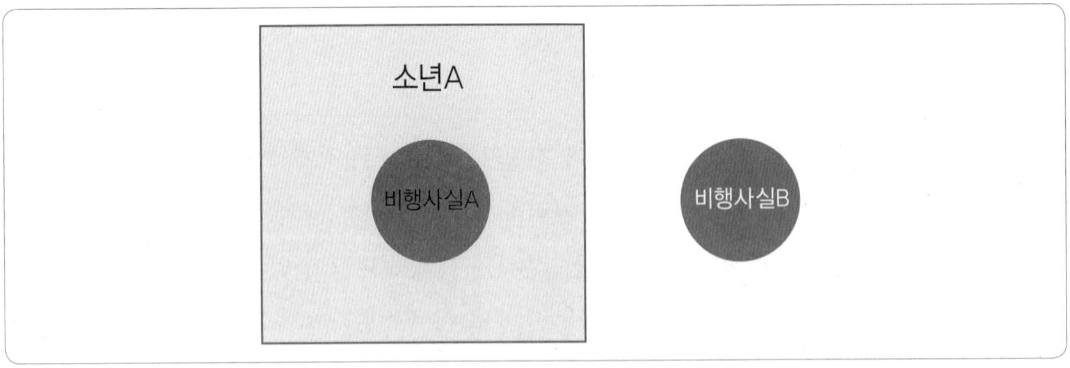

〈그림 10〉 '비행사실'에 대한 불고불리 원칙

그러나 인격중시설에 의할 경우 범죄사실은 소년심판의 전제 조건에 불과하며, 심판이 개시되면 소년이 저지른 다른 범죄사실 즉, '비행사실 B'에 대하여도 심리의 대상으로 하여야 한다고 주장한다. 즉, 당해 소년에 관하여 법원 소년부에 사건이 계속되어 있는 이상, 새로 발견한 비행사실에 관하여 접수절차를 거칠 것 없이 당연히 심리의 대상으로 할 수 있다. 인격중시설에 의할 경우 불고불리의 법칙은 소년에 대해서만 해당되고, 비행사실에 대해서는 미치지 않는다고 보는 것이다.

생각하건대, 소년보호절차는 소년의 처벌이 아니라 건전한 성장을 돕는 것을 목적으로 한다. 따라서 불고불리의 원칙이 소년의 건전한 성장에 도움이 되는지 아닌지를 먼저 검토하여야 한다. 소년심판이 이미 개시되어 있으며, 여죄가 발견된 경우에는 사건을 보호처분에 병합하는 것이 소년에게 도움이 된다. 실무적으로 사건이 병합되지 아니하여 소년이 보호처분을 종료한 이후에 이전의 범죄사실로 다시 보호처분을 받는 것을 자주 보게 된다. 보호사건의 경우는 사건을 병합하여 함께 심리를 하는 것이 소년의 이익에 부합한다.

또한 우리 「소년법」은 법원 소년부의 심리 도중에 여죄가 밝혀지는 경우를 상정하고 있다. 즉, 법 제7조 제1항에 의하면 '조사 또는 심리 결과 금고 이상의 형에 해당하는 범죄사실이 발견된 경우에' 그 동기와 죄질이 형사처분을 할 필요가 있다고 인정하면 결정으로 관할 검찰청 검사에게 송치하도록 하고 있다. 이는 새로운 범죄사실이 발견된 경우에 죄질이 매우 불량하면 검사에게 송치하고, 새로운 범죄사실이 보호처분에 해당된다고 인정되면 심리의 대상이 된다는 취지로 해석하여야 한다.

따라서 인격중시설에 따라 비행사실(범죄사실)에 대해서는 불고불리의 원칙이 적용되지 않는다고 하여야 한다. 그러나 뒤에서 자세히 살펴보겠지만, 미송치 여죄나 미입건 우범사실을 보호의 필요성의 자료로 고려하는 것은 불고불리의 원칙에 저촉되지 않는다고 본다.

3) 조사

소년보호사건의 심리절차는 조사단계와 심리단계로 구분된다. 조사는 주로 소년에 대한 보호의 필요성에 관한 사회적 자료를 수집, 분석하는 것으로서 사회조사의 기능을 가지고 있고, 심리는 조사된 자료를 기초로 하여 비행 및 보호의 필요성의 존부를 판단하고 적절한 보호처분을 결정하는 것으로 사법적 기능을 가진다(법원행정처, 2014, p.163)

〈표 28〉에서 보듯이 조사단계와 심리단계에서의 주체가 상이하다. 조사단계는 법원의 조사와 법원 외의 조사로 나눌 수 있다. 법원의 조사는 소년부 판사의 명에 의하여 조사관이 행하는 조사활동이며, 소년의 성행을 중심으로 한 사회적 자료를 조사하는 것이다. 법원 외의 조사는 소년분류심사원의 상담조사, 보호관찰소의 결정전 조사 등이 해당된다. 법원 외의 조사도 소년부 판사의 요청에 의하여 조사절차가 개시된다는 점에서 법원의 조사와 공통점이 있지만 실제로 조사업무를 담당하는 기관이 법원 외부의 기관이라는 점에서 구별된다(법원행정처, 2014, p.164).

〈표 28〉 소년에 대한 조사와 심리의 구분

구분	조사	심리
주체	법원조사관	판사
내용	보호필요성에 관한 사회적 자료 수집 분석	보호필요성의 존부 판단 및 적절한 보호처분 결정
성격	임의적	강제적, 사법적
종류	법원의 조사(조사관 조사 등) 법원 외의 조사(분류심사관 조사 등)	–

(1) 조사대상

형사재판에서는 죄형법정주의에 따라 기소된 범죄사실(공소사실)이 심판의 대상임이 논란의 여지 없이 명백하다. 그러나 소년보호절차에서 판사가 무엇을 기준으로 심리를 하여야 하는가, 보호처분을 결정하는 실체적 요건은 무엇인가, 즉 조사의 대상은 무엇인가에 대해서는 논란이 있다. 형사처벌이 아니라 보호처분을 위한 심리이기 때문이다.

① 인격과 비행사실

심리를 위한 조사[49]의 대상과 관련해서는 학설이 인격중시설과 비행사실중시설로 나누어져 있

49 '조사의 대상'과 관련하여 다른 학자들은 '심판의 대상'이라는 용어를 사용하고 있으나 소년보호절차는 재판이 아니며 판결을 하는 것이 아니므로 조사의 대상이라는 용어를 사용한다.

다(백춘기, 1993; 법원행정처, 2014; 사와노보리 토시오, 2007; 카와이데 토시히로, 2016, pp.94-95). 먼저 인격중시설에 의하면 심리의 대상이 되는 것은 보호필요성뿐이고 비행사실은 법원 소년부가 당해 소년에 대하여 관할권을 취득하기 위한 조건에 지나지 않는다. 즉, 소년보호절차를 개시하기 위해서는 비행사실이라는 조건이 있어야 하는 것이며, 일단 소년보호절차가 개시되면 비행사실의 역할은 끝이 나고 더 이상 심리의 대상이 되지 않는다. 그러므로 심리의 대상은 보호필요성뿐이다. 비행사실은 보호필요성을 판단하기 위한 하나의 자료에 지나지 않는다. 소년보호절차는 소년이 비행사실을 저지른 것에 대한 제재를 과하는 것이 목적이 아니라 소년이 가지고 있는 환경과 성격상의 문제점을 명확히 한 다음, 적절한 개입을 통하여 소년을 건전하게 성장하도록 돕는 것을 목적으로 하기 때문으로 본다.

다음으로 비행사실중시설은 비행사실도 심판의 대상이 되어야 한다고 보는 견해이다. 일본과 우리나라에서 통설의 위치를 차지하고 있다. 주된 논거로는 먼저, 보호처분은 소년이 다시 범죄를 저지를 위험성이 있다는 것을 근거로 부과하는 것인데 장래의 재범 예측은 현재의 과학수준으로는 결코 확실한 것이 아니므로 소년이 비행을 실제 저지름으로써 범죄적 위험성이 현실화된 경우에 이를 하나의 자료로 삼아 장래의 범죄적 위험성을 인정하는 것이 가장 확실한 방법이고, 소년의 인권보장 관점에서도 타당하다고 한다. 이러한 점에서 비행사실은 범죄적 위험성을 예측하는 확실한 근거이다. 두 번째는 보호처분이라고 하더라도 소년의 의사에 반하여 자유를 제약하는 불이익 처분으로서의 성격을 가지는 이상 이를 부과하기 위해서는 소년에게 이를 감수할만한 귀책사유가 있어야 하고, 그에 해당하는 것이 반사회적 행위인 비행사실이라는 것이다.

생각하건대 인격중시설이 타당하다. 첫째, 비행사실중시설은 우리나라 「소년법」과 일본의 소년법에는 커다란 차이가 있다는 점을 간과하고 있다. 일본은 모든 소년사건을 법원에 송치하여야 하는 법원선의주의를 취하고 있다. 검찰 단계를 거치지 않기 때문에 가정재판소에서 범죄사실의 유무죄를 다투어야 한다. 모든 소년심판에서 검찰관(검사)이 재판에 참석하는 것은 아니지만 특정 사건(일본 소년법 제22조의2, 검찰관의 관여)에 대하여 가정재판소가 소년의 비행사실 인정을 위하여 검찰관으로 하여금 심판에 출석하도록 하고 있다. 이에 반하여 우리 「소년법」은 검사선의주의를 채택하고 있다. 검찰단계에서 소년의 범죄사실에 대해서 충분한 조사가 이루어지고, 소년의 범죄사실이 보호처분에 해당된다고 인정되는 경우에 관할 법원 소년부에 송치한다. 소년부에 송치하고 난 이후에는 검사가 소년법원의 심판에 관여할 수 있는 절차가 없으며, 심리시 범죄사실의 유죄 또는 무죄를 다투지도 않는다.

둘째, 비행사실중시설은 보호처분이라고 하더라도 소년의 의사에 반하여 자유를 제약하는 불이익 처분으로서의 성격을 가지는 이상 이를 부과하기 위해서는 소년에게 이를 감수할만한 귀책사유가 있어야 한다고 주장한다. 그러나 「소년법」은 범죄소년만을 대상으로 하는 것이 아니라 형사책임을 물을 수 없는 14세 미만의 소년에 대해서도 보호처분의 대상으로 하고 있으며, 범죄를 저지르지 않은 19세 미만의 우범소년도 그 대상으로 하고 있는데, 비행사실중시설을 따를 경우 촉법소년과 우범소년이 「소년법」의 대상이 되는 것을 설명할 수 없다.

셋째, 비행사실중시설은 비행사실을 심리의 대상으로 해야 소년보호절차에서 적법절차 원칙을 적용하여 소년의 인권을 보장할 수 있다고 한다. 즉 적법절차를 통하여 소년의 인권을 보장하기 위해서는 비행사실을 심리 대상으로 하여야 한다는 주장이다. 그러나 이는 본말本末이 전도된 것이라고 할 수 있다. 적법절차는 비행사실을 심판대상으로 하지 않아도 규정할 수 있다. 비행사실을 심판대상으로 하면 형사재판과 같은 당사자 구조가 되어 서로 유무죄를 다투게 된다. 그런데 검사가 없는 우리의 소년재판구조에서는 공정하고 온화하게 심리를 진행하여야 할 판사가 소년을 대상으로 범죄사실을 추궁할 수밖에 없다. 근본적으로 소년의 인권을 보장할 수 없는 구조가 될 수밖에 없다.

따라서 우리 「소년법」에서 심리의 대상은 오직 소년의 보호필요성이 되어야 한다. 소년에 대하여 기본적으로 제재하기보다 건전한 성장을 돕는 것을 목적으로 하므로, 소년이 비행에 이르게 된 문제성을 확인하고 그 개선을 목적으로 하여 처분결정을 하여야 한다. 따라서 소년의 보호를 요하는 상태, 즉 보호의 필요성에 대한 해명과 검토가 심리의 중심 과제가 되어야 한다. 이를 위하여 의학, 심리학, 교육학, 사회학이나 그 밖의 전문적인 지식을 활용하여 소년뿐만 아니라 보호자 또는 참고인의 품행, 경력, 가정 상황, 그 밖의 환경 등을 밝히도록 규정하고 있는 것이다(법 제9조).

② 보호필요성

다음으로 살펴볼 것은 보호필요성이다. 보호의 필요성은 범죄적 위험성(비행반복성), 교정가능성, 보호상당성을 모두 포함하는 개념으로 본다(카와이데 토시히로, 2015:96-97).

범죄적 위험성은 소년이 성격과 환경에 비추어 장래 다시 범죄를 저지를 가능성을 의미한다. 교정가능성은 보호처분을 통하여 교정교육을 실시함으로써 소년이 가지고 있는 범죄적 위험성을 제거할 수 있는 가능성을 의미한다. 따라서 교정이 불가능한 소년은 보호처분의 대상이 될 수 없다. 보호상당성이란 소년을 처우함에 있어서 보호처분이 가장 유효하고 적절한 수단이라는 것을 의미한다. 따라서 범죄적 위험성이 있다고 하더라도 「아동복지법」상의 조치나 병원에서의 치료 등 다른 수단을 택하는 것이 적절한 경우에는 보호처분을 부과하여서는 안 된다.

③ 송치된 사건에 대한 조사

「소년법」 제4조 제3항에 의하여 '통고된 사건'에 대해서만 법원조사관을 통하여 조사할 수 있는 권한을 부여하고 있다. 즉, '송치된 사건'의 '범죄사실'에 대해서 법원 소년부에서 다시 조사하지 않는다. 경찰서장에 의해 송치된 촉법소년, 검사에 의해 송치된 범죄소년의 경우에는 사법경찰관과 검사에 의하여 이미 비행사실에 대한 조사가 이루어진 것을 다시 반복한다는 것이 불합리하고, 소년에게도 불리하기 때문이다. 그러나 보호자 등이 직접 법원 소년부에 통고하여 진행하게 되는 통고 사건에 대해서는 사건을 조사하여야 한다. 따라서 「소년법」 제11조 제2항에 의한 조사는 심리를 개시하기 위하여 비행사실이 존재하는지 여부를 확인하기 위한 조사 즉, 심리 조건의 존부에 대한 조사라고 할 것이다. 송치된 사건에 대해서 조사한 결과 통고사유에 해당되지 않는다고 판단되면 심리 불개시를 결정하여야 한다(법 제19조 제1항).

〈소년법〉

제11조(조사명령) ① 소년부 판사는 조사관에게 사건 본인, 보호자 또는 참고인의 심문이나 그 밖에 필요한 사항을 조사하도록 명할 수 있다.
② 소년부는 제4조 제3항에 따라 통고된 소년을 심리할 필요가 있다고 인정하면 그 사건을 조사하여야 한다.
제4조 ③ 제1항 각 호의 어느 하나에 해당하는 소년을 발견한 보호자 또는 학교 · 사회복리시설 · 보호관찰소(보호관찰지소를 포함한다. 이하 같다)의 장은 이를 관할 소년부에 통고할 수 있다.

④ 소년과 보호자, 그리고 참고인

소년의 보호필요성은 단순히 비행사실만을 조사해서는 알 수 없다. 전인적인 조사여야 한다. 따라서 「소년법」 제11조 제1항에 의한 조사의 대상은 사건이 아니라 사람이다. 즉, 사건의 본인, 보호자 또는 참고인에 대한 조사이다. 이를 사회조사라고 한다. 사회조사는 임의조사로 실시된다. 강제조사가 아니므로 대상자가 협조하지 않으면 강제할 수 없다. 소년이나 보호와의 면접조사, 학교 또는 직장에 대한 조회조사, 가정 또는 학교에 방문해서 하는 환경조사, 심리검사 등의 각종 조사가 있으며, 이들 조사의 핵심은 면접조사이다. 조사는 의학·심리학·교육학·사회학이나 그 밖의 전문적인 지식을 활용하여 소년과 보호자 또는 참고인의 품행, 경력, 가정 상황, 그 밖의 환경 등을 밝히도록 노력하여야 한다(법 제9조).

(2) 조사내용

「소년심판규칙」은 다음 사항을 조사하도록 규정하고 있다(규칙 제11조 제1항).

① 비행사실, 그 동기와 비행 후의 정황 및 비행전력

② 소년과 보호자의 교육 정도, 직업, 소년과 보호자의 관계, 소년의 교우관계 및 소년의 가정환경

③ 소년비행화의 경위 및 보호자의 소년에 대한 보호감독상황과 향후의 보호 능력

④ 피해자에 대한 관계 및 재비행의 위험성과 정도

⑤ 소년의 심신상태

⑥ 그 밖에 심리와 처분을 함에 필요한 사항

여기서 조사하는 비행사실은 소년의 보호필요성을 판단하기 위한 보조적인 사실이다. 조사내용은 6개 영역이지만 크게 소년의 인격과 환경으로 구분될 수 있다.

(3) 조사방법

사건의 조사에는 크게 법원 조사관의 조사와 법원 외의 조사로 구분될 수 있다.

① 법원 조사관의 조사

법원 조사관의 조사는 법원 소년부 판사가 법원 조사관에게 조사명령을 함으로써 개시된다. 조사 대상자는 당사자인 소년과 보호자, 참고인이다. 조사명령은 법원 소년부 판사의 재량행위이다.

■ 조사방법

판사의 조사명령에 의한 법원 조사관의 조사에 있어서 조사의 주된 방법은 소년과 보호자 등에 대한 면접조사와 가족관계등록부 조회, 학교생활기록부 조회 등의 조회조사, 가정이나 학교 등의 방문에 의한 방문조사, 지능검사 등의 심리검사, 그 밖에 소년의 행동관찰 등을 들 수 있다. 이들 조사방법은 상황에 따라 복합적으로 사용될 수 있으나 일반적으로 면접과 조회가 주된 조사방법이다(법원행정처, 2014, p.170).

면접의 대상은 소년이나 보호자, 참고인이며, 질문, 관찰, 경청을 통하여 소년 등의 인격에 대한 자료를 수집한다. 면접은 직접 방문하거나 출석을 요구하여 할 수 있다(규칙 제11조 제3항). 출석요구서를 송달하는 경우 그 전달과정에서 소년사건의 비밀성을 훼손되지 않도록 각별히 주의할 필요가 있다.

조회는 면접조사의 한계를 보완하기 위한 것이다. 조사관은 공무소나 공사단체에 조회하여 필요한 사항에 대한 기록이나 서류의 송부를 요구할 수 있다(규칙 제11조 제2항). 조사관의 조회는 법원 소년부 판사의 조회(법 제28조)와는 달리 조사관의 명의로 하는 것이어서 상대방도 조회에 응할 의무를 지는 것은 아니다. 조회에는 가족관계등록부 조회, 학교 관련 조회, 직장 관련 조회, 전과조회, 소년원 조회 등이 있다.

■ 조사결과의 보고[50]

조사관은 조사를 마친 때에는 서면으로 판사에게 보고하여야 하며, 소년의 처우에 관하여 소년부 판사에게 의견을 진술할 수 있다(규칙 제12조). 조사보고서의 양식은 전산양식(B5826)으로 정형화되어 있다(법원행정처, 2014:176-177).

---

50 법원 조사관의 조사보고서 양식은 붙임자료를 참고하기 바란다.

② 법원 외의 조사

법원 외의 조사는 임시조치(소년분류심사원 위탁)에 의한 소년분류심사원의 분류심사와 보호관찰소의 결정전 조사가 있다. 보호관찰소의 결정전 조사는 보호관찰 중인 소년들이 재비행을 했을 경우에 의뢰하게 되는 것이 일반적이며, 담당 보호관찰관은 보호관찰 기간 동안에 진행한 주기적인 지도, 감독의 결과 누구보다 소년을 잘 알고 있어서 조사가 효율적이고 내용도 충실하다는 장점이 있다.

이에 반하여 소년이 저지른 비행의 죄질이 중하거나 비행을 반복하는 경우 등으로 심층적인 조사가 필요한 경우에 법원 소년부는 소년에 대한 사건을 조사, 심리하는 데 필요하다고 인정하면 소년의 감호에 관하여 임시조치로서 1개월 이내(1회 연장 가능)의 기간을 정하여 소년분류심사원에 위탁할 수 있다. 이 경우 분류심사결과통지서를 참고하여 심리하게 된다.

소년분류심사원은 법무부 소속으로 소년의 환경, 심리 등 전반적인 영역을 조사, 진단하기 위하여 설치된 국가기관이다. 그리고 분류심사는 법원 소년부 판사의 보호처분 결정과도 밀접한 관련이 있으므로 별도의 장에서 자세히 살펴본다.

4) 임시조치

(1) 의의

임시조치는 법원 소년부 판사가 조사 또는 심리하는 데 필요한 경우에 취하는 조치이다. 임시조치에는 다음과 같은 3가지 종류가 있다.

① 보호자, 소년을 보호할 수 있는 적당한 자 또는 시설에 위탁

② 병원이나 그 밖의 요양소에 위탁

③ 소년분류심사원에 위탁

3가지 중에서 가장 많이 사용되는 것은 소년분류심사원에 위탁하는 임시조치이다. 소년분류심

사원에 위탁하는 목적은 소년의 신병을 안전하게 확보하는 것이 아니라 소년의 보호와 소년의 성행, 경력, 가정환경, 보호자의 보호능력과 의지, 재비행 가능성 등을 조사하기 위한 것이다. 즉 소년에 대한 조사가 주목적이다(법원행정처, 2014, p.138). 소년에 대한 신병확보로써 도주 또는 증거인멸방지 등은 임시조치의 목적이 아니라 반사적 효과라고 할 것이다.

(2) 임시조치의 요건

조사 또는 심리에 필요한 경우에 임시조치를 할 수 있다는 것은 지나치게 추상적이다. 법원행정처에서 발간한 '법원실무제요 소년'에서는 다음과 같은 6가지 구체적인 기준을 제시하고 있다(법원행정처, 2014, p.139).

① 심리조건이 있을 것: 임시조치는 조사 또는 심리를 위한 것이므로 그 조건(연령, 심판권, 송치절차의 적법 등)이 구비되지 않아 조사 또는 심리를 할 수 없는 경우에는 임시조치를 하여서는 안 된다.

② 소년이 비행을 저질렀다고 의심할 만한 상당한 이유가 있을 것

③ 심리개시의 개연성이 있을 것: 비행정도가 경미하거나 심리의 진행이 불가능하여 심리개시의 필요성이 없는 경우에는 굳이 임시조치까지 할 필요가 없다.

④ 소년의 신병을 확보할 필요가 있을 것: 조사 또는 심리 및 종국결정의 집행을 확실히 하기 위하여 소년의 신병을 확보할 필요가 있어야 한다. 그러한 경우로서는 주거부정이나 증거인멸 또는 도주의 염려가 있는 경우 등을 들 수 있다.

⑤ 소년이 긴급한 보호를 필요로 할 것: 예컨대 나쁜 환경에 빠져 악영향을 받을 우려가 있는 때, 자해의 염려가 있는 때, 반복적인 재비행의 우려가 있는 때 등의 경우이다.

⑥ 소년을 수용하여 진단할 필요가 있을 것: 진단 목적만을 위하여 소년을 수용하는 것에 대하여는 이견이 있으나 「소년심판규칙」은 전문가의 진단을 위하여 필요한 경우에도 임시조치를 할 수 있도록 하고 있다(규칙 제13조)

그리고 위의 여섯 가지 요건 중에서 4) 내지 6)의 요건은 그중 하나만 구비되면 족하다고 하고 있다.

법원행정처에서 제시하고 있는 기준을 살펴본다. 위의 요건들 중에서 2)번 소년이 비행을 저질렀다고 의심할 만한 상당한 이유가 있을 것은 경찰서장의 송치 또는 보호자 등의 통고사건에 해당된다고 보아야 한다. 검사 또는 형사법원의 법원 소년부 송치사건은 소년이 범죄사실을 인정하여야 가능한 것이기 때문이다. 그리고 4)번 요건 즉, 소년의 신병을 확보할 필요가 있을 것이라는 것은 부당하다고 생각된다. 소년에 대한 임시조치는 소년의 건전한 성장을 위하여 필요할 때에 행하여야 하고, 법원 또는 집행기관의 편의를 위하여 활용되어서는 안 된다고 본다. 이는 소년이 구속상태로 법원 소년부에 송치된 경우에도 적용되어야 한다. 임시조치는 오직 소년의 진단 또는 소년의 보호를 위하여 필요할 경우에만 정당성이 인정된다고 할 것이다. 따라서 법원실무제요에서 명시하고 있는 4) 요건은 불필요하다고 생각된다.

(3) 임시조치의 내용

임시조치는 보호자, 소년을 보호할 수 있는 적당한 자 또는 시설에 위탁하는 것, 병원이나 그 밖의 요양소에 위탁하는 것, 소년분류심사원에 위탁하는 것 등 3가지 종류이다. 현재 실무상으로는 구속기소되어 소년부송치결정을 받은 경우 소년부 판사는 거의 대부분 소년분류심사원 위탁결정을 하고 있다. 병원에 위탁하는 경우는 특별한 경우 외에는 잘 활용되지 않고 있다. 불구속인 상태로 소년부송치결정을 받은 경우에는 특별한 임시조치를 하지 아니하는 형태로 처리되고 있다.

불구속 상태인 소년의 비행원인 진단이 필요한 경우에도 소년분류심사원에 조사를 의뢰할 수 있는데 이를 상담조사제라고 하고 있으며 활발히 활용되고 있다.

임시조치 중 소년을 소년분류심사원에 위탁하는 것은 사법적 기능과 보호적 기능을 함께 고려한 것이고, 「소년법」에서 이를 가리켜 구금이라는 용어를 사용하지는 않지만 신체의 자유를 제한하는 점에서 소년에게 불이익 처분이라고 할 수 있다. 소년의 불이익을 최소화하기 위하여 「소년법」 제61조는 소년분류심사원에서의 위탁기간을 「형법」 제57조 제1항의 판결선고전 구금일수로 본다고 규정하고 있다. 이러한 규정은 해당 소년이 검찰청으로 역송치되어 실형을 선고받는 경우를 상정한 것이다.

〈소년법〉

제61조 (미결구금일수의 산입) 제18조 제1항 제3호의 조치가 있었을 때에는 그 위탁기간은 「형법」 제57조 제1항의 판결선고 전 구금일수로 본다.

(4) 집행과 구속영장의 효력

소년을 보호자 또는 학교장에게 위탁하는 임시조치는 소년부 판사의 지휘에 의하여 법원사무관 등이 소년을 수탁자에게 인계하고 보통은 신병인수서를 받음으로써 집행되는 것이지만, 병원 기타 요양소, 소년분류심사원 또는 적당한 시설에의 위탁결정은 법원 소년부 법원서기관 등, 소년분류심사원 소속 공무원, 교도소 또는 구치소 소속 공무원, 보호관찰관 또는 사법경찰관리가 소년부 판사의 집행지휘에 의하여 이를 집행하며(법 제18조 제5항), 그 집행지휘는 결정서의 등본을 그 집행담당자에게 교부함으로써 한다(규칙 제21조).

〈소년법〉

제18조(임시조치) ⑤ 소년부 판사는 제1항의 결정을 하였을 때에는 소년부 법원서기관 · 법원사무관 · 법원주사 · 법원주사보, 소년분류심사원 소속 공무원, 교도소 또는 구치소 소속 공무원, 보호관찰관 또는 사법경찰관리에게 그 결정을 집행하게 할 수 있다.

〈소년심판규칙〉

제21조(임시조치 결정의 집행지휘) 법 제18조 제5항에 따른 집행지휘는 결정서의 등본을 그 집행담당자에게 교부함으로써 한다.

소년의 신병처리와 관련하여 소년이 구치소 등에 구속되어 있는 경우에 구속영장의 효력과 관련하여 논란이 있었다. 구속영장의 효력은 공소권이 소멸하면 같이 효력이 상실된다. 따라서 검사가 사건을 법원 소년부로 송치하는 순간에 구속영장의 효력이 소멸하므로 구치소장은 소년을 즉시 석방하여야 한다. 그러나 이 경우 소년의 신병 확보가 곤란해진다는 문제가 있었다. 이러한 문제를 해결하기 위하여 1987년 「소년법」 개정으로 제52조를 신설하여 구속영장의 효력이 감호에 관한 결정을 한 때에 상실하도록 하였다(법 제52조)

〈소년법〉

제18조(임시조치) ① 소년부 판사는 사건을 조사 또는 심리하는 데에 필요하다고 인정하면 소년의 감호에 관하여 결정으로써 다음 각 호의 어느 하나에 해당하는 조치를 할 수 있다.

1. 보호자, 소년을 보호할 수 있는 적당한 자 또는 시설에 위탁

2. 병원이나 그 밖의 요양소에 위탁

3. 소년분류심사원에 위탁

② 동행된 소년 또는 제52조 제1항에 따라 인도된 소년에 대하여는 도착한 때로부터 24시간 이내에 제1항의 조치를 하여야 한다.

제52조(소년부 송치 시의 신병 처리) ① 제49조 제1항이나 제50조에 따른 소년부 송치결정이 있는 경우에는 소년을 구금하고 있는 시설의 장은 검사의 이송 지휘를 받은 때로부터 법원 소년부가 있는 시·군에서는 24시간 이내에, 그 밖의 시. 군에서는 48시간 이내에 소년을 소년부에 인도하여야 한다. 이 경우 구속영장의 효력은 소년부 판사가 제18조 제1항에 따른 소년의 감호에 관한 결정을 한 때에 상실한다.

② 제1항에 따른 인도와 결정은 구속영장의 효력기간 내에 이루어져야 한다.

(4) 취소·변경 등

소년에 대한 임시조치 결정에 대하여는 소년부 판사가 직권으로 언제든지 임시조치에 대하여 위탁변경을 하거나 취소할 수 있다(법 제18조 제6항). 취소 또는 변경의 사유는 법원 소년부 판사의 재량에 해당하는 것이지만 일반적으로 조사 또는 심리를 위하여 임시조치를 할 사유가 없어졌다고 판단되는 경우이다. 그 밖에도 「소년법」 제12조의 규정에 의한 전문가의 진단을 받게 하기 위하여 소년을 병원에 위탁할 필요가 있는 경우에 병원위탁을 새로이 하거나 종전의 임시조치를 병원위탁으로 변경할 수 있다(규칙 제13조).

〈소년법〉

제18조(임시조치) ⑥ 제1항의 조치는 언제든지 결정으로써 취소하거나 변경할 수 있다.

〈소년심판규칙〉

제13조(전문가의 진단을 위한 조치) 소년부 판사는 법 제12조에 따른 전문가의 진단을 위하여 필요한 경우에 법 제18조에 따른 임시조치를 하거나 이를 변경할 수 있다.
제20조(임시조치의 통지) 법 제18조 제1항 및 제6항에 따른 결정은 소 년 및 보호자 또는 보조인 중 적당하다고 인정되는 사람과 위탁 받은 자에게, 법 제18조 제3항 단서에 따른 결정은 소년 및 위탁받은 자에게 각 통지하여야 한다.

5) 분류심사

(1) 분류심사의 원칙

소년에 대한 분류심사는 위탁소년의 신체, 성격, 소질, 환경, 학력 및 경력 등에 대한 조사를 통하여 비행 또는 범죄의 원인을 규명하여 위탁소년의 처우에 관하여 최선의 지침을 제시함을 목적으로 하고 있다(「보호소년 등의 처우에 관한 법률」 제24조 1항).

최선의 지침을 제시하기 위해서는 심리학·교육학·사회학·사회복지학·범죄학·의학 등의 전문적인 지식과 기술에 근거하여 보호소년 등의 신체적·심리적·환경적 측면 등을 조사·판정하여야 한다(같은 조 2항). 법무부장관은 학문적 소양과 전문지식을 갖춘 자를 분류심사관으로 보임하고 있다.

소년이 위탁 또는 유치되면 〈그림 11〉의 분류심사절차에 따라 분류심사가 진행된다. 입원시에 신원확인 및 관련 절차를 거친 후에 오리엔테이션을 실시한다. 신상조사와 환경조사, 행동관찰과 각종 심리검사를 실시하고, 학교 등으로부터 소년에 관한 자료를 조회하며 동시에 분류심사관의 면접이 진행된다(김용운, 2006).

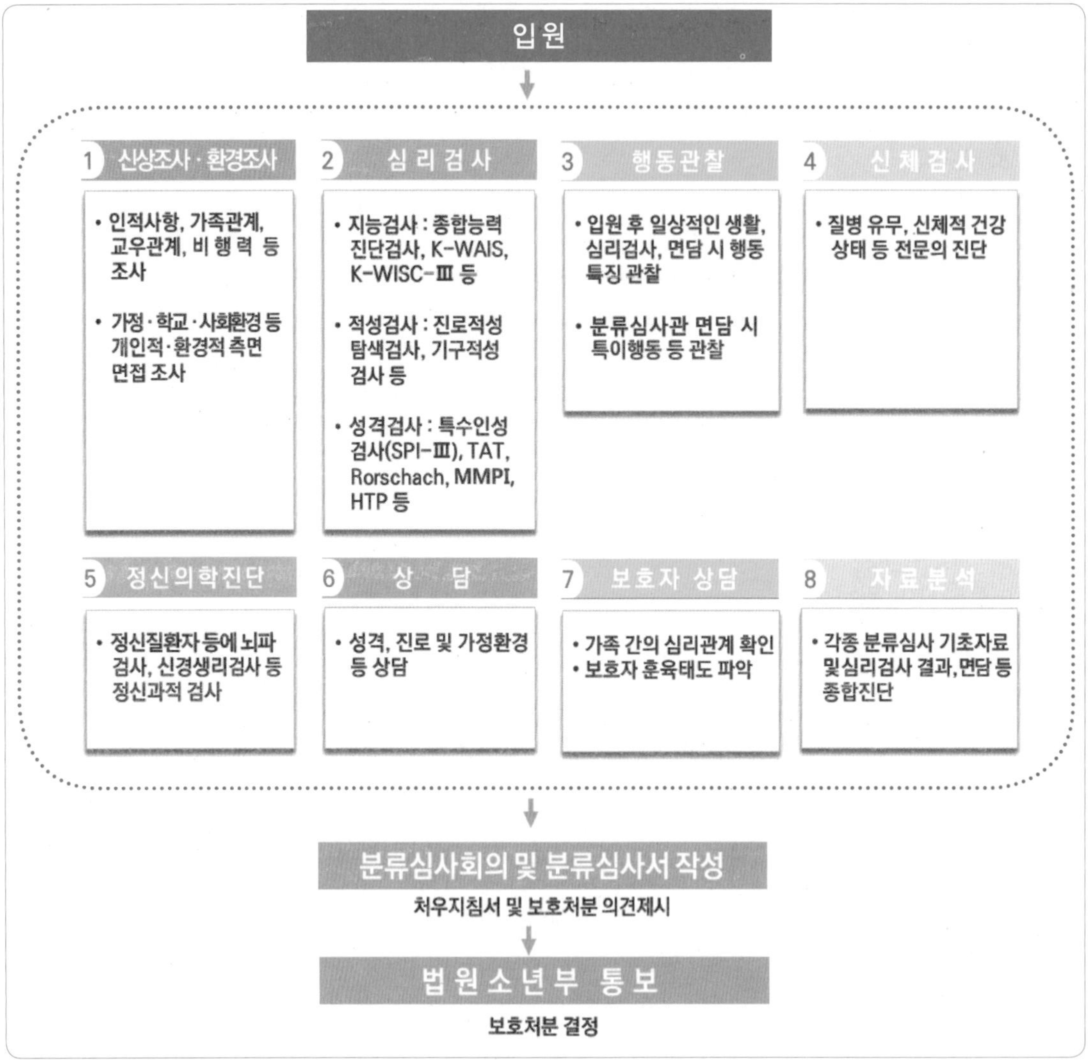

〈그림 11〉 분류심사절차

출처: 법무부 범죄예방정책국 소년보호과 내부자료(2019)

(2) 분류심사 영역

분류심사는 소년의 신상, 심리적 측면 등 6개 영역에 대하여 이루어진다. 구체적으로는 다음과 같다.

① **신상 관계**: 소년의 인적사항, 학력, 지니고 있는 문제, 비행의 개요, 비행 전력, 보호자 및 가족상황, 그 밖에 참고인 등에 대한 자료

② **심리적 측면**: 소년의 지능을 중심으로 한 능력, 성격특성, 신경증·정신병 등 정신기능의 장애 여부, 적응 및 욕구, 자기개선 의지 등의 측정

③ **행동의 특징**: 수용생활 및 심리검사·면접조사 등에서 특이사항 및 경향을 관찰

④ **신체적 측면**: 소년의 발육 및 건강상태, 신체특징, 결함 여부 및 병력 등의 진단

⑤ **환경적 측면**: 출생 이후 현재까지 소년의 가정·학교·사회생활 등을 조사

⑥ 그 밖의 참고사항

분류심사에 소년의 범죄사실이 포함되는지 여부가 문제될 수 있다. 그러나 포함되지 않는다고 보는 것이 타당하다고 본다. 분류심사관은 소년의 범죄사실에 대하여 사실관계를 조회할 수 있을 뿐, 확인할 수 있는 조사권한이 없기 때문이다.

(3) 분류심사 방법

분류심사의 방법으로는 크게 신체검사, 심리검사, 면접조사, 행동관찰, 자료조회, 현지조사 등의 방법으로 진행된다.

① **진찰법 및 신체검사**: 진찰법은 소년의 신체에 질병 등 이상 유무 및 정도를 해당 전문의가 진단하는 것이고, 신체검사법은 신체 각 기관의 이상 또는 우열을 과학적 기구로 측정하는 방법

② **면접조사**: 소년을 비롯하여 보호자와 그 밖의 참고인 등을 대상으로 담당 분류심사관이 면대면 또는 전화를 통해 필요한 사항을 질문하고 응답하는 방법

③ **심리검사**: 지능, 적성, 성격특성의 유무 및 정도를 알기 위하여 여러 장면에서 일정한 작업을 행하게 함으로써 그에 대한 규준norm과 비교하여 이를 측정하는 방법으로 표준화된 심리검사도구나 로르샤흐 검사Rorschach Test 등 투사적 검사도구 등을 활용하여 측정

④ **정신의학적 진단**: 소년의 정신적 측면에서의 질환 유무와 그 정도를 정신과 의사가 측정, 진단하는 방법

⑤ **행동관찰**: 수용생활 및 검사, 면담시 등 소년이 처해진 환경의 조건에 따라 반응하는 특이사항 및 경향을 관찰하는 방법으로 분류심사 대상자를 이해하는 비언어적 방법

⑥ **자기기록 검토**: 일기, 지나온 나의 생활, 회상록 등 자기가 살아온 생활사를 자서전식으로 기록한 자료와 주어진 과제에 대하여 자신의 생각을 자유롭게 기술하게 하고 이를 조사

⑦ **자료조회**: 주민등록정보, 가족관계기록부, 학교생활기록부, 수사경력 및 범죄경력조회[또는 범죄전력(소년보호사건)조회] 등과 같이 행정기관, 학교, 병원, 그 밖의 단체에 대하여 분류심사에 필요한 자료조회를 통해 소년의 환경·심리상태, 성장과정 등을 조사

⑧ **현지조사**: 분류심사 대상자의 생애, 성장환경을 현장에 나가서 관찰하기 위하여 분류심사관 등이 직접 현지를 방문·조사

(4) 분류심사 종류

분류심사는 소년의 문제 또는 비행원인의 심각성을 기준으로 하여 일반분류심사와 특수분류심사로 구분된다. 일반 또는 특수분류심사대상자로 분류되면 분류심사방법이 달라진다.

일반분류심사: 문제 또는 비행원인이 비교적 단순한 소년에 대하여 면담과 신체의학적 진찰, 집단검사, 자기기록 검토, 자료조회, 행동관찰 등을 주로 하여 실시하는 분류심사

특수분류심사: 일반분류심사 결과 문제 또는 비행원인이 중대하고 복잡한 소년에 대하여 개별검사와 정신의학적 진단, 현지조사 등을 추가하여 실시하는 분류심사

(5) 분류심사 판정

분류심사관은 소년의 신체, 성격, 소질, 환경, 학력 및 경력 등에 대한 조사를 통하여 얻어진 자료를 종합 분석한 후에 비행 또는 범죄의 원인을 규명하고, 소년의 처우에 관하여 최선의 지침을 제시하여야 한다. 이를 분류심사 판정이라고 한다. 판정 결과는 법원 소년부 판사의 심리에 필요

한 자료가 되고, 소년원 및 보호관찰소의 교정교육에 중요한 교육지침이 되며, 사회복귀시에는 진로지도의 지침으로 활용된다(이태호, 2000, pp.15-16).

분류심사 판정의 결과인 보호처분의 종류는 아래 〈표 29〉, 〈표 30〉에서 보듯이 1호부터 10호까지의 단독처분과 외출제한, 대안교육, 보호자특별교육의 부가처분, 그리고 각 단독처분의 병합으로 인하여 매우 다양한 조합이 가능하다. 따라서 판정의 타당성과 객관성, 신뢰성을 높이기 위한 기준이 필요하다.

보호처분은 기본적으로 1호에서 10호 처분을 단독으로 부과하는 것이 원칙이지만 소년이 건전하게 성장하도록 돕기 위하여 다양한 처분을 병합할 수 있다. 보호처분별로 그 성질과 처분가능한 연령이 상이하므로 〈표 31〉에서 보는 바와 같이 병합할 수 있는 처분을 법률로 규정하고 있다. 처분 판정시 주의할 점이 있다. 기본적으로 연령에 따른 제한이 있다는 점과 단기보호관찰(4호)과 장기보호관찰(5호)을 병합할 수 없고, 장기보호관찰(5호)와 1개월 이내 소년원 송치(8호)이 병합되었을 때 수강명령(2호)이나 사회봉사명령(3호)을 할 수 없다. 그리고 8호 처분과 단기보호관찰처분(4호)을 병합할 수 없다.

〈표 29〉 보호처분의 종류

종류	내 용	기간(연장)	처분 연령
1호	보호자 또는 보호자를 대신하여 소년을 보호할 수 있는 자에게 감호 위탁	6월(+6월)	10세 이상
2호	수강명령	100시간 이내	12세 이상
3호	사회봉사명령	200시간 이내	14세 이상
4호	단기 보호관찰	1년	10세 이상
5호	장기 보호관찰	2년(+1년)	10세 이상
6호	아동복지법상의 아동복지시설, 기타 소년 보호시설에 감호 위탁	6월(+6월)	10세 이상
7호	병원, 요양소 또는 보호소년 등의 처우에 관한 법률상의 소년 의료보호시설에 위탁	6월(+6월)	10세 이상
8호	1개월 이내의 소년원 송치	1월 이내	10세 이상
9호	단기 소년원 송치	6월 이내	10세 이상
10호	장기 소년원 송치	2년 이내	12세 이상

※ 부가처분: 대안교육 또는 상담·교육, 야간외출제한, 보호자특별교육(「소년법」 제32조의2)

〈표 30〉 부가처분의 종류

종류	내용	기간
대안교육 또는 상담, 교육명령	소년보호기관의 대안교육 또는 관련 단체 등에서 상담 · 교육 ※ 본처분: 4호, 5호	3월 이내
외출제한명령	야간 등 특정시간대를 정하여 외출 제한 ※ 본처분: 4호, 5호	1년 이내
보호자 특별교육 명령	소년보호기관 및 보호관찰소 등에서 자녀 지도에 필요한 특별교육	미정

〈표 31〉 보호처분 병합 일람표

처분	1호	2호	3호	4호	5호	6호	7호	8호	9호	10호	외출제한	대안교육 (상담교육)	보호자 특별교육
1호		●	●	●	●								○
2호	●		●	●	●								○
3호	●	●		●	●								○
4호	●	●	●			●					○	○	○
5호	●	●	●			●		●			○	○	○
6호				●	●								○
7호													○
8호					●								○
9호													○
10호													○

※ ●(병합처분), ○(부가처분)

① 기본 기준

분류심사관은 심리학, 교육학, 범죄학 등의 전문적인 지식과 기술에 근하여 소년의 건전한 성장을 돕기 위한 최선의 지침을 강구하는 것이므로 분류심사 판정은 「소년법」의 목적을 따라야 한다. 즉, 분류심사는 반사회성 있는 소년이 건전하게 성장하게 돕는 것이어야 한다(법 제1조). 그리고 분류심사는 소년에 대한 정밀한 조사를 통하여 비행 또는 범죄의 원인을 규명하여 소년의 처우에 관한 최선의 지침을 제시하는 것이 되어야 한다.

② 세부 기준

분류심사 판정은 기본적으로 보호필요성과 소년의 개인적 요구사항을 판단하는 것으로부터 시작된다. 즉, 보호자의 보호능력(지도능력) 또는 가족관계 회복 필요, 불량교우 관계, 건강 등 의료처우 필요, 직업훈련 또는 학업계속 여부, 가족관계, 보호자 또는 소년의 희망사항 등을 고려하여 판단하여야 한다.

㉠ 1호 처분: 보호자 또는 보호자를 대신하여 소년을 보호할 수 있는 자에게 감호 위탁

보호자는 법률상 감호교육의 의무가 있는 자 또는 현재 소년을 감호하는 자를 말하며 부모 또는 동거하는 고용주 등이 이에 해당된다. 소년에게 보호자가 없거나, 보호자가 있더라도 그 보호자가 소년을 교정할 능력이 부족한 때에 보호자를 대신하여 소년을 보호할 수 있는 자(자원보호자)에게 위탁하는 것도 가능하다. 2010년 창원에서 처음 설립된 사법형 그룹홈(청소년회복센터)이 보호자를 대신하여 소년의 감호를 책임지는 기관으로 활용되고 있다.

1호 처분은 6개월의 범위에서 한번에 한하여 그 기간을 연장할 수 있다. 그리고 소년부 판사는 보호자로 하여금 소년에 관한 보고서나 의견서의 제출을 요구할 수 있고, 직권으로 처분을 변경할 수 있다.

㉡ 2호 처분: 수강명령

비행소년을 교화·개선시키기 위하여 12세 이상의 소년에 대하여 100시간 이내의 시간 동안 교육을 받도록 명하는 것이다.

수강명령에 적합한 대상으로 법원은 다음과 같이 제시하고 있다(법원행정처, 2014, pp.332-333).

ⓐ 본드·부탄가스를 흡입하는 등 약물남용범죄를 저지른 경우 또는 마약범죄를 범한 경우

ⓑ 알코올 중독으로 인한 범죄를 범한 경우

ⓒ 심리·정서상의 특이한 문제와 결합된 범죄(성범죄 등)를 범한 자로서 적절한 프로그램을 통하여 치료를 받을 필요가 있는 경우

ⓓ 기타 수강명령을 부과하는 것이 적절하다고 판단되는 경우

그러나 100시간 이내의 수강명령은 치료적 처분이 아니라는 점에서 알코올 중독 또는 성범죄 등으로 치료를 받을 필요가 있는 경우에 부과하기에는 부적절하다. 수강명령은 중독 등으로 치료가 필요한 소년보다는 비행성향이 심화되지 않아 적절한 프로그램 이수로도 교정이 가능한 경우로써 무면허운전, 단순한 학교폭력, 본드, 부탄가스 등 약물중독의 정도가 초기 단계에 해당하는 경우, 교육부족으로 인하여 준법의식이 미약한 경우, 학업중단자로 규칙적인 생활태도 형성 및 장래 계획을 위한 진로지도가 필요한 경우 등이 적합할 것으로 생각된다.

㉢ 3호 처분: 사회봉사명령

14세 이상의 소년에게 200시간 이내의 시간 동안 각종 봉사활동, 환경미화 등 근로봉사를 무보수로 하도록 명하는 것이다.

봉사활동을 통해 지역사회로의 재통합 및 건전한 가치관을 정립하도록 하는 사회 내 처우로서 법원에서 제시하는 대상자는 아래와 같다.

ⓐ 부모의 과잉보호로 인하여 자기중심적이고 배타적인 성격을 가진 경우

ⓑ 생활궁핍의 경험이 없는 경우

ⓒ 근로정신이 희박하고 무위도식하는 경우

ⓓ 퇴폐향락과 과소비에 물든 경우

ⓔ 경미한 비행을 반복하여 범함으로써 가정에서 소외된 경우

ⓕ 봉사활동을 통해 자신의 환경에 대한 재인식이 필요하다고 보이는 경우

ⓖ 절도 등 재산범죄를 범한 소년이나 합의가 되지 않은 교통사고사건이나 폭력사건의 경우

ⓗ 기타 사회봉사명령을 부과하는 것이 적절하다고 판단되는 경우

사회봉사명령에 대한 작업으로는 일반적으로, 자연보호활동, 양로원 등 복지시설에서의 봉사활동, 오물수거 등 공공시설봉사활동, 벼베기 등 대민지원봉사활동 등이 있다.

㉣ 4호 및 5호 처분: 단기 보호관찰 및 장기 보호관찰

10세 이상의 소년에게 1년 또는 2년 동안 학교 및 직장생활 등 일상생활을 하면서 보호관찰관의 지도·원호를 받도록 명하는 것으로 사회내 처우의 대표적인 방법이다.

보호관찰에는 모든 대상자가 준수하여야 할 일반준수사항과 대상소년의 특성을 고려하여 필요하다고 판단되면 부과할 수 있는 특별준수사항이 있다.

■ 일반준수사항(「보호관찰 등에 관한 법률」 제32조 제2항)

ⓐ 주거지에 상주常住하고 생업에 종사할 것

ⓑ 범죄로 이어지기 쉬운 나쁜 습관을 버리고 선행善行을 하며 범죄를 저지를 염려가 있는 사람들과 교제하거나 어울리지 말 것

ⓒ 보호관찰관의 지도·감독에 따르고 방문하면 응대할 것

ⓓ 주거를 이전移轉하거나 1개월 이상 국내외 여행을 할 때에는 미리 보호관찰관에게 신고할 것

■ 특별준수사항(같은 법 제 32조 제3항)

ⓐ 야간 등 재범의 기회나 충동을 줄 수 있는 특정 시간대의 외출 제한

ⓑ 재범의 기회나 충동을 줄 수 있는 특정 지역·장소의 출입 금지

ⓒ 피해자 등 재범의 대상이 될 우려가 있는 특정인에 대한 접근 금지

ⓓ 범죄행위로 인한 손해를 회복하기 위하여 노력할 것

ⓔ 일정한 주거가 없는 자에 대한 거주장소 제한

ⓕ 사행행위에 빠지지 아니할 것

ⓖ 일정량 이상의 음주를 하지 말 것

ⓗ 마약 등 중독성 있는 물질을 사용하지 아니할 것

ⓘ 마약류관리에 관한 법률상의 마약류 투약, 흡연, 섭취 여부에 관한 검사에 따를 것

ⓙ 그 밖에 보호관찰 대상자의 재범 방지를 위하여 필요하다고 인정되어 대통령령으로 정하는 사항

■ 기타 특별준수사항(「보호관찰 등에 관한 법률 시행령」 제19조)

ⓐ 운전면허를 취득할 때까지 자동차 운전을 하지 않을 것

ⓑ 직업훈련, 검정고시 등 학과교육 또는 성행개선을 위한 교육, 치료 및 처우 프로그램에 관한 보호관찰관의 지시에 따를 것

ⓒ 범죄와 관련이 있는 특정 업무에 관여하지 않을 것

ⓓ 성실하게 학교수업에 참석할 것

ⓔ 흉기나 그 밖의 위험한 물건을 소지 또는 보관하거나 사용하지 아니할 것

ⓕ 피해자에게 접근하지 말 것(성폭력범죄 등의 경우) 등

ⓜ 6호 처분: 아동복지법상의 아동복지시설이나 그 밖의 소년보호시설에 감호 위탁

10세 이상의 소년에 대하여 「아동복지법」상의 아동복지시설 또는 기타 소년을 보호하는데 필요한 환경과 시설을 구비하고 있는 소년보호시설에 감호를 위탁하는 처분이다. 기간은 6개월이고 1회에 한하여 연장할 수 있다.

6호 처분부터는 시설에 수용하는 주거처우라는 점에서 1호 내지 5호 처분과 구별되고, 운영주체가 6호 처분은 「아동복지법」상의 아동복지시설로서 사인이라는 점에서 국가기관이 운영주체인 소년원 송치처분과 차이가 있다. 대표적인 6호 처분 기관은 10개이다.

6호 처분에 적합 소년으로는 비행 정도가 낮지만 보호자나 가족이 전혀 없는 무의탁소년이나 가족의 보호능력이 미약한 소년이 해당된다.

법원행정처에 의하면 6호 처분 시설은 ㉠ 국가시설 수용이 소년에게 주는 충격과 파괴적 영향을 줄일 수 있어 보다 인간적인 점과 ㉡ 국가시설 수용에서 생기는 범죄학습, 낙인의 효과를 줄이고 사회생활과의 단절을 줄여 재사회화를 쉽게 할 수 있다는 점, ㉢ 국가시설 수용에 비하여 경비와 효율 면에서 보다 경제적인 점 등의 장점이 있다고 한다(법원행정처, 2014, p. 350). 그러나 이러한 주장은 논란이 있다. 먼저 6호 처분 시설도 효광원이나 마자렐로센터 등은 이탈방지시설을 갖추고 있어, 시설 수용으로 오는 충격과 파괴적 영향이 적은지 여부는 연구와 입증이 필요하다. 그리고 국가시설 수용에서 범죄를 학습한다는 주장도 근거가 부족하다. 집단 수용으로 인하여 범죄를 학습한다면 국가시설뿐만 아니라 6호 처분 시설에서도 범죄학습은 이루어진다고 보아야 하기 때문이다. 그리고 범죄 학습을 방지하기 위해서는 엄격한 분리수용과 이를 실현할 수 있는 충분한 소규모 생활실의 확보가 무엇보다 필요한데, 시설규모가 열악한 6호 처분 시설이 더 불리한 상태에 있다고 보는 것이 타당하다. 가장 큰 인식의 오류는 ㉢ 번의 국가시설 수용에 비하여 경비를 줄일 수 있어 경제적인 장점이 있다는 주장이다. 먼저, 경제적인 기준은 '형벌 집행'에서 사용되는 것이며, '교육 분야'에서 경제적인 기준을 적용하는 것은 타당하지 않다. 그리고 교육의 질은 교사의 질을 넘어설 수 없다는 말이 있다. 국가기관은 엄격한 공무원 선발과정을 거칠 뿐만 아니라 계속해서 재교육을 실시하고, 인권침해 등을 방지하기 위하여 철저한 관리·감독을 실시하고 있다. 국가기관과 민간기관을 비교하였을 때 교사의 자질과 감독 역량에 있어서 차이가 있다. 마지막으로 적은 예산으로도 효과적인 교육이 가능하다는 주장이다. 적은 예산으로도 효과적인 교육이 가능한 것은 사실이다. 그러나 적은 예산이 적절한 예산을 의미하지 않는다. 또한 장기적으로 보았을 때 적은 예산은 직원의 낮은 만족도와 잦은 이직, 대상소년에 대한 부실한 급양 등의 문제를 내포하여 부실한 성과로 이어지기 쉽다. 그리고 이는 국가기관에 수용된 소년과 민간기관에 수용된 소년에 대한 '차별'이라는 윤리적 문제를 낳기도 한다.

㉥ 7호 처분: 병원, 요양소 또는 「보호소년 등의 처우에 관한 법률」 상의 소년의료보호시설 위탁

10세 이상의 의료적 처우가 필요한 소년에게 병원이나 요양소에 위탁하거나 소년의료보호시설에 위탁하는 처분이다. 기간은 6개월이고 1회 연장이 가능하다. 정신질환이 있거나 약물남용과 같이 의학적인 치료와 요양이 필요한 경우에 행해진다.

신체질환 또는 정신질환 유무에 따라 행해지는 처분이므로 소년에 대한 철저한 심리검사와 객관적인 자료에 의하여야 한다. 국가와 지방자치단체가 비용을 부담하는 대전 의료소년원과 청소년복지재단 마리스타의 집을 제외하고는 상당한 비용의 지출이 수반되므로 보호자가 비용을 부담할 경제적 능력이 있는지 여부를 확인하여야 한다. 다만 보호자가 없거나 보호자가 비용을 부담할 능력이 없는 경우에는 비용의 전부 또는 일부를 국가에서 부담할 수 있다.

〈BOX 19〉 비용의 국가부담 기준

〈소년보호절차에 관한 예규〉 제6조 ②

월 평균수입이 100만원 미만인 사람
국민기초생활 보장법에 따른 수급자
국가유공자 등 예우 및 지원에 관한 법률에 의한 국가유공자와 그 유족
한부모가족지원법에 따른 보호대상자인 모자가족 및 부자가족의 모 또는 부
그 밖에 감호에 관한 비용을 부담할 경제적 능력이 없는 사람

㈚ 8호 처분: 1개월 이내의 소년원 송치

10세 이상의 소년에 대하여 1개월 이내 기간 동안 소년원에 수용하여 보호 및 교육을 받도록 하는 시설 내 처분이다. 단독처분이지만 5호 처분(장기보호관찰)과 병합할 수 있다. 소년원 수용 경험이 없는 소년을 대상으로 시설 내에서 집중교육을 실시함으로써 사회생활의 단절을 최소화하고 보호관찰의 실효성을 높이기 위하여 도입되었다.

8호 처분의 효과에 대해서는 한영선의 연구가 대표적이다. 한영선은 8호 처분의 효과를 알아보기 위하여 성향점수매칭Propensity Score Matching 방법을 사용하여 분석하였다. 성향점수매칭 분석방법은 선택편향Selection Bias의 문제를 해결하기 위한 방법이다(이인우, 정양헌, 박창귀, 오영환, & 우청원, 2016). 2007년 개정 소년법이 시행된 이후인 2008년부터 2016년 동안에, 이전에는 소년원 경험이 없는 5호 처분자와 8호 처분자 중 성향점수가 같은 대상자를 선별하여 1대1로 매칭하여 분석하였다. 분석 결과, 단독으로 5호 처분만을 하는 것보다 5호에 8호 처분을 병합한 경우에 재범률이 16.6% 감소한 것으로 나타났다.

어떤 요인으로 인하여 5호와 8호 병합처분이 5호 단독처분보다 재범률이 16.6% 감소하는지는 명확히 밝혀지지 않았으나, 1개월이라는 짧은 기간의 소년원 생활이 낙인은 찍지 않으면서 소년들에게 커다란 경각심을 주어 보호관찰을 잘 준수하도록 하는 것으로 보여진다.

◎ 9호 및 10호 처분: 단기 소년원 송치 및 10호 장기 소년원 송치

9호 처분은 10세 이상, 10호 처분은 12세 이상의 소년에게 부과한다. 단기 또는 장기간 소년원에 수용하여 강제적인 보호 및 교육을 받도록 하는 처분으로 소년의 자유를 제한하는 가장 강력한 처분이다.

적합한 대상으로는 비행경력이 없더라도 비행성향이 심화되어 장기간의 수용, 보호가 필요한 경우, 보호자의 보호능력이 부족하여 이를 개선할 수 없는 경우, 비행내용이 중대한 경우 등이 해당된다.

소년의 자유를 가장 크게 제한하는 처분이므로 판정시 신중을 기하여야 한다.

아래 〈표 32〉는 주거처분의 성격을 비교한 것이다.

〈표 32〉 주거처분 성격 비교

구분	6호 처분	7호 처분	8 · 9 · 10호 처분
운영주체	민간	민간 또는 국가	국가
처분의 기본 성격	복지적 접근	의료적 접근	사법적 접근
처분 근거	보호필요성	육체 및 정신건강	보호필요성
대상자 비행력	관계없음	관계없음	관계있음
대상자 연령	저연령	연령 무관	연령 무관 (10호: 12세 이상)
시설의 보안단계	경구금	경구금 (소년의료보호시설)	중구금
교육과정 운영토대	친밀성	개별성	합법성

㉧ 부가처분

부가처분은 3가지 종류가 있다. ⓐ 3월 이내의 대안교육명령 또는 상담교육명령, ⓑ 1년 이내의 야간 외출제한명령, ⓒ 보호자특별교육명령이 그것이다. 부가처분은 단독처분이 아니므로 단독으로 부과될 수 없음은 당연하다.

3월 이내의 대안교육명령 또는 상담교육명령과 1년 이내의 야간 외출제한명령은 보호관찰처분(4호 및 5호)에 부과되는 것이지만 보호자특별교육명령은 보호관찰처분뿐만 아니라 다른 처분에도 부과하는 것이 가능하다. 그러나 「소년법」 제32조의2의 규정에 의하면 교육을 받는 장소가 '소년원, 소년분류심사원 또는 보호관찰소 등'으로 되어 있으므로 소년원 송치처분 또는 보호관찰처분을 하는 경우라고 해석하는 것이 타당할 것이다.

■ 3월 이내의 대안교육명령 또는 상담·교육명령

보호관찰(제4호 또는 제5호)과 함께 소년보호기관에서 대안교육을 받거나, 지역사회의 상담·선도·교화와 관련된 단체나 시설에서 상담·교육을 받도록 하는 명령이다.

100시간 이내의 수강명령(2호)에 비해 엄격하고 체계적으로 교육을 할 수 있다는 장점이 있다. 심리 결과 수강명령보다 좀 더 강도 높은 교육이 필요한 것으로 보이는 경우에 사용되며, 특히 상담·교육명령은 ① 우울, 불안 등의 정서적 문제, ② 분노조절, 충동조절의 어려움, ③ 가족 구성원 사이의 갈등, 가정폭력 등의 경험 등의 원인으로 비행을 저지른 소년에게 적합하다.

■ 야간외출제한명령

보호관찰(제4호 또는 제5호)과 함께 1년 이내의 기간 동안 야간 등 특정시간에 외출을 제한하는 명령이다. 실무상 오후 10시부터 익일 오전 5시까지 외출을 제한한다. 소년이 야간에 외출하여 비행을 범한 경우 야간 시간대에 외출을 제한하는 방법으로 환경을 조정함으로써 재범방지를 달성하려는 조치이다. 야간외출제한명령도 신체의 자유를 일부 제한하는 측면이 있고, 야간외출 여부를 확인하기 위하여 불시에 전화 확인을 하는 과정에서 동거 가족에게 고통을 준다는 점에서 신중을 기하여야 한다. 또한 소년이 가출을 하는 이유가 가정폭력 등의 이유라면 야간외출제한이 부적절할 수 있으므로 야간시간 외출의 원인을 파악하는 것이 중요하다.

■ 보호자특별교육명령

보호처분 대상자의 보호자에게 소년의 보호 및 교육을 위해 일정 기간 특별교육을 받도록 하는 명령이다. 소년이 범한 비행의 책임을 보호자에게로 확대하여 처벌 등 책임을 지우고자 하는 것이 아니라는 점이 중요하다. 소년의 건전한 성장을 돕기 위해서는 보호자의 협조가 절대적으로 중요하기 때문에 그에 필요한 교육을 받게 하는 것이다. 보호관찰처분이나 소년원 송치처분을 할 때에 부가하여 처분하는 것이 일반적이지만, 1호 처분을 하는 경우에도 가능하다. 이 경우에는 법원에서 집행을 하게 된다. 그러나 수강명령과 관련하여 전문성을 확보하고 있는 기관에서 집행하는 것이 타당하므로 보호관찰처분 또는 소년원 송치처분을 하는 경우에 부가하는 것이 일반적이다.

적합한 대상은 소년의 양육환경 등을 조사한 결과 보호자의 훈육방법 등에 문제가 있어 보이는 경우(예: 지나친 체벌 위주의 훈육 등), 보호자와 소년 사이에 적절하고 친밀한 관계가 형성되어 있지 않고 보호자가 무관심한 경우, 보호자에게 알코올 남용이나 폭력적인 성향 등의 문제가 있어 보이는 경우, 소년의 문제가 가정환경에 있고, 부모의 자녀교육에 대한 인식의 제고와 소년과 부모와의 원활한 소통이 필요한 경우 등이다. 유의할 점은 보호자는 현재 소년을 감호하고 있는 자이나 조부모, 부모 등으로 다양하므로 교육을 받을 보호자를 특정하지 않고 단순히 보호자특별교육명령을 할 경우 교육의 효과를 기대하기 곤란하다. 따라서 훈육방법 등에 문제가 있는 보호자를 특정하는 것이 바람직하다.

(6) 분류심사결과통지서의 작성 및 통보

분류심사결과통지서(이하 '분류심사서'라 한다)[51]는 모든 조사와 검사 결과를 취합하여 분류심사관이 작성한다. 법원 소년부 판사가 보호처분결정을 함에 있어 분류심사관의 처분 의견에 구속받는 것은 아니지만, 소년분류심사원에서는 1월 내외의 기간 동안 소년을 계속적으로 관찰하고, 전문지식과 기술에 근거한 조사 및 판정을 거쳐 처분의 지침을 작성하는 것이므로 분류심사서는 소년사건의 심리와 처분에 있어서 매우 중요한 자료가 된다. 분류심사서가 작성되면 소년분류심사

51 분류심사서 양식은 붙임자료를 참고하기 바란다.

원장은 이를 법원 소년부에 통지하여야 한다(「보호소년 등의 처우에 관한 법률」 제27조 1항).

소년분류심사원장은 소년에 대한 보호처분이 결정되면 그 소년의 분류심사 결과 및 의견, 상담 조사 결과 및 의견을 지체 없이 그 처분을 집행하는 소년원이나 보호관찰소에서 정보시스템으로 열람할 수 있도록 통지하여야 한다(같은 조 제2항). 분류심사서는 1차적으로 법원 소년부 판사가 최선의 판단을 할 수 있도록 돕기 위한 것이지만 소년의 교정에 대한 지침을 제시하는 것이므로 소년의 처우를 집행하는 보호관찰소와 소년원에서도 사용하는 중요한 자료가 되기 때문이다.

4 심리

심리는 법원 소년부 판사가 심리기일에 소년과 보호자, 참고인 등을 직접 면접하여 조사하는 절차이다. 법원 소년부 판사는 송치서와 조사관의 조사보고에 따라 사건에 대한 심리를 개시할 수도 있고, 불개시 결정을 할 수도 있다. 심리가 개시되면 심리 결과에 따라 소년부 판사는 크게 4가지의 결정을 하게 된다.

① 보호처분(법 제32조 제1항)

② 불처분(법 제29조 제1항)

③ 검사에의 송치(법 제7조 제1항, 2항, 제49조 제2항)

④ 법원으로의 이송(법 제51조)

1) 심리시 참여자

소년보호절차는 「소년법」을 중심으로 국가기관 및 사인이 참여하여 비행소년의 건전한 성장을 돕는 목표를 달성하기 위한 것이다.

소년보호절차에 관계하는 기관을 단계적으로 구분하여 본다면 우선 비행소년을 발견하여 법원 소년부로 보내는 기관으로는 경찰서장, 검사, 법원, 보호자 등이 있다.

다음으로 보호사건의 조사단계에 관여하는 기관으로는 소년분류심사원과 보호관찰소가 있다. 그 밖에도 소년의 감호에 관한 임시조치에 의하여 소년을 위탁 받은 보호자, 학교장, 병원 등이 있다.

심리에 관여하는 기관 또는 사람으로는 판사, 소년, 보조인, 피해자가 있다.

끝으로 보호처분의 결정에 따라 집행단계에 관여하는 기관으로는 소년원과 각종 소년보호단체, 사찰, 교회, 병원, 기타 요양소, 보호자 기타 적당한 자 등이 있다. 여기서는 심리에 참여하는 판사, 소년, 보호자, 보조인에 대해서 살펴본다.

(1) 판사

소년에 대한 심리를 담당하는 기관이 법원 소년부이며, 법원 소년부 판사는 소년보호절차에 있어서 조사와 심리, 처분의 결정을 하는 가장 중추적 역할을 하는 기관이다. 소년보호사건은 법원 소년부의 단독판사가 담당한다.

법원 소년부 판사는 소년보호사건의 직접 당사자로서 전체적인 절차를 주재하는 지위에 있다. 따라서 판사는 심리를 주재할 때 친절하고 온화하게 하여야 한다(법 제24조).

(2) 검사

우리나라는 검사선의주의를 채택하고 있으므로 검사의 역할이 클 것으로 생각되지만 실상 검사의 역할은 매우 제한적이다. 소년사건을 법원 소년부에 송치하는 역할을 하고나면 더 이상 검사는 보이지 않는다. 즉, 검사의 주된 역할을 피의사건을 수사한 결과 보호처분에 해당하는 사유가 있다고 인정한 때에는 사건을 관할 소년부에 송치하는 것이다(법 제49조 제1항).

그러나 검사가 보이지 않는다는 것이 가지는 의미는 매우 크다. 검사의 부존재는 우리 소년보호제도의 핵심이라고 할 수 있다. 검사의 역할은 공소를 유지하고, 처벌을 요구하는 것이다. 이러한 검사가 존재하지 않는다는 것은 소년에게 잘못의 책임을 묻지 않고 오직 소년의 건전한 성장을 돕는다는 것과 사회방위를 철저히 배제한다는 것을 천명한 것이라고 할 수 있다.

(3) 소년

지금까지 소년은 심판의 당사자라기보다는 심리의 객체로 취급되고 있다. 그러나 이는 부당하다. 「소년법」의 개정으로 「소년법」의 목적이 소년의 건전한 육성에서 소년의 건전한 성장을 돕는 것으로 변경되었다. 「소년법」의 목적 변경에 따라 소년의 지위 역시 심리의 객체에서 심리의 주체로, 협력자로 지위가 바뀌었다. 소년을 단순히 객체로 파악해서는 자기주도적인 범죄 극복은 불가능하기 때문이다.

소년보호절차는 소년의 건전한 성장을 위한 것이므로 소년의 의견을 듣고, 소년이 납득하는 것이 무엇보다 중요한 일이다. 그러므로 소년이 출석하여 심리에 참여하는 것은 당연하다. 그러나 필요한 경우에는 소년의 퇴장을 명할 수 있다(법 제25조). 소년의 퇴장을 명하는 것은 조사관, 보호자 및 보조인이 심리에 관하여 의견을 진술할 경우 필요하다고 인정하는 경우인데, 예를 들어서 보호자 등이 소년에게 비밀로 하여야 할 출생의 비밀이나 질병 등에 대한 진술을 하는 경우나, 판사가 보호자의 훈육방식의 문제점 등을 언급하여 소년이 불필요하게 오해할 수 있는 경우를 상정할 수 있다.

(4) 보호자

보호자란 소년에 대하여 법률상 감호 교육을 할 의무가 있는 자와 소년을 현재 감호하는 자를 말하는데 전자를 법률상 보호자, 후자를 사실상 보호자라고 한다.

「소년법」상 보호자는 소년보호 사건의 조사와 심리 절차에서 대상소년의 이익을 옹호하고 그를 대변하는 지위를 가진다. 보호자는 심리기일에 출석할 수 있고, 소년부 판사에게 심리기일의 변경을 청구할 수 있으며 의견진술권, 보조인 선임권 및 취임권, 국선보조인 선정 신청권, 항고권 및 재항고권, 각종 통지를 받을 권리 등을 가진다.

보호자는 소년에 대한 국가적 보호 활동에 있어서 협력자로서의 지위도 가지고 있다. 보호자는 직접 대상소년을 직접 관할 소년부에 통고할 수 있고, 조사 심리 중에는 대상 소년을 임시조치에 따라 위탁받을 수 있으며, 보호처분 실시 단계에서도 소년을 위탁받아 보호할 수 있다. 부양 의무가 있는 보호자는 소년이 「소년법」 제18조 제1항 제1호 및 제2호의 조치에 관한 결정이나 제32조 제1항 제2호, 제6호, 제7호에 따른 처분을 받은 경우 그 감호에 관한 비용의 전부 또는 일부를 지급할 의무도 진다.

또한 보호자는 조사의 대상이 되기도 한다. 소환 동행 등 강제 절차에 응할 의무를 가지고 있다. 그 밖에도 보호자는 법원 소년부의 처분의 대상이 되기도 한다. 소년원, 소년분류심사원 또는 보호관찰소 등에서 실시하는 소년의 보호를 위한 특별 교육을 받을 수도 있다

(5) 보조인

소년 및 보호자는 보조인을 선임할 수 있다. 보조인은 형사재판에서 변호인과 같은 역할을 한다. 1994년 대법원 판례(대법원 1994.11.5. 선고 94트10 판결 【보호처분결정에대한재항고】, 1994)에 의하면 소년보호사건에 있어서 보조인은 보호절차가 갖는 행정적 또는 복지적 성격과 사법적 성격의 양면성으로 인하여 보호소년에 대한 보호처분이 적절하게 이루어지게 하기 위한 협력자의 지위도 아울러 가지지만 실질적이고도 가장 중요한 기능은 절차상으로 보호소년의 이익을 변호하는 역할이라고 판시하였다. 보조인의 지위와 역할에 대해서는 아래에서 자세히 살펴본다.

소년법원은 검사가 참여하는 형사재판과 같은 쟁송구조가 아니기 때문에 변호사 자격이 필요하지 않다. 따라서 변호사가 아니더라도 보조인이 될 수 있다. 다만 변호사 아닌 사람이 보조인이 되고자 할 때는 법원 소년부의 허가가 필요하다. 이때 보조인으로 보호자가 될 수 있는지가 의문이다. 실제 보호자가 보조인 신청을 하여 보조인으로 선임된 사례가 있다. 보조인으로 선임되면 기록 열람권, 심판정에서의 의견 진술권, 보호처분 결정에 대한 항고권 등 폭넓은 권리가 인정될 뿐만 아니라 소년이 소년분류심사원에 위탁되어 있다면 보호자 면회가 아니라 보조인 접견권 등이 제공되기 때문이다. 「소년법」 제17조는 보호자가 판사의 허가를 받아 보조인을 선임할 수 있다고 규정하고 있다. 이는 보호자가 타인을 보조인으로 선임하라는 규정이지 자신을 보조인으로 선임하라는 의미는 아니다. 또한 보호자와 보조인의 역할이 다르므로 보호자가 보조인의 역할까지 겸하는 것은 법의 취지에 맞지 않다. 무엇보다 중요한 것은 소년이 소년분류심사원에 위탁된 경우 사선보조인을 선임하지 않으면 국선보조인을 선임받게 되는데, 보호자가 보조인이 된다면 국선보

조인을 선임받을 수 있는 기회를 상실하게 된다. 이는 소년의 이익에 반한다.

보조인은 누가 선임했는지에 따라 사선보조인과 국선보조인으로 구분되지만 권한과 역할에 대해서는 차이가 없다.

① 보조인의 권한

보조인에게는 심리에 출석할 수 있는 권한이 있다. 그 외에도 기록 열람권, 심판정에서의 의견 진술권, 보호처분 결정에 대한 항고권 등 폭넓은 권리가 인정된다. 기록 열람권의 대상에는 법률 기록뿐만 아니라 사회 기록도 포함된다. 따라서 법원 조사관의 기록뿐만 아니라 분류심사관의 기록도 열람할 수 있다. 보조인의 권리가 침해되면 그것은 위법에 해당된다. 예를 들어서 보조인의 심리 출석권이 침해된 경우에는 원결정을 파기하는 효과가 발생한다.

〈BOX 20〉 보조인의 고유권을 침해한 결정의 효력에 관한 판례

대법원 1994. 11. 5. 선고 94트10 판결【보호처분결정에대한재항고】

【판시사항】

소년보호사건에 있어서 심리기일의 통지를 하지 아니하여 보조인이 출석하지 아니한 채 심리를 종결한 후 고지한 보호처분결정의 효력

【판결요지】

소년보호사건의 보조인도 형사소송의 변호인과 마찬가지로 보호소년이 가지는 권리를 행사하는 외에 독자적인 입장에서 보호소년의 이익을 옹호하는 고유의 권리를 가진다고 할 것인데, 보조인에 대한 심리기일의 통지를 하지 아니하여 보조인이 출석하지 아니한 채 심리를 종결하고 보호처분의 결정을 하였다면 그러한 절차상의 위법은 위와 같은 보조인의 고유의 권리를 부당하게 제한하는 것이 되므로, 가사 보호소년이나 그 보호인이 심리기일에 이의를 제기하지 아니하였다 하더라도 그 하자가 치유되어 보호처분의 결정에 영향을 미치지 아니한다고 볼 수는 없어, 그 보호처분결정은 취소되어야 마땅하다.

② 보조인의 지위와 역할

보조인은 누군가를 보조하는 것이다. 그렇다면 보조인은 소년보호절차에서 누구를 보조하여

야 하는가? 당연히 소년을 보조하는 것으로 생각되지만 '필요적 국선보조인 제도'가 생기면서 매우 복잡한 양상이 되고 있다. 사선보조인은 소년 또는 보호자가 선임하므로 소년을 보조하는 것이 명확하다. 그러나 국선보조인은 법원이 임명하기 때문에 국선보조인은 소년보호절차에서 판사를 위하여 일을 하는 것인지 아니면 소년을 위하여 일을 하여야 하는지 양자 사이에서 역할 갈등을 겪을 수 있다.

지금까지 보조인의 역할은 소년보호절차가 사법적 기능과 복지적 기능을 함께 가지고 있기 때문에 보조인은 소년의 권리를 옹호하는 (1) '변호인적 역할'과 법원 소년부에 협력하는 (2) '협력자로서의 역할'을 함께 가진다고 이해되어 왔다. 변호인적 역할은 소년보호절차가 공정하고 적법하게 진행되는지 여부를 감시하고, 심리절차에서 소년의 권리가 침해되지 않도록 하는 것이다. 그리고 협력자적 역할은 법원 소년부가 소년의 건전한 성장을 위해 가장 적절하고 유효한 조치를 취하는데 협력하는 역할을 말한다. 여기서 변호인적 역할은 소년을 위한 역할을 의미하고, 협력자적 역할은 판사를 위한 역할로 이해될 수 있다. 이런 이율배반적인 성격이 가능한 것은 소년보호제도의 목적이 소년의 건전한 성장을 돕기 위한 것이기 때문이며, 따라서 보조인이 소년의 건전한 성장을 고려하지 않고 오로지 가벼운 처분만을 요구하는 것은 그러한 역할에 반한다고 본다. 따라서 이 견해에 의할 경우 보조인은 소년의 이익을 위하여 소년원 송치가 필요하다고 생각되는 경우에는 비록 그것이 소년의 의사에 반한다 하더라도 그러한 취지의 의견을 판사에게 진술하여야 한다고 본다(법원행정처, 2014, p.118).

그러나 이러한 논리에 따를 경우 보조인이 소년의 의사에 반하는 활동을 하게 되어, 소년과의 신뢰 관계를 구축할 수 없게 되는 커다란 단점이 있다. 이러한 비판에 대하여 일본에서는 최근에 보조인의 역할과 관련하여 (3) '소년의 파트너로서의 역할'을 해야 한다는 견해가 있다(카와이데 토시히로, 2016). 소년의 파트너란 보조인이 법원 소년부뿐만 아니라 보호자와의 관계에서도 소년의 입장에 서서 소년의 주체성을 존중하며 원조하는 자라는 것을 의미하는데, 종전의 논의의 틀에서 본다면 기본적으로 보조인은 변호인적 역할을 담당하는 것이 된다.

생각하건대 보조인은 소년의 파트너로서 역할을 하여야 한다는 데 동의한다. 보조인의 역할은 어디까지나 소년의 이익을 도모하는 데 있으며 법원 소년부를 위한 것이 아니다. 그런데 문제는 무엇이 소년의 이익을 위한 것인가 하는 것이다. 소년보호제도에서 보호처분은 소년의 이익을 위한 것이기 때문이다. 그리고 이러한 보호처분은 단기간에 성과가 나타나는 것이 아니라 소년의 성숙을 기다려서 평가해야 하는 측면이 있기 때문에 문제를 더욱 어렵게 한다. 따라서 보조인은 법원 소년부의 조사, 심리와 병행하여 보호필요성 판단을 위한 자료를 수집하여 판사에게 제공할 뿐만 아니라 소년의 개선 교육을 위하여 소년에게 적극적으로 관여하는 등의 케이스워크적인 활동을 하기도 하여야 한다. 보조인이 최선이라고 생각한다면 법원 소년부의 보호처분을 받아들이도록 소년을 설득할 필요도 있다. 따라서 보조인은 번호사보다는 상담학, 심리학 등을 전공한 전문가가 수행하는 것이 보다 더 적합하다고 할 수 있다.

그렇다면 만약 보조인의 설득에 소년이 응하지 않는 경우는 어떻게 하여야 하는가? 사선보조인은 소년의 의사에 따라 활동할 수밖에 없을 것이다. 그러나 국선보조인이라면 소년의 이익을 위하여 자신의 전문 지식을 활용하여 끝까지 소년을 설득하는 것이 바람직하다. 그러나 심리 과정에 임해서는 소년의 의사에 반하는 의견을 개진해서는 안 된다고 생각한다. 보조인이 소년의 파트너로서 기능하게 된다는 점에서 보조인은 소년을 위한 보조라는 지위를 넘어 소년보호절차의 중요한 참여자가 될 수 있다.

2) 심리 개시결정

법원 소년부 판사는 송치서, 통고서, 조사관의 조사보고에 따라 사건을 심리할 필요가 있을 때에는 심리 개시 결정을 하여야 한다(법 제20조 제1항). 사건을 심리할 필요가 있는지 여부는 송치서 등과 조사관의 조사보고에 의하여 판단한다.

(1) 심리개시결정의 요건

한국소년법학회는 심리개시결정을 하기 위해서는 심리의 필요성과 가능성이 있어야 한다고 한다(한국소년법학회, 2006, pp. 237-238). 그러나 「소년법」 제20조 제1항은 심리할 필요가 있다고 인정하면 심리 개시 결정을 한다고 규정하고 있다. 따라서 심리의 가능성 여부가 심리개시결정의 요건은 아니라고 본다. 심리의 필요성은 심리능력, 심리조건, 비행사실(우범사유) 존재 및 보호의 필요성이 인정될 개연성이 있어야 한다는 것이 통설이다(법원행정처, 2014, p.202). 소년에게 심리능력이 결여된 경우, 비행사실이 존재하지 않는 경우, 보호필요성이 인정될 개연성이 없는 경우는 심리불개시결정을 하여야 한다. 이와 같은 결정은 조사관이 할 수 없고, 판사만이 할 수 있다. 따라서 종국결정이 아니라는 점에서 중간결정에 지나지 않지만 실무상 독립된 결정서를 작성한다(법원행정처, 2014, p. 201). 심리개시결정은 심리개시결정 등본을 첨부한 통지서의 송부로 하며, 통지서에는 심리개시 사유의 요지와 보조인을 선임할 수 있다는 취지가 포함되어야 한다.

(2) 효력

① 공소시효의 정지

「소년법」 제54조에서 심리개시결정이 있었던 때로부터 그 사건에 대한 보호처분의 결정이 확정될 때까지 공소시효가 정지된다고 규정하고 있다. 공소시효가 문제되는 경우가 있기 때문에 입법적으로 이를 해소하기 위한 것이다. 법원 소년부에서 보호처분을 결정하는 때에는 공소시효는 문제될 것이 없다. 그러나 송치 또는 통고된 사건을 심리한 결과 사건의 본인이 19세 이상인 경우에 사건을 검사에게 송치할 수 있고(법 제7조), 또한 보호처분을 받은 소년이 보호처분 당시 19세 이상인 것으로 밝혀져서 이를 취소하고 검사에게 사건을 송치하는 경우(법 제38조 제1항)가 문제된다. 이와 같은 경우에는 검사의 공소제기가 필요하므로 그 사건이 법원 소년부에 계속되어 있는 기간 동안 공소시효의 진행을 정지할 필요가 있기 때문이다.

> 〈소년법〉
>
> 제54조(공소시효의 정지) 제20조에 따른 심리 개시 결정이 있었던 때로부터 그 사건에 대한 보호처분의 결정이 확정될 때까지 공소시효는 그 진행이 정지된다.

② 그 밖의 효력

심리개시결정이 있으면 다음과 같은 효력이 추가로 발생한다. 소년부 판사는 심리기일을 정하고, 사건본인과 보호자를 소환하여야 한다. 보조인이 선임된 경우에는 보조인에게 심리기일을 알려야 한다(법 제21조). 심리개시 결정이 있으면 보조인은 소년부 판사의 허가를 받지 않고 소년보호사건의 기록과 증거물을 열람할 수 있는 권한이 발생한다(법 제30조의2 단서).

(3) 심리개시결정의 취소

법원 소년부 판사의 심리개시결정이 부당하다고 하더라도 이에 대해서 항고할 수 없다. 「소년법」은 제32조에 따른 보호처분의 결정과 제32조의2에 따른 부가처분의 결정에 대해서만 항고할 수 있도록 규정하고 있기 때문이다.

그러나 소년부 판사는 심리개시결정 후에도 심리가 개시되기 전에는 언제든지 결정으로 이를 취소할 수 있다(규칙 제22조). 판단은 소년부 판사의 재량에 맡겨져 있다. 심리개시결정을 취소하는 대표적인 사유는 소년의 소재불명, 사망 등이다.

일단 심리가 개시된 경우는 심리 도중에 보호처분을 할 필요가 인정되는 경우에는 개시결정을 취소할 수 없고, 불처분 결정을 하여야 한다. 다만, 심리 중에 소년이 10세 미만인 것이 밝혀진 경우에는 심리개시결정을 취소하고 심리불개시결정을 하여야 한다(규칙 제42조 제1항).

〈소년심판규칙〉

제22조(심리 개시 결정의 취소) 심리 개시 결정은 법 제23조에 따른 심리가 개시되기 전까지 결정으로써 이를 취소할 수 있다.
제42조(10세 미만자에 대한 처분) ① 소년부 판사는 심리 중에 소년이 10세 미만인 것이 밝혀진 경우에는 그 심리 개시 결정을 취소하고 심리 불개시 결정을 하여야 한다.

3) 화해권고

우리 「소년법」은 2007년 개정으로 소년의 품행을 교정하고 피해자를 보호하기 위하여 필요하다고 인정하면 소년에게 피해 변상 등 피해자와의 화해를 권고할 수 있고 소년이 그 권고에 따라 피해자와 화해하였을 경우에는 보호처분을 결정할 때 이를 고려할 수 있도록 명문의 규정을 두었다(법 제25조의3, 제1항, 제3항). 새로운 제도를 도입한 것이다.

화해 권고는 회복적 정의restorative justice의 이념을 실현하기 위한 제도로 도입되었으나 충분하다고 할 수 없다. 회복적 정의는 단순히 금전적인 배상 등을 목적으로 하는 제도가 아니라 가해소년과 피해자 사이의 갈등을 해소하고 상처를 치유함으로써 피해자와 가해소년의 회복과 성장, 지역사회의 회복을 위한 제도이다. 그러나 「소년법」 제25조의3에서 "소년부 판사는 소년의 품행을 교정하고, (중략) 필요하다고 인정하면 소년에게 피해 변상 등 피해자와의 화해를 권고할 수 있다"고 규정함으로써 「소년법」상 화해권고가 피해자와의 관계회복이 아니라 단순히 범죄소년의 품행을 교정하기 위한 '수단' 또는 피해 변상을 위한 '수단'으로 이해될 수 있기 때문이다.

(1) 대상 사건의 선정

법원 소년부 판사는 필요하다고 인정하면 보호처분을 하기 전까지는 언제든지 소년에게 피해자와의 화해를 권고할 수 있다(규칙 제26조의2, 제1항). 김용세(2012)는 모든 사건에 대하여 화해권고를 하는 것은 아니라고 하면서 우범소년의 경우는 피해자를 특정할 수 없으므로 화해권고의 대상은 범죄소년과 촉법소년에 한정된다고 한다(김용세, 2012, p.263). 그러나 우범소년에 대해서는 피해자는 없으나 보호자와의 갈등이 깊으므로 화해의 절차가 더 필요하다고 보아야 한다.

실무상 모든 사건에 대하여 화해권고 절차를 적용할 수 없으므로 화해권고에 적합한 사건을 선정하여야 한다. 법원 행정처는 화해권고 대상 사건으로 형식적 요건과 실질적 요건을 다음과 같이 규정하고 있다(법원행정처, 2014, p.258).

첫째, 피해자가 있는 사건이어야 한다.

둘째, 소년과 피해자가 화해권고에 동의한 사건이어야 한다.

셋째, 사실관계가 분명하고 가해소년이 범죄 사실을 시인하는 사건이어야 한다.

위의 요건이 충족되면 법원 소년부 판사는 사건의 유형에 관계없이 화해권고를 할 수 있다. 그러나 법원행정처가 제시하고 있는 화해 권고 대상 사건은 화해권고사건을 선정하는 데 실질적인 도움이 되지 못하는 것으로 보여진다.

먼저 첫 번째 요건인 피해자가 있는 사건이어야 한다는 의미가 모호하다. ① 약물범죄 등과 같은 '피해자가 없는 범죄'는 화해권고 대상이 되지 않는다는 의미인지, ② 단순히 피해자가 없는 사건인지가 불분명하다.

먼저 ①의 경우, 즉 오랫동안 유해화학물질을 남용해온 경우라면 해당 소년과 소년의 보호자는 부정적인 상호작용을 통하여 불신과 분노가 누적되어 있을 것이므로 화해, 용서 등의 과정이 필요할 것으로 생각된다. 따라서 이 경우는 화해권고의 대상이 되어야 한다.

그리고 ②의 의미대로 실제 피해자가 없는 사건이라면 「소년법」에서는 우범사건을 의미하는 것으로 이해하여야 한다. 우범사건의 경우 집단적으로 몰려다니는 성벽이 있거나 정당한 이유 없이 가출하는 등 보호자와의 갈등이 큰 경우가 많을 것으로 추정된다. 따라서 이 경우에도 소년과 보호자의 갈등해결을 위한 화해의 절차가 필요할 것으로 생각된다.

두 번째 요건인 당사자의 서면에 의한 동의가 있어야 한다는 것도 문제가 있어 보인다. 먼저 이는 화해권고에 필요한 절차일 뿐 대상 사건 선정의 기준이 아니기 때문이다. 이를 그대로 해석하면 '모든' 소년사건에 대하여 화해권고에 동의할지를 먼저 물어보고, 동의하면 화해권고의 대상이 된다는 의미가 된다. 그러나 이는 부당하다. 먼저 전체 소년사건 중에서 적합한 사건을 선정한 이후에 당사자와 접촉하여 당사자의 동의를 받아야 하기 때문이다. 즉, 법원 소년부는 먼저 화해권고 대상 사건을 선정한 이후에 법원사무관 또는 화해조정위원이 소년 및 피해자와 접촉하여 화해권고절차에 참여할지 여부를 확인하는 과정에서 동의서를 받아 절차를 진행하여야 한다. 따라서 두 번째 요건도 화해권고의 필요적 절차를 대상 사건 선정의 기준으로 오해한 것이어서 이 또한 실질적인 대상 사건 선정요건이 될 수 없다.

세 번째 요건인 사실관계가 분명하고 가해 소년이 범죄 사실을 시인하는 사건이어야 한다는 요건도 유명무실한 기준이라고 할 수 있다. 해당 소년이 범죄 사실을 시인하지 않거나 사실관계가 불분명한 사건은 검찰단계에서부터 법원 소년부에 송치하여서는 안 된다. 법원 소년부는 범죄사실을 다투지 않기 때문이다.

생각하건대 회복적 정의restorative justice는 가해자와 피해자의 관계 회복, 지역사회의 책임을 목적으로 하는 사법 철학이다. 관계의 회복이 필요로 하는 사건이 화해 권고의 대상 사건이 되어야 한다. 화해권고에 적합한 사건은 '피해자와 가해자의 관계 회복이 필요하여 법원 소년부 판사가 화해권고절차에 회부함이 상당하다고 판단되는 사건'으로 폭넓게 이해하는 것이 바람직하다고 생각한다.

(2) 화해권고의 주체

화해권고는 법원 소년부 판사가 직접 담당할 수도 있고 또는 화해권고위원을 위촉하여 담당하도록 할 수 있다(규칙 제26조의3). 화해권고위원으로는 갈등 해결에 전문적인 소양과 능력이 있거나 법학, 심리학, 교육학, 정신의학, 보건간호학, 사회복지학, 가족치료학, 상담학, 가족관계학 그 밖에 소년보호사건과 연관된 분야에서 전문적인 지식과 경험이 있는 사람 중에서 위촉한다(규칙 제2조의4). 소년부 판사가 담당할 때는 단독으로 진행을 하지만 화해권고위원으로 하여금 화해를 권고하게 하는 경우에는 각 사건마다 2인 이상의 화해권고위원을 지정하여야 한다.

그러나 누가 화해권고를 담당할 것인지는 매우 중요한 문제이다. 피해자는 이미 깊은 상처를 가지고 있고, 쉽게 제2의 피해를 입을 수 있다. 따라서 화해권고는 오랜 기간의 경험을 가지고 있는 전문가가 담당하여야 한다. 한편, 화해는 비교적 장기간의 시간이 소요될 수 있으므로 개인보다는 '전문기관'이 담당하는 것이 보다 더 적합하다. 이에 대해서는 제4편 소년법과 관련된 주요 논쟁 부분에서 좀 더 살펴본다.

(3) 화해권고의 진행

화해권고기일도 심리기일의 일종이므로 화해권고절차에 회부하는 경우에는 심리개시결정을 하여야 한다.

법원 소년부 판사는 화해권고위원으로 하여금 화해권고기일 전에 분쟁의 해결에 관하여 소년, 보호자 및 피해자의 의견을 청취하게 할 수 있다(규칙 제26조의6). 화해권고기일의 원활한 진행과 당사자 의사의 명확한 확인을 위하여 사전에 의견을 청취할 필요가 있는 경우가 많기 때문이다.

화해권고가 진행되는 장소에 관하여 특별한 제한이 없으나 일반적으로 심판정에서 이루어지는 것이 아니라 별도의 화해권고실 또는 준비절차실, 조정실 등을 이용하게 된다. 화해권고의 구체적 절차에 관해서는 특별한 규정이 없다. 따라서 법원 소년부 판사 또는 화해권고위원들이 상당하다고 인정하는 방법으로 절차를 진행하면 된다. 화해권고위원이 진행하게 될 때에 일반적으로 법원 소년부 판사는 소년 보호자 피해자 관계인들의 출석을 확인하고 화해권고 참가 동의서가 제출되었는지 확인한 다음에 참석자를 소개하고, 화해권고 대상을 특정하기 위한 사실관계 고지 등의 간단한 절차를 진행한 다음 퇴실하는 것이 일반적이다(법원행정처, 2014, p.265).

화해권고기일에는 소년, 보호자 또는 피해자 본인이 참석하여야 한다(규칙 제26조의6 제2항). 화해를 위한 것이므로 당연한 규정이다. 다만 특별한 사정이 있을 대에는 소년부 판사의 허가를 받아 대리인이 출석할 수 있도록 하고 있는데(규칙 제26조의6, 제2항 단서), 기일을 변경하여 본인이 참석하도록 하는 것이 타당하다. 여기서 피해자 본인이 참석하여야 한다고 하는 규정과 관련하여 부가적으로 설명할 것이 있다. 피해자 본인의 참석이 강요되어서는 안 된다는 점이다. 화해권고절차에 동의를 하였다고 하더라도 피해자는 언제든지 절차를 임의로 중단할 수 있다. 그리고 피해자는 불안과 두려움을 가지고 있으므로 피해자가 신뢰하는 사람과 동석할 수 있도록 허용하여야 한다.

화해권고절차가 개시되면 판사 또는 화해권고위원은 자유로이 가해소년과 피해자 각자에게 자신의 입장과 의견을 순차적으로 설명할 기회를 주고 충분하게 대화가 이루어지고 나면 사건의 핵심 쟁점과 책임 범위를 정하고 사건으로 인한 피해 회복과 재발 방지를 위한 대책을 마련하는 등 해결책을 모색하도록 한다. 화해권고와 관련하여 알게 된 사항을 누설하여서는 아니 된다(규칙 제26조의6 제3항). 참여자 모두가 진실을 이야기하는 것이 화해권고의 성공에 가장 중요한 요소이며, 이는 비밀이 보장되어야 가능하다.

당사자가 원만하게 합의에 도달하면 화해권고기일 합의문을 작성하고 판사가 이를 확인하여 적절하지 않은 내용이 있을 경우에는 당사자의 동의하에 수정 변경한 다음 절차를 종결한다.

(4) 종료

화해가 이루어지면 법원 소년부 판사는 상당한 기간 이내에 심리기일을 진행하여 보호처분 결정을 하거나 불처분 결정을 한다. 불처분 결정을 할 때 반드시 심리기일을 열 필요가 없는 것은 통상의 경우와 같다. 소년부 판사는 화해가 성립한 경우에 법원사무관 등으로 하여금 그 이행 실태에 대하여 조사하게 하고 지체 없이 그 결과를 보고하도록 할 수 있다(규칙 제26조의8). 화해권고기일에 합의에 이르지 못하게 되면 통상의 소년보호절차에 따라 보호처분을 하면 된다. 비록 합의에 이르지 못한 경우라 하더라도 화해권고위원의 의견서 등을 참고하여 화해를 위한 노력이 인정되는 경우에는 보호처분을 할 때 이를 고려할 수 있고 경우에 따라서는 불처분 결정을 할 수도 있다(규칙 제26조의8 제2항).

4) 심리준비

법원 소년부 판사가 심리개시결정을 하면 심리기일과 심리의 장소를 지정하고, 소년과 보조인에게 심리 출석을 통지하는 등 심판정을 구성하여 심리를 준비하게 된다.

소년보호사건의 심리를 하는 장소를 '심판정'[52]이라고 한다. 현재의 소년보호사건 심리장소는 일반 형사법원의 구조와 매우 유사하다. 즉, 판사가 단독으로 법대 중앙에서 아래를 내려다보고, 소년은 아래에서 판사를 올려다보는 구조이다. 권위적이고 위압적인 분위기가 창출된다. 이는 소년을 대등한 당사자이자 협력의 파트너로 인정하는 소년법의 목적에 적합하지 않다. 이 때문에 초창기 미국 소년법원에서는 원형 탁자에서 심리를 진행하였다.

심리장소에 참석하는 자를 중심으로 심판정이 구성된다. 심판정 구성은 필수 참여자와 임의 참여자로 구분된다. 필수 참여자가 심리기일에 출석하지 않는다면 심리를 할 수 없다(규칙 제24조 제1항). 그러므로 이에 대한 구분은 중요하다. 소년부 판사와 서기, 소년은 필수 참여자이다(법 제23조, 제21조). 조사관, 보호자 및 보조인은 필수 참여자는 아니다. 다만 소년이 소년분류심사원에 임시조치되어 국선보조인이 지정되어 있는 경우에는 해당 국선보조인은 필수 참여자가 된다(규칙 제24조 제2항).

〈소년심판규칙〉

제24조(소년 및 보조인의 출석권) ① 소년이 심리 기일에 출석하지 아니한 때에는 심리를 할 수 없다.
② 법 제17조의2제1항에 해당하는 사건 및 같은 조 제2항에 따라 보조인이 선정된 사건에 관하여 보조인이 심리 기일에 출석하지 아니한 때에는 심리를 할 수 없다.

52 '심판정'의 명칭을 변경할 필요가 있다고 생각한다. 소년보호사건은 소년의 건강한 성장을 돕기 위한 심리를 하는 것이지 심판을 하는 것이 아니며, '심판정'이라는 명칭은 소년으로 하여금 두려움을 갖게 한다. 소년법의 목적을 반영할 수 있는 명칭으로 변경되기를 기대해본다.

5) 심리의 진행

소년보호사건은 개별 소년의 사건에 대해서 비공개로 심리가 진행된다. 심리의 절차는 일반적으로 인정신문, 비행사실의 고지와 소년의 변명 청취, 비행사실의 심리, 보호의 필요성에 대한 심리, 보호자·보조인·조사관 등 관계인의 의견 청취, 종국결정 및 항고에 관한 사항 고지의 순서로 진행된다.

(1) 인정신문

법원 소년부 판사는 심리를 진행할 때 출석한 자가 사건본인인지 확인하여야 한다. 이를 인정신문이라고 한다. 보호처분 결정서 등에는 소년의 성명, 주민등록번호, 직업, 주거, 등록기준지를 기재하여야 하므로(규칙 제2조 제2항) 소년의 심리절차에서도 출석한 자가 사건본인인지를 확인하여야 한다.

(2) 진술거부권의 고지 여부

「소년법」 제10조는 소년부 또는 조사관이 범죄 사실에 관하여 소년을 '조사할 때'에는 미리 소년에게 불리한 진술을 거부할 수 있음을 알려야 한다고 규정하고 있다. 즉 '심리할 때'가 아니라 조사할 때 진술거부권을 고지하도록 하고 있다. 심리절차에도 진술거부권을 고지하여야 한다고 하는 견해가 있으나(법원행정처, 2014, p.235), 조사와 심리는 별개의 절차이므로 심리절차에 이 규정이 당연히 적용된다고 할 수 없다. 비행사실은 그 자체로 보호필요성을 판단할 수 있는 근거이기도 하지만, 심리조건으로서 비행사실이 없으면 심리를 개시할 수 없다. 따라서 심리가 개시되었다는 것은 소년의 조사 결과 이미 비행사실의 존재가 인정된 것이다. 소년법에서 심리시에 진술거부권을 고지하지 않도록 하고 있는 것은 소년을 기망하기 위해서가 아니라 심리시에는 더이상 비행사실을 다투지 않기 때문이다. 진술거부권을 고지하지 않아야 한다는 것은 형사책임을 물을 수 없는 촉법소년과 행위가 범죄를 구성하지 않는 우범소년의 경우에도 마찬가지이다.

또한, 심리를 진행할 때 진술거부권을 고지한다면 소년은 심리가 자신의 범죄사실을 다투는 것으로 오해하여 방어적인 태도를 취하게 될 것이며, 소년부 판사가 소년을 위하여 최적의 처분을 할 것이라는 신뢰를 가지기 어려울 것이다.

따라서 법원 소년부 판사가 심리를 개시할 때 진술거부권을 고지하는 것이 아니라 본 심리의 목적이 전적으로 소년의 건전한 성장을 돕는 것이라는 것과 해당 보호처분이 소년의 장래 신상에 어떠한 영향도 미치지 않는다는 사실을 고지하도록 하는 것을 제안한다.

(3) 비행사실의 고지

「소년심판규칙」 제25조 제1항에서 소년부 판사가 심리를 할 때에는 비행사실의 내용을 고지하고, 그 이익되는 사실을 진술할 기회를 주도록 규정하고 있다. 비행사실의 고지는 심리조건의 존부에 대한 확인 차원에서 한다고 해석하여야 할 것이다. 심리조건이 존재하여 소년심판이 개시된 경우에 비행사실은 소년의 보호필요성에 대한 참고자료가 되는 것이기 때문이다. 그리고 소년에게 이익이 되는 사실을 진술할 수 있는 기회를 주어야 하는데, 중요한 것은 소년과 비행사실에 대해서 다투어서는 안 된다는 것이다. 비행사실의 내용을 단순히 고지하면 족하다. 즉, 비행사실 확인 절차가 소년보호심리에는 포함되지 않는다는 것을 유의하여야 한다.

「소년법」 제26조 및 제27조에 의한 증인신문이나 검증, 압수수색에 대한 것도 보호사건의 성질에 위반되지 않는 한도에서 준용하도록 하고 있다. 즉 소년의 보호필요성을 확인, 판단하기 위하여 「형사소송법」의 절차를 준용하는 것이다.

5 종국결정

소년보호사건에 대한 조사와 심리 과정에서 이루어지는 결정에는 중간결정과 종국결정이 있다. 결정은 모두 소년부 판사에 의하여 이루어지지만 소년부의 심리절차를 종결시키는지 여부에 따라 중간결정과 종국결정으로 나누어진다.

중간결정은 임시조치의 결정(법 제18조), 심리개시 결정(법 제20조) 등이 있다. 그리고 종국결정에는 심리불개시결정(법 제19조), 검사송치결정(법 제7조 및 제49조 제2항), 불처분결정(법 제29조 1항), 형사법원이송결정(법 제51조), 보호처분결정(법 제32조)이 있다.

1) 심리불개시결정

법원 소년부 판사는 송치서와 조사관의 조사보고에 따라 사건의 심리를 개시開始할 수 없거나 개시할 필요가 없다고 인정하면 심리를 개시하지 아니한다는 결정을 하여야 한다(법 제19조 제 1항). 심리불개시의 결정은 사안이 가벼워 보호처분을 할 필요가 없거나(법 제19조 제2항), 소년의 심리가 분명하지 않아서 심리를 할 수 없는 경우(법 제19조 제3항)에 한다.

심리불개시결정은 심리를 개시하지 않는다는 점에서 심리를 진행한 후에 하는 불처분 결정과 다르다.

(1) 심리불개시결정의 요건

심리불개시는 심리를 개시할 수 없는 때와 심리를 개시할 필요가 없는 때에 결정한다.

① 심리를 개시할 수 없는 때

'심리를 개시할 수 없는 때'란 형식적 심리불개시결정이다. 심리조건이 존재하지 않는 것이다. 심리조건이란 법원 소년부가 보호사건에 대하여 조사, 심리하고 실체적인 종국결정을 행하기 위하여 필요한 조건을 말한다. 따라서 심리조건의 부존재란 보호절차의 개시와 존속에 필요한 조건이 결여되어 있는 것을 말한다(한국소년법학회, 2006, p.265).

㉠ 우범사건에서 비행사실이 부존재하여 사건의 관할권이 없는 경우 심리불개시결정을 한다. 심리조건인 비행사실의 존재에 대하여 개연성이 인정되지 않는 경우이다. 즉, 사실이 비행에 해당되지 않거나, 비행사실이 증명되지 않은 때에는 심리불개시결정을 하여야 한다. 검사나 형사법원이 송치한 범죄소년의 경우에는 검사가 사건을 수사하여 범죄사실을 확인

하고 보호사건에 해당한다고 인정하여 법원 소년부에 송치한 것이므로, 해당 소년이 범죄 사실을 부인하고 사실이 범죄에 해당되지 않는다는 개연성이 인정되는 경우는 관할 검찰청 검사에게 사건을 송치하여 범죄사실 여부를 다투도록 하여야 한다.

㉡ 소년의 심신상실, 장기간 소재불명, 질병, 사망 등으로 심리가 법률상, 사실상 불가능한 때에는 심리불개시결정을 하여야 한다.

㉢ 송치, 통고가 절차법규에 위반하여 무효인 경우에 심리불개시결정을 한다.

㉣ 우범사건에서 본인이 19세 이상인 때에는 검사에게 송치가 불가능하므로 심리불개시결정의 대상이 된다.

② 심리를 개시할 필요가 없는 때

'심리를 개시할 필요가 없는 때'란 심리에 부치는 것이 상당하지 않다고 인정되는 때에 이루어지는 실질적 심리불개시결정이다. 심리를 개시할 필요가 없다는 것은 심리조건을 갖추고도 보호필요성이 없어 법원 소년부 판사가 심리를 열 필요가 없다고 판단되는 경우를 말한다. 예를 들어 비행사실이 극히 경미하거나(법 제19조 제2항), 다른 범죄사실로 인하여 형사처분이 내려져서 더 이상의 보호처분이 필요 없는 경우가 해당된다.

(2) 심리불개시결정의 효력

심리불개시결정에 의하여 사건은 종료된다. 사안이 경미하다는 이유로 심리를 개시하지 않는 경우에는 소년에 대하여 훈계하거나 보호자에게 소년을 엄격히 관리하거나 교육하도록 고지할 수 있다(법 제19조 제2항).

임시조치가 있다면 심리불개시결정이 있은 때에 임시조치 결정은 자동으로 취소된다(동조 제3항). 소재불명을 이유로 심리불개시결정을 받은 소년의 소재가 밝혀진 경우에는 그 심리불개시결정을 취소하여야 한다(동조 제4항). 따라서 소재불명을 이유로 한 심리불개시결정에는 일사부재리 효력이 명시적으로 부정된다(한국소년법학회, 2006, p.268). 그러나 소재불명을 이유로 한 심리불개시결정 이외의 사유를 이유로 심리불개시결정을 취소할 수 없다.

2) 불처분결정

법원 소년부 판사는 심리의 결과 보호처분을 할 수 없거나 할 필요가 없다고 인정한 때에는 불처분 결정을 하여야 한다(법 제29조).

(1) 요건

① 보호처분을 할 수 없는 경우

법률상 또는 사실상 보호처분을 할 수 없는 경우로는 심리불개시의 경우와 같이 비행이 없는 경우와 소재불명으로 나눌 수 있다. 심리 개시 이전 단계에서 이와 같은 사유가 발견되었다면 심리불개시결정을 한다. 심리 단계에서 발견되거나 판명된 경우는 불처분결정을 한다.

② 보호처분을 할 필요가 없는 경우

심리한 결과 보호처분을 할 정도의 보호필요성이 인정되지 않는 경우이다. 이미 심리가 진행된 사건으로서 화해권고절차에서 화해가 성립·이행되었거나, 사안이 경미하고 소년이 깊이 반성하여 재범의 위험성이 없는 경우에는 불처분결정을 할 수 있다.

(2) 방식 및 효력

불처분결정은 문서로 한다. 불처분결정에 따라 사건은 종결된다. 「소년법」 제18조의 임시조치는 불처분결정에 따라 취소된 것으로 보므로 별도로 취소결정을 할 필요가 없다.

불처분결정에 대하여 일사부재리의 효력이 미치는지 여부에 대해서 이견이 있다. 「소년법」은 보호처분에 대해서만 일사부재리의 효력을 인정하고 심리불개시결정과 불처분결정에 대해서는 이를 규정하고 있지 않다. 불처분결정은 심리개시결정을 거쳐서 정식으로 이루어진 소년부 판사의 종국결정이므로 일사부재리의 효력이 미친다고 보아야 한다(법원행정처, 2014:307). 다만 소재불명으로 인하여 불처분결정을 한 경우에는 보호필요성에 대한 판단을 한 적이 없으므로 일사부재리의 효력이 인정되지 않는다고 본다.

3) 검사에의 송치결정

법원 소년부 판사는 사건을 조사, 심리한 결과 금고 이상의 형에 해당하는 범죄사실이 발견된 경우 그 동기와 죄질이 형사처분을 할 필요가 있다고 인정되는 경우나(법 제7조 제1항), 범죄소년의 연령이 19세 이상이 된 경우(법 제7조 제2항)에는 사건을 검사에게 송치한다. 전자를 실질적 검사송치, 후자를 형식적 검사송치라고 부른다. 소년부 판사가 사건을 검사에게 송치하면 사건이 종결된다. 이는 사건 소년을 형사처벌 하도록 검사에게 송치하는 것이므로 실질적으로 소년에게 불이익이 되는 결정이다. 그러나 현행법상 이에 대한 불복신청을 인정하는 규정이 없다.

(1) 요건

① 실질적 검사송치

법원 소년부는 조사 또는 심리한 결과 금고 이상의 형에 해당하는 범죄사실이 발견된 경우 그 동기와 죄질이 형사처분을 할 필요가 있다고 인정되면 결정으로써 검사에게 송치하여야 한다. 즉, 새로운 범죄사실이 발견되어야 하고, 그 범죄사실이 금고 이상의 형사처분을 할 필요가 있어야 한다. 여기서 금고 이상의 형이란 법정형을 말하고, 법정형에 금고형이 포함되어 있으면 된다. 금고 이상의 형에 해당되는 범죄사실이 있어야 하므로 우범소년이나 촉법소년은 이에 해당되지 않는다.

소년부 판사가 금고 이상의 형에 해당하는 범죄사실을 발견하였다고 하더라도 이를 실제 조사한 것이 아니므로 어느 정도 심증을 가져야 하는지에 대해서 논란이 있다. 첫째, 보호처분을 결정할 때와 같이 합리적 의심을 초월하는 심증을 요한다는 견해, 둘째, 공소제기와 같은 정도의 심증을 요한다는 견해, 셋째, 증거의 우월을 요한다는 견해, 넷째, 개연적 심증을 요한다는 견해 등으로 나누어져 있다(법원행정처, 2014:310-311). 법원은 심리개시가 검사송치의 요건으로 되어 있지 않고, 검사송치 후 형사법원의 증거조사가 예정되어 있으며, 이중심리를 피하여야 하므로 네 번째 개연적 심증으로 충분하다고 본다. 그러나 검사송치결정은 소년에게 실질적인 불이익을 주는 처분이라는 점에서 첫 번째 합리적 의심을 넘는 심증이 필요하다는 견해가 유력설로 대두되고 있다.

다음으로 형사처분을 할 필요가 있다고 인정되어야 한다. 새롭게 발견된 범죄사실의 동기와 죄질이 형사처분을 할 필요가 있다고 인정되면 족하며, 반드시 형사처분을 받을 필요는 없다. 형사처분을 할 필요가 있다고 인정되는 사유는 2가지로 구분될 수 있다. 먼저 사건본인이 보호처분을 통하여 교정·개선의 가능성이 없는 경우와 두 번째로 사건의 성질, 사회감정, 피해자의 감정 등을 고려할 때 보호처분보다는 형사처분을 하는 것이 적당한 경우로 구분할 수 있다. 첫 번째의 경우처럼 소년이 아동 사이코패스(반사회적 성격장애자)로서 개선가능성이 없는 경우는 검사송치를 하여야 하겠지만, 소년이 아니라 사건에 대한 사회적 여론, 시민의 감정 등을 고려하여 검사송치하는 것은 소년법의 취지에 부합되지 않는다고 할 것이다.

② 형식적 검사송치

소년보호사건의 대상소년은 19세 미만이어야 하므로 조사 또는 심리 결과 본인이 19세 이상인 것으로 밝혀진 경우에는 결정으로 검사에게 송치하여야 한다(소년법 제7조 제2항).

19세 이상에 대한 기준시점으로 소년이 사건 접수시에 19세 이상이었거나 심리시에 19세 이상이었거나 관계없다. 또한 보호처분을 집행 중일 때 사건본인이 '처분 당시'에 19세 이상이었던 것으로 밝혀지면 소년부 판사는 그 보호처분을 취소하고 검사에게 송치하거나 형사법원에 이송한다(법 38조 제1항, 법 51조).

그런데 법 제38조에는 검사·경찰서장의 송치 또는 제4조 제3항의 통고에 의한 사건인 경우에도 관할 지방법원에 대응하는 검찰청 검사에게 송치하도록 규정하고 있어 논란의 여지가 있다. 즉, 경찰서장에 의한 송치사건인 '촉법소년'과 보호자, 학교·사회복리시설·보호관찰소의 장에 의한 통고사건인 '우범소년'이 보호처분 계속 중에 19세 이상임이 밝혀졌을 때를 상정하는 것이다. 촉법소년이 보호처분 계속 중일 때 19세 이상일 것으로 상상하기는 어렵고, 문제는 우범소년이 19세 이상이었던 경우이다. 19세 이상인 것이 밝혀지면 우범사유에 해당되지 않으므로 즉시 보호처분을 취소하는 것이 타당하며, 이를 검사송치 하도록 한 것은 문제가 있다. 사실상 검사 송치가 되면 담당 검사는 해당자에 대하여 불기소처분을 할 수밖에 없다. 그리고 송치 또는 통고의 주체가 검사가 아닌 경찰서장 또는 보호자 등이며, 법원 소년부도 조사 단계에서 소년이 19세 이상인 것을 인지하지 못한 사안이므로 검사는 제3자라고 할 수 있다. 따라서 검사에게 사건을 송치한다는 것은 불합리하므로 이는 법의 개정을 통하여 해결하여야 된다고 생각된다.

〈소년법〉

第38조(보호처분의 취소) ① 보호처분이 계속 중일 때에 사건 본인이 처분 당시 19세 이상인 것으로 밝혀진 경우에는 소년부 판사는 결정으로써 그 보호처분을 취소하고 다음의 구분에 따라 처리하여야 한다.
1. 검사 · 경찰서장의 송치 또는 제4조 제3항의 통고에 의한 사건인 경우에는 관할 지방법원에 대응하는 검찰청 검사에게 송치한다.

(2) 효력

검사는 법원 소년부로부터 송치받은 사건을 다시 소년부로 송치할 수 없다(법 제49조 3항). 법원 소년부가 형사처분이 필요하다고 인정한 사건에 대하여 사건을 송치받은 검사는 사건을 반드시 기소하여야 되는지가 문제될 수 있다. 검사는 법원 소년부로부터 송치받은 사건에 대하여 조사를 하여야 하고, 조사 결과 공소를 제기하기에 족한 범죄의 혐의가 있다고 인정할 때에는 원칙적으로 기소하여야 할 것이다. 그러나 송치받은 사건에 대하여 공소를 제기할 만한 범죄의 혐의가 없다든지, 범죄의 정상 등에 영향에 미칠 수 있는 새로운 사정이 발견된다든지 하여 기소가 상당하지 않다고 생각할 때에는 기소하지 않을 수 있다고 할 것이다(법원행정처, 2014, p.318). 따라서 검사의 공소제기는 법원 소년부의 검사송치결정에 기속되지 않는다.

4) 법원으로서의 이송결정

법원 소년부는 형사법원으로부터 송치받은 사건을 조사 또는 심리한 결과 사건의 본인이 19세 이상인 것으로 밝혀지면 결정으로 송치한 법원에 사건을 다시 이송하여야 한다(법 제50조, 제51조). 사건본인이 19세 이상이라면 법원 소년부에 관할권이 없으므로 사건을 다시 형사절차에 따라 처리하여야 한다. 형사법원으로의 이송결정은 소년보호절차를 종결시키는 종국결정이다.

5) 보호처분의 결정

(1) 의의 및 요건

보호처분의 결정이란 비행소년에 대하여 환경의 조정과 성행의 교정을 목적으로 필요한 처분을 하는 것으로서 그 내용은 「소년법」상 한정적으로 열거되어 있다.

보호처분은 소년부 판사가 심리한 결과 보호처분의 필요가 있다고 인정한 때에 결정으로써 행하는 것이므로(법 제32조 제1항) 이 처분을 하기 위하여는 반드시 심리를 거쳐야 한다.

(2) 종류

「소년법」 상의 보호처분은 제32조 제1항의 규정에 따라 1호에서 10호까지 10가지 종류가 있다. 그러나 처분을 전부 또는 일부 병합할 수 있도록 하고 있어 사실상 25종류가 있다고 할 수 있다.

보호처분의 종류는 크게 보호자에게 위탁하여 사회내에서 생활하게 하는 '사회내 처분'과 주거를 제한하는 '주거제한 처분'으로 구분할 수 있다. 사회내 처분은 1호 내지 5호 처분이 포함되며, 주거제한 처분은 6호 내지 10호 처분이 해당된다. 과거에는 사회내 처분과 시설처분, 중간처분으로 구분하는 것이 일반적이었고, 사회내 처분에는 보호관찰이 대표적이고, 시설처분은 소년원 송치처분, 중간처분은 아동복리시설처분(6호, 7호 처분)으로 분류하였다. 그러나 이러한 구분은 불합리하다. 수형시설인 소년교도소가 존재하는 상황에서 소년원을 시설내 처분으로 구분하는 것은 소년원과 소년교도소를 동일시하는 인식을 극복하지 못한 것일 뿐만 아니라 보호처분인 소년원 송치처분을 형벌과 혼동되게 하여 소년원 시설의 폐쇄화를 강화시키는 부작용이 있기 때문이다.

보호처분의 종류를 구체적으로 살펴보면 다음과 같다. 1호 보호자 또는 보호자를 대신하여 소년을 보호할 수 있는 자에게 감호 위탁하는 것, 2호 수강명령, 3호 사회봉사명령, 4호 보호관찰관의 단기短期 보호관찰, 5호 보호관찰관의 장기長期 보호관찰, 6호 「아동복지법」에 따른 아동복지시설이나 그 밖의 소년보호시설에 감호 위탁, 7호 병원, 요양소 또는 「보호소년 등의 처우에 관한 법률」에 따른 소년의료보호시설에 위탁, 8호 1개월 이내의 소년원 송치, 9호 단기 소년원 송치, 10호 장기 소년원 송치이다.

그리고 병합처분으로는 1호 처분과 2호, 3호, 4호 및 5호 처분이 각기 병과될 수 있다. 그리고 아동복지시설에 감호위탁하는 6호 처분의 경우에 단기보호관찰(4호) 또는 장기보호관찰(6호)이 병과될 수 있다. 소년원 송치처분 중에 1개월 이내 처분인 8호 처분은 장기보호관찰처분(5호)과 병합되어 처분되고 있다.

〈표 33〉 보호처분 종류

종류		내용	기간	적용연령	비고
사회내처분	1호	보호자 또는 보호자를 대신하여 소년을 보호할 수 있는 자에게 감호 위탁 ※ 약칭 '보호자 등 위탁'	6월+6월	10세 이상	
	2호	수강명령	100시간	12세 이상	부가처분→본처분
	3호	사회봉사명령	200시간	14세 이상	부가처분→본처분
	4호	보호관찰관의 단기 보호관찰	1년	10세 이상	
	5호	보호관찰관의 장기 보호관찰	2년+1년	10세 이상	
주거제한처분	6호	아동복지법상의 아동복지시설 기타 소년보호시설에 감호 위탁 ※ 약칭 '복지시설 등 위탁'	6월+6월	10세 이상	
	7호	병원, 요양소 또는 소년원법상의 소년의료보호시설 위탁 ※ 약칭 '병원 등 위탁'	6월+6월	10세 이상	의료소년원 추가
	8호	1월 이내 소년원 송치	1월 이내	10세 이상	신설
	9호	단기 소년원 송치	6월 이내	10세 이상	
	10호	장기 소년원 송치	2년 이내	12세 이상	

6) 보호처분 결정 이후의 개입

일반적으로 형사 사건의 경우 판결의 집행은 검사가 지휘한다. 그러나 소년보호사건에 대해서는 사건을 담당한 판사의 관여가 종국결정을 한 이후에도 계속된다. 즉 「소년법」은 보호처분을 한 이후에도 담당 판사로 하여금 처분의 집행에 관여하도록 하고 있다. 구체적으로 「소년법」 제35조는 소년부 판사는 보호처분 결정을 하였을 때 법원조사관, 법원 소년부 직원(서기관, 사무관 등), 보호관찰관, 소년원 또는 소년분류심사원 소속 직원, 그 밖에 위탁 또는 송치받을 기관 소속의 직원에게 그 결정을 집행하게 할 수 있다. 그리고 1호, 6호, 7호 처분을 한 경우에는 위탁받은 자에게 소년에 대한 보고서를 요구할 수 있으며, 조사관으로 하여금 처분에 대한 집행상황을 보고하게 할 수도 있다. 뿐만 아니라 필요하다고 인정되면 직접 위탁받은 자에게 그 집행과 관련된 사항을 지시할 수도 있다.

그리고 처분과 관련하여 경비를 지원할 수도 있고, 보호관찰처분 또는 소년원 송치처분을 한 경우에는 해당기관의 처분변경 등의 요청에 따라 처분에 관여할 수 있다.

따라서 소년부 판사는 처분결정으로 끝나는 것이 아니라 보호처분의 집행까지 지휘하는 중요한 역할을 담당하고 있다. 그러나 소년부 판사의 역할은 집행기관이 민간기관인지 또는 국가기관인지 여부에 따라 차이가 있다.

(1) 민간기관에 대한 집행 감독

보호처분 중에서 민간기관이 관여하는 처분은 1호, 2호, 3호, 6호, 7호 처분이다. 먼저 1호, 6호, 7호 처분의 경우 이들은 매 1개월마다 소년부 판사에게 보고하여야 한다. 법원장이 지정한 수강명령(2호) 또는 사회봉사명령(3호) 기관은 보호처분을 집행한 경우에 10일 이내에 그 집행상황을 문서로 보고하여야 한다.

사회봉사명령의 경우에 법원장이 기관을 지정하여 위탁할 수 있으나 현재 운영하지 않고 있다[53].

---

53 사회봉사명령 집행의 경우 대상자가 봉사활동을 하고 있는지 현장에서 엄정하게 관리하여야 하는 어려움이 있다. 실제 봉사 영역을 설정하는 것도 쉬운 일이 아니다. 자칫 부실한 봉사활동이 이루질 경우 법원의 신뢰도에 큰 손상이 있을 수 있다.

수강명령의 경우 법원장이 기관을 지정하여 소년의 수강명령을 위탁하고 있다. 이 경우 통상적으로 1인당 1시간당 1만원을 지급한다. 6호 처분의 경우에는 보호소년 1인당 월 30만원의 비용을 지급한다.

법원과 민간기관의 관계는 위탁에 의한 관계이며, 판사는 위탁을 받은 기관이 제대로 집행하고 있는지를 조사하여야 한다. 이 경우 판사는 조사관으로 하여금 조사를 하게 할 수 있고, 필요하면 소년 또는 위탁받은 자의 출석을 요구하거나 위탁받은 기관을 방문하여 조사하고, 운영실태 등이 부적당하다고 인정되는 경우에는 그 지정을 취소할 수 있다.

(2) 국가기관에 대한 관여

소년부 판사의 관여는 국가기관에 대해서도 계속된다. 국가기관은 법무부 소속 보호관찰소와 소년원, 소년분류심사원이 해당된다. 그러나 국가기관은 민간기관과 달리 계약에 의한 것이 아니라 법률에 따라 처분을 집행하는 것이므로 관여의 정도는 간접적이다. 민간기관 위탁의 경우 소년부 판사는 직권으로 처분을 변경할 수 있지만 국가기관에 송치한 경우에 직권으로 처분변경 등의 개입을 할 수는 없다.

다만, 보호관찰처분(4호, 5호)과 2호, 3호 처분이 병과된 경우에 보호관찰소장은 매월 5일까지 사회봉사, 수강명령의 구체적인 집행 내용을 법원에 통보하여야 하고, 매년 2월 말일과 8월 말일을 기준으로 직전 6개월 동안의 사회봉사, 수강명령 집행 종료 인원수 등을 법원에 통보하여야 한다. 그리고 보호처분에 대안교육, 상담교육, 보호자특별교육을 부가적으로 처분한 경우에 해당 집행기관(소년원, 소년분류심사원, 보호관찰소)은 교육 후 10일 이내에 집행상황을 보고하여야 한다.

국가기관에 대한 개입에 대한 것 중에 8호 처분(1개월 단기 소년원 송치처분)의 경우 특별히 예외적인 규정을 두고 있어서 이에 대해서는 자세히 살펴보고자 한다[54].

---

54 8호 처분과 5호 처분 병과에 대한 논의는 소년법 8호처분 효과분석(한영선 & 심수진, 2019)의 내용을 발췌하였다.

① 즉시 집행의 문제

8호 처분은 5호 처분과 병과되는 것이 일반적이다. 5호 처분과 8호 처분은 모두 단독처분이고, 단독처분은 「소년법」상 즉시 집행되어야 한다. 그러나 「소년법」은 5호 처분과 8호 처분이 병과되었을 때의 충돌에 대하여 별도의 규정을 마련하고 있지 않다. 즉, 병과되었을 때 5호 처분을 먼저 집행하는 것인지 아니면 8호 처분을 먼저 집행해야 하는지 등의 문제가 발생한다. 즉, '즉시 집행의 원칙'이 문제가 된다. 이를 해결하기 위하여 '입원일 지정'이라는 방법을 활용하고 있다.

입원일 지정이라는 것은 소년부 판사가 8호 처분을 결정할 때 입원일을 지정하면 그 날부터 8호 처분 집행이 기산되는 것이므로 자연스럽게 즉시 집행의 문제가 해결된다. 또한 8호 처분 전담소년원에서도 원활한 교육이 가능해지는 효과가 있다. 8호 처분은 기간이 1개월 이내로 매우 짧은 기간이므로 대상소년들이 수시로 입원과 출원을 반복하고 교육 대상자가 달라진다면 계획에 따른 교육이 이루어질 수 없다. 그러므로 교육대상자의 동질성과 프로그램의 안정성을 위하여 입원일자를 정하여 동시에 입원하는 것이 가장 바람직하다.

이를 위하여 법무부는 소년부 판사와 협의하도록 하고 있으며, 법원 소년부 판사의 적극적인 협력으로 일반 보호처분과 달리 소년이 입원하여야 할 소년원과 입원 연월일을 지정하고 있다. 그리고 입원일자가 지정되었으나 입원일자를 변경하여야 하는 경우가 발생하는 경우에는 8호 처분 전담소년원장은 다음의 사유가 발생하면 입원할 연월일을 변경하는 것을 포함하여 보호처분의 변경을 신청할 수 있도록 규정하고 있다. 입원일을 변경해야 되는 사유로는 다음과 같다.

㉠ 결정서에 지정된 날까지 전담소년원에 입원하지 않는 경우

㉡ 정신질환 등의 질병이 있어 특별한 보호가 필요한 경우

㉢ 외부 체험활동에서 귀원하지 않는 등 정당한 사유 없이 교육을 거부하는 경우

㉡ 교육태도가 현저히 불량하여 교정교육의 실효성을 거두기 어려운 경우

그리고 이외에도 입원일에 입원이 예정된 8호 처분 대상자의 수가 교육 정원을 초과하여 교정교육에 지장을 줄 우려가 있는 경우에는 법원 소년부에 입원일 변경을 하도록 규정하고 있다(규칙 제7조).

② 선조치先措置로서 출원 후 처분변경 신청

8호 처분은 1개월 기간 동안에 적극적인 개방처우를 목표로 하고 있다. 그리고 개방처우는 시설을 벗어나서 활동하는 것이므로 언제나 시설 이탈이라는 위험성을 안고 있다. 이러한 위험성만으로도 실무 현장에서는 개방처우가 축소되는 것이 현실이다. 법무부에서는 개방처우 원칙이 축소되는 것을 방지하기 위하여 「특수단기 보호소년의 처우 및 교육에 관한 지침」에 '선조치로서의 출원'이라는 규정을 두고 있다. 지침 제29조는 정신질환 등의 질병이 있어 특별한 보호가 필요한 경우, 외부 체험활동에서 귀원하지 않는 등 경우에는 전담소년원장이 먼저 소년을 출원시킨 이후에 소년부 판사에게 보호처분 변경신청을 하도록 하고 있다. 즉, 소년부 판사의 처분변경 결정 이전에 먼저 선조치로서 출원시키고 난 이후에 해당 법원 소년부 판사에세 출원 및 보호처분 변경을 신청하도록 하고 있다

제 3 장 소년형사절차

범죄소년에 대하여 보호절차와 형사절차를 통합한 일원적 구조를 가진 법제도 적지 않다. 그러나 우리나라는 두 절차를 엄격히 구별하여 소년형사 사건에 대하여는 형벌을 부과하는 일반 형사소송절차를 적용하고, 소년보호 사건에 대하여는 보다 유연하고 복지적인 관점에서 보호처분을 하는 소년보호절차를 마련하고 있다. 지금까지는 소년보호절차에 대하여 살펴보았다.

「소년법」 제3장은 형사 사건에 관하여 규정하고 있다. 이는 소년의 형사 사건에 관하여 특별한 조치를 강구하는 취지에서 설정된 것으로 소년이 건전하게 성장하도록 돕는 것을 목적으로 하는 「소년법」의 취지를 형사 사건에 대하여도 도모하기 위한 것이다.

검사선의주의를 취하고 있는 우리나라에서 검사가 수사를 진행한 후에 보호처분에 해당하지 않는다고 판단하는 경우에는 해당 소년에 대하여 공소를 제기하여 형벌을 요구하는 형사 절차를 진행하게 된다. 이 경우 소년은 성인과 동일한 절차를 적용하면 되지만 「소년법」에서는 소년에 대한 과형을 완화하고 처우상의 배려가 이뤄질 수 있도록 특별한 규정을 하고 있다. 형사 사건에 관하여 「소년법」이 「형법」의 특별법이므로 「소년법」이 먼저 적용되고 「소년법」에 규정이 없는 경우에 일반 형사사건의 예를 따르도록 규정하고 있다(법 제48조). 이는 소년에 대한 형사 사건에 관해서는 「소년법」 제3장의 규정이 「형법」, 「형사소송법」, 「형의 집행 및 수용자의 처우에 관한 법률」 등의 형사 사건에 관한 일반 법령에 대한 특별법인 점을 명시한 것이다. 따라서 소년형사절차와 관련한 「소년법」의 규정은 모두 「형법」 등에 대한 특칙이 된다.

1 수사절차상의 특칙

1) 소년사건의 조사

수사에 관하여는 그 목적을 달성하기 위하여 필요한 조사를 할 수 있고 수사에 필요한 때에는 피의자의 출석을 요구하여 진술을 들을 수 있지만(형소법 199조 제1항, 200조), 경찰관이 직무상 소년 또는 그 보호자를 소환할 때는 다음 사항을 유의하여야 한다(소년업무규칙 제16조, 제18조).

비행소년에 대한 출석요구나 조사를 할 때에는 지체없이 그 소년의 보호자 또는 보호자를 대신하여 소년을 보호할 수 있는 사람에게 연락하여야 한다. 폭언, 강압적인 어투, 비하시키는 언어 등을 사용하거나 모욕감 또는 수치심을 유발하는 언행을 하여서는 아니된다. 소년의 학교 또는 직장에서 공공연하게 소환하는 일은 가급적 피하되 소년 또는 보호자가 요청할 때에는 소년의 가정, 학교 또는 직장 등을 방문하여 조사할 수 있다.

2) 소년의 구속

소년에 대한 구속영장은 부득이한 경우가 아니면 발부하지 못한다(법 제55조 1항). 부득이한 경우란 구속이 소년의 심신에 미치는 악영향과 조사의 필요성을 종합적으로 고려하여 구체적인 사안에 따라 판단되어야 하지만 이는 소년의 보호, 교육적 배려, 심정보호의 관점에서 소년의 구속을 부득이한 경우로 한정한 것이다.

부득이하게 구속영장이 발부된 경우에도 특별한 사정이 없으면 소년을 다른 피의자나 피고인과 분리하여 수용하여야 한다(법 제55조 제2항). 이는 소년을 보호하고 처우의 개별화를 기하기 위한 것이다. 「형의 집행 및 수용자의 처우에 관한 법률」도 소년은 성인과 분리하여 수용하도록 하고 있다(제11조 제1항).

2 심리절차상의 특칙

1) 조사관 조사

소년 형사 사건에서도 소년의 성행 환경 등을 참고할 필요가 있을 때는 법원 소년부 조사관에게 필요한 사항의 조사를 위촉할 수 있다(법 제56조).

2) 판결 전 조사

또한, 법원은 소년 형사 사건을 심리할 때 보호관찰 사회봉사 또는 수강을 명하기 위하여 필요하다고 인정하면 그 법원의 소재지 또는 피고인의 주거지를 관할하는 보호관찰소의 장에게 범행 동기 직업 생활환경 교우관계 가족 상황 피해 회복 여부 등 피고인에 관한 사항의 조사를 요구할 수 있다(「보호관찰 등에 관한 법률」 제19조). 법원으로부터 판결 전 조사의 요구를 받은 보호관찰소의 장은 지체 없이 이를 조사하여 서면으로 해당 법원에 알려야 한다. 이 경우 필요하다고 인정하면 피고인이나 그 밖의 관계인을 소환하여 심문하거나 소속 보호관찰관에게 필요한 사항을 조사하게 할 수 있다(「보호관찰 등에 관한 법률」 제19조 제2항).

3) 심리의 분리

피고인에 대한 형사 사건을 병합 심리할 것인가 아닌가는 본질적으로 법원의 재량이지만(형사소송법 제300조), 「소년법」은 소년의 형사 사건 심리에 있어서 다른 피고 사건과 관련된 경우에 그 심리에 지장이 없으면 그 절차를 분리하여야 한다고 규정하고 있다(법 제57조). 소년에 대한 개별화 원칙을 공판 절차에도 적용하기 위한 것이다.

사건을 다른 피고 사건과 병합하여 심리하면 다른 피고인으로부터 나쁜 영향을 받는다든지 소년이 위축되어 사안의 진상을 제대로 진술하지 못하는 등의 폐해가 생길 수 있기 때문에 소년피고

사건은 다른 피고 사건과 관련된 경우에도 심리상의 지장이 없는 한 절차를 분리하도록 규정한 것이다. 여기서 다른 피고인이 성인이든 소년이든 불문한다.

4) 심리의 방침

소년에 대한 형사 사건의 심리는 친절하고 온화하게 하여야 하고 소년의 심신 상태, 품행, 경력, 가정 상황, 그 밖의 환경 등에 대하여 정확한 사실을 밝힐 수 있도록 특별히 유의하여야 한다(법 제58조 제1항, 제2항).

특히 공소가 제기되면 지체 없이 다른 사건에 우선하여 제1회 공판기일을 지정하여야 하고 신속하게 심리를 마쳐서 소년부 송치 여부를 결정하는 것이 바람직하다.

3 처분상의 특칙

1) 사형·무기형의 완화

죄를 범할 당시 18세 미만인 소년에 대하여는 사형 또는 무기형으로 처할 경우에는 15년의 유기징역으로 하고(법 제59조), 다만 특정강력범죄를 범한 때는 20년의 유기징역으로 한다(「특정강력범죄의 처벌에 관한 특례법」 제4조 제1항). 「형법」의 특별법인 「소년법」에 대한 특별법인 셈이다.

이는 행위 당시 18세 미만인 소년에 대하여는 사형을 폐지하고 무기형을 완화하는 규정으로서 한정적 책임능력밖에 갖추지 못한 소년에 대하여 인도적 견지에서 중형을 피하고 사회복귀의 기회를 주려는 것이다.

적용 연령의 기준시는 범죄시이다. 범죄시 18세 미만이면 재판시에 연령은 문제되지 않는다. 또한 처단형이 기준으로 된다. 처단형이 사형 또는 무기형인 경우에는 15년의 유기징역형을 선고한다.

2) 부정기형

부정기형이란 형기를 정함이 없이 과하는 형벌이다. 형기의 상한과 하한을 정하여 일정 범위 내에서 부정기형을 선고하는 상대적 부정기형과 상하한의 정함이 없이 선고하는 절대적 부정기형이 있는데 「소년법」은 전자를 택하고 있다.

소년이 법정형으로 장기 2년 이상의 유기형에 해당하는 죄를 범한 때는 그 법정 형기의 범위 내에서 장기와 단기를 정하여 선고하되 장기는 10년 단기는 5년을 초과하지 못한다(법 제60조 제1항). 다만 특정강력범죄를 범한 경우에는 장기는 15년 단기는 7년을 초과하지 못한다(「특정강력범죄의 처벌에 관한 특례법」 제4조 제2항).

소년은 인격이 발달하는 과정에 있고 가변성이 풍부하여 교육에 의한 개선이 기대된다. 스스로 범죄를 극복하려는 동기를 부여하기 위하여 가석방 제도가 있고 소년에게는 성인보다 이를 더 완화한 것이다(법 제65조).

장기와 단기 중에서 가석방 신청 기준은 단기이다. 소년교도소의 장은 부정기형을 선고받은 소년이 단기의 3분의 1을 경과한 때에는 교도소의 소재지를 관할 보호관찰 심사위원회에 그 사실을 통보하여야 하고(「보호관찰 등에 관한 법률」 제21조 제1항), 그 소년 수용자의 대하여 법무부령으로 정하는 바에 따라 관할 보호관찰 심사위원회에 가석방의 심사를 신청할 수 있다(「보호관찰 등에 관한 법률」 제22조 제1항).

소년이 범행시에는 18세 미만이었으나 판결 선고시에 성인이 된 경우에 부정기형을 선고할 수 있는지가 문제될 수 있다. 성인에게는 정기형만이 과하여지기 때문에 안 된다고 보는 것이 타당하다(「형법」 제72조).

따라서 부정기형을 선고하기 위해서는 범행 당시뿐만 아니라 판결 선고 시에도 소년이어야 한다. 소년이 1심 판결선고 후에 성인이 되었고, 항소심이 진행되는 경우에는 어떻게 되는가? 대법원은 항소심은 1심의 속심적 성격을 가지고 있으므로 부정기형을 선고한 원심의 판결을 파기하고 정기형을 선고하여야 한다고 한다(대법원 1990. 4. 24. 선고 90도539 판결, 1990). 그러나 항소심 선고 후에 상고를 하였고 상고심 계속 중에 소년이 성인이 된 경우에는 어떻게 되는가? 상고심은 순수한 사후심이므로 원심 판결 선고 당시 소년이 소년이었으면 부정기형 선고는 적법하다(대법원 1998. 2. 27. 선고 97도3421 판결, 1998).

3) 법률상 감경

소년의 특성에 비추어 상당하다고 인정되는 때에는 그 형을 감경할 수 있다(법 제60조 제2항). 소년이어야 법률상 감경을 할 수 있으므로 소년인지 여부가 중요하다. 「소년법」이 적용되는 소년이란 심판시에 19세 미만인 사람을 의미하므로 「소년법」의 적용을 받으려면 심판시에 19세 미만이어야 한다. 따라서 「소년법」 제60조 2항의 적용 대상인지 여부도 심판시, 즉 사실심과 항소심 판결선고시를 기준으로 판단되어야 한다(대법원 2000. 8. 18. 선고 2000도2704 판결, 2000).

4) 보호관찰 및 사회봉사명령, 수강 명령

형의 선고를 유예하는 경우에 재범 방지를 위하여 지도 및 원호가 필요한 때는 보호 관찰을 받을 것을 명할 수 있고 그 보호 관찰의 기간은 1년으로 한다(「형법」 제59조의2 제1항, 제2항).

형의 집행을 유예하는 경우에는 보호관찰을 명하거나 사회봉사 또는 수강을 명할 수 있다. 이 때 보호관찰의 기간은 집행을 유예한 기간으로 하되 법원은 유예기간의 범위 내에서 보호 관찰기간을 정할 수 있으며 사회봉사명령 또는 수강 명령은 집행유예기간 내에서 집행한다 (형법 제62조의2 제1항, 제2항, 제3항).

법원은 「형법」 제62조의2에 따른 사회봉사를 명할 때는 500시간, 수강을 명할 때는 200시간의 범위 내에서 그 기간을 정하여야 한다(「보호관찰 등에 관한 법률」 제59조 제1항). 구체적인 사건에서 사회봉사명령, 수강명령의 총 시간은 대상자의 개선 가능성, 범죄의 경중, 미결 구금 여부 등을 종합적으로 고려하여 결정한다. 이에 대한 일반적 기준으로서 형사 사건에서 사회봉사 시간은 집행유예기간 본형의 기간 죄의 경중 및 피고인의 성향 등을 고려하여 정하되 8의 배수가 되도록 명하고, 수강 시간은 죄명, 피고인의 성향, 관할 보호관찰소의 수강프로그램 등을 고려하여 정하되 8의 배수가 되도록 명한다(보호관찰 및 사회봉사명령 등에 관한 예규 제6조 제1항 제4호).

5) 성폭력범죄의 필요적 보호관찰

법원이 성폭력 범죄를 범한 사람에 대하여 형의 선고를 유예하는 경우에는 1년 동안 보호관찰을 받을 것을 명할 수 있다. 그리고 '소년'이 성폭력 범죄를 범한 경우에 형의 선고를 유예하는 때에는 반드시 보호관찰을 명하여야 한다(아동·청소년의 성보호에 관한 법률 제21조).

6) 미결구금일수의 산입

소년에 대하여 소년분류심사원에 위탁하는 조치가 있었을 때에는 그 위탁기간은 「형법」 제57조 제1항의 판결 선고 전 구금일수로 본다(법 제61조). 소년분류심사원에서의 위탁 조치는 감호조치로서 구속과 다른 성질을 가지지만 자유가 제한되었다는 측면을 고려하여 소년이 형사처분을 받는 경우 미결 구금으로 보아 감호조치의 기간을 본형에 산입함으로써 수형 기간의 단축을 허용하는 취지이다. 소년에 대하여는 부정기형을 선고하기 때문에 미결 구금 일수의 산입을 인정할 수 없다는 견해도 있다. 그러나 산입되는 본형에서 부정기형을 제외한다는 취지의 규정이 없는 이상 소년의 신병을 구금한 점을 고려하여 본형에 산입함으로써 형평을 도모할 필요성은 본형이 정기형인가 부정기형인가에 따라 차이가 있을 수 없다. 형의 유형을 불문하고 본형에의 산입을 인정하여야 한다.

7) 환형처분의 금지

18세 미만인 소년에 대하여는 「형법」 제70조의 규정에 의한 유치 선고를 하지 못한다(법 제62조).

노역장 유치는 그 선고를 받은 사람을 노역장에 유치하여 노역을 과하는 것이며, 「형의 집행 및 수용자의 처우에 관한 법률」은 징역형을 선고받은 사람과 노역장유치의 선고를 받은 사람을 동일하게 규정하고 있다(동법 제2조 1호). 소년에 대하여 노역장 유치의 선고를 할 수 없게 한 것은 교도소에 부설된 노역장에의 유치가 교육을 목적으로 하지 않는 단기의 자유 구속일 뿐만 아니라 소년의 심성에 악영향을 미칠 수 있기 때문이다. 따라서 소년에 대하여 환형 유치선고를 금지한 것은 이와 같은 교육적 배려를 위한 것으로 합리적 이유가 있으므로 「헌법」상 평등의 원칙에 위반하는 것이라 할 수 없다.

4 행형에 관한 특칙

1) 징역 또는 금고형의 집행

징역 또는 금고의 선고를 받은 소년에 대하여는 특별히 설치된 교도소(소년교도소) 또는 일반 교도소의 분리된 장소에서 그 형을 집행한다. 다만 소년이 형의 집행 중에 23세에 달한 때에는 일반 교도소에서 집행할 수 있다(법 제63조). 소년은 외부의 영향을 받기 쉽고, 그 심성을 보호할 필요가 있으므로 수형 난계에서 성인과 분리되도록 한 것이다. 「형의 집행 및 수용자의 처우에 관한 법률」은 19세 이상의 수형자는 교도소에 수용하고(동법 제11조 제1항 제1호), 19세 미만의 수형자는 소년교도소에 수용하며(같은 항 제2호), 남성과 여성은 분리하여 수용한다(제13조 제1항). 19세 이상의 수형자와 19세 미만의 수용자를 같은 교정 시설에 수용하는 경우에는 서로 분리하여 수용하도록 하며(동조 제2항), 의무교육을 받지 못한 수형자에 대하여는 본인의 의사, 나이, 지식 정도, 그 밖의 사정을 고려하여 그에 알맞게 교육하도록 하고 있다(제63조 제2항).

2) 형의 집행과 보호처분

보호처분의 계속 중에 징역, 금고, 또는 구류의 선고를 받은 소년에 대하여는 먼저 그 형을 집행한다(법 제64조). 보호처분이 계속 중일 때 유죄판결이 확정된 경우에 그 처분을 존속시킬 필요가 없다고 인정되면 보호처분의 취소가 가능하지만(법 제39조) 보호처분이 취소되지 않고 징역, 금고, 구류형을 집행해야 하는 경우에는 그 형의 집행을 먼저 하도록 한 것이다. 이는 보호처분과 징역, 금고, 또는 구류의 집행은 그 성질상 양립하지 않으므로 형의 집행을 우선하도록 조정한 것이다.

3) 가석방

징역 또는 금고의 선고를 받은 소년에 대하여 무기형의 경우에는 5년, 15년의 유기형의 경우에는 3년, 부정기형의 경우에는 단기의 3분의 1의 기간을 경과하면 가석방을 허가할 수 있다(법 제65조).

「형법」은 징역 또는 금고의 집행 중에 있는 자가 그 행상이 양호하여 개전의 정이 현저한 때에는 보호관찰심사위원회의 심사를 거쳐 법무부장관에게 가석방 허가신청을 하고, 법무부장관이 이를 적당하다고 인정하면 가석방을 허가하여 형기 만료 전에 출소할 수 있는 제도를 두고 있다(「형법」 제72조 제1항).

우리 「형법」은 성인 수형자의 가석방을 인정하기 위하여는 무기형은 20년, 유기형에 있어서는 형기의 삼 분의 이를 경과하는 것이 필요하도록 규정하고 있다(「형법」 제72조 제1항).

수형기간 중에 소년이 19세 이상이 된 경우는 어떻게 되는가? 징역 또는 금고를 선고받을 당시에 소년인 것이 요건이므로 수형기간 중에 19세 이상이 되었다고 하더라도 「소년법」의 적용을 받는다.

소년 수형자에 대하여는 수용기관의 장이 「소년법」 제65조 각 호의 기간이 지난 소년 수형자에 대하여 관할 보호관찰심사위원회의 가석방 심사를 신청할 수 있고, 보호관찰심사위원회는 소년 수형자에 대한 가석방이 적정한지를 심사하여 가석방이 적절하다고 결정한 경우에는 법무부장관에게 가석방 허가 신청을 하여야 한다(「보호관찰 등에 관한 법률」 제22조 제1항, 제23조 제1항, 제25조).

수용기관의 장은 소년 수형자의 형기가 「소년법」 제65조 각 호의 기간을 경과한 때는 보호관찰심사위원회에 통보하여야 한다. 소년이 가석방된 후 그 처분이 취소되지 아니하고 가석방 전에 집행을 받은 기간과 같은 기간이 지난 경우에는 형의 집행을 종료한 것으로 한다(법 제66조 본문). 다만 「소년법」 59조의 형기(사형, 무기형의 완화에 의한 15년의 유기징역) 또는 제69조 제1항(부정기형)의 규정에 따른 장기의 기간이 먼저 경과 한 때는 그 때에 형의 집행을 종료한 것으로 본다(법 제66조 단서).

「형법」에서는 가석방의 처분을 받은 후 그 처분이 실효 또는 취소되지 아니하고 가석방 기간을 경과하여야 형의 집행을 종료한 것으로 보는 것이므로 가석방 기간은 잔형기간이 된다(「형법」 제

76조 제1항). 그러나 「소년법」에 의하면 소년 수형자는 상대적 부정기형을 받으므로 단기 또는 장기 중에서 잔형기간은 어느 기간이 적용되는지가 문제이다. 단기를 기준으로 하여 가석방 신청 기간을 정하고 있으므로 잔형기간 또한 단기로 보아야 한다. 예를 들어서 소년이 3년 이상 7년 이하의 징역이라는 부정기형을 선고받고, 1년 6월을 복역한 후 가석방이 허가된 경우에 소년이 출소하여 가석방이 취소되지 않은 채 1년 6월을 경과하면 형의 집행은 종료한 것으로 된다. 즉, 장기 7년이 적용기준이 아니다.

5 기타

1) 자격에 관한 법령의 적용

소년이었을 때 범한 죄에 의하여 형을 선고받은 자가 그 집행을 종료하거나 면제받은 경우 자격에 관한 법률을 적용할 때는 장래에 향하여 형의 선고를 받지 아니한 것으로 본다(법 제67조). 이 규정이 적용되기 위해서는 범죄 당시 소년이면 되고 형을 선고받을 당시 또는 현재 소년임을 필요로 하는 것은 아니다.

자격에 관한 법령의 적용에 있어서 자격이란 공무원이 되는 자격, 공법상의 선거권과 피선거권, 법률로 요건을 정한 공법상의 업무에 관한 자격, 법인의 이사, 감사 또는 지배인 기타 법인의 업무에 관한 검사역이나 재산관리인이 되는 자격 등을 말한다. 이 규정은 자격에 관한 법률의 적용에 있어서 장래에 향하여 형의 선고를 받지 아니한 것으로 본다는 취지에 불과하므로 전과까지 소멸되는 것은 아니다(대법원 2010. 4. 29 선고 2010도 973 판결).

형의 집행유예, 누범가중에 관한 규정은 자격에 관한 법령에 포함되지 않기 때문에 소년일 때 범한 죄도 통상의 전과와 마찬가지로 집행유예 혹은 누범과의 관계에서는 전과로 취급된다.

2) 보도금지

조사 또는 심리 중에 있는 보호사건 또는 형사사건에 대하여는 성명, 연령, 직업, 용모 등으로 비추어 볼 때 그 사람이 당해 사건의 당사자라고 미루어 짐작할 수 있는 정도의 사실이나 사진을 신문이나 그 밖의 출판물에 싣거나 방송할 수 없다(법 제68조 제1항). 신문에 있어서는 편집인 및 발행인, 그 밖의 출판물에 있어서는 저작자와 발행자, 방송에 있어서는 방송 편집인 및 방송인은 이를 위반한 때에는 1년 이하의 징역이나 금고 또는 1천만원 이하의 벌금에 처한다(같은 조 제2항). 보도 금지는 조사 또는 심리 중에 있는 보호사건 또는 형사 사건을 그 대상으로 하고 있다. 「소년법」은 조사 또는 심리 중에 있는 보호사건 또는 형사사건으로 규정하고 있으므로 '수사'가 조사 또는 심리에 해당하는지가 문제될 수 있다. 규정 문언에 의하면 일응 조사 중인 보호사건, 심리 중인 형사사건으로 이해된다. 따라서 형사사건에서 수사단계에 있을 때는 적용되지 않는다고 볼 수도 있다. 그러나 수사 이후에 심리를 하는 것이므로 심리 중인 형사사건의 보도를 금지하면서 수사단계에서 보도를 허용한다면 이는 「소년법」의 규정을 무의미하게 만드는 것이 된다. 따라서 수사단계에서도 당연히 보도 금지가 적용된다고 하여야 한다.

3

JUVENILE LAW

보호처분 집행기관

제1장 1호 처분 기관

보호처분 집행기관은 크게 민간기관과 국가기관으로 구분된다. 민간기관은 1호 처분기관, 보호관찰소를 제외한 2호, 3호 기관, 6호 처분기관과 대전의료소년원을 제외한 7호 처분기관이 있고, 국가기관으로는 보호관찰소와 소년원, 청소년비행예방센터가 있다.

1) 의의

「소년법」은 보호자를 대신하여 소년을 보호할 수 있는 자에게 소년의 감호를 위탁할 수 있도록 규정하고 있다(법 제32조 제1항 제1호). 소년심판규칙(제33조 제1항)에서는 보호자를 대신하여 소년을 보호할 수 있는 자를 위탁보호위원으로 위촉하고 있다. 소년의 감호를 위탁받는 사인私人은 소년에 대한 보호와 지도의 책임을 지고, 소년에 대한 각종 정보를 열람할 수 있을 뿐만 아니라 지도에 대한 보고서를 작성하는 등의 의무를 지므로 '공무수탁사인公務受託私人'이라고 보아야 한다.

소년을 보호자가 아닌 일반인에게 위탁하는 일이 처음에는 법적인 근거없이 시작되었다. 이 제도는 1985년 서울가정법원 소년부에서 당시 윤재윤 판사에 의하여 시작되었으며, 이후 1989년 8월 20일 소년심판규칙에 그 근거가 마련되면서 어느 정도의 정당성을 확보하게 되었다(사법연수원, 2016, p.5).

2) 종류

현재 1호 처분 기관은 (1) 사인私人이 위탁보호위원으로 위촉되는 경우, (2)「청소년복지 지원법」상의 시설장이 위탁보호위원으로 위촉되는 경우, (3) 사법형 그룹홈(청소년회복센터)이 위탁을 받는 경우 등 3가지 종류로 운영되고 있다.

(1) 사인이 소년을 인수하는 경우

「아동복지법」이나 「청소년복지 지원법」 상의 시설을 운영하지 않는 개인을 위탁보호위원으로 위촉하는 경우이다. 위탁보호위원으로는 정신과 의사, 심리학자, 사회사업가, 「청소년복지 지원법」 제31조 제4호에 정한 청소년회복지원시설의 종사자 중 시설장의 자격기준을 충족하는 사람 또는 학식과 덕망이 있는 사람 중에서 위촉한다(규칙 제33조 제1항). 이 중에서 「청소년복지 지원법」에 따른 시설장은 사인이 아닌 기관에 해당하는 위탁보호위원이다.

위탁보호위원은 소년의 신병을 인수하여 감호하는 보호위원과 소년의 신병을 인수하지 않고 지도하는 보호위원으로 구분된다.

(2) 아동복지법상의 시설장이 소년을 인수하는 경우

「청소년복지 지원법」 제31조 제4호에 정한 청소년회복지원시설의 종사자 중 시설장의 자격기준을 충족하는 사람이 위탁보호위원으로 위촉되어 소년의 신병을 인수하는 경우이다. 이러한 시설에는 가출청소년을 위한 쉼터, 미혼모 쉼터, 성매매여성을 위한 쉼터, 공동생활가정 등 다양한 시설이 포함된다.

가출청소년을 위한 쉼터 또는 미혼모를 위한 쉼터는 특정 목적을 수행하는 시설이다. 즉, 가출청소년 또는 미혼모라는 사실이 있어야 한다. 이들 시설에서는 가출청소년 등을 우선 수용하여 보호하는 것이 임무이므로 결원이 있는 경우에만 제1호 처분을 받은 소년의 감호를 위탁할 수 있고, 결원이 있어 「소년법」상 보호처분을 받은 소년을 수용할 경우에도 보호소년과 비보호소년(단순 가출청소년 등)의 혼거로 인한 악풍의 감염이 우려되는 점도 있어 운영상 어려움이 있다.

(3) 사법형 그룹홈(청소년회복센터)이 인수하는 경우

「청소년복지 지원법」상의 시설장이 소년을 인수하는 경우에는 위에서 살펴보았듯이 보호처분 대상소년과 일반 소년이 혼거하는 문제점이 있다. 이러한 문제점을 해소하기 위하여 2010년 11월부터 창원지방법원에서 보호소년을 위한 그룹홈을 시작하였다. 이 그룹홈은 법원에서 주도적으로 운영한다는 점에서 사법형 그룹홈으로 알려지게 되었으며, 현재 대외적인 명칭은 '청소년회복센터'이다.

현재 사법형 그룹홈은 전국에 14개소가 있다. 사법형 그룹홈은 2016년 11월 30일 「청소년복지 지원법」이 개정되어 청소년복지시설에 포함되면서 성부 예산의 지원을 받는 기관이 되었다(「청소년복지 지원법」 제31조 제4호). 사법형 그룹홈의 「청소년복지 지원법」상 명칭은 청소년회복지원시설이다.

3) 소결

보호자를 대신하여 소년을 감호할 '자'에 시설이 포함되는지 여부가 논란이 있을 수 있다. 2016년 11월, 「청소년복지 지원법」 개정 당시 법무부는 「소년법」 제32조 제1항 제1호의 처분은 보호자 또는 보호자를 대신하여 감호할 자에게 돌려보내는 것이므로 1호 처분에 사법형 그룹홈을 포함시키는 것은 1호 처분의 취지에 배치된다는 이유로 반대하였다. 즉, 사법형 그룹홈은 명백히 공동생활시설이며, 이는 시설수용처분에 해당한다는 것이다. 시설장에게 소년의 신병을 인계하여 양육하도록 하는 것은 기존의 6호 처분으로 충분하며, 6호 처분의 개선으로 해결하여야 한다는 주장이다. 이에 대하여 법원은 사법형 그룹홈은 위탁인원이 최대 10명을 넘지 않을 뿐만 아니라 생활을 하면서 소년의 출입에 아무런 제약이 없으므로 공동생활시설이 아니라 기본적으로 가정과 유사한 공동체 즉, 대안가정이라고 한다.

이에 대한 논쟁은 「청소년복지지원법」에 「소년법」 제32조 제1항 제1호에 따른 감호 위탁처분을 받은 청소년에 대하여 보호자를 대신하여 그 청소년을 보호할 수 있는 자가 상담·주거·학업·자립 등의 서비스를 제공하는 시설이 청소년회복지원시설이라고 규정하면서 일단락되었다(동법 제31조 제4호).

사법형 그룹홈은 소년법에 아동복지법상의 제6호 처분 기관뿐만 아니라 「청소년복지 지원법」상의 제1호 처분 기관을 등장케 했다는 점에서 소년법의 복지적 성격을 더욱 강하게 하는 효과가 있다고 보아야 한다.

제 2 장 수강 및 사회봉사명령 기관(2호, 3호 처분기관)

1) 의의

2007년 「소년법」의 개정으로 수강명령과 사회봉사명령이 단독처분이 되면서 보호관찰소 외의 전문기관도 법원의 위탁을 받아 그 집행을 할 수 있게 되었다. 2007년 「소년법」 개정 이전까지는 수강명령과 사회봉사명령은 보호관찰처분의 부수처분이었다. 수강명령과 사회봉사명령이 보호관찰에 부수하여 처분되므로 당연히 보호관찰소에서 수강명령과 사회봉사명령을 집행하는 형태였다. 그러나 2007년 「소년법」 개정으로 수강명령과 사회봉사명령이 단독처분으로 독립되면서 상황이 달라지게 되었다. '법원장'이 사회봉사 또는 수강할 장소 또는 시설을 지정하여 운영할 수 있게 된 것이다. 법원 소년부 판사는 수강명령과 사회봉사명령을 보호관찰과 '병과'하여 보호관찰소장으로 하여금 집행하도록 할 수 있지만, 보호관찰소장이 아닌 '법원장'이 정한 시설에서 사회봉사 또는 수강명령을 집행하도록 할 수 있다.

2007년 「소년법」 개정 이전에 수강 및 사회봉사명령을 단독처분으로 하여야 한다는 주장(변동열, 1997, p.121)이 있었다. 이런 주장의 근거로 사회봉사명령이 처음 실시된 영국의 경우에 보호관찰의 부수처분으로 시작된 것이 아니고, 비행이 경미한 경우 비교적 장기간의 보호관찰로 부담을 주기보다는 사회봉사명령으로 충분한 경우도 있으며, 보호처분의 다양화도 필요하다는 것을 들었다. 또한 2007년 소년법 개정 이전부터 「소년심판규칙」(2002. 7. 1. 대법원규칙 제1777호)에서는 법원장이 소년이 사회봉사 또는 수강할 장소 또는 시설을 지정할 수 있고, 사회봉사 및 수강할 강의의 종류나 방법을 정할 수 있도록 구체적으로 규정하고 있었다. 주의할 점은 이렇게 법원장이 사회봉사나 수강 장소 또는 시설을 규정하고 있다고 하여 법원에서 사회봉사 또는 수강명령을 '직접 집행'한다는 의미는 아니라는 점이다.

그렇다면 수강명령과 사회봉사명령을 어느 기관에서 집행해야 하는지가 문제이다. 「소년법」이

第32조 제1항에서 수강명령(제2호)과 사회봉사명령(제3호)에 대해 어느 기관에서 집행한다는 것을 명확하게 규정하고 있지 않기 때문이다. 수강명령 또는 사회봉사명령의 집행과 관련된 구체적인 규정을 담은 시행령마저 없는 실정이다 보니 수강명령과 사회봉사명령을 어느 기관에서 집행하여야 하는지에 대하여 모호한 상태가 되었다. 보호관찰과 병과되는 경우라면 당연히 보호관찰소가 집행기관이라는 사실은 다툼의 여지가 없으나 단독으로 부과하는 경우에는 보호관찰소장이 집행할 수 있는 법률의 근거가 없다. 보호관찰소장이 집행할 법률의 근거가 없다는 사실, 즉 입법의 미비가 법원에서 이를 집행할 수 있다는 것을 의미하는 것은 물론 아니다. 그러나 실무상 수강명령 등을 집행할 장소 또는 시설을 지정한 법원이 그 집행을 해당 시설의 장에게 위탁하고 있는 사실 또한 무시할 수 없는 현실이다. 이러한 현실을 인정한다고 하더라도 여전히 문제이다. 이러한 실무상의 운영은 근거가 법률의 위임이 아닌 「소년심판규칙」에 의한 것이므로 혹시라도 '사실상 위탁 집행하는 시설'에서 안전 사고, 인권 침해 등이 발생하는 경우에 법적 권한 등에 대하여 다툼이 일어날 여지가 있다. 따라서 법률 개정 또는 시행령의 제정으로 해소하여야 할 것으로 생각된다.

〈소년심판규칙(시행 2002. 7. 1.)〉

제31조(보호처분결정의 고지)
② 소년부판사가 법 제32조제3항의 규정에 의하여 사회봉사명령 또는 수강명령을 명하는 경우에는 제1항의 고지를 함에 있어서, 소년이 이행하여야 할 총 사회봉사시간 또는 총 수강시간을 정하여야 한다. 이 경우 필요하다고 인정하는 때에는 사회봉사 또는 수강할 강의의 종류나 방법 및 그 대상이 될 시설 등을 지정할 수 있다.

2) 종류

(1) 민간기관에 의한 수강명령 또는 사회봉사명령 집행

현재 법원장이 직접 지정하는 수강명령 위탁집행기관으로는 '소년상담복지센터', '학교밖 청소년지원센터', '성비행 관련 센터' 등이 있다. 소년상담복지센터에서는 개인상담을 중심으로 진행하고, 학교를 유예하거나 자퇴하는 등으로 학교를 다니지 않는 소년에 대해서는 학교밖 청소년 지원센터에서 '두드림 프로그램(진로체험 프로그램)'을 수강하게 한다. 그리고 성비행과 관련된 소년은 성상담소 등을 지정하여 활용한다. 이외에도 법원별로 다양한 민간기관을 지정하여 운영하고 있다.

다만, 사회봉사명령을 위탁집행할 장소나 시설은 법원장이 따로 지정하지 않고 있어, 보호관찰이 병과되지 않은 사회봉사명령의 경우에도 보호관찰소가 집행을 담당하고 있다.

(2) 보호관찰소에 의한 수강명령 또는 사회봉사명령 집행

수강명령 또는 사회봉사명령은 보호관찰소에 소속된 보호관찰관이 집행(직접집행)한다. 다만, 특별한 경우 국공립기관이나 그 밖의 단체에 그 집행의 전부 또는 일부를 위탁(협력집행)할 수 있으며, 이 경우 법원 또는 법원의 장에게 통보해야 한다. 위탁집행 기관은 대상자의 범죄내용, 연령, 직업, 주거지와의 거리, 가정환경 등을 고려하여 선정한다.

먼저 수강명령은 정신적·심리적 원인, 잘못된 문제인식 또는 행동습관으로 인해 비행을 반복할 우려가 높은 소년에 대해 일정 시간 동안 교육과 치료를 받게 함으로써 심리적인 교화와 성행을 개선하기 위한 것으로, 바람직한 가치관과 자아 탐색을 통한 긍정적인 자아상의 확립과 미래를 준비하는 비전을 획득하도록 도와주는데 목표를 두고 있다. 소년법에 따른 수강명령은 12세 이상의 소년에 대해 100시간 이내의 범위에서 법원에서 정한 시간과 기한에 따라 집행하며, 대상자의 비행 유형에 따라 인지행동치료 프로그램을 기반으로 하는 약물방지, 준법운전, 정신·심리치료, 성비행방지 교육과정 등을 운영하고 있다.

사회봉사명령은 일정시간 동안 무보수로 공익적 봉사활동을 할 것을 명하는 것으로, 대상자에게는 근로의식을 함양시키면서 범죄피해에 대한 배상과 반성의 기회를 제공하고, 이타적 활동을 통한 보람과 만족감 제고 및 자긍심 회복으로 재비행 방지 및 건전한 사회복귀를 지원하기 위해 만들어진 제도이다. 14세 이상의 소년에 대해 200시간의 범위내에서 법원이 정한 시간과 기한에 집행하며, 대체로 노인·아동·장애인 복지시설(기관)에서 지원활동을 하거나 지역사회 지원 기타 공익지원·보조 활동 분야에 배치하는 것이 일반적이다.

보호관찰관이 그 명령을 집행할 때에는 소년 본인의 정상적인 생활을 방해하지 않도록 유의하여야 한다. 소년에 대한 사회봉사명령의 집행은 성인과는 달리 그 분야가 제한적이다. 특히 학생인 대상자에 대한 사회봉사명령 집행은 원칙적으로 주말이나 방학 등 여유시간대를 이용함으로써 학교수업에 지장이 없는 범위 내에서 집행하며, 대상자가 학교생활에 지장을 받지 않도록 배려하고 있다.

제 3 장 보호관찰소(4호, 5호 처분기관)

1) 의의

보호관찰은 1841년 미국 보스턴의 독지가 John Augustus가 알코올 중독자를 법원 판사로부터 인수하여 개선시킨 것을 시작으로, 1869년 미국 매사추세츠주에서 처음으로 입법화된 이후 영국(1878), 스웨덴(1918), 일본(1949) 등 세계 각국으로 전파되었다.

우리나라에서는 1982년부터 연구와 시험실시를 거친 후 1989년 7월 1일부터 소년범죄자에 대해서만 시행하였다. 이후 성폭력사범(1994), 성인 형사범(1997), 가정폭력사범(1998), 성매매사범(2004), 특정 성폭력사범(전자감독, 2008), 성충동약물치료(2011), 형집행 후 보호관찰(2013), 치료명령(2016)에 이르기까지 그 영역이 크게 확대되었다.

보호관찰소는 보호관찰, 사회봉사, 수강 및 갱생보호에 관한 사무를 관장하기 위한 법무부장관 소속기관으로, 2019년 12월 현재 전국에 57개 기관이 설치되어 있다. 그 외 관련기관으로 2개의 위치추적관제센터, 5개의 보호관찰심사위원회가 있다.

2) 법적 성격

기본적으로 보호관찰은 「보호관찰 등에 관한 법률」에 따라 보호관찰소에서 집행한다. 「보호관찰 등에 관한 법률」에 의한 보호관찰은 범죄인을 수용시설에 구금하지 않고 가정과 학교 및 직장에서 정상적인 생활을 하도록 하되, 보호관찰관의 지도·감독을 통해 준수사항을 지키도록 하고 사회봉사명령이나 수강명령을 이행하도록 하는 대안적 보안처분이다. 그러나 주의할 점이 있다. 보호관찰의 집행의 근거가 되는 법률은 「형법」, 「소년법」 등 다양한 법률에 존재한다는 것이다. 「형법」에 의한 보호관찰은 대법원 판결에서 보듯이 보안처분의 성격을 지닌다("대법원 1997.

6. 13. 선고 97도703 판결, 1997). 그러나 「소년법」에 의한 보호관찰이 보안처분인지 여부에 대해서는 논란이 있다. 이에 대해서는 앞에서 살펴본 바와 같이 「소년법」에 의한 보호관찰은 보안처분이 아니라 비범죄화에 의한 보호처분일 뿐이다. 따라서 보호처분 대상자인 소년에 대해서는 보안처분 대상자인 성인과 다르게 처우하여야 한다.

〈BOX 21〉 보호관찰의 법적 성격 관련 대법원 판례

대법원 1997. 6. 13. 선고 97도703 판결【특정범죄가중처벌등에관한법률위반(뇌물)(변경된죄명 : 뇌물수수)】

[논점]

개정형법 시행 이전에 범죄한 자에게 개정형법에 따른 보호관찰을 명할 수 있는가?

[판결요지]

「형법」 제62조의2 제1항에 의한 보호관찰은 형벌이 아니라 보안처분의 성격을 갖는다.
이는 과거의 불법에 대한 책임에 기초하고 있는 제재가 아니라 장래의 위험성으로부터 행위자를 보호하고 사회를 방위하기 위한 합목적적인 조치이므로, 그에 관하여 반드시 행위 이전에 규정되어 있어야 하는 것은 아니다.
따라서 재판시 규정에 따라 보호관찰을 명하여도 형벌불소급 원칙이나 죄형법정주의에 반하지 않는다.

3) 보호관찰 대상자

보호관찰소에서 지도·감독하는 소년 보호관찰 대상자는 대부분 소년법상 제4호 또는 제5호 처분을 받은 자들이다.

소년법에 따른 보호관찰 처분을 받은 소년 외에도 「보호관찰 등에 관한 법률」(제25조)에 의하여 보호관찰을 조건으로 소년원에서 임시퇴원된 자, 「보호관찰소 선도위탁 규정」(법무부훈령 제1182호)에 의하여 검사가 보호관찰소의 선도를 조건으로 기소유예 처분을 한 성인과 동일한 형사절차에 놓였다가 형의 선고유예 또는 집행유예를 받은 소년, 가석방된 소년 등도 포함된다.

4) 대상자별 보호관찰 기간

소년 보호관찰대상자는 「소년법」에 따라 4호 처분을 받은 소년은 1년, 5호 처분을 받은 소년은 2년간 보호관찰을 받아야 한다. 「보호소년 등의 처우에 관한 법률」에 따라 임시퇴원된 소년은 6월에서 2년의 기간 동안 보호관찰을 받게 된다.

형법 기타 특별법에 의한 소년 보호관찰대상자는 그 특별법이 따로 정하는 기간 동안 보호관찰을 집행한다.

5) 소년 보호관찰의 집행

(1) 소년 보호관찰의 목표

소년에 대한 보호관찰은 대상자가 사회규범을 준수하고 사회구성원으로 건전하게 성장할 수 있도록 반사회적 성격 및 행동 교정, 사회복귀를 위한 맞춤형 역량의 개발, 범죄유발 환경에 대한 조정, 재범행동 감소를 목표로 한다.

(2) 보호관찰 대상자의 준수사항

보호관찰 대상자는 주거지에 상주하고 생업에 종사하여야 하며, 범죄로 이어지기 쉬운 나쁜 습관을 버리고 선행을 하며 범죄를 저지를 염려가 있는 사람들과 교제하거나 어울리지 않아야 한다. 또, 보호관찰관의 지도 감독에 따르고 방문하면 응대해야 하며, 주거를 이전하거나 1개월 이상 국내외 여행을 할 때에는 미리 보호관찰관에게 신고하여야 한다.

이외에도 법원 소년부 판사 또는 보호관찰심사위원회는 소년이라는 대상자의 특성을 고려하여 특별준수사항을 부과할 수 있다. 야간 등 특정시간대에 외출하지 말 것, 특정지역이나 장소에 출입하지 말 것, 검정고시를 준비하거나 성실하게 학교수업에 참석할 것, 피해자에게 접근하지 말 것, 유해화학물질 등 중독성 있는 물질을 사용하지 않을 것 등이 그것이다.

(3) 지도·감독 및 원호

소년에 대한 보호관찰은 집행에 앞서 재범위험성, 개인적 특성 등을 종합적으로 고려한 과학적 분류를 통해 지도·감독의 수준을 정하고, 구체적인 이행계획을 수립한다.

보호관찰관은 대상자의 재범을 방지하고 건전한 사회복귀를 촉진하기 위하여 긴밀한 관계를 유지하고, 행동 및 환경을 관찰하면서 준수사항을 이행여부를 감독한다.

보호관찰의 집행과정은 환경조정과 성행개선에 중점을 두고 진행된다. 환경조정은 소년을 둘러싼 가정·학교·사회 환경에서 비행을 유발할 수 있는 요인을 제거하고 부모·교사·이웃들과 함께 소년의 건전한 성장을 지원할 수 있는 방법을 모색한다. 성행개선은 지역사회 자원을 연계하여 체험형 문화·예술 프로그램, 심성순화·심리치료 프로그램 등을 운영한다.

한편, 소년 보호관찰 대상자의 경우 열악한 가정·사회 환경에 놓인 경우가 많으므로 주거 및 취업의 알선, 학습 및 직업훈련 지원, 주거환경 개선 등 원호활동에도 많은 노력을 기울이고 있다.

제 4 장 아동복지시설(6호 처분 기관)

1) 의의

6호 처분 기관은 법원 소년부 판사로부터 6호 처분을 받은 소년을 보호하는 데 필요한 환경과 시설을 구비하고 있는 시설을 의미한다. 6호 처분은 수용처우를 명하는 보호처분인 점에서 1호 내지 5호 처분과 구별되고, 수용시설이 공적 시설이 아닌 사적 시설이라는 점에서 소년원 송치처분인 8호 내지 10호 처분과 구분된다.

6호 처분의 성격에 대하여 법원행정처는 순수한 사회내 처우와 소년원 송치 처분의 중간쯤에 위치하는 중간처우라고 하고 있다(법원행정처, 2014, p.350). 그러나 이러한 견해는 보호처분을 소년법의 틀에서만 보는 한계를 보인다고 할 것이다. 교도소까지를 포함하는 형사사법의 틀에서 바라보면 6호 처분 시설은 시설내 처분(교도소)과 사회내 처분(보호관찰 등)의 중간에 해당한다. 그리고 지금까지 살펴보았듯이 보호처분은 모두 동일하다. 따라서 6호 처분부터 10호 처분은 모두 '주거제한 보호처분'으로 보는 것이 타당하다.

2) 6호 처분 현황

6호 처분은 2007년 소년법 개정으로 단기 보호관찰(4호 처분)과 장기 보호관찰(5호 처분)과 병과가 가능해졌다. 4호 처분은 보호관찰기간이 1년, 5호 처분은 2년이며, 6호 처분은 6개월이다. 아래 표를 보면 2009년 4, 6호 병과처분과 5, 6호 병과처분이 각각 192명, 739명으로 크게 차이가 있었고, 이후는 5, 6호 병과처분이 압도적으로 증가하는 경향을 보인다. 단독으로 6호 처분을 하는 경우는 극히 드물다.

〈표 34〉 6호 처분 현황(단위: 명)

구분 \ 연도	2009	2010	2011	2012	2013	2014	2015	2016	2017	2018
보호처분	35,819	32,416	35,072	36,150	31,952	24,529	25,911	23,526	24,383	24,494
4 · 6호	192	104	146	56	22	39	46	33	41	32
5 · 6호	739	747	922	1,164	1,150	834	883	1,063	986	1,229
6호	128	73	9	14	13	9	2	5	7	5
병과처분기타	1,059	924	1,077	1,234	1,185	882	931	1,101	1,034	1,266

출처 : 법원행정처 사법연감(법원행정처, 2019)

3) 6호 처분 시설 현황

주거제한 처우를 시행하는 6호 시설의 기준에 대해서는 「소년법」에 명확히 규정되어 있지 않다. 「소년법」은 '아동복지법에 따른 복지시설이나 그 밖의 소년보호시설(제32조 제1항 제6호)'이라고 규정하고 있어 그 밖의 소년보호시설에 대한 법적 근거가 없는 상태이다. 통상의 법 체계에 따르면 시행령에서 구체적으로 '그 밖의 소년보호시설'의 종류를 규정하여야 하나 현재 소년법은 시행령이 마련되어 있지 않아 입법적으로 준비가 되지 않은 상태이다. 현재는 아동복지시설, 청소년복지시설 등 아동에 대해 숙식을 제공하는 여러 종류의 보호시설이 6호 시설의 역할을 수행하고 있다.

아동복지시설에는 아동보호치료시설, 아동양육시설 그리고 공동생활가정이 있다. 6호 처분 시설은 아동보호치료시설에 해당한다. 6호 처분 시설(아동보호치료시설)은 주로 종교단체에서 설치, 운영하고 있으며, 전국에 남자시설 3개, 남녀공용시설 1개, 여자시설 3개로 총 7개가 운영되고 있다. 7개의 아동보호치료시설은 평균 정원이 약 60명으로 대규모 시설이다.

2016년 현재 6호 처분 시설 중 아동보호치료시설은 7개에 불과한 상태이고, 지역적으로도 편중되어 있다. 특히 보호소년의 다수를 차지하는 남자 소년이 위탁될 수 있는 시설은 전국에 4개에 불과하여 선택의 폭은 더 좁아진다. 또한 소년의 거주 지역에 시설이 없는 경우에는 불가피하게 원거리 시설에 위탁할 수밖에 없어 원래 소년이 속한 지역사회에서 학교 및 직업교육을 실시함으로써 사회에 쉽게 적응할 수 있도록 한다는 6호 처분 본래의 장점은 사라지고 만다. 그리고 가정과 같은 분위기를 유지하기 위해서는 수용인원이 최대 15명 내외로 제한되어야 하지만 현재 6호 처분 시설은 최소 32명에서 최대 115명에 이르는 상황이어서 소년원과 다를 바 없는 엄격한 규율이 적용되고 있고, 또래간의 괴롭힘과 이에 따른 이탈시도를 방지하기 위한 폐쇄적 운영 등 악순환이 이어지고 있다.

〈표 35〉 아동보호치료시설 현황

	시설명(운영단체)	위치	위탁법원	수용인원(성별)
1	효광원(천주교 대전교구)	대전	서울, 대전, 대구, 부산, 광주, 의정부, 인천, 수원, 춘천, 청주, 전주	115명(남자)
2	나사로 청소년의 집 (기독교 복지재단)	경기도 양주	서울, 의정부, 인천, 수원, 춘천, 청주	40명(여자)
3	살레시오 청소년센터 (천주교 살레시오회)	서울 영등포구	서울, 의정부, 인천, 수원, 춘천	80명(남자)
4	로뎀 청소년학교 (기독교 그루터기)	충북 제천	서울, 인천, 수원, 춘천, 청주	36명(남자)
5	마자렐로센터 (천주교 살레시오회)	서울 영등포구	서울, 수원, 인천, 춘천, 청주	50명(여자)
6	늘사랑 청소년 센터 (대한사회복지회)	대구	대구	32명(여자)
7	희망샘학교 ((사) 희망샘학교)	전북 고창	광주, 전주, 춘천	70명(남, 여)

출처: 사회보호 전문검사 커뮤니티 미출간 자료(2016. 12. 15)

4) 6호 시설의 관리

현재 소년법 시행령이 마련되지 않은 상태이므로 6호 시설에 대한 관리는 법원이 담당하고 있다. 소년심판규칙에서 법원장은 소년에 대한 환경의 조정과 성행의 교정에 적당한 곳을 미리 그 시설의 운영자와 협의하여 수탁기관으로 지정하고(규칙 제34조 제1항, 제5항), 법원소속 공무원으로 하여금 지정된 수탁기관이 소년의 보호에 충분한 시설을 가지고 있는가의 여부와 그 운영 실태를 조사, 보고하도록 하고 있으며, 이에 부적당하다고 인정되는 경우에는 그 지정을 취소할 수 있다(규칙 제34조 제6항)고 규정하고 있다.

그러나 법원의 관리는 위탁한 소년의 보호상황에 대한 확인 등 일부분에 대한 관여일 뿐이고, 위탁된 시설 자체를 관리 감독하는 것은 아니다. 보호상황이 부적당할 경우에 그 지정을 취소하는 것도 수탁기관 지정을 취소할 뿐이며 치료보호시설의 인가를 취소하는 것은 아니다. 그렇다면 직접적인 감독기관이 아닌데도 불구하고 법원의 관여는 어떤 근거로 발생하는 것인가? 사적 계약관계에 기반한다고 보아야 한다. 「소년법」은 6호 처분을 받은 소년의 보호자는 수탁자에 대하여 그 감호에 관한 비용의 전부 또는 일부를 지급하여야 하고, 보호자가 지급할 능력이 없는 때에는 법원 소년부가 이를 지급할 수 있도록 규정하고 있다(「소년법」 제41조). 따라서 법원이라는 위탁자와 6호 시설이라는 수탁자간의 계약에 따라서 관여할 수 있는 근거가 있는 것이며, 관여의 정도는 계약 조건에 한정된다고 보아야 한다. 그러므로 수탁기관과 법원은 계약에 근거한 대등한 동반자의 관계이다.

결론적으로 6호 처분 시설의 소관 부처인 보건복지부나 여성가족부는 아동복지를 위한 시설의 운영기준만을 세울 뿐이며, 비행소년의 지도를 위한 관점에서의 관리 감독권한이 없다. 사실상 6호 처분 시설의 취지에 부합하는 기본적인 운영방침, 인적 및 물적 자원 및 운영 프로그램의 기준 수립, 그리고 해당 기준을 준수하는지 여부를 관리 감독할 전담 행정기관이 없는 상황이다.

6호 처분에 위탁된 소년이 시설을 이탈한 경우에 어떻게 되는가? 위탁기관에서 소년의 이탈사실에 대하여 법원에 사실을 통보하고, 소년의 복원을 위하여 노력하게 된다. 그리고 소년에 대하여 보호관찰이 병과되어 있는 경우에는 관할 보호관찰소에서도 소년의 복원을 위하여 협력하게 된다(「보호관찰 대상자 지도감독 지침」 제56조).

제 5 장 의료처우시설(7호 처분기관)

법원 소년부 판사가 10세 이상의 의료적 처우가 필요한 소년을 병원이나 요양소에 위탁하거나 소년의료보호시설에 위탁하는 처분이다. 기간은 6개월이고 1회 연장이 가능하다. 정신질환이 있거나 약물남용과 같이 의학적인 치료와 요양이 필요한 경우에 행해진다.

아래 표에서 보듯이 대부분의 의료처우시설은 민간시설이다. 국가기관에서 운영하고 있는 시설은 대전의료소년원 1개에 불과하다. 대전의료소년원의 경우 정신의학적 처우를 주로 담당할 뿐 신체질환에 대한 치료 기능은 없는 상태이다.

〈표 36〉 7호 처분이 가능한 수탁 기관 현황

법원	수탁 기관	위치
서울	건국대학교병원	서울 광진구
	경기도의료원 의정부병원	경기도 의정부
	국립서울병원	서울 광진구
	동산의원	서울 종로구
	대전의료소년원	대전
	백상창 신경전신과의원	서울 강서구
	청소년복지재단 마리스타의 집	충북 충주
춘천	대전의료소년원	대전
대전	국립공주병원	충남 공주
	대전의료소년원	대전
청주	대전의료소년원	대전
대구	대동병원	대구 동구
	대전의료소년원	대전
부산	대전의료소년원	대전
광주	국립나주병원	전남 나주
	광주 양지병원	광주 북구
	대전의료소년원	대전

출처: 법원실무제요, 소년(법원행정처, 2014, pp.358-359)

신체질환 또는 정신질환 유무에 따라 행해지는 처분이므로 소년에 대한 철저한 심리검사와 객관적인 자료에 의하여야 한다. 국가와 지방자치단체가 비용을 부담하는 대전의료소년원과 청소년복지재단 마리스타의 집을 제외하고는 상당한 비용의 지출이 수반되므로 보호자가 비용을 부담할 경제적 능력이 있는지 여부를 확인하여야 한다. 다만 보호자가 없거나 보호자가 비용을 부담할 능력이 없는 경우에는 비용의 전부 또는 일부를 국가에서 부담할 수 있다.

제 6 장 소년원(8호, 9호, 10호 처분 및 임시조치 기관)[56]

1) 소년원(7호, 8호, 9호, 10호 기관)

(1) 의의

소년원은 「소년법」 제32조 제1항 제7호, 제8호, 제9호, 제10호의 규정에 의하여 법원 소년부에서 송치한 14세 이상 19세 미만의 범죄소년, 형벌법령에 저촉되는 행위를 한 10세 이상 14세 미만의 촉법소년과 성격 또는 환경에 비추어 장래 형벌법령에 저촉되는 행위를 할 우려가 있는 10세 이상 19세 미만의 우범소년을 수용하여 교정교육을 행하는 국가 기관이다.

소년원은 사법적 기능보다는 교육적, 복지적 기능을 중시하여, 비행에 대한 책임을 추궁하는 것이 아니라 국가가 소년들의 보호자가 되어 인성교육 등 생활지도와 인성교육, 교과교육 및 직업능력개발훈련, 의료재활교육 등을 실시함으로써 이들의 왜곡된 성격과 행동을 교정하고 건전한 청소년으로서 인격을 형성하도록 돕는 다는 점에서 형사처분을 집행하는 소년교도소와는 그 성격이 다르다.

〈표 37〉 소년원과 소년교도소의 차이

구분	소년원	소년교도소
적용법률	소년법 보호소년 등의 처우에 관한 법률	형법 형의 집행 및 수용자의 처우에 관한 법률
처분청	가정법원 또는 지방법원 소년부	형사법원

55 '소년원과 소년분류심사원'에 대한 부분은 한영선 등(2019)이 집필한 '범죄예방정책학(박영사, 2019)'의 제11장의 내용을 발췌, 인용하였다.

처분종류	보호처분(1~10호 처분)	형사처분 생명형(사형), 자유형(징역. 금고. 구류)
시설	10개 소년원(2개 여자소년원)	1개 소년교도소 (여자소년은 청주여자교도소 수감)
수용대상	범죄소년, 촉법소년, 우범소년	범죄소년
수용기간	2년 미만	선고에 의한 자유형 집행기간
사회복귀	퇴원: 교정목적을 달하였다고 인정할 때 임시퇴원: 교정성적이 양호하고 보호관찰의 필요성이 있다고 인정될 때	석방: 형기 종료시 가석방: 행상이 양호하여 개전의 정이 현저한 때(행형 성적 양호자에 대한 시혜)
신분제한	장래 신상에 어떠한 영향도 미치지 않음 (「소년법」 32조 6항)	법에서 정한 복권 기한 내 수형인명부 기재 관리함(전과기록)

출처: 이백철(이백철, 2015, p.715)

우리나라의 소년원제도는 1942년 경성소년원(현 서울소년원)의 개원이 그 효시로서 2005년 19개까지 늘었다가 2005~2007년 구조조정으로 2020년 현재 10개로 줄어들었다. 기관이 감소함에 따라 소년원에서 복합적인 기능을 수행하고 있으며 소년분류심사원이 설치되어 있지 않은 부산, 대구 등 6개 지역은 소년원에서 그 기능을 대행(이하 '대행소년원'이라 한다)하고 있다. 이전에 단기 소년원생과 장기 소년원생을 구분하고, 교과교육과 직업훈련 등으로 분류하여 기관을 운영하던 방침이 각 기관에서 복합적으로 그 기능을 수행할 수밖에 없는 상태여서 교정교육 역량이 매우 약화되었다.

〈표 38〉 소년원 권역별 기관 현황

구분	기관 (학교명)	대상	교육과정
수도권	서울소년원 (고봉중. 고등학교)	보호소년 (9, 10호)	중 . 고등학교 교과교육 직업능력개발훈련(제과제빵. 한식조리. 헤어디자인) 인성교육, 컴퓨터, 검정고시, 보호자교육
	안양소년원 (정심여자정보산업학교)	女보호소년 (9, 10호)	중 . 고등학교 교과교육 직업능력개발훈련(헤어디자인 . 피부미용 . 제과제빵) 인성교육, 컴퓨터, 검정고시, 보호자교육

중부권	대전소년원 (대산학교)	보호소년 (7, 9, 10호) 위탁소년	의료 . 재활교육(7 . 9 . 10호) 분류심사 인성교육, 컴퓨터, 검정고시, 보호자교육
	청주소년원 (미평여자학교)	女보호소년 (8, 9,10호)	8호 처분자 교육 직업능력개발훈련(예술분장 . 커피바리스타 . 헤어디자인 . 제과제빵) 인성교육, 컴퓨터, 검정고시, 보호자교육
호남권	전주소년원 (송천정보통신학교)	보호소년 (8, 9, 10호)	중 . 고등학교 교과교육 8호 처분자 교육 인성교육, 컴퓨터, 검정고시, 보호자교육
	광주소년원 (고룡정보산업학교)	보호소년 (9, 10호) 위탁소년	직업능력개발훈련(자동차정비. 신재생에너지. 소형건설기계조종사면허) 분류심사 인성교육, 컴퓨터, 검정고시, 보호자교육
영남권	대구소년원 (읍내정보통신학교)	보호소년 (9, 10호) 위탁소년	직업능력개발훈련(제과제빵 . 커피바리스타 . 케이크디자인) 분류심사 인성교육, 컴퓨터, 검정고시, 보호자교육
	부산소년원 (오륜정보산업학교)	보호소년 (10호) 위탁소년	직업능력개발훈련(용접 . 제과제빵 . 헤어디자인) 분류심사 인성교육, 컴퓨터, 검정고시, 보호자교육
강원권	춘천소년원 (신촌정보통신학교)	보호소년 (9, 10호) 위탁소년	직업능력개발훈련(헤어디자인 . 미디어콘텐츠 . 디저트) 분류심사 인성교육, 컴퓨터, 검정고시, 보호자교육
제주권	제주소년원 (한길정보통신학교)	보호소년 (8 , 9 , 10호) 위탁소년	직업능력개발훈련(제과제빵 . 골프매니지먼트) 8호 처분자(제주지역 男) 교육 분류심사 인성교육, 컴퓨터, 검정고시, 보호자교육

출처: 법무부 범죄예방정책국 소년보호과 자료

(2) 기능

소년원은 초중등교육, 직업훈련, 인성교육 등 기능별로 분류해서 운영할 수 있도록 규정되어 있으며, 이를 위하여 소년원을 교과교육소년원, 직업훈련소년원, 의료·재활소년원 및 인성교육소년원으로 분류하여 운영하고 있다.

① 수용절차

소년이 법원 소년부에서 「소년법」 제32조 제1항 제7호, 제8호, 제9호 또는 제10호의 보호처분을 받으면 신분이 보호소년으로 변경된다. 보호처분은 법원 소년부 판사의 결정으로 이루어지고 이 결정서에 의하여만 보호소년을 소년원에 수용할 수 있다.

소년원장은 새로 수용된 보호소년에 대하여 지체 없이 건강진단과 위생에 필요한 조치를 하여야 하고, 보호자에게 지체 없이 수용 사실을 알려야 한다. 소년의 수용사실에 대하여 알릴 때는 원칙적으로 문서에 의하여야 한다. 그러나 보호자가 원하는 경우에는 정보통신망을 이용하여 통지할 수 있도록 하였다. 이 때 '정보통신망'이라고 하는 것은 전화, 휴대전화 메시지, 전자우편 등을 칭하는 것으로, 특히 전화로 통지하는 경우에는 보호자의 궁금증을 해소하여 줄 수 있을 뿐만 아니라 최초의 보호자 상담이 동시에 이루어질 수 있다는 장점이 있다. 또한 휴대전화 메시지를 이용하는 경우에는 소년보호기관에서 사용하는 소년보호교육종합관리시스템 TEAMSTotal Education and Management System 내에서 문자, 영상 등의 서비스를 이용할 수 있다.

소년원장은 보호소년이 법원 소년부의 처분 결정 당시 10세 미만(「소년법」 제32조 제1항 제10호 처분의 경우에는 12세 미만을 말한다)이거나 19세 이상으로 판명되면 지체 없이 그 결정을 한 법원 소년부에 그 사실을 통지하여야 한다. 판단기준이 행위시가 아니라 처분결정시라는 점을 유의하여야 한다.

그 외에 원장은 보호소년이 중환자로 판명되어 수용하기 위험하거나 장기간 치료가 필요하여 교정교육의 실효를 거두기가 어렵다고 판단되는 경우, 심신의 장애가 현저하거나 임신 또는 출산, 그 밖의 사유로 특별한 보호조치가 필요한 경우에는 법원 소년부에 「소년법」 제37조에 따른 보호처분의 변경을 신청할 수 있다. 그러나, 심신의 장애가 현저한 경우가 어느 정도인지 불명확하다. 대전소년원은 의료처우대상자를 수용하여 교육하고 있기 때문에 실무적으로 심신의 장애가 현저하여 수용교육을 하지 못한 사례로 대소변을 가리지 못하는 소년에 대하여 처분변경을 의뢰한 사례가 있다.

8호 처분의 경우 수용절차에서 구분된다. 법원 소년부 판사가 8호 처분을 하는 경우 일반적으로 소년원과 입원일을 지정하면 해당 보호소년은 지정일자에 해당 소년원에 스스로 입원하게 된다.

② 보호소년의 처우

보호소년의 특성을 고려하여 그에 적합한 처우를 하는 것이 기본 원칙이다. 따라서 소년원장은 보호소년의 문제원인을 정확히 진단하여 소년의 필요에 맞는 맞춤형 분류처우를 하여야 한다. 이를 위하여 분류심사 결과와 법원 소년부로부터 송부된 자료를 고려하여 수용일로부터 10일 이내에 처우심사를 한다.

먼저 '분류처우'란 실무상 보호처분이 확정된 소년에 대하여 처우과정과 교육받을 소년원을 지정하는 등 개별적으로 처우하는 작용을 의미한다.

분류처우는 같은 시설 내에서 생활실을 분류하는 것과 교육과정을 분류하는 것으로 나눈다. 생활실의 분류는 신입자교육을 받고 있는 소년, 전염병에 감염된 소년, 공범 등 특별관리가 필요하다고 인정되는 소년에 대하여 생활실을 달리하여 처우하는 것이다. 다만, 원장은 시설여건이나 교육과정 운영을 위하여 특히 필요한 경우에는 처우심사위원회의 심의를 거쳐 이를 조정·운영할 수 있다.

그리고 생활실의 분류와 별도로 보호소년의 교정교육을 위하여 처우과정을 분류하여 정하여야 하는데 이를 위하여 소년원장은 분류조사를 마친 소년에 대하여 지체없이 처우심사위원회의 심사를 거쳐 개별처우계획을 수립한다. 개별처우계획에는 초·중등교육, 직업능력개발훈련, 의료·재활교육, 인성교육 등 개별 교육·처우의 방향이 제시되어야 하고, 이 경우 보호소년과 보호자 등의 의견을 고려하여야 한다.

〈그림 12〉 소년원의 교육

③ 교정교육

교정교육은 소년원에서 이루어지는 모든 교육이 포함된다. 이러한 소년원의 교정교육은 규율 있는 생활 속에서 초·중등교육, 직업능력개발훈련, 인성교육, 심신의 보호·지도 등을 통하여 보호소년이 전인적인 성장·발달을 이루고 사회생활에 원만하게 적응할 수 있도록 하여야 한다(「보호소년 등의 처우에 관한 법률」 제28조)

보호소년이 가지고 있는 위험요인은 감소시키고 보호요인은 강화시키는 것이 교정교육의 핵심이라고 할 수 있다. 교정교육이 소년원이란 시설에서 이루어지는 것이므로 단계적인 교육이 필요하다.

㉠ 교과교육

소년원학교는 초중등교육법에 의한 정규학교이다. 비행으로 인하여 학업을 중도에 포기한 보호소년에게 진로개척에 필요한 학력을 취득할 수 있는 기회를 부여하여 사회적응을 원활히 하기 위한 것이다. 따라서 소년원이 대외적으로 학교명칭을 사용할 수 있도록 복수명칭 사용을 위한 지침(「소년원 등의 기능 및 명칭 복수사용에 관한 지침」)을 제정하였고, 졸업장도 수여할 수 있게 되었다(「보호소년 등의 처우에 관한 법률 시행령」 제59조).

그러나 현실적으로 보호소년이 고봉중고등학교(서울소년원) 명의의 졸업장을 기피하는 현상이 있을 뿐만 아니라 교사 자격을 보유한 직원의 수급이 원활하지 않아 교과과정 운영에 어려움이 있는 문제점이 발생하였다. 이러한 문제를 해결하기 위하여 소년이 이전에 재학했던 학교(이를 '전적학교'라 한다)와 연계하도록 하여 소년이 전적학교 명의의 졸업장을 취득할 수 있도록 배려하고 있다(「보호소년 등의 처우에 관한 법률」 제34조).

교과교육과 관련된 특례 중에서 가장 특별한 것 중의 하나는 검정고시와 관련된 것이다. 일반학교에서 검정고시에 응시하기 위해서는 학교에서 퇴학하여야만 가능하다. 소년원학교도 정규학교이므로 원칙적으로 검정고시에 응시하여 학력을 인정받기 위해서는 퇴학하는 것이 원칙이다. 그러나 교육부와 협의하여 소년원학교에 재학 중인 소년에 대해서는 퇴학하지 않고도 검정고시에 응시할 수 있는 특례를 두었다. 비행소년의 낙인을 방지하기 위한 정부부처의 공통된 관심과 열정을 볼 수 있는 대목이다(같은 법 제69조).

㉡ 직업능력개발훈련

소년원의 직업능력개발훈련은 학생들에게 직업에 대한 올바른 의식과 사회에서 꼭 필요한 기본기능을 습득시킴으로써 출원 후 경제적으로 자립할 수 있는 토대를 마련하는 한편, 근로정신을 함양하여 건전한 직업생활을 하도록 함으로써 재비행을 방지하는 데 그 목적이 있다.

소년원에서의 직업능력개발훈련은 고용노동부 소관의 근로자직업능력개발법에서 정하는 바에 따르도록 되어 있다. 따라서 고용노동부장관은 보호소년의 직업능력개발훈련에 관하여 법무부장관에게 필요한 권고를 할 수 있다. 현재 소년원의 직업능력개발훈련 과정은 서울소년원 등 8개 기관에서 10호 처분 소년원생을 대상으로 자동화용접, 제과제빵 등 8개 종목, 16개 과정을 운영하고 있는데 모두 고용노동부 산하기관인 한국산업인력공단 등에서 자문을 받아 설치한 것이다. 9호 처분 소년원생에 대해서는 직업교육의 일환으로 커피바리스타, 소형건설기계조종사면허 등 6개 종목, 7개 과정을 운영하고 있다.

직업능력개발훈련을 받을 수 있는 보호소년을 15세 이상으로 한정하였다(같은 법 제68조). 그 이유는 15세 미만의 학령기에 있는 소년에 대해서는 교과교육을 우선하기 위해서이다. 그러나 비행소년 중에는 가정이 해체되어 경제적 지원을 받을 수 없는 경우가 많이 있다. 이러한 소년에게 필요한 것은 교과교육보다는 직업훈련이라고 할 수 있다. 교정교육의 내용은 소년의 개별적인 환경을 고려하여 결정하는 것이 타당할 것이므로 향후 「보호소년 등의 처우에 관한 법률」을 개정하여 저연령 소년도 소년의 자립과 건전한 성장을 위하여 직업훈련을 받을 수 있도록 하는 것이 필요하다고 생각한다.

소년의 자립을 지원하고, 현장에서 원하고 적응력 높은 인재를 양성하기 위해서는 소년원 재원 중에 산업체에 취업하여 기능을 습득하는 것이 필요하다. 이를 위하여 '통근취업' 제도를 마련하였다. 이전에는 통근취업에 대하여 같은 법 시행령 제105조에서 "보호소년의 통근취업대상 산업체는 직업훈련과정에서 습득한 기능을 숙련시킬 수 있고 장래의 직업선택과 밀접한 관련이 있어야 한다"라고 규정하고 있었다. 즉, 통근취업은 오직 소년이 직업훈련과정에서 습득한 기능과 밀접한 관련이 있는 분야로 한정을 하고 있어 다른 분야에는 취업할 수 없었다. 그러나 과거에 비하여 직업의 종류가 다양화되었고, 유관분야 또한 급속히 증가함은 물론 직업관에도 많은 변화가 있었다. 이러한 현실을 반영하여 보호소년이 배웠던 직업능력개발훈련과정과 다르더라도 소정의 과정을 마쳤을 때에는 통근취업을 할 수 있도록 법령이 개정되었다. 따라서 현장에서는 보다 적극적으로 통근취업을 실시하여야 할 것이다. 보호소년이 통근취업을 할 경우 소년원장은 소년이 통근취업을 하는 동안의 원활한 적응과 교통편의 등을 위하여 예산의 범위에서 교통비를 지원할 수 있다. 그리고 통근취업으로 발생한 보수 등에 대해서는 전부 본인에게 지급하여야 한다. 실무상 소년이 재원 중에는 현금을 소지할 수 없으므로, 받은 보수는 소년원에 보관하도록 하였다가 출원시 지급하고 있다(같은 법 제37조).

④ 출원

2007년 「소년법」 개정으로 오랜 논란의 대상이었던 장기 소년원 송치 처분의 수용상한을 2년으로 규정하였다. 이전에는 기간의 상한 없이 소년이 23세가 될 때까지 수용할 수 있었다. 이론상으로는 소년이 12세 되던 해에 촉법소년으로 소년원에 송치된 이후 만 23세에 이를 때까지 소년원에 수용될 수 있으므로 최고 11년간 수용이 가능하고, 이러한 측면이 인권침해라는 비난이 있었다. 이를 「소년법」 개정에 반영하여 그간의 비난을 입법적으로 해소한 것이다. 따라서 이제 보호소년은 최대 2년에 도달하면 출원하게 되었다(「소년법」 제33조 제6항).

소년의 출원과 관련하여 이전의 「소년원법」(2007년 「보호소년 등의 처우에 관한 법률」로 제명변경)에서는 퇴원과 임시퇴원 심사기관이 달랐다. 즉, 교정의 목적을 다하였다고 인정되는 때에는 법무부장관의 허가를 받아 퇴원하도록 하고, 보호소년의 교정성적이 양호하다고 인정되는 경우에는 「보호관찰 등에 관한 법률」 제22조 제1항의 규정에 따라 보호관찰심사위원회에 임시퇴원을 신청하도록 한 것이다. 출원 적격을 심사하는 기관의 일원화에 대해서는 논란이 많았다. 보호소년에 대하여 퇴원 또는 임시퇴원 등 소년에 대한 교정교육 정도, 개선정도를 가장 잘 아는 기관은 소년원장뿐이라는 주장과 퇴원 권한이 없을 경우 수용관리에 어려움이 있다는 현실적인 요구 등이 있었으나 출원 적격심사를 일원화하여 일관된 기준을 적용하는 것이 타당하다는 명분에 따라 보호관찰심사위원회로 일원화하였다. 출원신청과 관련하여 구체적인 기준은 보호관찰심사위원회에서 살펴본다.

⑤ 사후지도

사후지도의 목적은 소년원 교육을 마친 이후 사회에 복귀하는 보호소년이 성공적으로 사회에 정착할 수 있도록 돕기 위한 것이다. 이를 위하여 취업알선, 상담 등 필요한 조치를 취하는 것이다.

「보호소년 등의 처우에 관한 법률」 개정 이전에는 모든 보호소년에 대하여 소년원장이 사후지도를 담당하도록 하였으나 보호관찰의 도입과 활성화를 위하여 퇴원 소년을 제외한 임시퇴원 소년에 대한 사후지도는 보호관찰소장이 담당하도록 하였다. 그러던 것이 법률 개정을 통하여 퇴원 소년 중 본인이 희망하는 경우 6개월 이내의 범위에서 사후지도를 할 수 있도록 하였다(「보호소년 등의 처우에 관한 법률」 제45조의2).

사후지도는 담당 직원 특히 소년을 담임했던 직원이 전화 통화 또는 현지방문 등의 방법으로 하는 것이 원칙이나 필요한 경우에는 소년보호위원과 소년보호협회에 협조를 요청하여 활용할 수 있다. 특히 소년보호협회에 협조를 요청하도록 한 것은 무의탁소년의 경우 소년이 거주할 장소를 마련해주기 위한 것이다. 현재 소년보호협회에서는 전국에 8개의 청소년자립생활관을 운영하고 있다.

2) 임시조치 기관(소년분류심사원)

(1) 의의

소년분류심사원은 보호처분을 집행하는 기관이 아니라 법원 소년부 판사가 심리를 위하여 임시조치를 할 경우 소년을 수용하여 진단을 하는 것을 주된 임무로 한다.

우리나라는 「보호소년 등의 처우에 관한 법률」에 따라 소년분류심사원을 법무부 소속의 국가기관으로 설치, 운영하고 있으며(「보호소년 등의 처우에 관한 법률」 제1조), 2018년 12월 현재 1개의 소년분류심사원과 6개의 소년분류심사 기능 대행 소년원[56]을 두고 있다.

(2) 기능

소년분류심사원은 크게 3가지 기능을 수행한다. 첫째, 위탁 또는 유치된 소년의 신병을 보호하는 '수용 및 보호기능', 둘째, 위탁 및 유치된 소년에 대한 인성교육과 보호자에 대한 교육 및 상담

56 소년분류심사원이 없는 부산, 대구, 광주, 대전, 춘천, 제주 등 6개 지역은 소년원에서 그 기능을 대행하고 있다.

프로그램을 운영하는 '교육기능', 셋째, 비행의 원인을 규명하고 재비행을 예측하는 '진단기능' 이다.

① 수용 및 보호기능

수용 및 보호기능은 소년을 소년분류심사원에 일정 기간 보호하는 것이다. 수용 및 보호의 대상으로는 첫째는 법원 소년부 판사가 위탁한 소년, 이를 위탁소년이라 한다. 둘째는 「보호관찰 등에 관한 법률」에 따라 유치된 소년, 이를 유치소년이라 한다(「보호소년 등의 처우에 관한 법률」 제2조 제2항).

소년을 소년분류심사원에 수용할 때에는 법원 소년부의 위탁결정서와 지방법원 판사의 유치허가장에 의하여야 한다(같은 법 제7조 제1항). 소년분류심사원장은 새로 수용된 위탁소년 또는 유치소년에 대하여 지체없이 건강진단과 위생에 필요한 조치를 취하여야 하며(같은 조 제2항), 새로 수용된 위탁 및 유치된 소년의 보호자 또는 소년이 지정하는 자에게 지체없이 수용사실을 통지하여야 한다(같은 조 제3항). 남자와 여자는 분리수용하고, 16세 미만의 자와 16세 이상의 자도 분리수용하여야 한다(같은 법 제8조 제1항, 제2항). 위탁의 경우 수용기간은 1월을 초과하지 못하나 계속의 필요가 있을 때에는 법원 소년부 판사의 결정으로써 1회에 한하여 이를 연장할 수 있다. 유치의 경우는 구인한 날로부터 20일이며, 심리를 위하여 필요하다고 인정될 때는 1회에 한하여 연장할 수 있다(「보호관찰 등에 관한 법률」 제43조 제1항, 제3항)

소년분류심사원장은 위탁소년이 중환자로 판명되어 수용하기 위험하거나 장기간 치료가 필요하여 교정교육의 실효를 거두기가 어렵다고 판단되는 경우, 심신의 장애가 현저하거나 임신 또는 출산(유산·사산한 경우를 포함한다), 그 밖의 사유로 특별한 보호가 필요한 경우, 시설의 안전과 수용질서를 현저히 문란하게 하여 보호기간을 연장할 필요가 있는 경우는 위탁결정을 한 법원 소년부에 임시조치의 취소, 변경 또는 연장에 관한 의견을 제시할 수 있다(같은 법 제9조 제1항, 제2항).

유치소년에 대하여도 계속수용이 부적절한 경우가 있을 수 있다. 그러나 이에 대해서는 별도의 규정이 없어 '유치허가의 취소신청'을 어느 기관이 하여야 하는지에 대한 논란이 있었다. 즉, 유치소년[57]의 관할 기관인 보호관찰소장이 유치허가의 취소를 신청하여야 하나 이를 위해서는 소

57 유치는 소년이 보호관찰 준수사항 등을 위반하거나 위반하였다고 의심할 상당한 이유가 있고 일정한 주거가 없는 등의 사유에 해당할 때에 보호관찰소장이 임시퇴원의 취소 또는 보호처분의 변경을 목적으로 하는 것이므로 유치소년은 기본적으로 보호관찰 대상자이다.

년분류심사원장이 먼저 그 취지를 보호관찰소장에게 요청하여야 하고, 보호관찰소장은 이를 확인하여 해당 지방법원 판사에게 취소를 요청하여야 한다. 그러나 이러한 절차를 따를 경우 번잡한 행정절차를 거치면서 치료 시기를 놓칠 우려 등이 있다. 이러한 문제를 해결하기 위하여 2016년 개정을 통하여 소년분류심사원장이 지방법원 판사에게 유치허가의 취소에 관한 의견을 제시하도록 하였는데 이는 적절한 개정이라고 생각된다. 유치 허가 취소결정이 있으면 소년분류심사원장은 유치소년을 관할하는 보호관찰소장에게 이를 즉시 통보하여야 한다.

소년분류심사원장은 위탁소년으로부터 처우 또는 일신상의 사정에 관한 의견을 듣기 위하여 수시로 위탁소년과 면접을 하여야 하고(같은 법 제10조) 위탁소년이 그 처우에 대하여 불복이 있을 때에는 법무부장관에게 문서로써 청원할 수 있다(같은 법 제11조)

소년분류심사원장은 위탁소년이 이탈, 난동, 폭행, 자해 기타 사고를 일으킬 우려가 있을 때에는 이를 방지하는 데 필요한 조치를 취하여야 하고, 위탁소년이 소년분류심사원을 이탈한 때에는 그 소속공무원이 재수용할 수 있다(같은 법 제14조 제1항, 제2항).

소년분류심사원은 위탁소년을 수용하여 그 자질을 분류심사하는 시설로서 그 수용은 강제력을 사용하여 소년의 신병을 소년분류심사원 내에 억류하여 행하여지는 것이므로, 수용된 소년의 생명, 신체의 안전을 확보하기 위하여 국가 및 당해 소년분류심사원의 직원은 만전을 기하여야 한다. 소년분류심사원에서의 처우는 소년의 심신이 안정된 가운데 자질의 분류와 심판을 받을 수 있게 하여야 하는 것이며, 소년분류심사원의 생활관에 근무하는 직원은 위탁소년들 사이에서 행하여 질 수 있는 인권침해를 방지하기 위한 생활지도에 유의하여야 한다. 따라서 소년분류심사원의 직원은 정신적·신체적 상황 등 개별적 특성을 고려하여 이에 적합한 처우를 하여야 한다.

② 교육기능

본래 소년분류심사원은 소년을 수용, 보호하면서 진단하는 것을 주된 임무로 한다(같은 법 제2조 제2항).

법원 소년부에서 소년분류심사원에 위탁하는 인원은 연간 3,000명을 상회하고 이들의 평균 수용기간은 21일이다. 2000년부터는 수용기간 동안 위탁소년에게 체계적인 교육프로그램을 제공할 필요성을 인식하고, 다양한 인성교육 프로그램을 진행하고 있다.

③ 진단기능

소년분류심사원의 가장 중요한 기능이다. 진단기능은 5가지로 세분화된다. 먼저 법원 소년부로부터 위탁된 소년과 「보호관찰 등에 관한 법률」에 따라 유치된 소년의 수용과 분류심사로서 수용된 상태에서의 비행원인조사이다. 이를 통상 '분류심사'라고 한다. 두 번째는 「소년법」 제12조에 따른 전문가 진단의 일환으로 법원 소년부가 상담조사를 의뢰한 소년의 상담과 조사로서 수용하지 않은 상태에서의 비행원인 진단기능이다. 이를 '상담조사'라고 한다. 세 번째는 「소년법」 제49조의2에 따라 소년피의사건에 대하여 검사가 조사를 의뢰한 경우에 소년의 품행 및 환경 등에 관하여 조사한다. 이를 '검사결정전 조사'라고 한다. 네 번째로는 소년원장이나 보호관찰소장이 의뢰하였을 때 실시하는 분류심사가 있다. 다섯 번째로는 지역사회의 청소년으로써 9세 이상 24세 이하의 청소년이나 그 보호자가 요청한 심리검사이다. 이를 '청소년심리검사'라고 한다(같은 법 제26조).

상담조사는 불구속 송치로 보호자 등에게 위탁되어 있는 소년을 대상으로 법원 소년부 판사가 전문가의 진단이 필요하다고 인정되는 경우 대상소년을 소년분류심사원에 주간에만 3–5일 출석시켜 상담, 조사 및 비행예방교육을 받도록 하는 제도이다. 상담조사는 짧은 기간, 주간에만 위탁되는 특성으로 인하여 정밀한 행동관찰과 심리검사는 곤란하므로 의뢰기관이 요청한 영역에 대해서 실시하도록 하여 단기간에 조사를 마칠 수 있게 하였다. 상담조사 대상자가 학생인 경우 상담조사 기간이 출석으로 인정될 수 있도록 하였다(「보호소년 등의 처우에 관한 법률 시행령」 제52조 제1항, 제2항).

검사결정전 조사는 그동안 「소년법」에서 가장 논란이 되었던 검사선의주의에 대한 취약점을 보완하는 차원에서 2007년 「소년법」 개정시에 도입되었다. 검사선의주의란 검사에게 소년사건에 대하여 사건을 기소할 것인지 또는 법원 소년부에 송치할 것인지 아니면 기소유예를 할 것인지에 대한 권한을 부여하는 제도이다. 따라서 검사가 사건의 처리를 결정할 때 소년에 대하여 자세한 자료를 확보하고 그에 따라 결정을 하여야 함에도 불구하고, 검사의 결정을 도울 수 있는 조사자료가 없다는 비판이 있었다.

개정 「소년법」은 검사가 소년 피의사건에 대하여 소년부 송치, 공소제기, 기소유예 등의 처분을 결정하기 위하여 필요하다고 인정하면 피의자의 주거지 또는 검찰청 소재지를 관할하는 보호관찰소장, 소년분류심사원장 또는 소년원장에게 피의자의 품행, 경력, 생활환경이나 그 밖에 필요한 사항에 관한 조사를 요구할 수 있도록 하였다(제49조의2). 여기서 소년분류심사원장보다 보호관찰소장을 먼저 적시한 이유는 보호관찰기관이 검찰청에 대응해서 설립되어 있으므로 우선적으로 보호관찰소를 활용하는 것이 합리적이기 때문이다. 소년분류심사원이나 대행소년원은 보충적으로 활용된다. 검사결정전 조사의 목적은 검사가 소년피의사건을 처리하면서 소년의 품행, 경력, 생활환경, 요보호성 등에 관한 조사결과를 참고하여 소년을 개선하는데 가장 적합한 처분을 결정하기 위한 것이며, 이 처분에는 기소유예를 하면서 소년보호기관에 대안교육을 의뢰하는 것이 포함된다. 보호관찰관 등은 구속피의자의 경우에는 구치소 등 수감장소를 방문하여 조사하고, 불구속 피의자에 대하여는 보호관찰소 등에 소환하여 조사하거나 주거지 등을 방문하여 조사하며, 조사를 마친 후 조사서 및 관련 자료를 검사에게 송부하여야 한다. 이 경우 조사요구서 접수 후 구속사건은 6일 이내에, 불구속사건은 20일 이내에 검사에게 그 결과를 통보하여야 한다(제49조의2 제2항).

제 7 장 보호관찰심사위원회

1) 의의

보호관찰심사위원회는 보호관찰에 관한 사항을 심사·결정하는 합의제 준사법 행정기관이다. 전국 5개 고등검찰청 소재지(서울, 부산, 대구, 대전, 광주)에 설치되어 있으며, 위원장을 포함하여 5인 이상 9인 이하의 위원으로 구성된다.

2) 위원회의 구성

(1) 위원장

위원장은 검사장 또는 고등검찰청 소속 검사 중에서 법무부장관이 임명한다. 통상 보호관찰심사위원회 관할 고등검찰청 차장검사가 위원장으로 임명된다.

(2) 위원

위원은 판사, 검사, 변호사, 보호관찰소장, 지방교정청장, 교도소장, 소년원장 및 보호관찰에 관한 지식과 경험이 풍부한 자 중에서 법무부장관이 임명 또는 위촉하고, 상임위원이 아닌 위원은 명예직이다.

(3) 상임위원

보호관찰심사위원회에 상임위원을 두되 그 수는 3인 이내로 한다. 상임위원은 고위공무원단에 속하는 임기제 공무원 또는 4급 상당의 임기제 공무원으로 한다.

(4) 간사, 서기

심사위원회 소속 공무원 또는 심사위원회의 소재지를 관할하는 보호관찰소 소속 공무원 중에서 위원장이 임명한다.

3) 주요 임무

보호관찰심사위원회는 다음의 임무를 담당한다.

① 임시퇴원과 그 취소 및 퇴원에 관한 사항

② 보호관찰 임시해제와 그 취소에 관한 사항

③ 보호관찰의 정지와 그 취소 및 해제에 관한 사항

④ 보호관찰 준수사항의 추가·변경에 관한 사항

⑤ 소년가석방 및 가석방의 취소에 관한 사항

⑥ 가석방 중인 소년의 부정기형의 종료에 관한 사항

⑦ 전자장치 부착명령 및 치료명령 대상자의 가해제 및 가해제 취소에 관한 사항

⑧ 다른 법령에 의하여 심사위원회의 관장사무로 규정된 사항

(1) 퇴원 또는 임시퇴원의 결정

소년원에서 출원하는 것은 보호관찰이 부과되지 않는 '퇴원'과 보호관찰이 부과되는 '임시퇴원', 보호관찰이 부과되지만 특별한 기준을 충족한 경우에 조기에 출원하는 '특별임시퇴원'으로 구분된다.

① 퇴원 기준

보호관찰이 부과되지 않는 퇴원의 경우 임시퇴원의 기준을 충족하고 동시에 다음의 기준에 해당될 때 가능하다.

㉠ 교육성과 가점을 취득할 것(단기 보호소년의 경우 20점 이상, 장기 보호소년의 경우 50점 이상)

㉡ 생활성적이 우수할 것(단기 보호소년의 경우 월 1회 이상 생활성적 115점 이상, 장기 보호소년의 경우 2개월 연속 월별 생활성적 115점 이상)

㉢ 재원 중 징계전력이 양호할 것(단기 보호소년의 경우 징계 전력이 없을 것, 장기 보호소년의 경우 징계 전력 1회 이하일 것)

㉣ 보호자의 보호의지가 확고하고 출원 후 진로계획이 확정되었을 것

② 임시퇴원과 취소

보호소년의 임시퇴원 신청기준은 보호처분의 종류에 따라 다르며, 아래의 기준을 충족하면 소년원장이 보호관찰심사위원회에 신청을 하고, 보호관찰심사위원회에서 적격 여부를 결정하며, 법무부장관의 허가를 거쳐 시행한다.

㉠ 9호 처분자: 교정종합성적 300점 이상인 자

㉡ 10호 처분자: 교정종합성적 최소 1,200점 이상인 자

임시퇴원된 소년의 보호관찰 기간은 9호 처분의 경우에는 6개월, 10호 처분의 경우에는 6개월에서 2년의 기간에서 비행전력, 보호여건, 수용성적, 잔여기간 등을 고려하여 기간을 정한다.

임시퇴원된 소년이 보호관찰 준수사항을 위반하고 그 정도가 무거워 보호관찰을 계속함이 적합하지 아니하다고 판단될 때에 보호관찰소장의 신청에 의하여 임시퇴원을 취소할 수 있다.

③ 특별임시퇴원

소년원 안에서 치료가 현저히 곤란한 환자, 피부양자가족 생계유지, 임신 및 출산, 각급학교 입학, 입영, 이민 등 특별한 사유가 있을 때에 보호관찰심사위원회에 특별임시퇴원을 신청할 수 있다.

(2) 보호관찰 임시해제

보호관찰심사위원회는 보호관찰 대상소년이 보호관찰관의 지도 감독에 순응하고 준수사항을 성실히 이행하는 등 성적이 양호하여 재범위험성이 낮다고 판단되는 경우 보호관찰소장의 신청을 받거나 직권으로 보호관찰을 임시해제할 수 있다. 임시해제 결정을 받은 사람에 대하여 다시 보호관찰을 하는 것이 적절하다고 인정되면 역시 보호관찰소의 장의 신청을 받거나 직권으로 임시해제 결정을 취소할 수 있다.

임시퇴원된 자의 소재를 알 수 없어 보호관찰을 계속 할 수 없을 때에는 보호관찰의 정지 또는 임시해제의 취소를 결정한다.

(3) 보호관찰 사안조사

① 의의

보호관찰심사위원회는 가석방이 신청된 성인 수용자 또는 임시퇴원이 신청된 보호소년의 적격 여부를 판단하기 위한 조사, 보호관찰 필요 여부에 관한 자료제공을 위하여 직접 교정시설 또는 소년원을 방문하여 사안조사를 한다. 그리고 사안조사 자료는 임시퇴원 등이 결정된 후에 보호관찰소에서 처우자료로 활용된다.

② 소년 가석방 및 임시퇴원에 대한 근거 법령

㉠ 형법

「형법」 제72조에 의하면 징역 또는 금고의 집행 중에 있는 자가 그 행상이 양호하여 개전의 정이 현저한 때에는 무기에 있어서는 10년, 유기에 있어서는 형기의 3분의 1을 경과한 후 행정처분으로 가석방을 할 수 있도록 규정하고 있다. 이 경우에 벌금 또는 과료의 병과가 있는 때에는 그 금액을 완납하여야 한다.

㉡ 보호관찰 등에 관한 법률

보호관찰심사위원회는 「보호관찰 등에 관한 법률」 제22조 제1항에 따른 신청을 받으면 소년수형자에 대한 가석방 또는 보호소년에 대한 퇴원·임시퇴원이 적절한지를 심사하여 결정한다.

그리고 「보호관찰 등에 관한 법률」은 보호관찰심사위원회에 '사안조사 권한'이라는 특별한 권한을 부여하고 있다. 즉, 「보호관찰 등에 관한 법률」 제22조 제2항에서 제21조의 규정에 의한 통보가 있는 자에 대하여는 제22조 제1항의 규정에 의한 신청이 없는 경우에도 '직권'으로 가석방·퇴원 및 임시퇴원의 적부를 심사하여 결정할 수 있도록 하고 있다.

㉢ 소년법

「소년법」에서는 소년 수형자의 가석방에 대하여 특별한 규정을 두고 있다. 즉, 징역 또는 금고를 선고받은 소년에 대하여는 다음 각 호의 기간이 지나면 가석방을 허가할 수 있다(제65조).

ⓐ 무기형의 경우에는 5년

ⓑ 15년 유기형의 경우에는 3년

ⓒ 부정기형의 경우에는 단기의 3분의 1

㉣ 보호소년 등의 처우에 관한 법률

소년원장은 교정성적이 양호한 자 중 보호관찰의 필요성이 있다고 인정되는 보호소년에 대하여는 「보호관찰 등에 관한 법률」 제22조 제1항에 따라 보호관찰심사위원회에 임시퇴원을 신청하여야 한다.

제 8 장 청소년비행예방센터

1) 설립배경 및 경과

청소년비행예방센터는 부적응학생, 기소유예자 등 위기청소년 및 비행초기단계의 청소년을 대상으로 비행원인을 진단하고 대안교육 등을 실시하여 범죄를 예방하는 것을 주요 기능으로 운영되는 법무부 소속기관이다.

청소년비행예방센터의 설치근거는 특이하게도 「소년법」 또는 「보호소년 등의 처우에 관한 법률」에 있는 것이 아니라 「법무부와 그 소속기관의 직제 시행규칙」 제21조의2에 규정되어 있다. 이는 청소년비행예방센터 직제 추진 당시 행정안전부에서 센터 설립은 조직 및 직제와 관련된 것이므로 법률이 아니라 법무부 직제에 반영하여야 한다고 강력히 주장하여 따르게 된 것이다.

비행을 저지를 위험이 있거나 비행초기단계에 진입한 소년을 대상으로 예방교육을 시행함으로써 재비행을 방지하려는 노력은 2007년 청소년비행예방센터가 설립되기 전부터 시작되었다. 비행소년의 진단 및 지도 전문기관인 소년분류심사원에서는 2000년대 초부터 학교에서 징계를 받거나 유급된 학생처럼 학업중단 위기 청소년에 대한 특별교육의 중요성을 인식하고 학교 부적응 학생이 잠재적으로 우범 또는 비행소년으로 악화되는 것을 방지하고자 노력하였다.

2001년 9월, 대전소년분류심사원이 대전광역시 교육청으로부터 특별교육 이수기관으로 지정되면서 심성교육과 체험교육을 비롯한 비행예방교육을 비합숙 통학교육의 방법으로 실시하였다. 교육대상은 대전과 충청지역의 중·고등학교에서 의뢰한 학교생활 부적응 학생을 비롯하여 검찰청, 보호관찰소 등 유관기관에서 의뢰한 비행소년, 자녀와 함께 특별교육 참여를 희망하는 학부모였고, 2일과 5일 과정으로 구성된 2개 교육과정이 편성되었다.

같은 시기에 대구소년분류심사원과 대구지방검찰청이 공소제기 유예 소년에게 3~5일간의 집중교육을 실시하기로 협의하였고, 2001년 12월 '기소유예자 3일 과정 특별교육'을 시범 운영한 것을 계기로 소년보호기관에서 검찰의 교육조건부 기소유예자 대안교육을 운영하기 시작했다. 이듬해인 2002년 3월부터 비행예방교육이 전국 기관으로 확산되었고, 이후 전국 5개의 소년분류심사원이 관할 교육청으로부터 특별교육 이수기관으로 지정되어 비행예방교육을 실시하였다.

소년원에 송치된 비행소년을 일정 기간 안정된 환경에 수용해서 교정교육을 시행하던 소년보호기관의 교육체계를 보다 개방직으로 전환하려는 차원에서 2005년 7월에는 소년원의 대안학교 전환이 추진되었다. 2006년 3월, 학교폭력의 예방 및 근절을 위한 당정협의회 정책위원회에서 법무부 차관이 관련정책을 발표한 이후 법무부에 소년원의 대안학교 전환을 위한 T/F 팀이 구성되었다.

2006년 12월에는 법무부와 당시 교육인적자원부가 '폭력없는 학교 만들기 운동'에 공동 참여하기로 합의하고, 2007년 3월에는 건전한 민주시민 육성을 위한 법무부·교육인적자원부 업무협약을 체결하면서 비행예방교육 전담기관의 설립이 구체화 되었으며, 2007년 7월 「법무부와 그 소속기관 직제」 개정과 동시에 부산, 광주, 대전, 창원, 청주, 안산 등 전국 6개 지역에 청소년비행예방센터를 개청하였다.

2007년 12월 21일 개정된 「소년법」에 제67조의2(비행 예방정책)이 신설되었다. 이 조문에서는 법무부장관은 비행소년이 건전하게 성장하도록 돕기 위해 조사·연구·교육·홍보 및 관련 정책의 수립·시행과, 선도·교육과 관련된 중앙행정기관·공공기관 및 사회단체와의 협조체계의 구축 및 운영에 대한 필요한 조치를 취하도록 규정하고 있다.

학교폭력 문제가 사회적으로 대두되면서 2012년 2월, 범정부 차원의 「학교폭력근절 종합대책」의 일환으로 청소년비행예방센터의 추가 설립이 결정되었다. 2012년에 서울남부, 서울북부, 인천, 대구센터의 개청을 시작으로 2013년 전주, 춘천, 순천센터, 2014년 부산동부, 울산, 수원센터 등 총 10개의 센터가 새로 문을 열었다. 그리고 2016년에는 제주에도 센터를 개청함으로써 전국 17개 청소년비행예방센터가 설치·운영되어 전국 권역별로 1개 이상의 센터가 설립되어 있으나, 서울 및 수도권 지역의 교육생 교육대기 기간 증가로 인한 즉시개입의 부족, 대구·경북과 강원지역의 기관이 부족해서 교육생이 원거리를 오가는 불편함 등의 문제가 지속적으로 제기되어 관련부처 협의를 통해 2020년 서울북부(의정부), 충남(천안) 지역에 2개의 청소년비행예방센터가 추가로 신설될 예정이다.

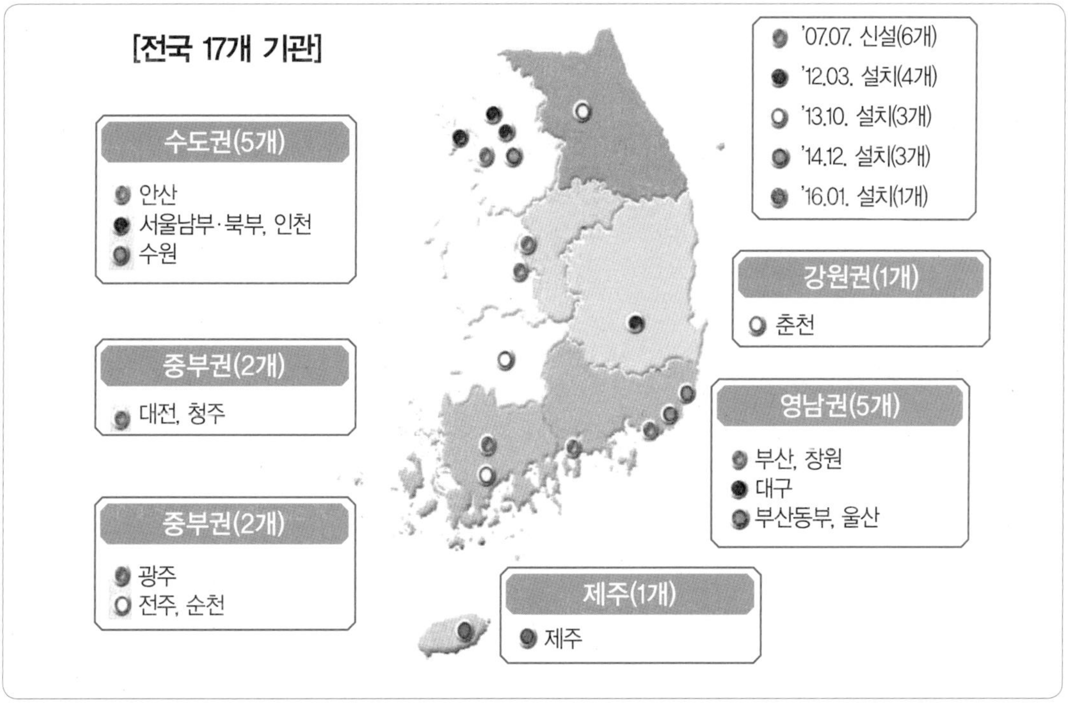

〈그림 13〉 청소년비행예방센터 설치 지역

2) 주요 기능

청소년비행예방센터는 초기 단계에서의 비행예방 기능을 강화하고 청소년의 건전한 성장과 발달을 도모하고자 비행예방교육과 비행원인 진단에 중점을 두고 있다. 이를 위해 일반 학생을 대상으로 폭력예방교육과 법교육, 자유학기제 진로체험 등을 시행하여 학교폭력을 비롯한 초기비행의 예방을 강화하고, 비행예방 프로그램의 개발 및 보급과 유관기관과의 협업을 통해 지역사회의 비행예방정책 중심기관으로서의 역할을 수행해 나가고 있다.

청소년비행예방센터의 교육생의 자발적 참여동기 등을 위하여 2013년부터 대외명칭으로 '청소년꿈키움센터'를 사용하고 있으며, 대전·부산 청소년비행예방센터는 대국민 법교육 전문기관인 '솔로몬로파크'를 별도로 운영하고 있다.

청소년비행예방센터의 주요기능 및 업무는 「법무부와 그 소속기관의 직제」(제39조의2)에 규정되어 있으며, 그 내용은 다음과 같다

① 법원이 의뢰한 상담조사

② 검사가 기소처분을 하기 전 의뢰한 처분전조사

③ 「소년법」에 따른 보호처분을 받은 자 중 학교부적응 학생 등에 대한 교육

④ 검사가 기소유예처분을 한 자 및 학교장 등이 의뢰한 소년에 대한 특별교육

⑤ 「소년법」에 따른 보호처분을 받은 자의 보호자에 대한 교육

⑥ 청소년에 대한 법 교육

⑦ 청소년비행 관련 자원봉사자 전문교육 및 연구·개발 등

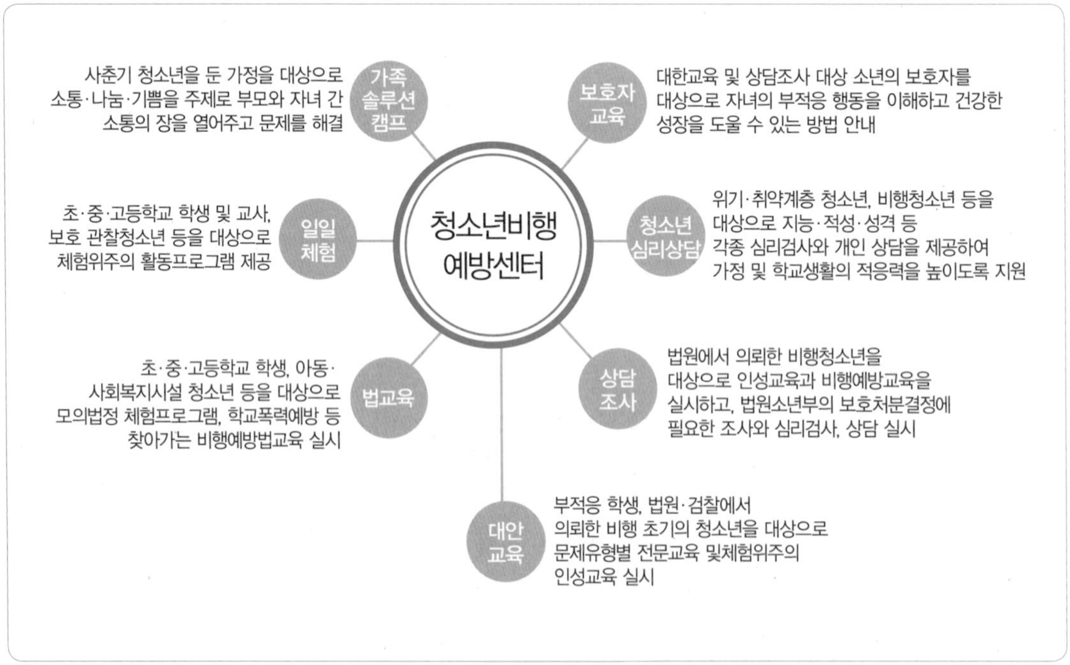

〈그림 14〉 청소년비행예방센터 기능

〈표 39〉 청소년비행예방센터 교육과정

대분류	교육 과정
학교폭력예방교육 및 법체험	학교폭력예방교육 (학교 출강)
	법교육 (학교 출강)
	법체험 (센터 교육장 활용)
	진로체험 (학교출강 · 센터 교육장)
청소년 대안교육	(학교) 특별교육 – 학교폭력 가해학생 특별교육 – 선도처분 특별교육
	(검찰) 교육조건부 기소유예 교육
	(법원) 대안교육명령 교육
	(유관기관) 보호관찰소, 사회복지시설, 자립생활관 등
청소년 회복캠프	가족캠프, 사제캠프, 법캠프, 진로캠프, 학교폭력예방캠프 등
보호자 교육	(학교) 학교폭력 가해학생 보호자특별교육
	(법원) 보호자특별교육명령 교육
	(자원) – 선도처분 학생 보호자 교육 – 조건부 기소유예 소년 보호자 교육 – 대안교육 · 상담교육 보호자 교육 등
청소년 비행진단	법원 상담조사 의뢰자 진단 및 교육
청소년 심리상담 · 가족상담	청소년 심리상담, 가족상담, 심리검사 등
교원 등 직무연수	교원, 청소년지도자 등 직무연수

제 9 장 소년보호협회

소년보호협회는 1958년 「소년원법」의 제정시부터 설치 및 국가보조의 근거가 있었지만 설립되지 못하다가 1998년에 이르러 비로소 재단법인으로 설립되어, 보호소년 등의 선도·보호, 사회정착지원, 장학·원호, 연구활동 등 청소년 비행예방을 위한 공익사업을 수행하며, 「보호소년 등의 처우에 관한 법률」에 그 설립 근거를 두고 있다.

〈보호소년 등의 처우에 관한 법률〉

제51조(소년보호협회) ① 보호소년등을 선도하기 위하여 법무부장관 감독하에 소년 선도에 관하여 학식과 경험이 풍부한 인사로 구성되는 소년보호협회를 둘 수 있다.
② 소년보호협회의 설치, 조직, 그 밖의 운영에 필요한 사항은 대통령령으로 정한다.
③ 국가는 소년보호협회에 보조금을 지급할 수 있다.
④ 국가는 보호소년등의 교정교육과 사회복귀 지원 및 청소년 비행예방을 위하여 필요하다고 인정하는 경우에는 「국유재산법」에도 불구하고 소년보호협회에 소년원, 소년분류심사원 및 「보호관찰 등에 관한 법률」 제14조에 따른 보호관찰소의 시설, 그 밖에 대통령령으로 정하는 국유재산을 무상으로 대부하거나 사용 · 수익하게 할 수 있다.

구체적으로는 전국 각지에 청소년자립생활관 8곳과 청소년창업비전센터를 운영하고, 주거·창업·취업·장학·원호 등의 사업을 내용으로 하는 '희망드림 프로젝트', 창업보육기업 육성 및 지원을 핵심사업으로 한다.

〈보호소년 등의 처우에 관한 법률 시행규칙〉

제81조 (사후지도) ③ 원장은 퇴원하는 보호소년등이 성공적으로 사회에 정착할 수 있도록 지원하기 위하여 필요한 경우 영 제77조에 따라 별도의 자립지원시설 등을 설치하여 운영할 수 있으며, 시설의 효과적인 운영을 위하여 법 제51조에 따른 소년보호협회 또는 법 제51조의2에 따른 소년보호위원에게 운영에 관한 지원이나 협력을 요청할 수 있다.

④ 원장은 사후지도를 원하는 보호소년등이 무의탁소년인 경우에는 자립지원시설의 이용지원, 취업알선 그 밖에 필요한 사후조치를 하여야 한다.

4

JUVENILE LAW

소년법과 관련한 주요 이슈

1) 소년법의 발전방향

서구에서 근대사회의 성립 이후 법은 대체적으로 3단계를 거쳐서 발전한다. 제1단계의 법유형은 개인의 권리보호와 자유주의를 이념으로 삼고 있는 법체계로서 자유주의적 법 또는 형식법이라고 한다. 제2단계의 법유형은 개인의 권리보호보다는 정책의 수행이나 사회체계의 기능 유지에 초점을 맞춘 법체계로 탈자유주의적 법 또는 실질화된 법이라고 한다. 제3단계는 20세기 후반의 후기산업사회에서 발전적으로 모색되고 있는 법유형이며, 반성적 법 또는 절차주의적 법이라고 한다. 즉, 법의 패러다임은 자유주의적 법모델, 사회국가적 법모델 그리고 절차주의적 법모델로 발전한다(이상돈 & 홍성수, 2000, p.4).

〈표 40〉 법유형의 3단계 발전론

제1단계	제2단계	제3단계
자유주의적 법 형식법 근대법	탈자유주의적 법 사회화된 법 간섭주의적 법	절차주의적 법 반성적 법 탈간섭주의적 법

출처: 이상돈, 홍성수의 법사회학 도표 재구성

먼저 18~19세기 근대사회의 도래와 함께 나타난 '자유주의적 법'의 임무는 개인의 자유를 보장하기 위한 것이었다. 시민혁명을 거치면서 가장 중요한 가치는 모든 개인이 공평하게 자유를 누리는 것이었다. 따라서 법은 개인의 입장에서 타인과 공평하게 자유를 누리기 위한 '자유로운 행동의 울타리'로서의 기능을 하였다. 이 시기의 시민은 성숙한 시민으로서 모든 시민은 자유롭고 동등하며, 자율적이며 자신에 대하여 책임을 지는 성숙한 인격체로 상정되었다. 시민이 성숙한 인격체였으므로 국가의 임무는 단지 시민이 자유로운 행동 반경을 넘어설 때에만 그 행동에 대해서 통제하면 되는 소극적인 임무로 충분하였다. 그리고 법질서는 자유로운 행동의 반경(울타리)을 설정해주기만 하면 되므로 기본적으로 누구의 편을 드는 것이 아닌 중립적이고, 형식적이어야 했다.

그러나 이러한 자유주의적 법모델은 자본주의의 모순과 함께 형식적 근대법이 가지는 비정치성, 추상성, 비민주성 등의 이론적 문제점과 사회적 결과에 대한 맹목성이라는 실천적 문제를 내포하고 있었고(이상돈 & 홍성수, 2000, pp.19-20), 사회의 비판에 직면하였다. 그 결과 법이 기존의 소극적 임무에 안주하지 않고 적극적으로 사회문제를 해결하기 위한 노력을 하면서 법모델의 제2단계인 사회화된 법의 단계로 진입하였다. 예를 들면 사회적 강자에 의한 불법행위책임을 확대하면서 개인의 소유권을 제한하게 되었다. 그리고 국가가 기업가와 같은 역할을 해야 하는 책무도 지게 되었고, 환경보전과 같은 보편적 이익을 추구할 필요성 등이 대두된 것이다. 그리고 법은 자유를 지키는 울타리에서 벗어나서 사회화의 기능도 담당하기 시작하였다. 「방송법」은 방송통신위원회로 하여금 민족문화의 창달(동법 제6조 제6항), 건전한 가정생활의 보호와 공중도덕과 사회윤리(동법 제33조 2항)와 같은 사회화 기능을 떠맡게 하였다. 지금까지는 대부분의 사회화 과정은 주로 법체계 밖의 기관, 주로 가정, 학교 등에서 이루어졌다. 그러나 사회국가적 법모델에서는 거의 모든 사회화 과정에 법이 참여하고 있다.

사법분야에서의 사회화 기능을 담당하는 법률은 비행청소년이 건전하게 성장하도록 돕는 것을 목적으로 하는 「소년법」이 대표적이라고 할 수 있다. 사회문제를 해결하기 위하여 등장한 사회국가적 법률도 문제점이 나타났다. 이러한 사회적 법규범은 관련 영역에서 개인들이 자발적으로 규범을 내면화하는 가능성을 파괴한다는 것을 깨닫게 되었다. 즉, 사회국가적 법모델은 생활세계의 자율적 구조를 왜곡시키는 법에 의한 '생활세계의 식민지화' 또는 법과 정책의 상호적 무관심, 법에 의한 사회적 통합의 와해, 사회에 의한 통합의 와해라는 '조종의 트릴레마regulatorisches Trilemma'라는 현상에 직면한다(이상돈 & 홍성수, 2000, pp.36-37).

이를 다시 정리하면, 자유주의적 법모델은 자유의 울타리만을 보장하는 역할에 안주하여 강자가 약자를 억압, 착취하는 사회적 결과에 무력하였고, 사회국가적 법모델은 특정한 사회적 결과를 달성하기 위하여 개인의 사회적 행동을 조종하려 함으로써 사회적 통합을 해치는 문제점이 있었다. 이러한 문제점을 극복하기 위하여 제시된 것이 법의 절차화Prozeduralisierung라는 개념으로 대변되는 법 발전의 제3단계인 절차주의적 법모델이다(이상돈 & 홍성수, 2000, p.39). 절차주의적 법모델이 무엇인지에 대하여 아직 통일된 견해가 없으나 일반적으로 절차주의적 법모델은 다음 두 가지 공통점을 가지는 것으로 알려져 있다. 첫째, 절차주의적 법은 개인의 사회적 행위를 특정한 방향으로 '직접' 조종하거나 개인과 개인 사이의 법적 관계의 구체적 내용을 '직접' 정하는 것을 포기한다. 대신에 법은 분쟁상황에 있는 당사자들이 그들의 갈등을 자율적으로 해결할 수 있는 '절차'나 '조종권한의 분배' 등에 관해서만 규율한다. 둘째, 법이 사회국가적 법모델처럼 개인의 사회적 행위를 직접 조종하거나 분쟁해결의 컨텍스트context를 조종할 경우에, 발생할 수 있는 결과를 고려하고, 부정적인 결과를 방지할 수 있는 기제를 법체계 내부구조에 짜넣어야 한다는 것이다. 즉, 반성적 구조를 갖추어야 한다는 것이다(이상돈 & 홍성수, 2000, pp.40-41).

그렇다면 이러한 법의 3단계 패러다임으로 소년법을 바라볼 때 소년법은 앞으로 어떤 방향으로 나아가야 하는가?

먼저 소년법은 형법의 특별법 형태로 등장하였다. 형법은 개인의 자유를 보호하는 것이 주된 임무인 공법이다. 형법은 타인의 권익을 침해하는 경우에 소극적으로 발동된다. 죄형법정주의로 특징되는 대표적인 형식법이며 자유주의적 법모델이다. 그리고 「소년법」은 형법이 가지는 소극적, 형식적 한계를 극복하기 위하여 등장하였다. 소년의 개인적 성향이 범죄의 원인이 아니라 빈곤 또는 불량한 주거환경 등이 비행의 주된 원인이라는 많은 연구결과와 성장과정에 있는 소년의 특수성을 고려할 때 형벌 부과보다는 용서와 교육기회의 제공 등이 보다 효과적이라는 반성에서 등장한 것이다. 따라서 「소년법」은 3단계 법모델에 따르면 제2단계 사회국가적 법이라고 할 수 있다. 그러나 사회국가적 법에 머물러서는 소년의 자발적 개선을 촉진할 수 없다는 한계가 있다. 현재도 법원 소년부 판사는 '직권주의'라는 과거의 원칙에 따라 일방적으로 절차를 진행하고, 처분을 결정한다. 그러나 개정 「소년법」은 강제로 소년의 환경을 조정하는 '육성'에서 소년의 건전한 성장을 '돕는' 촉진자로 패러다임을 변경하였다. 앞으로 「소년법」은 절차를 구체화하여, 제3단계 절차주의적 법으로 발전하여야 할 것이다. 이를 위하여 소년심리 과정에서 법원 소년부 판사가 단독으로 결정하는 현재의 모습에서 벗어나서 심리의 참여자(소년, 보호자, 보조인, 전문가, 보호관찰관, 피해자 등) 모두가 적극적으로 절차에 참여하고 함께 책임질 수 있도록 하여야 한다.

2) 소년법과 민영화

2018년 10월 '민영소년원의 설치, 운영에 관한 법률' 제정안이 국무회의를 통과하면서 소년원의 민영화에 대한 관심이 높아지고 있다. 현재까지 법무부에서 추진하는 민영화 논의는 대부분이 소년원의 민영화에 대한 것이다. 이는 교정분야에서 이미 '민영 교도소(소망교도소)'를 설치하여 운영하고 있기 때문으로 생각된다. 그러나 「소년법」과 관련하여 민영화를 소년원으로 한정할 필요는 없다. 수강명령 등 교육과 관련한 분야의 민영화는 이미 보편적이다. 우리나라에서는 실시하지 않고 있는 보호관찰 민영화도 미국과 영국에서 폭 넓게 실시하고 있다. 「소년법」은 소년의 건전한 성장을 돕기 위하여 존재한다. 소년을 돕는 데 효과가 있다면 국가뿐만 아니라 모든 자원을 동원할 필요가 있다는 점에서 민영화로의 방향은 당연하다.

그렇다면 이제 민영화를 전제로 민영화가 어떤 영역에서, 어떤 방식으로, 어떤 기준을 가지고 이루어져야 할 것인지를 살펴볼 필요가 있다.

일반적으로 광의의 민영화는 민간에게 서비스의 생산 및 공급을 맡기는 것, 정부 보유의 자산을 민간에게 매각하는 것, 정부 서비스의 이용자에게 요금을 부과하는 것, 정부가 단독으로 공급하던 서비스에 민간도 참여하게 함으로써 소비자로 하여금 정부와 민간 간에 선택할 수 있도록 하는 것, 가격이나 진입에 대한 통제를 완화하도록 하는 것 등이 포함된다(박중훈, 1999).

광의의 민영화 내에서 '교정의 민영화'는 민간단체나 민간기업에게 교정시설의 관리, 수용자 관리 또는 교육 등 교정업무의 '전부' 또는 '일부'를 위탁하여 시행하는 것을 말한다. 일반적으로 영미법계 국가에서는 모든 교정업무를 완전히 위탁하는 반면, 대륙법계 국가는 형벌의 집행과 관련 국가권력의 개입이 비교적 낮은 교육프로그램과 시설운영 등 교정 서비스의 일부를 민간에게 위탁하는 부분적 민영화를 택하고 있다(유영재, 2012, p.5). 현재 우리나라는 교정업무의 전부를 위탁하고 있다. 그러나 교정시설은 대표적인 총체적 기관으로서 다양한 업무로 구성되어 있다. 교정업무 전부를 민영화할 필요가 없다. 교정업무 중에서 민간위탁이 가능한 영역은 수용자에 대한 식사공급, 시설의 관리 또는 시설 임대, 수용자관리, 의료관리, 수용자 호송, 수용자에 대한 인성교육, 직업훈련 등을 예로 들 수 있다.

교정분야에서 민영화가 필요하다는 주장이 등장한 배경으로는 공공교정행정의 실패에 따른 재범률의 증가와 이로 인한 교정수요의 증대, 과밀수용에 따른 폐해 등을 주요 원인으로 꼽는다(이윤호, 2007). 우리나라의 경우도 사법행정분야에서는 과밀수용의 폐해를 해소하고, 교정처우 서비스의 질적 향상을 위한 방안으로 민영교도소가 추진되었다(김지영, 유진, 조영오, & 김기영, 2018, p. 14; 이장영, 2014, p.33).

그러나 「소년법」에 있어서의 민영화는 성인 교도소의 민영화는 사뭇 다른 점이 많다. 첫째 보호업무와 형벌집행 업무라는 차이점이 있다. 둘째, 성인의 경우 노동력의 활용을 통한 영리행위가 가능하나 소년의 경우는 이를 기대할 수 없다. 셋째, 보호분야는 19세기 초반부터 민간의 참여와 활동으로 소년법원이 설치되고, 'House of Refuge'가 설립되는 등 민간의 참여가 보편적이다.

우리나라의 경우도 이미 다양한 영역에서 민영화가 도입되어 있다. 먼저 수강명령이다. 법원 소년부 판사는 수강명령을 부과할 때 보호관찰을 병과하여 보호관찰관으로 하여금 집행하게 할 수도 있으나 단독으로 수강명령을 결정하면서 이의 집행을 전문기관에 위탁하고 있다. 시설수용의 경우에 6호 처분은 이미 6개월이라는 기간만 다를 뿐 민영소년원과 같은 형태로 운영되고 있다. 환자의 경우는 민간 의료기관에 위탁할 수도 있다. 따라서 현재 민영화가 이루어지지 않고 있는 분야는 보호관찰이라고 할 수 있다.

사실 민영화를 통하여 가장 확실한 성과를 기대할 수 있는 분야는 보호관찰이다. 미국과 영국은 보호관찰에 대하여 이미 민영화를 실시하고 있다.

미국의 경우 보호관찰의 출발은 1841년 보스턴에 거주하던 John Augustus라는 독지가에 의하여 최초로 실시되었다(민건식, 1984). 공공조직으로서 보호관찰은 1897년 보스턴 시장이 전직 경찰관을 보호관찰관으로 임명하면서 시작되었고, 이후 1951년에는 미국의 모든 주가 보호관찰법 및 조직을 갖추게 되었다. 1970년대에는 범죄자의 증가와 함께 보호관찰 및 가석방 담당 공무원의 증원이 문제가 되면서 이를 해결하기 위한 방안으로 플로리다주는 1975년 경범죄에 대하여 민영화를 허용하는 법률을 제정하였다. 이후 미주리주, 테네시주, 콜로라도주 등에서 보호관찰의 민영화를 도입하였다. 이에 따라 경범죄에 대한 보호관찰은 민간회사가, 중범죄자에 대한 보호관찰은 국가가 담당하는 이원적인 형태의 보호관찰이 되었다. 특이한 점은 민간 보호관찰 회사는 주 정부로부터 비용을 받는 것이 아니라 보호관찰 대상자로부터 직접 받아서 운영한다는 것이다. 미주리주의 경우 개인이 부담하는 보호관찰 비용은 매월 30달러에서 50달러 사이에서 결정된다(허경미, 2012, pp.107–114).

영국의 보호관찰은 1907년 '보호관찰법The Probation of Offenders Act'이 제정되면서 시작되었고, 민영화는 2012년에 진행되었다. 영국은 매우 특별한 시스템을 만들어서 민영화를 진행하였다.

민영화는 정부실패를 극복하기 위하여 도입하는 것이다. 따라서 중요한 것은 어떤 영역을 민영화할 것인지보다는 어떤 기준(플랫폼)으로 민영화를 하는지가 더 중요하다. 영국의 경우 보호관찰에 대하여 민영화를 진행할 때 Peterborough 교도소의 1년 미만 단기 수형자를 대상으로 보호관찰 업무를 민간에 위탁하였다(한영선, 2017). 이때 시도된 시스템이 영국에서 시작된 '사회성과채권Social Impact Bond, 이하 SIB'이다. SIB는 민간투자로 공공사업을 수행한 후에 성과목표 달성시에는 정부가 예산을 집행하여 투자자에게 투자금액과 함께 약정한 수익금을 더해서 지급하지만 성과를 달성하지 못하면 투자자가 투자금 전액의 손실을 감수하는 계약이다. SIB의 등장 배경은 기본적으로 정부의 실패 때문이다. 정부는 사회취약계층을 위한 주거, 고용, 교육, 범죄 등 각종 사회문제에 대응하기 위한 복지확대의 필요성을 인정하지만 예산의 부족과 효율성 및 효과성의 미흡, 사업성과에 대한 공정한 평가 부재 등의 한계에 시달려왔는데, SIB는 국민의 세금 부담 증가 없이 자본시장을 통하여 사회문제를 해결할 수 있는 새로운 틀frameworks로써 등장한 것이다(김갑래, 2012, p.3).

영국은 Peterborough SIB의 성공을 계기로 영국 전역으로 보호관찰의 민영화를 확대하였으며, 영국의 SIB는 2010년 시작한 이래 24개국에서 120개의 SIB 프로그램을 진행하고 있다(Dilshod B. Yusupov, 2017)[59]. 이러한 SIB는 사회문제 해결, 투자자의 수익, 납세자의 부담감소라는 세 마리 토끼를 동시에 잡을 수 있는 win-win-win 전략으로 인식되고 있다(김갑래, 2012, p.12).

우리나라에서 교정의 민영화가 추진되는 가장 큰 배경은 '국가교도소의 실패'라는 위기적 상황 때문이라는 분석도 있으나, 3년 이내의 재복역률이 20% 내외라는 점을 볼 때 결코 국가교도소가 실패하였다고 할 수 없다. 그러나 단 한 사람의 범죄피해자라도 발생하지 않도록 최선을 다하여야 할 뿐만 아니라 범죄소년들이 건전하게 성장하도록 돕기 위하여 좀 더 효과적인 방법이 있다면 이를 적극적으로 시도하여야 할 것으로 생각된다. 그리고 영국에서는 보다 공정하고, 효과적으로 할 수 있는 민영화 플랫폼을 만들어서 운영하고 있으며, 이는 전세계로 빠르게 확산되고 있다. 공정성과 민주성, 경제성, 효과성을 모두 충족시킬 수 있는 최선의 정책수단이라고 생각된다. 민영화의 논의는 어느 영역을 어느 정도 민영화한다는 단편적인 면에서 벗어나서 어떻게 하면 실질적인 성과를 낼 수 있는가 하는 근본적인 질문으로부터 다시 출발하여야 한다.

59 우리나라에서도 서울시와 경기도에서 각각 1개의 SIB를 진행하고 있다. 그러나 SIB와 관련한 기본법이 존재하지 않아 각 자치단체에서 조례를 규정하여야 시행이 가능하다.

3) 수용정원과 과밀수용

민영기관인 효광원, 살레시오 등 6호 처분 시설은 항상 수용정원을 채우고 있으며, 수용을 거부할 수 없는 국가기관인 소년원은 항상 정원을 초과하여 과밀수용 상태에 있다. 소년을 수용하는 시설은 민영과 국영을 불문하고 언제나 만원이다. 이러한 과밀수용이 많은 문제를 일으킨다는 것은 널리 알려진 사실이지만 한 번 살펴볼 필요가 있다. 예를 들면, 수용된 소년의 입장에서는 수용자 간의 잦은 접촉과 갈등, 생활공간의 부족으로 인한 스트레스의 증가 등으로 인간의 존엄성이 훼손되고 분노감과 짜증 속에 소년의 개선 의지가 크게 저하된다. 시설을 운영하는 입장에서는 수용인원의 증가로 인한 시설 이탈의 우려, 수용소년 간 다툼 등 안전에 대한 우려가 높아지고 결과적으로 관리 위주의 소극적 운영을 하게 된다. 수용소년과 직원 사이의 소통은 약화되고, 직원의 참을성은 줄어들고 작은 실수에도 징벌이 앞서게 된다. 일단 과밀수용상태가 되면 개별처우의 원칙은 더 이상 작동하지 않는다. 해당 소년이 원하는 교육 또는 직업훈련 프로그램을 받고 싶어도 그 프로그램은 이미 인원이 다 차있기 마련이므로 그나마 수용인원에 여유 있는 과정에 배치되거나 다른 소년원으로 이송되기 십상이다. 이러한 징벌적 대응과 서비스의 부족은 다시 수용소년의 불만족으로 이어져서 불신 등 부정적 감정이 누적 증가한다. 직원들은 서비스에 대한 요구의 증가로 인한 업무 부담과 고마움을 모르는 소년들의 부정적인 반응으로 탈진감burn-out이 가중된다. 궁극적으로 과밀수용은 소년은 분노와 좌절감, 교정기관의 소극적 운영과 직원의 탈진 등으로 효과적인 교정교육을 기대할 수 없게 되고 이는 출소 후에 높은 재범률로 나타난다. 높은 재범률은 국민이 느끼는 범죄에 대한 두려움을 높이고 범죄에 대한 엄격한 처벌에 대한 요구로 나타나면서 또다시 시설에 수용되는 인원이 늘어나는 악순환이 반복된다. 이렇듯 과밀수용은 그 자체로 인권침해일 뿐만 아니라 형사사법제도 전반에 악영향을 미쳐, 치안의 악화 및 관련한 국가 예산의 증가, 사회안전망의 약화라는 막대한 지장을 일으킨다.

이러한 과밀수용에 대하여 미국 연방대법원은 과밀수용이 '잔인하고 비정상적인 형벌cruel and unusual punishment'에 해당한다고 판시하였다. 과밀수용은 현재 상태를 악화시키고 수용자의 신체와 정신에 부정적 결과를 만들어 낸다는 것이다. 과밀수용이 인간의 존엄성을 해치는 것이라는 판결이 나올 당시, 오하이오 주의 중구금 교도소 수용실의 1인당 기준면적은 50–75ft^{2}였으나 실제로는 1인당 30–35ft^{2}에 불과하였다(Edwards & LaGow, 1982, pp.629–630). 이를 평으로 환산하면 1인당 기준면적이 1.4~2.1평이었으나 실제로는 0.84~0.98평이었던 것이다. 우리나라 헌법재판소는 2016년에 교정시설의 1인당 수용면적이 지나치게 협소하다면 그 자체로 국가형벌권 행사의 한계를 넘어 헌법 제10조에서 보장하는 인간의 존엄과 가치를 침해하는 것이라고 판단하였다(헌법재판소 2016. 12. 29. 2013 헌마 142 결정). 이제 과밀수용은 헌법재판소의 판결로 인하여 '불법상태'가 되었다. 우리나라 교도소의 경우 인간의 존엄과 가치를 침해하는지 여부를 결정짓는 기준은 교정시설의 경우 수형자 1인당 2.58㎡(0.78평)이다. 소년원의 경우 3.96㎡(1.2평)으로 교도소보다 넓게 규정되어 있다.

이를 풀어서 살펴보면, 수용정원이 120명이라고 할 때 120명을 넘어서 121명 이상이 될 때부터 불법상태가 된다는 의미이다. 따라서 교정기관의 경우 수용정원을 넘기지만 않으면 합법 상태가 되는 것이며 법적으로 아무런 문제가 없다고 할 수 있다. 그러나 여기서 주목할 점이 두 가지 있다. 첫째, 합법적이라는 것이지 효과적이라는 의미는 아니라는 것이다. 과밀수용은 1인당 수용면적을 기준으로 한다. 취침이 이루어지는 생활실의 면적을 1인당 수용면적으로 나누어서 산출된 것이 수용정원이다. 면적을 기준으로 하는 수용정원이라는 개념은 적정한 교육을 가능하게 하는 기준이 될 수 없다. 소년원의 수용정원이라는 개념이 언제부터 사용되었는지는 알 수 없으나 추측하건대 1980년대 소년원이 법무부 교정국 소속기관이었을 때 획일적으로 성인 및 소년교도소와 동일한 기준이 적용되었을 것으로 생각한다. 그러나 단순히 생활실의 면적을 기준으로 한 것으로서 교정교육을 위한 '적정인원'을 의미하는 것이 될 수 없다. 교도소의 경우 수형자는 징역형·금고형 또는 구류형의 선고를 받아 그 형이 확정되어 교정시설에 수용된 사람(「형의 집행 및 수용자의 처우에 관한 법률」 제2조)으로 수용이 주된 기능이며, 교화프로그램, 직업훈련 등은 부수적인 것이라 할 수 있다. 그러나 소년원은 「소년법」에 따라 소년의 건전한 성장을 돕기 위한 시설이다. 소년원에서 교육을 담당하는 직원을 기준으로 하여 적정한 교육인원을 산출하는 것이 바람직하다. 또는 수용정원에 비례하는 적정 교육담당 인원을 산정하여야 할 것이다.

둘째, 헌법재판소의 결정에 따라 수용정원을 넘어서는 때부터 불법상태가 된다. 수용정원은 과거 적정한 수용인원으로 이해되던 용어에서 이제는 수용의 불법과 합법을 판가름하는 경계선이 되었다. 예를 들어서 120명 수용정원인 시설에서 특정일에 110명의 수용인원 상태라면 이는 곧 불법상태가 될 수 있다는 경고로 작용한다. 이는 마치 홍수 경보와 유사하다. 홍수 경보는 상류단 관측지점에서 하류단 어느 지점까지의 수위나 유량이 설정한 기준치를 초과하기 전에 사전에 홍수 예측을 할 수 있게 알려주는 행동을 말한다(K-water, 2019). 따라서 소년범죄 발생 추이, 국민의 법감정, 검찰과 법원의 법 운용과 제도의 변화 등을 면밀히 분석하여 수용인원을 예측하여야 한다. 그리고 정확한 위기경보를 위하여 '경보단계', '위험단계', '불법수용단계' 등 수용인원에 따른 단계별 대응방안을 만들어야 할 것이다.

4) 소년법과 시행령

우리나라는 소년법에는 시행령이 없다. 소년법의 처분결정에 따른 처분 집행은 「보호관찰 등에 관한 법률」, 「보호소년 등의 처우에 관한 법률」 등의 개별 법률과 「소년심판규칙」과 같은 대법원규칙에서 규정하고 있다. 따라서 굳이 시행령의 제정이 필요 없을 수도 있다. 그러나 2007년 소년법 개정으로 새롭게 도입된 조항들 중에서 시행령의 제정이 필요한 사무들이 있다. 이를 명백한 것부터 나열하면 다음과 같다.

(1) 법무부장관의 비행 예방정책 수립(법 제67조의2)

소년법은 법무부장관에게 비행소년이 건전하게 성장하도록 돕기 위하여 조사·연구·홍보 및 관련 정책의 수립·시행, 비행소년의 선도·교육과 관련된 중앙행정기관·공공기관·사회단체와의 협조체계 구축 및 운영에 필요한 조치를 취할 의무를 규정하고 있다. 그러나 그 구체적인 방법에 대해서는 규정하고 있지 않고 있다. 즉, 구체적인 추진 방법에 대해서는 하위법령에 위임한 것이다. 그렇다면 그 하위법령에는 비행 예방정책 수립을 위한 통계자료를 유관부처로부터 제공받는 것이 반드시 포함되어야 한다. 법적 근거 없이 유관 부처로부터 통계 자료를 정기적으로 확보할 수 없기 때문이다.

소년과 관련된 업무를 담당하는 부처는 보건복지부, 여성가족부, 검찰청, 경찰청 등이 있다. 법무부에서는 2007년 소년법 개정 이후 시행령 제정의 움직임이 없다가 2018년에 '소년비행예방협의회'를 대통령 훈령으로 제정(소년범죄예방팀, 2018)하였다. 소년비행예방협의회를 구성한 것은 의미있는 진전이다. 그러나 소년법은 협의체 구성에 앞서 관련 정책을 먼저 수립하도록 하고 있다는 점에서 많은 아쉬움을 남긴다.

단순한 협의체 구성이 아니라 청소년비행예방 정책 수립을 위한 조사와 연구를 위한 구체적인 방법을 시행령에 포함시켜서 상시적으로 운영하여야 그 효과성이 담보될 것이다.

(2) 수강명령과 사회봉사명령의 집행(법 제32조 제1항), 6호 처분 시설 관리

소년법 제32조는 보호처분의 종류를 정하고 있고, 보호처분의 집행은 행정기관에서 하는 것이다. 그러나 2007년 소년법 개정 당시 수강명령과 사회봉사명령을 단독처분으로 규정하면서 미묘한 문제가 발생하였다. 법무부는 수강명령과 사회봉사명령을 집행할 기관으로 당연히 보호관찰소를 상정하였으나 소년법의 해석에 따르면 민간단체에 의한 수강명령과 사회봉사명령이 가능하게 된 것이다. 즉, 2007년의 법 개정으로 수강명령과 사회봉사명령은 보호관찰관에 의한 수강명령과 사회봉사명령, 그리고 민간단체에 의한 수강명령과 사회봉사명령으로 구분되게 되었다. 그러나 소년법의 주관 부처인 법무부에서 시행령 제정을 미루면서, 단독 수강명령을 결정한 경우에 이를 집행할 단체나 시설에 공백이 생겼다.

법원에서는 2012년에 소년심판규칙을 개정하여 수강명령 등을 집행할 기관을 직접 지정하고, 해당 집행을 위탁하는 근거 규정을 만들었다. 그러나 행정권한을 위탁하기 위해서는 위탁하는 처분청이 위탁할 권한을 가지고 있다는 것이 전제되어야 한다. 그런데 법원 소년부는 본디 보호처분의 집행을 위한 처분청이 아니므로 그 집행을 위탁할 수 있다고 보기 어렵다. 또한, 자칫 부실한 집행이 이루어질 경우 법원의 신뢰성에 문제가 제기될 가능성이 높아 위험한 접근이라고 할 것이다. 한편, 위탁을 함에 있어서는 집행을 담당할 기관의 자격기준, 집행기준, 예산지급, 관리·감독 등이 세부적으로 정해져야 한다.

따라서 수강명령과 사회봉사명령의 집행을 민간단체에 위탁하는 근거 및 그 운영에 필요한 세부사항이 신속하게 소년법 시행령으로 규정되어야 할 필요가 있다.

그 외에 6호 처분 시설의 관리와 관련하여 감독기관이 필요하며, 이를 위하여 시행령 제정이 필요하다는 것은 위에서 이미 살펴본 바와 같다.

(3) 피해자와의 화해권고(법 제25조의3)

소년심리에서 화해권고는 형사절차의 조정과 다른 성질을 가지고 있다. 가해자와 피해자의 합의금 조정이 아니라 '관계'가 회복되도록 하는 것이 핵심이기 때문이다. 상대방에게 해악을 끼쳐 씻을 수 없는 상처를 준 사건에서 관계의 회복은 매우 어려운 일이며 이는 소년법정에서 판사가 "가해자는 피해자와 화해하세요!"라는 말 한 마디로 달성할 수 없는 일이다.

이에 대법원에서는 2012년 「소년심판규칙」을 개정하여 갈등해결에 전문적인 소양과 능력이 있거나, 법학, 심리학, 교육학, 정신의학, 보건간호학, 사회복지학, 가족치료학, 상담학, 가족관계학 그 밖에 소년보호사건과 연관된 분야에서 전문적인 지식과 경험이 있는 사람을 화해권고위원으로 위촉하여 이들로 하여금 화해권고를 할 수 있도록 규정하였다. 그러나 화해권고기일에 단 몇 시간의 권고만으로 가해소년과 피해자가 화해하기는 극히 어렵다. 오랜 시간 형성된 갈등을 인증되지 않은 화해권고위원이 섣불리 자극하여 갈등이 심화되거나, 피해자에게 2차적 피해가 발생할 우려도 있다. 실제로 여러 가지 이유로 법원 소년부에서 화해권고제도를 활용하는 비율은 매우 낮다.

피해자의 진정한 회복을 꾀하고, 소년법의 목적인 소년의 건전한 육성을 돕기 위하여 대상소년이 사건의 피해자와 진정으로 화해하고 관계를 회복하도록 돕는 것은 몹시 중요하다. 이는 개정 소년법이 법무부장관에게 부여한 '비행소년의 선도·교육과 관련된 중앙행정기관·공공기관 및 사회단체와의 협조체계의 구축 및 운영' 의무의 일부이기도 할 것이다. 그렇다면, 소년법 시행령을 통해 법무부에서 가해소년과 피해자의 화해를 위한 추진체계를 갖추도록 하여야 한다. 그 방향은 회복적 정의Restorative Justice를 기반으로 한 전문기관에서 정당한 보수를 받으면서 책임을 지고 진행하도록 해야 할 것이다.

부록

〈법원의 조사보고서 예시〉

○○ 법원

조사보고서

판사 ○○○ 귀하　　　　　　　　　　　　　　　　　　소년조사관 ○○○

사건 명

성명

가족사항

생활상태 등

■ **비행관련 사항**

- 비행사실 및 동기
- 비행 후의 정황
- 추가비행
- 비행전력

■ **소년의 물리적, 심리적 환경**

- 가정환경
- 소년의 심신상태
- 성격
- 학교생활과 교우관계
- 학교생활
- 교우관계
- 보호자의 보호감독 능력

■ **조사관 의견**

- 재비행의 위험성 정도
- 기타 심리 및 처분결정에 필요한 사항, 처분의견

출처: 법원행정처 실무제요 소년(법원행정처, 2014, pp. 182-186)

〈분류심사서 예시〉

<table>
<tr><td colspan="8">분류심사서</td></tr>
<tr><td colspan="2">사건번호</td><td></td><td></td><td colspan="2"></td><td></td><td></td></tr>
<tr><td colspan="2">비행명</td><td colspan="6"></td></tr>
<tr><td colspan="2">이름</td><td colspan="2"></td><td colspan="2"></td><td colspan="2"></td></tr>
<tr><td colspan="2">직업</td><td colspan="2"></td><td colspan="2"></td><td colspan="2"></td></tr>
<tr><td colspan="2">연락처</td><td colspan="6"></td></tr>
<tr><td colspan="2">주소</td><td colspan="6"></td></tr>
<tr><td colspan="2">거소</td><td colspan="6"></td></tr>
<tr><td colspan="2">심신특징</td><td colspan="6"></td></tr>
<tr><td rowspan="7">가정환경</td><td>관계</td><td>이름</td><td>나이</td><td>학력</td><td>직업</td><td>동거여부</td><td>비고</td></tr>
<tr><td>부</td><td></td><td></td><td></td><td></td><td></td><td></td></tr>
<tr><td>친모</td><td></td><td></td><td></td><td></td><td></td><td></td></tr>
<tr><td>조부</td><td></td><td></td><td></td><td></td><td></td><td></td></tr>
<tr><td>증조모</td><td></td><td></td><td></td><td></td><td></td><td></td></tr>
<tr><td>경제수준</td><td colspan="3"></td><td>주거형태</td><td colspan="2"></td></tr>
<tr><td colspan="7">▶ 소년은 중학교 2학년 때 부와 조부의 지도에 반감을 가지고 가출하여, 쉼터를 전전하며 생활하였음</td></tr>
<tr><td colspan="2">보호자관련
주요내용</td><td colspan="6">※ 2018. 7. 26. 조부와 통신상담 실시 / 조부가 재판 참석 예정
※ 면회 총 2회(조부, 2018. 8. 6. 기준)
※ 조부가 소년을 보살필 계획으로 선처를 희망함</td></tr>
</table>

교우관계 (공범유무)		문신		자해경험	
음주		흡연		가출	
최초비행연령		비행전력		합의여부	
위탁생활태도		진술태도	변명/합리화		

1. 비행분석

가. 비행동기 및 사실

- 비행동기
- 비행사실

나. 피해회복

다. 비행전력

- 범죄경력자료 조회 결과 : 해당사항 없음
- 수사경력자료 조회 : 총 16회

연번	처분일	비행명	처분기관	처분결과
1				
2				
3				
4				
5				
6				

7				
8				
9				
10				
11				
12				
13				
14				
15				
16				

- 심사원 위탁수용 경력(이번 사건 포함) : 1회('18. 7.)

2. 생활환경

가. 가정환경

- 부는

- 친모는

- 조부는

- 증조모는

나. 학교생활 및 교우관계

• 공주 ㅇㅇ초등학교를

• 학업성취도는 전 과목 성취도 'E'로 최하위권임

• 출결상황은 다음과 같음

학년	결석		지각		조퇴		결과		특기사항
	질병	무단	질병	무단	질병	무단	질병	무단	
중1									
중2									
중3									

• 행동특성 및 종합의견 요약

• 향후 계획은

• 장래희망은

• 교우관계는

• 여가시간에는

• 용돈은

3. 행동관찰

가. 생활태도

〈행동관찰 일람표〉

관찰일 (경과)	관찰 내용	비 고
7. 3. (1일)	○ (상담 시)	담임
7. 5. (3일)	○ 심리검사시, ○ 지능검사시,	담당자
7. 11. (9일)	○ 점심시간에	비담임
7. 12. (1일)	○ 7시 30분경	담임
7. 15. (1일)	○ 저녁식사 후,	비담임
7. 16. (1일)	○ (외부병원 진료) : ○ 무릎의 경골결절 골단이 부분적으로 분리되는 질환	비담임
7. 18. (1일)	○ 성교육시,	비담임
7. 19. (1일)	○ 소년은 호실 내 동료들과	담임
7. 22. (2일)	○ 2018. 7. 22.(일) 09:30경 보람 6호실에 함께 생활하던 ○○○과 싸움을	비담임
7.26. (24일)	○ 7월 26일 오전 수업시간에	비담임

7. 27. (25일)	○ 소년은 금일 오후1시 30분경 3호실 소년에게	담임
7. 30. (28일)	○ 미술치료 교육시간에	비담임

나. 면담태도 및 내용

• 체격이 좋고

• 비행관련, 공범

• 위탁생활에 대해,

• 가족관련, 부와 조부에 대한 질문에

• 앞으로의 계획에 대해,

4. 심리적 특성

【지능 및 적성】

• 지능지수(IQ) :

• 진학 및 태도 적성

– 진학적성 : 공학·의보 계열, 태도적성 : 대인관계·기술 적성

• 직업흥미검사 : 관습형 유형(보수적이고 실용적임)

– 대표직업 : 사무직종사자, 사서, 비서 등

【성격】

- 자신의 미래는 어둡고 희망이 없다고 생각하며, 삶의 의욕이 부족하고 자신이 처한 문제를 해결하기 위해 극단적인 방법을 선택할 가능성이 있음

- 일탈행동척도(반사회성, 공격성, 충동성, 주의력결핍)가 '높음' 등급으로 자극추구적인 성향이 강하고 갈등이나 분노 상황에서 공격적 언어와 행동을 통하여 문제를 해결하려는 성향이 강한 편임

5. 보호자 상담

가. 보호자 특성

- 부는

- 조부는

나. 보호자 의견(조부와 통신상담)

- 조부가

다. 보호능력 및 보호의지

6. 분류심사관 의견

가. 비행원인 진단 및 재비행 예측

• 부모의 이혼 후

• 가정에서 안정감을 갖지 못하고 장기간 가출 후 쉼터를 전전하며

• 비행성 정도는 '초기', 재비행의 가능성은 '높음' 수준으로 평가됨
  – 보호요인 :
  – 위험요인 :

나. 처분결정 및 지도 시 필요사항

• 불안정한 가정환경에서

• 소년을

• 보호자의

7. 처분의견

소년을

(「소년법」 제32조 제1항 제○호·제○호 의견)

작성자 : 분류심사관 ○○○ (인)
(법무부 조사관 자격번호 제2015-3호)

확인자 : ○○○○ 과장 ○○○ (인)

분석 및 검토 자료

1. 외부기관 조회 및 발급 자료
   주민등록등본, 범죄 및 수사경력자료, 비행사실, 학교생활기록부
2. 소년 및 보호자 작성 자료
   가정환경조사서(보호자), 지나온 나의생활 및 회상록(자기기록)
3. 심리검사
   특수지능적성검사, SPI-Ⅲ(특수인성검사), 청소년직업흥미검사
4. 자체생산 자료
   신상 및 건강조사서, 상담 및 행동관찰부, 면회기록

〈보호관찰심사위원회 일반 사안조사서 예시〉

인적사항	성명		귀 주 예정지	
범죄관계	죄명	1) 절도 외 2건 2) 강도살인	형기	
			잔형기	
			전 과	
	범죄 내용			
	범죄 동기			
	피해 회복	미합의		

<table>
<tr><td rowspan="9">귀주환경</td><td>귀주
환경</td><td colspan="5"></td></tr>
<tr><td rowspan="5">가족
관계</td><td>관계</td><td>성명</td><td>연령</td><td>학력</td><td>직업</td></tr>
<tr><td>부</td><td></td><td></td><td></td><td></td></tr>
<tr><td>모</td><td></td><td></td><td></td><td></td></tr>
<tr><td>누나</td><td></td><td></td><td></td><td></td></tr>
<tr><td>형</td><td></td><td></td><td></td><td></td></tr>
<tr><td>특이
사항</td><td colspan="5"></td></tr>
<tr><td>보호
의지</td><td colspan="5"></td></tr>
<tr><td>출소후
계획</td><td>생계
대책</td><td colspan="5"></td></tr>
<tr><td>조사자
의견</td><td>재범위험

사회적응</td><td colspan="5"></td></tr>
<tr><td colspan="7">조사자 : ○○보호관찰심사위원회 상임위원 ○○○</td></tr>
</table>

Bishop, D. M., & Decker, S. H. (2006). *Punishment and Control: Juvenile Justice Reform in the USA* (J. Junger-Tas & S. H. Decker Eds.). New York: Springer.

Blumstein, A., Cohen, J., Roth, J. A., & Visher, C. A. (1986). *Criminal Careers and "Career Criminals"* (Vol. 1). Washington D.C.: National Research Council.

Blumstein, A., Farrington, D. P., & Moitra, S. (1985). Delinquency Careers: Innocents, Desisters, and Persisters. *CrimE AND JUSTICE: An Annual Review of Research, 6.*

Breed v. Jones, 421 U.S. 519, No. 421 U.S. 519 (1975) (US Supreme Court 1975).

Burfeind, j. W., & Bartusch, D. J. (2006). *Juvenile Delinquency: An Integrated Approach* (Vol. 3): Kimberly Brophy.

Bynum, J. E., & Thompson, W. E. (2002). *Juvenile delinquency*. Boston, MA: Allyn and Bacon.

Clear, T. R., Cole, G. F., & Reisig, M. D. (2013). *American corrections*. Belmont, CA: Cengage Wadsworth.

Cohen, L. E., & Vila, B. J. (1996). Self-control and Social Control: An Exposition of the Gottfredson-Hirschiand Sampson-Laub Debate. *Studieson Crime and Crime Prevention, 5*, 125-150.

Development Services Group, I. (2017). *Diversions Programs*. Washington, D.C.: Office of Juvenile Justice and Delinquency Prevention Retrieved from
https://www.ojjdp.gov/mpg/litreviews/Diversion_Programs.pdf.

Dilshod B. Yusupov. (2017). Social Impact Bonds. Retrieved 2019.12.28
https://www.socialfinance.org.uk/what-we-do/social-impact-bonds

Edwards, E. F., & LaGow, N. G. (1982). Prison Ovnercrowding as Cruel and Unsusal Punishment in Light of Rhodes v. Chapman. *University of Richmond Law Review*, 16(3), 621-648.

Elson, A. L. (2018). Ex Parte Crouse. Retrieved 01/07/2018, from encyclopedia.com
https://www.encyclopedia.com/children/encyclopedias-almanacs-transcripts-and-maps/ex-parte-crouse

Feeley, M. M. (1992). *The process is the punishment*. New York: Russell Sage Foundation.

Finestone, H. (1976). *Victims of change*. Westport, Conn.: Greenwood Press.

Glueck, S., & Glueck, E. (1952). *Delinquents In the Making. Paths To Prevention*. New York: Harper & Brothers Publishers.

In re Gault, 387 U.S. 1, No. 387 U.S. 1 (1967) (U.S. Supreme Court 1967).

In re Winship 397 U.S. 358 (1970).

Jensen, G. F., & Rojek, D. G. (2009). *Delinquency and Youth Crime* (Vol. 4). Illinois: Waveland Press Inc.

K-water. (2019). 물백과사전. Retrieved 2019.12.22
https://www.water.or.kr/encyclopedia/encyclopedia/encyclopediaview.do

Kazemian, L. (2007). Desistance From Crime: Theoretical, Empirical, Methodological, and Policy Considerations. *JOURNAL OF CONTEMPORARY CRIMINAL JUSTICE, 23*(1), 5-27.

Kent v. United States, 383 U.S. 541, No. 383 U.S. 541 (1966) (US Supreme Court 1966).

Kopaczewski, J. (2018). House of refuge. Retrieved 26/06/2018, from the Encyclopedia of Greater Philadelphia http://Philadelphiaencyclopedia.org/archive/house-of-refuge/

Lenroot, K. F., & Lundberg, E. O. (1925). *uvenile Courts at Work: a study of the organization and methods of ten courts*: Washington Government Printing Office.

Loeber, R., & Farrington, D. P. (2001). *Child delinquents*. Thousand Oaks, Calif.: Sage Publications.

Loeber, R., & Le Blanc, M. (1990). Toward a Developmental Criminology. *CRIME AND JUSTICE, 12*.

McKeiver v. Pennsylvania, 403 U.S. 528 (1971).

Michael R. Gottfredson, & Hirschi, T. (1990). A General Theory of Crime.

Moffitt, T. E. (1997). Adolescence-Limited and Life-Course-Persistent Offending: A Complementary Pair of Developmental Theories.

41-5-102 Declaration of purpose, (2018).

Piquero, A. R., Farrington, D. P., & Blumstein, A. (2003). The Criminal Career Paradigm. *CRIME AND JUSTICE*, 359-506.

Platt, A. M. (1977). *The Child Saver: The Invention of Delinquency*. Chicago: University of Chicago Press.

Rendleman, D. (1971). *Parens Patriae: From Chancery to the Juvenile Court*: 23 S.C.L.Rev. 205.

Rocque, M., Posick, C., & White, H. R. (2015). Growing Up Is Hard to Do: An Empirical Evaluation of Maturation and Desistance. *Journal of Developmental and Life-Course Criminology, 1*(4), 350-384. doi:10.1007/s40865-015-0018-x

Ruth Morris. (1995). *Penal Abolition: The Practical Choice*. Toronto: Canadian Scholars Press.

Scott, J. (Ed.) (2014) A dictionary of sociology. Oxford New York: Oxford University Press.

Shore, H. (2011). Inventing and re-inventing juvenile delinquent in British History. *Memoria Y Civilizacion, 14*, 105-132.

Sickmund, M., & Puzzanchera, C. (2014). *Juvenile Offenders and Victims: 2014 National Report*. Pittsburgh, PA: National Center for Juvenile Justice. Retrieved from http://ncjj.org/nr2014/downloads/NR2014.pdf.

Siegel, L. J., & Senna, J. J. (2000). *Juvenile delinquency*. Belmont, Calif.: West/Wadsworth.

Stattin, H., & Magnusson, D. (1991). STABILITY AND CHANGE IN CRIMINAL BEHAVIOUR UP TO AGE 30. *The British Journal of Criminology, 31*(4), 327–346. doi:10.1093/oxfordjournals.bjc.a048133

Streib, V. L. (1987). *Death Penalty for Juveniles*: Indiana University Press.

Tappan, P. W. (1946). Treatment without Trial. *Social Forces, 24*, 306–311.

Thornberry, T. P., Huizinga, D., & Loeber, R. (1995). *Prevention of Serious Delinquency and Violence: Implications From the Program of Research on the Causes and Correlates of Delinquency*. Thousand Oaks, CA 91320: NCJRS.

Tracy, P. E., Wolfgang, M. E., & Figlio, R. M. (1990). *Delinquency Careers in Two Birth Cohorts*. New York: Plenum Press.

wikipedia. (2018). Children's Aid Society. Retrieved 25/06/2018, from wikipedia.org https://en.wikipedia.org/wiki/Children%27s_Aid_Society

Wikipedia. (2019). Problem-solving courts in the United States. Retrieved 2019.12.31, from Wikipedia

Wolfgang, M. E., Figlio, R. M., & Sellin, J. T. (1972). *Delinquency in a birth cohort*. Chicago: University of Chicago Press.

Wolfgang, M. E., Tracy, P. E., & Figlio, R. M. (1990). *Delinquency Careers in Two Birth Cohorts*. Boston: Kluwer Boston, Inc.

Youngsun Han, & Trent Bax. (2016). *Desistance from and Persistence in Offending: The Case of South Korea*.

강은영. (2005). *경력범죄자의 성인초기 범죄지속과 중지에 관한 연구*. (국내박사학위논문), 이화여자대학교 대학원, 서울. Retrieved from http://www.riss.kr/link?id=T10528847

고영복. (2000). *사회학사전*. 서울: 사회문화연구소.

구병삭. (1984). *韓國古代法史*. 서울: 高麗大學校出版部.

구치소 내 과밀수용행위 위헌확인, No. 2013gjsak142 (헌법재판소 2016).

길영환. (2009). 라이프 코칭의 이해와 효과적인 접근. 코칭연구, 2(1), 45-60.

김갑래. (2012). *사회성과 연계채권(SIB)* 활용방안. 서울: 자본시장연구원.

김동림. (1992). *少年法의 理念*. [Das Grundgedanke des Jugendstrafrechts]. *사회과학연구, 32*(-), 15-31.

김명숙, 안진, 양현아, 이상수, 홍성수, & 황승흠. (2013). *법사회학, 법과 사회의 대화*. 서울: 다산.

김연지. (2018). *소년의 형사책임능력과 치료사법에 관한 연구*. (국내박사학위논문), 韓國外國語大學教 大

學院, 서울. Retrieved from
http://www.riss.kr/link?id=T14696572
김용세. (2012). *피해자학*. 서울: 형설출판사.
김용우. (1998). 소년사법에 있어서 보호처분의 법적 의의. *입법조사연구, 249*, 133–145.
김용운. (2006). *少年法上 調査制度의 改善方案에 관한 硏究*. (국내석사학위논문), 동국대학교, 서울. Retrieved from
http://www.riss.kr/link?id=T10651289
김용태, 나용식, & 명경식. (1981). *韓國法制史概要*. 이리: 圓光大學校 出版局.
김재희, & 조균석. (2019). 소년보호관찰에 회복적 사법 프로그램 실천을 위한 제언. [A Suggestions for the Practice of the Restorative Justice Program in Juvenile Probation]. *刑事政策, 31*(1), 345–371.
김지영, 유진, 조영오, & 김기영. (2018). 민영소년원 운영 및 교육프로그램 연구. [A Study on the Operation of a Private Juvenile Residential Facility and Its Education Programs]. *형사정책연구원 연구총서*, –(–), 1–196.
김혜정. (2013). 소년법상 보호처분의 성격과 전자장치부착명령 요건과의 관계. *刑事判例硏究, 21*(–), 617–642.
나무위키. (2019a). 규문주의. Retrieved 2019. 7. 6., from 나무위키
https://namu.wiki/w/%EA%B7%9C%EB%AC%B8%EC%A3%BC%EC%9D%98
나무위키. (2019b). 요즘 젊은 것들은 버릇이 없다. Retrieved from
https://namu.wiki/w/%EC%9A%94%EC%A6%98%20%EC%A0%8A%EC%9D%80%20%EA%B2%83%EB%93%A4%EC%9D%80%20%EB%B2%84%EB%A6%87%EC%9D%B4%20%EC%97%86%EB%8B%A4
대검찰청. (2000). *범죄분석*. 서울: 대검찰청.
대검찰청. (2016). *범죄분석*. 서울: 대검찰청.
대검찰청. (2017). *범죄분석*. 서울: 대검찰청.
대검찰청. (2019). *범죄분석*. 서울: 대검찰청.
대법원 1982. 10.15자 82모36 결정, (1982).
대법원 1986. 7. 25. 자 86모9 결정, (1986).
대법원 1990. 4. 24. 선고 90도539 판결, (1990).
대법원 1991.1.25. 선고 90도 2693 판결, (1991).
대법원 1994.11.5. 선고 94트10 판결【보호처분결정에대한재항고】, (1994).
대법원 1998. 2. 27. 선고 97도3421 판결, (1998).
대법원 2000. 8. 18. 선고 2000도2704 판결, (2000).

민건식. (1984). *형사학의 선구자: 12인의 생애와 사상*. 서울: 홍문관.

박미랑. (2014). 미국의 소년범 형사이송제도의 범죄 억제력에 관한 고찰. [Deterrence Effect of Juvenile Transfer in the US]. *형사법의 신동향*, 45, 106−132.

박정영. (2009). 코칭학의 유형분류를 위한 기초적 접근. *코칭연구*, *2*(1), 61−77.

박중훈. (1999). 정부권한의 민간위탁제도 개선. [Ways of Improving the System and Management of Contracting Out Government Functions]. *기본연구과제, 1999*(−), 1−207.

백춘기. (1993). 소년보호사건에 있어서의 비행사실. *재판자료*, *62*, 843−866.

법원행정처. (2014). *법원실무제요 소년*. 세일포커스: 법원행정처.

법원행정처. (2017). *사법연감*.

법원행정처. (2019). *사법연감*. 서울: 법원행정처.

변동열. (1997). *소년법상 보호처분의 문제점과 개선방안*. Retrieved from 서울:

사법연수원. (2016). *소년보호재판실무(2016년도 법관연수)*. 서울: 사법연수원.

사와노보리 토시오. (2007). *소년법* (윤용규 & 최종식, Trans.). 춘천: 강원대학교출판부.

선고 97도703 판결 (대법원 1997).

소년범죄예방팀. (2018). 법무부, 2019−2023 제1차 소년비행예방 기본계획 수립. Retrieved 2019. 12. 28 http://www.moj.go.kr/moj/140/subview.do?enc=Zm5jdDF8QEB8JTJGYmJzJTJGbW9qJTJGOTMlMkY0ODY3MTglMkZhcnRjbFZpZXcuZG8lM0Y%3D

오영근. (1995). 善導條件附 起訴猶豫制度의 實態와 改善方案. [Suspended Prosecution with Supervision for Juvenile Offenders : Its Practices and Direction for Improvement]. *형사정책연구*, *24*(−), 79−116.

오영희. (2009). 국제 인권규약 상 청소년의 권리에 관한 고찰. (국내석사학위논문), 연세대학교 법무대학원, 서울. Retrieved from
http://www.riss.kr/link?id=T11919252

유기웅, 조정선, 김형숙, 노경, & 백장현. (2017). 코칭의 이론적 이해: 개념 및 과정. [A Theoretical Understanding of Coaching: Concepts and Process]. *커리어·학습코칭연구*, *1*(1), 1−10.

유기향. (1981). 美國에 있어서 青少年非行에 관한 觀點의 變化. [A Study on the Transition of the Viewpoint of Juvenile Delinquency in the United States]. *법학연구*, *24*(1), 397−415.

유영재. (2012). 우리나라 민영교도소의 문제점 및 개선방안. *한국행정학회 학술발표논문집*, 2012(12), 1−15.

윤형식, & 도미향. (2016). 한국의 코칭학 발전방향에 관한 탐색적 연구. *코칭연구*, *9*(1), 5−33.

이백철. (2015). *교정학*. 파주: 교육과학사.

이상돈, & 홍성수. (2000). *법사회학*. 서울: 박영사.

이수성, & 조준현. (1991). *형사정책*. 서울: 방송통신대학교.

이수현. (2004). 소년보호사건의 처리상의 문제점과 대안. [The scheme for Reformative Approaches Juve-

nile Justice Processing]. *법학논고, 21*(−), 77−108.
이승호. (2006). 문제해결법원의 도입에 관한 검토. [A Study on the Introduction of Problem−Solving Court]. *刑事政策, 18*(1), 51−81.
이용식. (2018). 회복적 사법에 대한 비판적 소고. [The Concept of Restorative Justice]. *少年保護研究, 31*(3), 285−320.
이웅혁, & 강욱. (2013). 모럴 패닉 모델을 통한 성폭력범죄 대책에 대한 연구 미국과의 비교연구를 중심으로. [A Study of the Policies on Sexual Violence through Moral Panic Model Focused on the Comparison of Policies between in Korean and in the U.S.−]. *한국경찰학회보, 41*(0), 123−151.
이윤호. (2007). *교정학*. 서울: 박영사.
이인우, 정양헌, 박창귀, 오영환, & 우청원. (2016). 대덕연구개발특구의 지원사업 성과분석: 성향점수매칭(PSM) 방법을 중심으로. [Analysis on Performance of Daedeok Innopolis Support Services: Using Propensitty Score Matching]. *경영교육연구, 31*(1), 141−163.
이장영. (2014). *우리나라 민영교도소의 활성화방안에 관한 연구*. (국내박사학위논문), 건국대학교, 서울. Retrieved from
http://www.riss.kr/link?id=T13557339
이정주. (2012). *우범소년의 비행예방 대책에 관한 연구*. (국내박사학위논문), 한양대학교 대학원, 서울. Retrieved from
http://www.riss.kr/link?id=T12866134
이진국. (2006a). 소년 다이버전의 법적 쟁점에 관한 소고. [Bemerkungen zum rechtlichen Streitpunkt ?ber die Jugenddiversion]. *형사정책연구, 67*(−), 67−97.
이진국. (2006b). 소년보호대상의 범위에 관한 형사정책적 검토. *형사정책연구, 17*(1), 89−114.
이춘수. (2004). 외국 소년법제의 비교에 관한 연구. [A Study on the comparisons of juvenile Legislative system in foreign countries]. *한국경찰학회보*, −(8), 153−180.
이태호. (2000). *분류심사론*. 과천: 한국소년보호협회.
이형섭, & 정선욱. (2016). 시설보호아동의 복지 관점에서 본 소년법상 통고제도. [The effect of notification disposition in the current juvenile justice system from the perspective of institutionalized children s welfare]. *한국아동복지학, 56*(−), 69−99.
임웅. (2007). 非犯罪化의 方案에 관한 연구. *성균관법학, 19*(3), 461−480.
정영석. (1982). *刑事法의 諸問題*. 서울: 法文社.
정진연. (2002). 소년법의 이념과 보조인의 역할. *少年保護研究*, −(4), 168−192.
조규창. (1998). *로마刑法*. 서울: 고려대학교 출판부.
조준현. (2007). 소년법 개정방향에 관한 소고. [A Study on the Aims of the Revision of The Juvenile Act].

少年保護研究, −(8), 3−57.

천정환. (2016). 소년법 제4조 등에 규정된 법원 통고 제도에 대한 독창적 비판론. *교정복지연구, 41*(−), 157−193.

최대권. (1984). 서평: Martin Shapiro, Courts; A Comparative and Political Analysis. *公法研究, 12*(−), 209−214.

최병각. (2007). 소년법 개정과 소년사법의 건전한 육성. *형사정책연구, 18*(3).

최영승. (2012). 형실효법상 수사경력자료의 관리에 관한 문제점 및 개선방안. [The Problem and Improvement of Management of Materials of Investigation Records on the Act on the Lapse of Criminal sentences]. *刑事政策, 24*(1), 163−188.

카와이데 토시히로. (2016). *소년법* (황순평, 김혁, & 장응혁, Trans.). 서울: 박영사.

한겨레TV (Producer). (2014, 2019. 7. 11). 호통판사 천종호 벼랑 끝 아이들, 이용하는 사람이 누구입니까? Retrieved from

https://www.youtube.com/watch?v=D8s1XDKhOKM

한국소년법학회. (2006). *소년법*. 서울: 세창.

한국형사법학회. (1982). *刑事法講座*. 서울: 博英社.

한영선. (2004). 미국 표준소년법 요해. *少年保護研究*, −(2), 325−363.

한영선. (2011). *소년범죄자의 범죄중단에 관한 연구*. (박사), 동국대학교, 서울.

한영선. (2017). 영국 피터버러 SIB의 성공과 시사점. *교정담론, 12*(3), 31−66.

한영선. (2018). 한국청소년학회 학술대회. *한국청소년학회 학술대회*.

한영선, & 박지영. (2019). 교정 패러다임의 변화에 관한 소고. *교정담론, 13*(3), 27−58.

한영선, & 심수진. (2019). 소년법 8호처분 효과분석. [The Effect Analysis of 8th disposition order]. *교정담론, 13*(1), 181−213.

한영선, & 이영호. (2008). 개정소년법의 실효성 확보방안 : 1개월 이내 소년원 송치(8호) 처분을 중심으로. [Ways to Improve the Effectiveness of the Revised Juvenile Law : Focusing on the 8th Juvenile Treatment]. *한국범죄학, 2*(2), 63−103.

허경미. (2012). 미국의 보호관찰 민영화의 한계에 관한 연구. [Issues of probation privatization in the U.S.]. *矯正研究*, −(54), 105−128.

홍승인. (2007). *영미법제도 입문*. 수원: 경기대학교 출판부.

황정규, 이상원, 신영호, 홍광식, 정상규, 신동훈... 법원도서관. (2003). *裁判資料*. 서울: 法院圖書館.